기독교의 심판과 용서의 개념은, 예수의 사랑에 이미 하나님의 정의가 전제되어 있다는 사실과, 칭의가 사랑의 궁극적 구현인 정의를 낳는 것이지 그 역이 아니라는 사실을 보여 준다. 이 책은 통상적 이해와는 달리 왜 사랑과 정의가 이론과 실천 모두에서 결코 배타적 범주가 아닌지를 정밀하게 드러내 보인다. 다양한 개념들을 매개로 철학과 신학의 거장들을 대비·종합·반박하면서 흥미로운 사례와 논리적 사유를 섬세하게 엮어 낸다. 복음이 일상적으로 왜곡되고 교회가 깊은 혼란에 휩싸인 이 시대에 계몽적 성찰을 자극하는 책이다.

고세훈 고려대학교 공공행정학부 명예교수·『영국노동당사』,『조지 오웰』저자

이 책은 읽는 내내 추리소설에서나 맛볼 수 있는 '짜릿한' 지적 쾌감을 선사한다. 저자는 셜록 홈즈가 사건의 진실을 캐낼 때처럼 가설을 설정한 다음, 긍정적 자료를 노입·보강하고 부정적 요소를 해소·해결하여 결국 가설을 진실로 규명해 내는 가추법(apagoge) 형식을 사용했다. 그 과정이 흥미로움은 물론, 결론으로 드러나는 하나님의 사랑과 정의에 대한 이해마저 은혜로우니, 무엇을 더 바라겠는가!

김용규 철학자·『데칼로그』,『생각의 시대』저자

이 책은 '사랑'이라는 단어의 모호한 사용에 숨어든 인간의 불의하고 악한 관행과 폐단을 정면으로 해부한다. 하나님 나라의 사랑과 정의는 손을 맞잡고 춤추는 동반자이지 결코 충돌하는 개념이 아니다. 하나님의 정의는 하나님의 사랑을 드러내며, 하나님의 사랑은 하나님의 정의를 실현한다. 불의를 기뻐하지 않으시며 참되고 자애로우신 하나님의 궁극적 성품인 사랑은 불의를 해체하고 녹여 버린다. 불의를 용납하고 불의와 제휴하는 사랑은 결코 사랑이 아니다. 한국 교회 일각에서 불의와 짝하는 사랑을 하나님의 사랑이라고 외친 결과, 하나님의 사랑은 정작 그 사랑이 가장 필요한 이들에게서 가장 멀리 있는 것처럼 오해되어 왔다. 이

책은 그러한 몰지각과 오해를 바로잡는 데 큰 도움을 줄 것이다. 특히, 공공 영역에서 하나님의 사랑과 용서라는 이름으로 자행된 죄악들을 바로잡으려는 노력을 반기독교적이라고 공박하는 이들에게 고통스러운 각성과 해방을 안겨 줄 것이다.

김회권 숭실대학교 기독교학과 교수 · 『하나님 나라 신학으로 읽는 모세오경』 저자

불의로 가득 찬 세상 한가운데서 사랑을 실천하면서도 정의를 실현할 수 있을까? 사랑에 몰두하다 정의를 해치는 것은 아닌지, 정의에 집중하다 사랑을 잃는 것은 아닌지, 우리는 종종 깊은 고민에 빠지곤 한다. 월터스토프는 '정의로운 사랑'이 어떻게 가능한지 보여 줌으로써 그 곤경에서 벗어날 수 있는 길을 정교하게 제시한다.

박득훈 전 새맘교회 담임목사 · 『돈에서 해방된 교회』 저자

현존하는 기독교 철학자 가운데 가장 개혁주의 전통에 충실하며 가장 큰 학문적 책임을 지고 있는 저자는, 이 책에서 성경의 아가페 사랑에 대한 키에르케고어와 니그렌의 견해를 엄밀하게 분석하고, 아가페와 정의가 양립할 수 없다는 그들의 결론을 자신의 아가페주의에 입각해 반박한다. 개인적으로 동의하는 바가 많은 그의 주장이 큰 지지를 받는다는 점에 기쁘다. 성경이 가르치는 사랑이 얼마나 위대한지 증명하는 이 책은 모든 그리스도인에게 큰 힘과 교훈이 될 것이다.

손봉호 고신대학교 석좌교수 · 『약자 중심의 윤리』, 『고통받는 인간』 저자

기독교적 사랑 안에서 어떻게 정의가 구현되는지 논증하는 걸작이다. 이 책은 사랑과 정의가 상충하지 않을 뿐만 아니라, 오히려 정의가 사랑을 구체적으로 실현하는 사례임을 밝혀낸다. 사랑과 정의가 조화를 이루는 것은, 정의가 타인이 자신의 권리를 향유하도록 배려하는 것과 직결되기 때문이다. 정의론에 매진해 온 저자는 하나님 나라의 본질인 샬롬에 정

의와 평화의 조화뿐 아니라 사랑도 함께 담겨 있음을 설득력 있게 드러낸다.

신국원 총신대학교 신학과 교수 · 『니고데모의 안경』 저자

월터스토프는 기독교 윤리의 핵심인 사랑의 담론과 실천의 지평에 정의를 건설적으로 수용함으로써 사랑에 대한 온전한 이해에 이르도록 안내한다. 정의를 품는 온전한 사랑의 길, 곧 사랑의 원리를 진지하게 성찰하고 진정성 있게 구체적으로 실천할뿐더러 사랑의 대상의 보편성과 상호관계 형성을 동시에 소중히 여기는 길로 우리를 초청한다. 사랑에 대한 현대 기독교 문헌 중 가장 중요한 책이라 평가해도 지나치지 않다.

임성빈 장로회신학대학교 총장 · 『21세기 한국사회와 공공신학』 저자

정의와 사랑이 노녁적 삶에서 양립할 수 없는 서로 다른 출발점이라는 인식이 철학·신학·법학에서의 윤리를 파편화했다. 월터스토프는 『사랑과 정의』에서 신중한 논증과 역사적 이해, 성경 본문에 대한 신선한 사고로 깨어진 조각들을 다시 맞추어 낸다. 기독교 윤리학에 관심이 있는 사람이라면, 도덕철학은 물론 목회적 돌봄과 정치적 삶에 관해서도 이 책을 통해 새로운 가능성을 발견하게 될 것이다.

로빈 로빈 남감리교대학교 교수 · 『21세기 그리스도인의 윤리』 저자

기독교 전통은 '정의를 행하라', '이웃을 사랑하라'고 하는 최소 두 가지 근본적 과제를 제시한다. 현대 사상가 중에서 월터스토프만큼의 관심과 지혜를 가지고 이 두 과제 사이의 연관성과 긴장을 탐구한 이는 찾기 드물다. 전작 『정의』에서 모든 인간의 위대한 가치가 하나님의 사랑을 받은 결과라고 설명한 그는, 이제 『사랑과 정의』에서 이 신비로운 관계의 본질과 '타인을 정의롭게 사랑하라' 하는 부름의 의미를 탐색한다.

리처드 가넷 노터데임 대학교 법학전문대학원 교수 · *First Amendment Stories* 저자

니콜라스 월터스토프는 자신의 권위 있는 전작 『정의』의 논의를 잇는 『사랑과 정의』를 통해 정의의 진정한 의미를 정확하게 파악했다.

미로슬라브 볼프 예일 대학교 교수·『배제와 포용』 저자

지난 30년 동안 월터스토프는 존 롤스의 『정의론』을 강력하게 비판하고 신선한 기독교적 대안을 만들어 왔다. 이 정교하고 새로운 정치신학서에서 그는 에로스와 아가페, 지배와 평등, 징벌과 긍휼, 책임과 용서, 정의와 옳음이라는 끝없는 논쟁적 질문들을 살핀다. 지식과 지혜가 가득하고 놀라울 만큼 혁신적이며 더없이 명료한 이 책은 월터스토프의 또 다른 고전이 될 것이다.

존 위티 주니어 에모리 대학교 교수·『권리와 자유의 역사』 저자

월터스토프는 이 탁월한 책에서 많은 이들이 불가능하다고 생각했던 일을 해냈다. 오래전부터 이미 진부해지고 뻔해져 버린 논쟁에 신선한 통찰을 안겨 준 것이다. 『사랑과 정의』는 명료하고 균형 잡힌 책의 모범이라 할 만하다. 묘한 매력이 넘치는 이 책은 우리 시대의 가장 중요하고 독창적인 종교철학자 중 한 사람인 월터스토프의 명성을 더욱 드높인다.

진 베스키 엘슈테인 전 시카고 대학교 교수·*Democracy on Trial* 저자

사랑과 정의

IVP(InterVarsity Press)는
캠퍼스와 세상 속의 하나님 나라 운동을 지향하는
IVF(InterVarsity Christian Fellowship)의 출판부로
생각하는 그리스도인을 위한 문서 운동을 실천합니다.

Copyright © 2011 by Nicholas Wolterstorff
Originally published in English under the title
Justice in Love by Nicholas Wolterstorff
Published by Wm. B. Eerdmans Publishing Co.
2140 Oak Industrial Drive NE, Grand Rapids, Michigan 49505, U.S.A.
All rights reserved.

This Korean edition is translated and used by permission of
Wm. B. Eerdmans Publishing Co.
through arrangement of rMaeng2, Seoul, Republic of Korea.

This Korean Edition copyright © 2017 by Korea InterVarsity Press
156-10 Donggyo-Ro, Mapo-Gu, Seoul 04031, Republic of Korea

이 한국어판의 저작권은 알맹2 에이전시를 통하여
Wm. B. Eerdmans Publishing Co.와 독점 계약한 IVP에 있습니다.
신 저작권법에 의하여 한국 내에서 보호받는 저작물이므로
무단 전재와 무단 복제를 금합니다.

사랑과 정의

정의로운 사랑은 가능한가

니콜라스 월터스토프
홍종락 옮김 | 강영안 해설

Ivp

차례

　　서문　　　　　　　　　　　　　　　　　　　11
　1　서론　　　　　　　　　　　　　　　　　　17

1부　자비-아가페주의

　2　현대 아가페주의　　　　　　　　　　　　　47
　3　고전적 현대 아가페주의가 바라보는 사랑과 정의의 관계　　81
　4　고전적 현대 아가페주의의 아이러니와 불가능성　　97
　5　니버의 비고전적 아가페주의　　　　　　　119

2부　배려-아가페주의

　6　사랑으로서의 정의　　　　　　　　　　　139
　7　정의란 무엇인가?　　　　　　　　　　　157
　8　사랑을 다시 생각하다　　　　　　　　　171
　9　배려로서의 사랑　　　　　　　　　　　185
　10　배려의 동기는 중요한가?　　　　　　　201
　11　배려의 적용 규칙　　　　　　　　　　217
　12　두 가지 인상 바로잡기　　　　　　　　243
　13　배려-아가페주의는 너무 쉬운가?　　　251
　14　사랑, 정의, 선　　　　　　　　　　　257

3부 정의로운 사랑과 불의한 사랑

15 용서란 무엇인가? 285
16 용서에 대한 인식은 어떻게 생겨났으며 무슨 의미를 갖는가? 315
17 용서는 정의를 침해하는가? 337
18 정의로운 관대함과 불의한 관대함 363
19 정의로운 온정적 간섭주의와 불의한 온정적 간섭주의 387

4부 하나님의 사랑의 정의

20 로마서에 나타난 하나님의 관대함의 정의 423
21 칭의란 무엇이며 그것은 정의로운가? 449

해설 497
찾아보기 517

일러두기
- 성경 본문은 새번역을 사용했으며 다른 번역본을 사용할 때는 번역본을 밝혀 두었다.
- 월터스토프는 일반적 내용(예를 들어 '인간'이나 '아가페주의자')을 서술할 때, 남성형 대명사 'he'와 여성형 대명사 'she'를 고르게 사용했다. 한국어판에서는 'she'를 '그녀'로 번역하지 않고 성별에 상관없이 쓸 수 있는 우리말 '그'로 옮겼으며, 특정 여성(예를 들어 한나 아렌트)을 지칭할 때도 '그'를 사용했다.

서문

사랑과 **정의**는 오랫동안 서구 도덕 문화에서 두드러진 두 개념이다. 둘 중 하나 또는 모두가 없는 사회에서는 누구도 사랑이나 정의의 관점에서 생각하지 않을 것임을 상상할 수 있다. 우리 사회에서는 대부분의 사람들이 둘 모두의 관점에서 생각한다.

우리는 이 두 개념을 채택한 고대의 작가들이 내린 두 가지 포괄적 명령을 오늘날 물려받았다. 하나는 정의를 행하라는 명령으로, 아테네-로마 줄기와 예루살렘 줄기라는 유산에서 물려받은 것이다. 미가 선지자는 '정의를 행하라'고 말하는 유명한 구절을 남겼다(미가 6:8). 고대 로마의 법학자 울피아누스는 각 사람에게 그의 **권리**나 **몫**(*ius*)을 주어야 한다고 말했다. 또 다른 명령은 예루살렘 줄기에서만 나왔다. 예수는 '비록 원수라고 해도 네 이웃을 네 자신과 같이 사랑하라. 악을 악으로 갚지 말라'고 말씀하셨다. 고대 그리스의 저술가들은 **에로스** 사랑(*eros*-love)과 **필리아** 사랑(*philia*-

love)을 칭송했지만, 예수는 토라를 인용하여 **아가페** 사랑(agape-love)을 명하셨다.

표면적으로는 '정의를 행하라'와 '네 이웃을 네 몸과 같이 사랑하라'는 두 명령의 관계가 잘 드러나지 않는다. '정의와 사랑이 무슨 상관인가?'라는 질문이 거듭 제기되는 이유는 우리 [서구의] 유산에서 두 명령이 꾸준하고 두드러지게 나타났을 뿐 아니라 앞의 두 명령의 관계가 잘 드러나지 않았기 때문이다. 이 꾸준하고 중요한 질문 때문에, 『정의』(Justice: Rights and Wrongs)[1]의 집필을 계획하면서 나는 자연스럽게 정의와 사랑의 관계에 할애할 한 장 정도의 논의를 구상했다. 그러나 몇몇 장을 더하기에는 『정의』의 분량이 너무 많아졌다. 예비적 성찰을 채 마치기도 전에, 정의와 사랑의 관계라는 주제를 제대로 다루려면 한 장이 아니라 책 한 권이 필요하다는 것을 깨달았다.

사랑과 정의에 대한 문헌에서는 긴장이나 갈등의 주제가 두드러진다. 때로 저자들은 이 주제와 관련하여 인간이 두 명령을 동시에 따를 수 없다거나 사랑과 정의는 본질적으로 갈등을 피할 수 없다고 주장한다. 사랑으로 행동하면 필시 정의가 요구하는 방식으로 상대를 대하지 않게 되고, 정의가 요구하는 방식으로 누군가를 대하면 부득이하게 사랑으로 행하지 않게 된다는 것다. 그런가 하면, 사랑-명령(love-imperative)을 따르는 것이 때로는 불의를 행하는 일이 된다고 주장하거나 정의-명령(justice-imperative)을 따르는 것이 때로는 무정하게 행하는 일이 된다고 주장하기도 한다.

불의한 사랑에 해당한다고 제시되는 사례는 대부분 세 가지로

---

[1] (Princeton: Princeton University Press, 2008).

구분되는 범주에 속한다. 관대함을 베푸는 방식이 불의하다. 자비로운 온정적 간섭주의(paternalism)를 행사하는 방식이 불의하다. 범법자에 대한 처벌을 자비롭게 포기하거나 줄임으로써 정의를 훼손한다. 이것은 용서, 자비, 일반사면, 특별사면, 감형 등에 대해 끊임없이 제기되는 비판이다. 바로 이 비판이 지난 30년 동안 각국의 진실화해위원회를 둘러싸고 휘몰아친 논쟁의 한복판에 자리하고 있다.

정의와 사랑에는 여러 종류가 있다. 그러므로 어떤 글이 이 논쟁적 주제를 중요하게 다루는 것을 눈치챈 사람은 자연스럽게 묻게 된다. '저자들은 어떤 종류의 정의와 어떤 종류의 사랑이 서로 충돌한다고 보는 것인가?'

온갖 종류의 정의, 즉 교환적·분배적·교정적 정의가 모두 정의와 사랑에 대한 논의에 등장한다. 사랑의 경우는 그렇지 않다. 우리가 '사랑'(love)이란 단어를 써서 가리키는 다양한 현상 중에는 어떤 대상의 가치나 탁월함 때문에 그것에 끌리거나 마음이 가는 현상도 있는데, "난 베토벤의 현악 4중주를 사랑해"라고 말하는 경우가 이에 해당한다. 사랑과 정의에 대한 글을 쓰는 사람들이 염두에 두는 것은 이런 종류의 사랑이 아니다. 그들이 생각하는 사랑은 언제나 자비, 관대함, 자선이다. 물론 대체로 저자들은 그렇다고 명시하지 않는다. 자비의 사랑과 다른 종류의 사랑을 명확하게 구분하지 않으며 자신이 자비의 사랑을 염두에 두고 있다고 선언하지 않는다. 그러나 그들의 말에 주의 깊게 귀를 기울여 보면 그들이 늘 자비에 대해 말하고 있음을 알 수 있다.

정의-명령과 사랑-명령 사이의 갈등을 인지한 일부 저자들은 정의보다 사랑을 선호하는 식으로 반응한다. 그들은 우리의 도덕 문화에서 정의 개념을 제거하자고 하거나, 둘 사이에 충돌이 있을 때마다 정의보다 사랑에 우선권을 주자고 하거나, 정의 범주의 사용을 신중하게 한정한 소수의 상황으로 제한하자고 제안한다. 그런가 하면 정반대로 반응하며 사랑보다 정의를 선호하는 저자들도 있다.

나는 이 두 명령 사이의 긴장을 불변의 기정사실로 받아들이는 대신, 둘 사이에 긴장이 있다는 인식이 곧 두 명령을 잘못 이해했다는 신호라고 주장하려 한다. 두 명령이 서로 온전히 조화를 이룰 수 있도록 사랑을 이해하는 길과 정의를 이해하는 길을 제안하고 논의하고자 한다.

1부에서 나는 사랑-명령과 정의-명령의 관계를 양립주의적 방식으로 이해하는 것이 바람직하다고 주장한다. 2부에서는 그런 이해를 구체적으로 제시한다. 3부와 4부에서는 사랑과 정의 사이의 갈등으로 보이는 사례들을 분석한다. 많은 이들이 비판하는 것처럼, 과연 용서는 본질적으로 불의한가? 무엇 때문에 자비로운 온정적 간섭주의와 관대함이 때로는 불의한 것이 되는가? 불의한 관대함과 불의한 온정적 간섭주의가 대표하는 사랑의 기형들은 왜 계속 생겨나는가? 그것들이 말 그대로 사랑의 기형적 모습이기 때문이라는 것이 나의 주장이다. 불의를 저지르는 사랑은 기형적 사랑이다.

이 책은 정의에 대한 담론에 사랑에 대한 사색을 추가한 것이 아니고, 사랑에 대한 담론에 정의에 대한 사색을 덧붙인 것도 아니라는 점을 강조하고 싶다. 나는 내 책 『정의』에서 정의를 포괄적으로 논의했다. 그 자매편에 해당하는 이 책에서 사랑을 주제로 하는 같은 방식의 논의를 기대하는 이들은 실망할 수 있다. 이 책은 정의와 사랑의 관계에 초점을 맞추는데, 사랑의 많은 부분이 그 초점

바깥에 있기 때문이다.

  이 책의 몇 부분은 아주사퍼시픽 대학교, 컬럼비아 신학교, 제네바 칼리지, 옥스퍼드 대학교, 리젠트 칼리지, 틴들 칼리지, 오클라호마 대학교, 테네시 대학교, 버지니아 대학교, 웨스턴 신학교에서 강연한 내용이다. 강사로 초대받는 영예와 활발하고 유익한 토론의 장을 마련해 준 학교 관계자들에게 감사를 전한다. 그리고 내가 선임 연구원으로 있는 고등문화연구소(버지니아 대학교)가 재정 지원과 더불어 생각하고 읽고 저술에 몰두할 수 있는 쾌적한 환경을 제공해 준 것에 감사드린다.

서론

    서구인들의 문학과 철학과 신학이 '사랑과 정의'라는 주제로 끊임없이 되돌아가는 것은 거의 필연적이었다. 서문에서 지적한 것처럼, 이 주제가 우리의 논의를 지배한 것은 고대로부터 전해진 두 포괄적 명령, 곧 정의를 행하라는 명령과 이웃을 자신처럼 사랑하라는 명령 때문이었다.

  하지만 사랑과 정의를 주로 갈등이라는 방식으로 다루는 것이 결코 불가피한 일은 아니었다. 그러나 그렇게 되고 있다. 소위 둘 사이의 갈등에 해당하는 사례 중에는 불의한 사랑의 사건과 무정한 정의의 사건, 그리고 좀더 깊이 따져 봐야 할 사건도 있다. 사랑으로 행하는 것은 정의의 요구에 따라 행하는 것이 아니고, 정의의 요구에 따라 행하는 것은 사랑으로 행하는 것이 아니라는 말과 생각이 만연해 있다. 그래서 어떤 이들은 불의를 저지르는 일이 되건 말건 사랑을 선택하고, 어떤 이들은 무정한 일이 되건 말건 정의를 선택한다.

　이 책에서 나는, 바르게 이해하면 두 명령이 서로 충돌하지 않는다고 주장한다. 둘이 충돌한다고 생각하는 것은 정의-명령에서 정의를, 또는 사랑-명령에서 사랑을, 또는 둘을 모두 오해했기 때문이다. 오랫동안 수많은 이들이 갈등을 보았다고 생각한 곳에서 나는 조화를 보여 주려 한다.

　정의-명령이 포괄적이긴 하지만, 이제껏 누구도 정의 추구가 인간의 윤리적 관점의 전부가 되어야 한다고 제안하지는 않았다. 그러나 사랑의 경우는 달랐다. 많은 이들이 사랑이 동료 인간을 향한 관점의 전부가 되어야 한다고 주장했다. 헬라어 구약성경 70인역과 신약성경에서 사랑을 가리킬 때 가장 흔히 쓰인 헬라어 단어는 아가페(agape)다. 그래서 우리는 이 윤리적 입장을 아가페주의(agapism)라 부른다. 1장의 목표는 예비적으로나마 아가페주의라는 윤리적 관점을 소개하는 것이다.

　아가페주의의 구조와 의미를 파악하는 가장 좋은 방법은 철학자들이 가장 많이 논하는 세 가지 대안적인 윤리적 관점, 이기주의(egoism)·행복주의(eudaimonism)·공리주의(utilitarianism)와 대조하는 것이다. 이 작업을 위해 먼저 특정 유형의 선(goods)을 식별하고 구분해야 한다. 서로 다른 종류의 선들과 그 선들이 서로 관련하는 다른 방식들에 대한 논의가 이어질 내용의 전부라고 보아도 무방하다.

안녕과 누군가에게 좋은 것

모든 윤리 체계는 그 사회의 관행이 내포하는 것이건 어떤 이론가가 제시하는 것이건, 한 사람의 삶에는 그 사람에게 **좋은**(good for) 상태와 사건이 있다는 생각을 받아들인다.[1] 마찬가지로 모든 윤리 체계는 한 사람 편에서 본인에게 **좋은** 특정 행동과 활동이 있다는 생각을 받아들인다. 건강은 나에게 좋은 삶의 상태 중 하나이고, 훌륭한 베토벤 현악 4중주를 듣는 일은 나에게 좋은 활동 중 하나다. 한 사람에게 좋은 상태와 사건에 그 사람에게 좋은 행동과 활동이 더해져 그에게 좋은 것 전부를 구성한다.

누군가의 삶에서 어떤 상태나 사건이 그 사람에게 좋다면, 그것을 그 사람의 삶에 **있는** 선(a good in), 곧 '삶-선'(life-good)이라고 할 수 있다. 한 사람이 벌이는 자신에게 좋은 행동과 활동도 그의 삶에 **있는** 여러 선, 삶-선이다.

어떤 사람의 삶에서 그 사람에게 좋은 상태와 사건 중 일부는 본질적으로 좋고, 일부는 도구적으로 좋다. 그가 수행하는 행동과 활동의 경우도 마찬가지다. 어떤 것이 누군가에게 **도구적으로 좋은** 경우는, 그것이 그 사람에게 좋은 다른 것에 인과적 기여를 할 때뿐이다. 반면 어떤 것이 누군가에게 **본질적으로 좋은** 경우는, 그것이 그에게 좋은 이유가 그에게 도구적으로 좋다는 점에 있지 않거나 그 점에만 있지 않을 때뿐이다. 이중초점 안경을 사는 것이 내게 좋다면, 그것은 본질적 선이 아니라 도구적 선이다. 이중초점 안경

---

1 이 장을 포함해 이 책 전체에서 사람(person)이라는 표현을 쓸 때는 인격체 및 인격체로서 기능하지 못하는 이들을 아우름을 밝혀 둔다.

의 가치는 전적으로, 내가 더 잘 볼 수 있게 해 준다는 사실에 있다.

도구적 선과 본질적 선의 구분은 인과관계에 기초한다. 사람들이 실행 계획을 세울 때 의도하는 여러 행동 간의 관계도 비슷하게 구분할 수 있다. 어떤 행동이 자신이 원하는 다른 일을 이루기 위한 수단이 된다고 판단하고 그 일을 할 수 있다. 그런가 하면 다른 일의 수단으로서가 아니라, 혹은 수단으로서만이 아니라 그 자체를 위해서 그 일을 하기도 한다. 후자의 경우, 그것만이 목적이 된다.

어떤 것이 누군가에게 좋으려면 그 사람의 안녕(well-being)이나 복지(welfare)에 긍정적으로 기여해야만 한다는 생각이 요즘은 보편적이다.[2] 나는 이 생각이 옳다고 본다. "꾸준한 운동이 당신에게 좋습니다" 혹은 "나는 이중초점 안경을 사는 게 좋겠다"라고 말하는 것은 규칙적인 운동이 당신의 안녕에 기여하고 이중초점 안경 구입이 내 안녕에 보탬이 될 거라는 뜻이다. 그러니 한 사람의 삶에서 그 사람에게 좋은 상태와 사건들에 대해서, 그리고 그에게 좋은 그 자신의 행동과 활동 모두에 대해서 '안녕-선'(wellbeing-goods)이라는 용어를 쓰기로 하자.

어떤 것이 누군가에게 좋다는 것이 무엇을 뜻하는지 설명할 수 없어도 그 어떤 것이 그에게 좋은지 안 좋은지 여부를 제대로 판단할 수 있다. 하지만 윤리학 이론가의 과제 중 하나가 그 설명을 하는 일이고, 그 일은 어려운 것으로 밝혀져 있다. 로버트 애덤스(Robert Adams)는 "인간의 안녕이 어디에 있는지, 어떤 것이 누군가에게 좋

---

[2] 이런 관점을 옹호하는 최근의 사례는 Richard Kraut, *What is Good and Why: The Ethics of Well-Being* (Cambridge, MA: Harvard University Press, 2007)이다.

다는 것이 무엇을 말하는지" 설명하는 일이 실은 "윤리 이론의 가장 어려운 과제 중 하나"라고 말한다.[3] 이 책에서 나는 그 과제를 맡겠다고 나서지 않을 것이다.

하지만 사실이 아닌 점 하나는 밝히고 넘어가야겠다. 오늘날 안녕의 본질에 대한 논쟁에서 많이들 받아들이는 관점에 따르면, 한 사람에게 본질적으로 좋은 것의 특징은 바로 그 사람의 욕망이나 기호를 만족시키는 것과 어떤 연관성이 있다. 이 입장을 지지하는 이들은 그 연관성이 무엇인지 정확히 짚어 내기가 어렵다는 것을 알게 되었다. 리처드 크라우트(Richard Kraut)는 『무엇이 왜 선한가』(*What is Good and Why: The Ethics of Well-Being*)에서 이 관점에 대한 결정적 반론을 제시한다. 이 반론 덕분에 우리는 안녕과 욕망 충족 사이의 본질적 연관성이라며 그동안 제안된 온갖 다양한 설명 중 쓸 만한 것이 있는지 일일이 살펴보는 수고를 덜게 되었다. 그는 우리가 어떤 것이 식물에게 좋다고 말한다는 점과, 그렇게 말할 때 '에게 좋다'라는 표현을 우리가 어떤 것이 인간에게 좋다고 할 때와 같은 의미로 쓴다는 점을 지적한다. 그러나 식물에게는 욕망이 없다.[4] 나는 이 점에서 크라우트가 옳다고 본다. 어떤 것이 누군가에게 좋다는 것은 욕망 충족과 본질적 연관성이 없다.

모든 윤리 체계는 어떤 사람의 삶에서 그 사람에게 좋은 상태와 사건, 행동과 활동이라는 개념에 더해 본인이나 타인의 삶에 어떠

---

[3] *Finite and Infinite Goods: A Framework for Ethics* (Oxford: Oxford University Press, 1999), p. 84.
[4] Kraut가 행복의 욕망충족이론에 대해 내놓은 반론과 같은 논리를 써서 '어떤 것이 어떤 것에게 좋은' 상태에 대한 Kraut의 설명에 반론을 펼칠 수 있는데, 우리는 하나의 단체에 대해서도 어떤 것들이 그 단체에게 좋다고 말한다는 점이다.

한 안녕-선을 **불러오도록 행동한다**는 개념도 사용한다. 누군가의 삶에 어떤 안녕-선을 불러오는 것은 그 사람의 행동이나 활동의 구조에서 그 자체로 목적일 수도 있고, 다른 무언가를 위한 수단에 불과할 수도 있다.

우리가 '사랑'이라는 단어를 써서 나타내는 다양한 현상 중에서도 자신이나 타인의 안녕-선 자체를 목적으로 여기고 증진하려 드는 현상이 중요하다. 모든 윤리 체계는 사랑 개념을 그렇게 이해하고 논의를 진행한다. 대부분의 윤리 체계가 그것을 사랑이라고 부르지는 않지만, 그렇게 부르건 부르지 않건 모든 윤리 체계는 그 개념을 가지고 논의를 전개한다.

안녕 증진의 세 가지 규칙: 이기주의, 행복주의, 공리주의

윤리 체계들은 앞에서 말한 개념들을 갖고 있을 뿐 아니라 **적용**한다. 특히, 윤리 체계들은 어떤 사람들의 어떤 안녕-선을 어떤 조건 하에서 어떤 방식으로 추구해도 되는지 또는 추구해야 하는지에 대한 규칙을 만들 때 이 개념들을 적용한다. 윤리 체계들 사이의 가장 근본적인 차이점 중 하나는 어떤 적용 규칙이 옳다고 보는가에 있다.

앞으로 진행될 논의에서 내가 '해야 한다'(should)와 '해도 된다'(may)라는 용어를 어떻게 사용할지 설명하겠다. 일상에서는 '해야 한다'(should)와 '마땅히 해야 한다'(ought)가 같은 의미로 쓰일 때가 많고, '해도 된다'(may)는 '허용된다'(permitted)와 같은 의미로 쓰일 때가 많다. 그러나 이 책에서 나는 그렇게 쓰지 않을 것이다. 내가 'S가 X해도 된다' 혹은 'S가 X하는 것이 **용납된다**'고 말할 때는 X하는 것이 S에게 좋은 일이라는 의미다. 'S가 **X해야 한다**'고 말할 때는 주어진 대안들 중에서 X를 하는 것이 S에게 최선이라는 의미다. 반면, 'S가 **마땅히 X해야 한다**'고 말할 때는 S가 X하는 것이 도덕적 의무라는 의미다. 그리고 'S가 X하는 것이 **허용된다**'고 말할 때는 S가 X하지 않아야 할 도덕적 의무는 없다는 뜻이다.

이런 규격화된 언어 사용에는 사람이 해야 하는 모든 일에 다 도덕적 의무가 있지는 않다는 가정이 깔려 있다. 신문에 난 구인 광고를 본 친구가 거기에 지원해야 할지 내게 조언을 구한다고 해 보자. 나는 그가 지원해야 한다고 말할 수도 있는데, 그 말은 그의 도덕적 의무를 뜻하는 것이 아니다. 그 일자리에 지원하는 것이 그가 처한 상황에서 할 수 있는 최선이라는 뜻 정도일 것이다. 반면, 누군가에게 어떤 일을 해야 할 도덕적 의무가 있다면 그는 그 일을 해야 한다. 도덕적 의무는 다른 고려 사항들보다 앞선다.

설명과 파악이 가장 쉬운 적용 규칙은 윤리적 **이기주의**의 규칙이다. 이기주의자는 사람이 그 자체를 목적으로 추구해야 하는 유일한 안녕-선은 자신의 안녕-선이라고 주장한다. 자신의 전반적 안녕을 향상시키는 수단으로서만 다른 사람의 안녕-선을 추구해야 한다. 잘 사는 인생은 온전히 자기애로 움직이는 삶이다.

고대 그리스-로마의 거의 모든 윤리이론가들이 받아들인 **행복주의**(eudaimonism)는 이기주의보다 훨씬 복잡하다.[5] 행복주의는 주

---

5   내 책 *Justice: Rights and Wrongs* 7장에서 행복주의를 보다 자세히 다루었다.

체중심적이라는 점에서 이기주의와 유사하다. 하지만 행복주의자들은 본인의 안녕 증진을 위한 **수단**으로서 다른 사람의 안녕을 추구할 때뿐 아니라, 때로는 타인의 안녕 자체를 **목적**으로 여기고 추구할 때도 안녕이 커지는 현상을 관찰했다. 타인의 안녕 증진이 자신의 안녕을 크게 하는 수단이 아니라 그 **구성 요소**와 **성분**인 것이다. 고대인들은 종종 우정을 사례로 들었다. 전반적 안녕을 위해서는 친구들이 필요하다. 사람들이 자신의 전반적 안녕 증진을 위한 수단으로 친구의 안녕을 도모하는 것은 사실이다. 하지만 진정한 우정에서는 이 수준을 넘어간다. 친구의 안녕 자체를 목적으로 여기고 추구한다. 친구의 안녕은 나의 안녕을 높이는 수단에 그치지 않고 나의 안녕을 이루는 **구성 요소**가 된다.

고대 행복주의자들은 이런 관찰을 근거로, 타인의 안녕을 증진시키는 일이 자신의 전반적 안녕에 기여한다고 생각하는 경우, 타인의 안녕 증진을 추구할 수 있다는 관점에 이르게 되었다. 그리고 수단으로건 목적으로건 타인의 안녕을 증진하는 일이 자신의 전반적 안녕을 향상시키지 못할 것 같다면 그 노력은 아무 의미가 없다고 말했다. 현명한 사람이라면 그런 일을 하지는 않을 것이다. 이런저런 일이 타인에게 좋으리라는 사실은 그 일을 시도하는 것이 자신에게 좋다는 충분한 이유가 되지 못한다.

고대 행복주의자들이 이런 '**주체-안녕 단서**'(agent-wellbeing proviso)를 인정한다고 보는 해석에 대해 이견이 없진 않다. 이 해석이 스토아학파(Stoics)에는 유효할지 몰라도 아리스토텔레스에게는 해당하지 않는다는 말을 행복주의에 대한 논의에서 들을 수 있다. 그러나 내가 아는 한 아리스토텔레스의 글에서 이 해석에 모순되는 대목은 없다. 대안이 될 만한 다른 설득력 있는 해석도 아는 바가 없다. 그리고 내가 보기에, 아리스토텔레스는 바로 그런 의미로 『니코마코스 윤리학』(*Nicomachean Ethics*)에서 다음과 같이 말한다. "실천적 지혜를 가진 사람은, 건강이나 체력과 같은 부분적인 것에서가 아니라 총체적으로 잘 살아가는 것과 관련해서 자신에게 무엇이 좋고 유익한지 잘 숙고할 줄 아는 특징이 있다."[6]

행복주의가 동기에 대한 가설이 아니라는 점에 주목하자. 행복주의자의 태도는, 타인의 안녕 증진을 추구할 때 자신의 안녕도 커질 거라는 판단 **때문에** 타인의 안녕 증진을 추구할 때에만 그렇게 해야 한다는 것이 아니었다. 그보다는 적절한 상황에서 숙고할 것 없이 타인의 안녕을 위해 행동하도록 이끌어 주는 덕스러운 성품을 갖추는 쪽이 훨씬 낫다고 보았다. 행복주의는 누군가의 안녕 자체를 목적으로 여기고 증진하려 드는 일이 용납되는 조건에 대한 명제를 내세우는데, 이 조건에 대한 명제는 용납할 만한 동기에 대한 것이 아니다.

나는 이번 장을 열면서 사람의 안녕을 이루는 여러 선(the goods)

---

[6] 여기서 나는 W. D. Ross(J. O. Urmson 개정)의 영어 번역본 Jonathan Brnes, ed., *The Complete Works of Aristotle*, vol. 2 (Princeton: Princeton University Press, 1984), 6.5; 1140a 25-28을 참고했다. 현대의 대표적인 행복주의자 Alasdair MacIntyre는 다음 글에서 아리스토텔레스가 말한 것과 정확히 동일한 논지를 보다 충실하게 서술하고 있다. "내가 저 일 대신 이 일을 하고, 저 욕망이 아니라 이 욕망에 따라 행동하는 합당한 이유는, 저것 말고 이것을 행하는 것이 내 선에 보탬이 되고, 인간으로서 나의 번영(flourishing)에 기여할 거라는 점이다." *Dependent Rational Animals* (Chicago and LaSalle: Open Court, 1999), p. 86. MacIntyre의 이 말은 물론 이것이 행동을 하게 되는 유일하게 합당한 부류의 이유는 아니라는 주장과 양립할 수 있다. 어디서도 그는 행동의 합당한 이유가 그것뿐이라고 암시한 적이 없다.

은 삶의 상태와 사건들의 선과 그리고 사람이 벌이는 행동과 활동의 선으로 구분할 수 있다고 말했다. 행복주의는 이 구분을 철학사의 다른 어떤 운동보다 더 정교하게 발전시켰다. 행복주의자들은 우리의 안녕, 곧 우리 삶의 훌륭함(estimability)을 규정하는 것이 전적으로 우리가 수행하는 행위와 활동이지 우리 삶의 상태와 사건들이 아니라고 주장했다. 이것을 훌륭한 삶에 대한 **활동 명제**(activity thesis)라고 부를 수 있을 것이다. 줄리아 안나스(Julia Annas)는 고대 행복주의 전체를 두고 이렇게 말한다. "그들은 안녕을…수동적이 아니라 능동적인 것, 주체의 활동을 포함하는 것, 주체에 달린 문제라고 상식에 맞게 생각했다. 이런 식으로 생각하면, 예컨대 부(富)를 안녕의 범주에서 당장 배제하게 될 것이다. 아무리 좋은 것이라도, 서로 주고받을 수 있는 하나의 사물이 안녕일 수는 없다. 적어도 안녕이라면 사람이 부를 가지고 **하는** 일, 부를 **쓰는** 용도 정도는 담아내야 한다."[7] 안나스는 아리스토텔레스의 말을 달리 표현한 아리우스의 말을 인용한다. "[최종적 선은 신체적이고 외부적인 선의 실현이 아니라 덕을 따르는 삶이기 때문에] 행복은 활동이다.…행복은 삶이고, 삶은 행위의 실현이다. 어떤 신체적·외부적 선

---

[7] *Platonic Ethics: Old and New* (Cornell: Cornell University Press, 1999), p. 45. 같은 논지로 John Cooper는 이렇게 말한 바 있다. "아리스토텔레스의 설명에 따르면, [외부적 선들은] 행복한 사람이 정신과 성품의 덕을 온전히 발휘하는 것을 가능하게 해 주는, 선행적으로 존재하는 조건들로서 필요하다. 행복한 사람에게 외부적 선 하나하나가 갖는 가치는 그것을 갖게 된 결과로 무슨 일이 가능해지는가 하는 데 있다. 덕스러운 행동을 제외한 모든 선이 그 자체로 보유하고 있을지 모르는 가치는 모두 부정되거나, 적어도 이 이론에서는 고려되지 않는다." "Aristotle on the Goods of Fortune", in *Aristotle's Ethics*, ed. Terence Irwin (New York and London: Garland, 1995), p. 189.

도 그 자체는 행위가 아니며 대개는 활동도 아니다."[8]

행복주의자들이 삶-선을 한 사람이 수행하는 행위와 활동과 그가 겪는 상태와 사건으로 날카롭게 구분한 것을, 고대와 현대의 주석가들은 어리둥절해하거나 순전히 언어적 구분으로 보았다. 행복주의자들은 사람의 삶에 있는 상태와 사건들이 가치 있다는 것을 부인하지 않았다. 스토아학파는 그것들을 '무관심사'(indifferents)라고 부르면서도 일부 무관심사들은 다른 것들보다 **선호할 만하다**고 덧붙였다. 그들은 '선'이라는 용어를 덕행에 대해서만 써야 한다고 주장했다. 키케로와 아우구스티누스는 선(goods)과 선호할 만한 것(preferables) 사이의 이 구분이 언어상의 구분일 뿐이라고 주장했다. 아우구스티누스는 『신의 도성』(City of God)에서 이렇게 말한다. "[스토아학파 사람들은] 이런 것들을 선이 아니라 이점[commoda]이라 불러야 한다고 말하지만, 우리는 이 주장을 사물들 사이의 진정한 구분이 아니라 말 가지고 벌이는 다툼 정도로 봐야 한다"(『신의 도성』, 9.5).[9]

그러나 우리 삶의 훌륭함(행복)을 규정하는 것은 우리가 하는 일이지 우리에게 일어나는 일이 아니라는 행복주의자들의 주장을 우리가 진지하게 고려한다고 가정해 보자. 이 주장을 받아들이면서

---

8   Annas, *Platonic Ethics*, 189. 아리우스가 표현한 아리스토텔레스의 말은 *Nicomachean Ethics* 1.7; 1098a 16-19에서도 볼 수 있다. "인간적 선(좋음)은 탁월성을 따르는 영혼의 활동일 것이다. 또 만약 탁월성이 여럿이라면 그중 최상이며 가장 완전한 탁월성을 따라야 한다. 더 나아가 그 선은 완전한 삶 안에 있을 것이다. 제비 한 마리가 온다고 여름이 되는 것이 아니며, 어느 하루가 여름을 만드는 것도 아니다. 그렇듯 하루나 짧은 시간이 사람을 복되고 행복하게 해 주지 못한다."
9   내가 사용한 영어 번역본은 R. W. Dyson, *Augustine: The City of God against the Pagans* (Cambridge: Cambridge University Press, 1998), p. 364다.

도 우리 삶의 상태와 사건들에 가치가 있다고 얼마든지 내세울 수 있다. 행복주의자들의 주장은 다만 우리 삶의 상태와 사건들에는 우리 삶의 훌륭함을 규정하는 데 기여하는 그런 가치가 없다는 것이니 말이다. 선과 선호할 만한 것을 나눈 스토아학파의 구분은 말에 불과한 것이 아니고, 어리둥절해할 것도 아니다. 어리둥절한 것은 이 구분이 아니라, 사람의 행위만이 우리 삶의 훌륭함에 의미 있게 작용한다는 명제다.

나는 행복주의자들이 이 문제를 제대로 일반화하며 직접 다룬 대목을 본 적이 없다. 내가 아는 한, 그들은 모두 자신과 다른 주장의 구체적 사례들에 대해 반론을 펴는 것으로 만족한다. 부유함은 한 사람의 삶의 훌륭함에 기여하지 않는다, 명예를 얻는 것도 훌륭함에 보탬이 되지 않는다, 많은 쾌락을 경험하는 것도 다를 바 없다 등등이다.

고대의 행복주의 이론가들은 활동 명제를 명백한 것으로 여겼는지 모르지만, 우리는 그것을 변호하는 논증이 궁금하다. 이 지점에서 유대교와 기독교의 관점이 고대 행복주의와 전혀 다르기 때문이다. 한 사람의 삶의 훌륭함을 결정하는 것은 그가 '무엇을 하는가'뿐 아니라 그가 '어떻게 살아가는가'다. 이것이 히브리성서/구약성경 시편 기자의 다음과 같은 외침의 배후에 놓인 생각이다. "의로운 사람들이 왜 고통을 겪는가?" 성서의 욥은 덕을 갖춘 사람이었지만 자기 인생의 비참함을 탄식했다. 그러나 행복주의자가 볼 때, 욥은 불평꾼이다.

앞에서 나는, 어떤 사람들의 어떤 안녕-선 자체를 목적으로 추구해도 되는지, 혹은 추구해야 하는지에 대한 규칙을 모든 윤리 체계가 하나 이상 제안한다고 말했다. 고대 행복주의자들은 모두 내가 정리한 행복주의자들의 주체-안녕 단서에 한 가지를 덧붙여야 한다고 주장할 것이다. 타인의 안녕과 자신의 안녕이 연결되어 있는 한, 자신과 타인의 안녕을 동시에 증진하려 해야 하는데, 그 **방식**에 있어서는 '항상 덕을 따라 그렇게 해야 한다'는 것이다. 이렇게 해서 앞서 인용한, 아리스토텔레스의 주장을 격언처럼 풀어 쓴 "안녕은 덕을 따르는 삶"이라는 아리우스의 말이 나오게 되었다. 덕은, 삶에 있는 실제적이고 잠재적인 선호할 만한 것들 사이에서 우선순위를 평가한 후 그에 따라 살아가는 습관화된 기술이다.

활동이 삶의 훌륭함을 좌우한다는 원리와, 훌륭한 삶은 덕에 따라 사는 삶이라는 원리를 더하면 이런 결론을 얻게 된다. "무관심사들, 즉 관습적으로 말하는 선과 악은 덕스러운 삶의 재료와 맥락이 될 때에만 안녕에 대해 가치가 있다. 무관심사 자체로서는 삶의 안녕에 무언가를 더하지도 빼지도 못한다."[10]

철학 이론가들이 많이 제시하고 논의한 세 번째 주요한 윤리적 관점은 행복주의보다 훨씬 단순한 **공리주의**(utilitarianism)다. 공리주의자는 원리적으로 누군가의 안녕 자체를 목적으로 삼고 증진하려 들어도 된다는 점에서 행복주의자에게 동의한다. 하지만 다른 조건을 추가한다. 자신에게 열려 있는 여러 행동 노선이 영향을 미칠 모든 사람을 일일이 고려해서 사람들의 삶의 안녕의 총량을 극대화해 줄 전망이 있는 일을 해야 한다는 것이다. 주어진 상황에서 안녕의 극대화가 요구한다면 본인이건 타인이건 특정인의 안녕을

---

10 Annas, *Platonic Ethics*, p. 43.

증진해야 한다. 또 안녕의 극대화가 하지 **말아야** 한다고 요구하지 않는다면, 본인이건 타인이건 특정인의 안녕을 증진**해도 된다**. 공리주의의 핵심은 극대화 원리다.

우리가 제시한 행복주의 묘사에 대한 옹호

흔히 행복주의의 핵심적 특징으로, 다른 윤리 체계들은 '내게 가능한 행위 중에서 어떤 것을 수행해야 하는가?' 하는 질문을 제기하는 반면, '어떻게 해야 인생을 잘 살 수 있는가?'를 우리 각자가 대답해야 할 근본적 질문으로 여긴다는 점을 꼽는다. 나는 이 주장이 옳지 않다고 본다. 고대의 행복주의자들이 삶 전체에 대한 그 질문을 근본적 문제로 여긴 반면, 근대의 윤리학자들은 개별적 행위들에 주로 초점을 맞추는 것이 사실이다. 그러나 그런 연결은 순전히 우발적이다. 이기주의자들과 공리주의자들도 '어떻게 해야 잘 살 수 있는가?'를 근본적 질문으로 삼을 수 있었고, 나는 그들이 그래야 한다고 생각한다. 그러나 그렇게 한다고 해서 그들이 행복주의자가 되는 것은 아니다. 그들이 그 근본적 질문에 대해 내놓는 답변은 행복주의자의 답변이 아니라 이기주의자나 공리주의자의 답변일 것이다.

행복주의를 규정하는 특징이 덕(virtue)에 대한 강조라는 말도 자주 들을 수 있다. 고대 행복주의와 근대 공리주의 사이의 현저한 차이점이, 전자에서는 덕이 두드러지고 후자에서는 덕을 거의 찾아볼 수 없다는 점인 것도 분명한 사실이다. 최근에 덕의 윤리학에 대한 관심이 되살아난 것은 고대 행복주의에 대한 관심이 되살아난 데 힘입은 바가 크다. 그러나 근대의 공리주의자들이 덕에 대해 말하지 않은 것은 순전히 우발적이다. 그들은 덕에 대해 말할 수 있고 말해야 한다. 하지만 그들이 말하는 덕은 그 종류가 다를 것이다. 근대 공리주의자로 사는 데 필요하고 적절한 덕들은 고대 행복주의자들이 칭송하고 계발한 덕들과 다르다.

세 가지 관점이 실패하는 이유

이제 이 세 관점이 받아들일 만한 것인지 차례대로 간략히 살펴보자. 이기주의자는 인간의 심리 구조상 자신이 아닌 타인의 안녕 자체를 목적으로 여기고 증진하려 드는 일이 불가능하다고 주장하지 않는다. 18세기의 저술가 프랜시스 허치슨(Francis Hutcheson)은 『도덕적 선과 악에 대한 탐구』(Inquiry concerning Moral Good and Evil)에서 이런 주장을 반박했지만, 이것이 이기주의자의 주장은 아니다. 자신이 아닌 누군가의 안녕 자체를 목적으로 여기고 증진하려 드는 일이 심리적으로는 가능할지 몰라도 우리가 처한 상황에서는 타인에 대한 지식이 부족하기에 그런 시도가 전부 또는 대부분 부질없다는 것 또한 이기주의자의 주장이 아니다. 이기주의자는 타인의 안녕 자체를 목적으로 여기고 성공적으로 증진하는 사람이 있다는 사실을 적어도 암묵적으로는 인정한다. 이기주의자는 우리가 그러지 않아야 한다고 주장한다. 말도 안 되는 소리다.

부모의 자녀 사랑은 친구에 대한 사랑과 비슷한 면이 있는데, 흔히 자기애의 요소가 있기는 하지만 그것이 그 사랑의 전부인 경우는 거의 없다는 점이다. 부모는 자녀의 안녕 자체를 목적으로 여기고 증진하려 들고, 자녀를 위해 그렇게 해낸다. 이기주의자는 그런 사랑은 말도 안 된다고, 그런 사랑을 모두 제거하도록 힘써야 한다고 말한다. 우리 자신에 대한 그런 급진적 재조정은 그 일을 감행할 만한 강력한 이유가 주어지는 경우에만 이치에 맞을 것이다. 이기주의자는 그런 이유를 전혀 제시하지 않는다.[11]

그러면, 자신의 안녕에 도움이 될 것 같은 때만 타인의 안녕 자체를 목적으로 여기고 증진하려 해야 한다는 행복주의자의 원리는 어떤가? 자기의 안녕의 구성 요소가 될 것 같지 않고 실제로 그러한데도 타인의 안녕 자체를 목적으로 여기고 추구하는 상황을 쉽게 떠올릴 수 있다. 때로는 그 일이 자신의 안녕을 줄일 조짐이 있고 실제로 줄이기도 한다. 예수의 선한 사마리아인 비유를 생각해보라. 상처를 입은 채로 길가에 쓰러져 있는 사람을 도운 사마리아인의 행위는 본인의 안녕을 향상시키지 않았고 향상시킬 것 같지도 않았다. 예수는 사마리아인이 공감(compassion)을 통해 그 일을 했다고 말씀하셨다. 공감을 통해 친구도 가족도 아닌 사람, 어떤 애착도 형성된 바 없었고 후에 의미 있는 관계를 맺을 것 같지도 않은 사람을 돕되, 때로는 상당한 희생을 감수하고 심지어는 목숨까지 내어놓는 사례가 실제로도 드물지 않다.

행복주의자의 관점은 선한 사마리아인이 잘못 생각했다는 것이다. 그를 추켜올리고 칭찬할 것이 아니라 그런 행동은 이치에 맞

---

[11] Richard Kraut는 *What is Good, and Why*에서 이 같은 주장을 펼친다.

지 않다고 선언해야 한다. 그런 무차별적이고 지나친 동정심을 발휘한 행동을 칭찬해서는 안 된다. 친구를 돕는 일은 합당하다. 가족을 돕는 것도 합당하다. 같은 국민이나 동포를 돕는 것까지도 때로는 합당하다고 할 수 있다. 그러나 타민족, 적대적인 민족의 구성원인 이방인, '원수'를 돕는다는 것은 말도 안 되는 일이다. 현명한 사람이라면 절대로 그렇게 하지 않을 것이다.

내 관점으로는, 선한 사마리아인의 안녕이 줄어들었을지 몰라도 그가 고결하고 고상한 일을 했다고 생각한다. 이 관점에 반대하는 강력한 논증이 나오지 않는 한, 나는 세상에 존재하는 선한 사마리아인들에 대한 존경을 철회할 생각이 전혀 없다. 그러나 행복주의자는 그런 논증을 내놓지 않는다.

이제 공리주의가 남았다. 이 책의 2부에서 분명히 드러나겠지만 나는, 어떤 일을 할지 결정을 내릴 때 그 행위로 영향 받게 될 모든 사람을 고려해야 한다는 공리주의자의 주장이 옳다고 생각한다. 그러나 내 판단에 공리주의자는 그들의 안녕을 고려할 올바른 방법을 찾아내지 못했다. 공리주의자는 우리가 순효용(net utility), 즉 사람들의 삶에서 안녕-선의 총량을 극대화하려 드는 방식으로 그들의 안녕을 고려해야 한다고 주장한다.

이 주장에 대한 오래된 반론은 이것이 받아들일 수 없는 교환을 허용한다는 점을 지적한다. 만약 전체의 안녕을 극대화하기 위해 잘못한 것이 없는 사람의 안녕을 급격히 줄여야 하는 상황이라면 나는 그렇게 해도 된다. 엄밀히 말하면 그렇게 해야 한다. 정곡을 찌른 비판이라고 본다. 공리주의의 오류를 밝히는 귀류법(reductio ad absurdum)이다. 많은 사람이 누군가를 어떤 범죄의 범인이라고 여기지만 그가 무죄라는 사실을 판사는 알고 있을 경우, 판사가 범죄 억제력이라는 사회적 선을 위해 그에게 징역형을 선고하는 일은 용납할 수 없다.

리처드 크라우트는 공리주의 원리의 보편성에 초점을 맞춘 다른 반론을 제시한다. 공리주의 원리에 따르면 자녀와 배우자에 대한 우리의 사랑을 어떤 형태로 나타내야 할지 결정할 때 우리는 자신에게 열려 있는 여러 대안적 행동 노선들로 영향 받을 모든 사람을 고려해야 한다. 보편적 관점에서 생각해야 하는 것이다. 크라우트가 이에 대해 말한 다음 대목의 내용이 나는 옳다고 생각한다.

> 약속을 하는 사람이 세상의 작은 한 부분에 특별히 주의를 기울이고 자신이 제공하겠다고 말한 선을 제공해야 하듯이 자녀를 돌볼 책임이 있는 부모 역시 세상의 작은 한 부분에 특히 주의를 기울여야 한다. 부모가 우주를 위해 최대한 많은 선을 생산해야 한다는 원리를 받아들인다면, 이 최종 합계에 기여할 만큼만 자녀에게 관심을 갖고 자녀의 필요가 다른 사람의 필요보다 더 중요하지 않다고 생각한다면, 세상의 어린이들은 큰 고통을 겪게 될 뿐만 아니라 부모들 또한 자녀와 맺은 특별한 관계에서 얻는 선을 잃게 될 것이다. (44)

공리주의자들은 앞서 소개한 두 반론과 같은 생각을 차단하기 위해 다양한 전략을 썼는데, 그중 '행위-공리주의'라 부르는 것을 '규칙-공리주의'라는 것으로 대체하는 전략이 눈에 띈다. 개별적 행위들의 순효용이 아니라 행위의 일반 규칙들을 따르는 순효용을 고려해야 한다는 것이다. 그러나 내가 볼 때 이런 전략은 공리주의를 구해 주지 못한다.

어떤 규칙이 있다고 하자. 사회 구성원들이 그 규칙을 잘 지키면 그렇지 않을 때보다 전체 안녕이 더 커진다. 그런데 어떤 경우, 더 큰 효용을 가져올 수 있는 방식으로 규칙에 대한 사회 전반의 충성도를 전혀 훼손하지 않으면서 그 규칙을 어길 수 있다고 해 보자. 나는 몰래 규칙을 위반하고 누구도 그 사실을 알지 못한다. 규칙-공리주의에 따르면, 개별 행위의 효용이 아니라 규칙을 따르는 효용만을 고려해야 한다. 그러나 내가 제시한 사례에서 개별 행위의 효용도 고려하지 않을 근거가 있는가? 그야말로 임시변통이다. 공리주의자의 핵심 '직관'은 순효용 극대화가 인간의 행위에서 절실히 필요하다는 것인데, 이 경우에는 규칙을 위반하되 그 위반 행위가 규칙 준수라는 사회적 관행에 부정적 영향을 끼치지 않게 함으로써 최대 순효용을 얻는다.

그러나 개별 행위의 효용은 고려하지 말아야 한다는 규칙-공리주의자의 주장에 합당한 이유가 있다고 가정해 보자. 그리고 우리가 두 가지 행동 규칙을 따른다고 생각해 보라. 규칙 1: 결코 누군가를 음란하게 염탐해서는 안 된다. 규칙 2: 누군가를 음란하게 염탐하는 행위는 그 일을 통해 안녕을 증진하는 염탐자 외의 다른 누구의 안녕에도 영향을 미치지 않는 방식으로만 행해야 한다. 다들 규칙 2를 지키는 것이 규칙 1을 지키는 것보다 순효용이 더 크다. 그러나 물론 음란한 염탐을 해서는 안 된다. 당연하다! 사람들은 음란하게 염탐당하지 않을 권리가 있다.

아가페주의 소개

이기주의, 행복주의, 공리주의. 이 중 어느 것도 어떤 조건에서 누구의 안녕 자체를 목적으로 여기고 증진해도 되는지 또는 증진해야 하는지에 대해 수용할 만한 규칙을 제시하지 못한다. 수용할 만한 규칙이 되려면 행복주의와 공리주의가 제안하는 규칙들과 유사하게 타인의 안녕 자체를 목적으로 여기고 증진하려 들어도 되며 때로 그래야 한다고 단언하거나 암시해야 한다. 그러면서도 행복주의자의 주체-안녕 단서와 공리주의자의 극대화 단서를 거부해서 그 규칙들과 차이를 보여야 할 것이다.

내가 앞에서 인용한 크라우트는 이 문제를 탁월하게 다루었는데, 그는 그런 규칙이 나타날 기미를 보지 못했다. 모든 주요 철학적 윤리 체계의 실패를 거론하며 이렇게 말한다. "그 체계들이 대답하고자 하는 질문은 너무나 폭넓고 일반적이고 추상적이다. 철학은 폭넓고 일반적이고 추상적인 질문을 제기하는 일을 한다. 그러나 모든 답변에 결함이 있는 것으로 밝혀졌다면, 우리가 정말 그렇게 높은 수준의 일반성을 목표로 삼아야 하는지 물어야 한다. 실로, 우리는 사람들이 처한 상황과 상관없이 누구의 선을 증진해야 하는지 모든 사람에게 말해 줄 공식이 필요하지 않다. 상식에 의지할 수 있고 이 세상이 선한 일을 행할 기회를 이미 수없이 제공하고 있음을 파악할 수 있다"(56).

물론 크라우트의 말은 옳다. 철학자들이 추구하는 당장의 설명과 일반적 규칙이 없어도 어떤 일이 누구에게 선인지 알아볼 수 있고 그 선을 증진할지 말지 결정할 수 있다. 이론이 구축되기 전에 그런 문제 안에서 상황을 파악할 수 없다면, 철학자들이 제시하는 설명과 규칙들을 평가할 가장 중요한 전략 중 하나인 사례와 반례들에 호소하는 전략을 쓸 수 없을 것이다.

그러나 크라우트가 "모든 주요 철학적 윤리 체계의 실패"라 묘사한 부분은 적절치 않아 보인다. 그는 그 윤리 체계들의 목표가 "사람들이 처한 상황과 상관없이 누구의 선을 증진해야 하는지 모든 사람에게 말해 줄 공식"을 찾는 것이라고 이해한다. 크라우트가 논의하는 두 체계, 이기주의와 공리주의에는 이 이해가 들어맞는다. 그리고 그런 공식을 찾는 일이 불가능하다는 데 나도 동의하며, 그 이유는 11장에서 설명할 것이다. 적용 규칙이 반드시 그런 식의 형태일 필요는 없는데, 행복주의자의 규칙이 여기에 해당한다. 나는 타인의 안녕 자체를 목적으로 여기고 증진하려 드는 것이 본인의 전반적 안녕 향상에 보탬이 될 것 같으면 그렇게 해도 된다는 것이 행복주의자들의 주장이라고 정리했다. 행복주의는 사람들이 처한 모든 상황에서 누구의 선을 증진시켜야 하는지를 모든 사람에게 말해 줄 의도조차 없다. 하지만 그렇다고 해서 행복주의가 무의미한 것은 아니다. 오히려 명확한 길잡이가 되어 준다. 내가 앞으로 전개할 윤리 체계, 즉 아가페주의의 경우도 마찬가지다.

아가페주의는 지금 논의하는 이슈들에 대한 하나의 사고방식인데 크라우트는 대부분의 다른 철학자들과 마찬가지로 여기에 주목하지 않는다. 나는 그 이유를 주로 아가페주의의 근본 출처가 철학 텍스트가 아닌 종교 텍스트이기 때문이라고 본다. 그러나 윌리엄 프랑케나(William Frankena)는 예외였다. 유명한 저서 『윤리학』(Ethics)에서 그는 이렇게 밝히고 있다. "예나 지금이나 특히 유대교-기독교권에서 널리 수용되는 윤리 이론이 사랑의 윤리다. 이 이론은, 사랑하라는 것 하나만이 기본적 윤리 명령이며 나머지 명령들은 거기에서 파생한다고 주장한다.…이 견해를 아가페주의라 부를 수 있다. 널리 퍼져 있음에도 이 책과 같은 철학 입문서들은 대체로 이 견해를 무시한다. 하지만 널리 퍼져 있는 사상이니, 그것에 대해 어느 정도 설명하는 것이…바람직하다고 본다"(56). 그리고 프랑케나는 한 장을 할애해 아가페주의를 논한다.

지금까지 말한 내용으로 분명해졌겠지만, 나는 프랑케나가 염두에 둔 이론을 사랑의 윤리라는 말로 규정할 수 있다고 보지 않는다. '사랑'이라는 말이 누군가의 안녕 자체를 목적으로 여기고 증진하려 한다는 뜻이라면—프랑케나의 향후 논의를 보면 그가 말하는 사랑이 그런 뜻임을 알 수 있다—'사랑'이라는 용어를 쓰건 쓰지 않건 모든 윤리 체계는 사랑의 윤리다.[12] 이기주의자·행복주의자·공리주의자들에겐 **누군가의 안녕 자체를 목적으로 여기고 증진하려 함**이라는 개념이 무엇을 해야 하고 어떻게 살아야 하는지 결정할 때 활용할 수 있는 유일한 개념은 아니라고 주장할 여지가 있지만, 그것이 유일하게 유의미한 개념이라고 주장할 여지도 있다. 그들은 "기본적 윤리 명령은 사랑하라는 것 하나뿐"이고 "나머지 명령들은 거기에서 파생한다"고 주장할 여지도 있다.

아가페주의를 사랑의 윤리라고 규정할 수 없다면, 뭐라고 규정

---

[12] 이기주의자, 행복주의자, 공리주의자들은 보통 '사랑'이라는 용어를 쓰지 않지만, 흥미롭게도 Richard Kraut는 이기주의와 공리주의를 해설할 때 종종 '사랑'이라는 말과 '보살핌', '배려', '관심' 같은 동의어들을 사용한다. 세어 보니 이런 용어들이 p. 53-54, 두 쪽에서만 열다섯 번 등장한다.

해야 하는가? 다양한 버전의 이기주의, 행복주의, 공리주의가 있는 것처럼, 아가페주의에도 여러 버전이 있다. 어떻게 아가페주의를 식별할 수 있는가? 아가페주의가 지금까지 검토한 세 가지 윤리 체계 모두와 구별된다고 할 때, 우리는 '행복주의 단서나 공리주의 단서가 충족되지 않을 경우에도 때로는 다른 사람의 안녕 자체를 목적으로 여기고 증진하려 해야 한다는 것이 아가페주의자가 주장하는 바라고 추론할 수 있다.' 그러나 이것은 아가페주의가 자리 잡은 대략적 지역을 말해 줄 뿐, 아가페주의의 좌표를 콕 집어서 말해 주지는 않는다.

윤리에 대한 사고방식으로서 아가페주의의 기원은 이웃을 자기 자신처럼 사랑하라는 모세오경의 명령과 그 명령이 유대교 토라의 핵심이라는 예수 및 기타 랍비들의 선포에 있다. 아가페주의의 본질은 체계적 사상이 아니라 지적 전통, 즉 내가 서문에서 말한 **사랑-명령**의 의미를 깊이 숙고하는 전통이다.

물론 행복주의와 공리주의도 지적 전통이다. 행복주의자들과 공리주의자들은 자신들이 물려받은 지적 전통 안에서 사고하며, 각 전통에 내부적 논쟁과 독창적 발전이 가득하다고 자부한다. 현대의 행복주의자들이 그 전통의 근본 문헌, 즉 고대 소요학파(Peripatetics)와 스토아학파의 문헌들을 연구하는 데 많은 시간을 보내는 것은 흔한 일이다. 행복주의와 공리주의의 근본 문헌은 철학 서적들이기 때문에, 이 두 전통에는 아가페주의 전통의 경우보다 더 치밀한 체계적 통일성이 있다.

여기까지 왔으니, 아가페주의 전통의 체계적 통일성을 보여 주는 몇 가지 요점을 대담하게 지목해 보려 한다. 이 작업을 위해서는 누군가의 선에 대해 우리가 지금까지 전제했던 것보다 더 포괄적인 개념이 필요하다.

번영과 누군가의 선

공리주의의 적용 규칙은 사람의 선에 대하여, 놓치기 쉽지만 중요한 의미가 담긴 혁신적 이해를 가져다주었다. 공리주의 원리에 따르면, 주어진 상황에서 수행하는 좋은 일, 마땅히 해야 하는 일이 본인에게는 좋지 않은 일일 수도 있다. 전체 안녕의 극대화가 본인의 안녕을 축소할 수도 있다. 공리주의 원리에 맞추기 위해서는 누군가에게 있어 선(a good for)은 아니지만 그럼에도 그 사람의 선(a good of)이 되는 선의 개념을 도입해야 한다. 그 사람의 선에 해당하는 행위와 활동 중에는 그 사람에게 있어 선이 되는 것들뿐 아니라 그것과 다른 삶-선도 있을 것이다.

이렇게 더 포괄적인 삶-선 개념이 필요한 이유는 누군가의 선이지만 그 사람에게 있어 선이 아닌 행동과 활동들을 아우르기 위해서일 뿐 아니라, 사람의 삶에서 그 사람의 선이지만 그에게 있어 선은 아닌 상태와 사건들을, 즉 그 사람의 삶에 있는 선이지만 그의 안녕에 아무 보탬이 안되는 상태와 사건들을 아우르기 위해서다. 그 이유를 설명해 보겠다.

이기주의, 행복주의, 공리주의의 적용 규칙은 권리 개념을 쓰지 않고도 제시할 수 있었다. 내가 이 책의 2부에서 주장할 내용은 권리 개념을 쓰지 않고 아가페주의의 적용 규칙을 표현하는 일이 불가능하다는 것이다. 당분간 교정권(corrective rights) — 부당한 일을 당할 때 생겨나는 권리 — 은 옆으로 치워 놓고 기본 권리에 초점을 맞춰 보자. 사소한 몇 가지 예외가 있긴 하지만 대체로, 내가 특정 방식으로 대접받을 권리가 있다면 그렇게 대접받는 것이 나의 삶-선일 것이다. 어떤 해커가 내 이메일을 읽었는데, 그렇게 얻은 정보를 혼자 즐기는 일 외엔 아무것도 하지 않는다고 해 보자. 나는 음란한 이유로 사생활을 침해당하지 않을 선, 나의 마땅한 권리인 삶-선을 그가 박탈했다고 말할 것이다. 그러나 그는 내 안녕을 전혀 감소시키지 않았다. 그는 나에게 있어 선인 어떤 것도 박탈하지 않았다.

간단히 말해, 다양한 범위의 권리들을 온전히 인정한다면 사람의 삶에서 일어나는 어떤 상태나 사건, 행위나 활동이 그에게 있어 선이 아니면서도 그의 선이 될 수 있음을 인정해야 한다. 그런 선을 삶-선(life-good)이라 부를 것이다.[13] 내가 지금까지 안녕-선이라고 불렀던 것은 삶-선의 한 종류다. 어떤 것이 누군가의 안녕에 긍정적 기여를 하는 경우에 그 사람에게 있어 선이라고 말하듯, 어떤 것이 누군가의 번영에 긍정적으로 기여하는 경우에 그 사람의 선이라고 말하겠다. 안녕은 번영의 구성 요소다.

이번 장의 서두에서 나는 우리가 '사랑'이라는 단어를 써서 가리키는 현상 중 하나가 본인이나 타인의 안녕-선 자체를 목적으로 여기고 증진하려 드는 현상이라고 말했다. 그리고 모든 윤리 체계

---

[13] 누군가의 안녕을 감소시키는 것을 흔히 **해를 입힘**(harming)이라고 말하고, 감소 그 자체를 **해**(a harm)라고 한다. 이 용어를 써서 말하자면, 앞의 논증은 해를 입지 않고도 부당한 일을 당할 수 있다는 것을 보여 준다.

는 사랑 개념을 그렇게 이해하고 논의를 펼친다고 덧붙였다. 이 말은 이제 이렇게 보강할 필요가 있음이 분명해졌다. 우리는 '사랑'이란 단어를 써서 안녕-선뿐 아니라 삶-선 일반을 증진하려 드는 것도 표현한다. 일부 윤리 체계들, 특히 공리주의와 아가페주의는 이런 더 넓은 사랑 개념을 가지고 논의를 진행한다.

아가페주의 전통

아가페주의로 돌아가 보자. 행복주의와 공리주의 전통이 그렇듯, 아가페주의 전통에도 이 전통에 속한 이들이 고전으로 여기는 텍스트가 있고, 그들이 이 전통에 속해 있다고 여기기는 하지만 이 전통을 고전적으로 표현한 사례로 인정하지 않는 텍스트가 있다. 그러니 **고전적**(classical) 아가페주의자와 **비고전적**(non-classical) 아가페주의자를 구분하자. 고전적 아가페주의자는 자신을 아가페주의 전통 안에 두고 근본적 요점에서 고전 텍스트에 동의하는 사상가다. 비고전적 아가페주의자는 아가페주의 전통 안에 자리를 잡지만 여러 근본적 요점에서 이 전통의 고전들과 입장을 달리 하는 사상가다. 현대 아가페주의 전통의 두 위대한 고전 텍스트는 쇠얀 키에르케고어(Søren Kierkegaard)의 『사랑의 역사』(*Works of Love*)와 안데르스 니그렌(Anders Nygren)의 『아가페와 에로스』(*Agape and Eros*)다. 라인홀드 니버(Reinhold Niebuhr)의 여러 글은 비고전적 형태의 현대 아가페주의를 대표한다.

고전적이건 비고전적이건 모든 아가페주의자는 예수가 말씀하신 의미에서 '이웃'에 해당하는 모든 사람의 삶-선 자체를 목적으로 여기고 증진하려 해야 한다고 주장한다. 또 모든 아가페주의자들은 행복주의자의 주체-안녕 단서와 공리주의자들의 극대화 단서를 거부한다. 공리주의자들은 안녕 총량의 극대화를 위해 누군가의 안녕을 훼손해야 할 경우 그렇게 해야 한다고 주장하지만, 고전적 아가페주의자는 누군가의 번영(즉, 그의 삶-선)을 훼손해도 되는 경우는 그렇게 하는 것이 그 사람의 더 큰 번영을 증진하는 데 필요할 경우로 한정해야 한다고 주장한다. 이웃인 누군가의 어떤 삶-선 자체를 목적으로 여기고 증진하려 할 때, 다른 사람의 삶-선을 감소시켜서는 안 된다. 그런 교환은 불가하다. 모든 고전적 아가페주의자들은 프랑케나가 언급하는 명제, 즉 오직 사랑만이 기본적 윤리 명령이며 다른 모든 명령은 이 명령에서 도출된다는 명제를 받아들인다.

이 책의 2부에서 나는 이런 요점들을 확장해서 비고전적 형태의 아가페주의를 설명하고 옹호할 것이며 정의-명령과 사랑-명령이 어떻게 연결되는지 특별히 주의 깊게 살펴볼 것이다. 그 작업의 준비 과정으로 우선 고전적·비고전적 형태를 아우르는 현대 아가페주의를 살펴보려 한다. 이 작업은 그 자체로도 흥미로울 것이며, 현대 아가페주의의 부적절한 부분들, 특히 사랑과 정의의 관계에 대한 이해가 부적절한 부분들을 드러내는 작업은 우리 나름의 아가페주의를 만들어 내는 데도 유익할 것이다.

프랑케나가 말했고 나도 앞에서 언급한 바와 같이, 철학자들은 대체로 아가페주의를 무시했다. 가장 분명한 입장의 아가페주의자들은 철학자보다는 신학자들이었고, 쇠얀 키에르케고어만이 보기

드문 예외였다. 그리고 그들 모두는 아가페주의 전통의 근본 문헌들, 즉 히브리성서[구약성경]와 기독교성서[신약성경]와 대화를 나누는 가운데 체계적 견해를 펼쳐 나갔다. 따라서 현대 아가페주의를 온전히 탐구하기 위해서는 신학자들과 철학자들을 다 살펴봐야 한다. 또한 현대 아가페주의를 평가하기 위해서는 이 전통의 근본 텍스트들에 대한 체계적 숙고와 해석에 돌입해야 한다. 2부에서 내 버전의 아가페주의를 발전시킬 때, 나도 동일한 근본 문헌들에 대한 체계적 숙고와 해석을 결합할 것이다.

1부 자비-아가페주의

2

현대 아가페주의

20세기에 기독교(특히 개신교) 윤리학자와 신학자들 사이에서, 쇠얀 키에르케고어를 19세기의 위대한 시조로 삼는 대단히 분명하고 도발적인 형태의 아가페주의가 등장했다. 이 운동에 속한 탁월한 구성원으로 안데르스 니그렌, 칼 바르트(Karl Barth), 라인홀드 니버, 폴 램지(Paul Ramsey)를 들 수 있다. 이 운동의 고전 텍스트는 키에르케고어의 『사랑의 역사』[1]와 니그렌의 『아가페와 에로스』[2]다. 이 운동의 핵심에는 예수가 말씀하신 "네 이웃을 네 몸같이 사랑하여라"와 "하나님께서 세상을 이처럼 사랑하셔서 외아들을 주셨"다는 데서 나타난 '사랑'(agapē)을 독특하고 날카롭게 묘사한 해석이 자

---

[1] *Works of Love*, ed. and trans. Howard V. Hong and Edna H. Hong (Princeton: Princeton University Press, 1995), p. 55.
[2] Anders Nygren, *Agape and Eros*, trans. Philip S. Watson (London: SPCK, 1953), p. 78.

리 잡았다. 이 사랑을 아가페, 아가페 사랑, 이웃-사랑이라 부르는 것은 흔한 일이 되었다. 키에르케고어는 그것을 종종 **기독교적 사랑**이라 불렀다. 우리는 이웃을 아가페라는 독특한 형태의 사랑으로 사랑해야 한다.[3]

키에르케고어의 『사랑의 역사』의 심오함을 의심하는 사람은 없다. 그러나 1930년대 초 스웨덴의 루터교 주교 안데르스 니그렌이 출간한 『아가페와 에로스』는 사정이 다르다. 『아가페와 에로스』는 엄청난 비난의 대상이 되었다. 그의 저작을 알고 있는 사람들 앞에서 니그렌의 이름을 언급하면 거의 매번 무시하는 발언을 듣는다. 니그렌에겐 창조 교리가 없었다, 니그렌은 플라톤과 아우구스티누스를 잘못 해석했다, 니그렌은 신약성경을 잘못 해석했다, 니그렌은 유대교에 적대적이었다, 니그렌은 하나님의 사랑이 반드시 인간 사랑을 일으킨다는 결정론적인 생각을 갖고 있었다 등의 비판이 계속 이어진다. 다 옳은 지적이다. 『아가페와 에로스』의 신학을 비롯해 지성사(intellectual history), 성서 해석, 철학에도 결함이 있고 반유대주의 분위기가 풍긴다. 그럼에도 불구하고 두 가지 중요한 부분에서 교양 있는 비판자들에 맞서 니그렌을 옹호할 가치가 있다.

첫째, 니그렌의 영향력이다. 예수가 후에 신약성경 저자들이 헬라어 아가페(*agapē*)로 번역한 아람어 용어를 사용해 의도하신 의미에 대한 니그렌의 해석, 그리고 예수에게 순종하기 위해서는 이웃에 해당하는 모든 사람을 그런 형태의 사랑으로 사랑해야 한다는 그의 주장은 많은 사람에게 강력한 영향을 주었다. 그가 예수의 사

---

3 이 운동의 역사에 대해서는 Gene Outka, *Agape* (New Haven: Yale University Press, 1972)를 보라.

랑 명령을 해석할 때 기초로 삼은 구약성경 해석과 지성사 등의 틀은 가차 없이 비판받은 반면, 그의 아가페주의 자체는 신약성경 본문에 대한 해석으로 널리 받아들여졌다. 나는 니그렌식의 아가페주의에 초점을 맞출 것이다. 그 해석의 틀이 되는 구약 해석, 지성사 등은 필요한 경우에만 다루려 한다.

둘째, 니그렌의 체계적 엄밀성이다. 그가 자신이 이해하는 예수의 사랑 명령에 담긴 함축을 견지하는 일관된 모습은 가히 놀라울 정도다. 니그렌은 자신의 글에 담긴 어떤 논증들을 그저 신약성경 사상에 함축된 급진적이고 놀라운 내용들을 펼쳐 나가는 과정으로 보았지만, 내가 보기에 그것은 귀류법 논증이다. 니그렌 이후, 그가 택한 해서의 노선에 함축된 내용이 이전보다 훨씬 명료해졌다.

현대 아가페주의의 특징 소개

현대 아가페주의자들이 말하는 바를 살펴보기에 앞서, 그들의 논의가 전반적으로 보여 주는 특징에 대해 몇 마디 언급하고 넘어가야겠다. 첫째, 그들의 관점을 체계적으로 표현한 대목은 관련 성서 본문에 대한 해석과 긴밀하게 엮여 있고, 그들은 그 본문들에 권위를 싣는다. 이 말의 실제 의미는, 현대 아가페주의자들이 자신들의 관점을 성서 본문에 대한 타당한 해석이자 본문에 근거한 정당한 추론이며 옹호 가능한 체계적 관점으로 제시한다는 것이다. 대부분의 경우 그들은 텍스트의 권위를 가정하지 않는 관점의 편을 들어 논증을 조합하는 것을 논의의 다음 단계로 삼지 않는다. 그런 절차는 철학자들의 전형적 작업 방식이다. 하지만 이러한 대조를 과장하지는 말아야 한다. 어떤 논지가 특정 철학자를 통해 제시된 것이기 때문에 수용한다는 식의 입장을 철학자가 표명하는 일은 드물다 해도, 철학사가들의 작업과 친숙한 학자들은 아리스토텔레스, 아퀴나스, 칸트, 하이데거 연구자들에게 있는 어떤 습관을 눈치챌 것이다. 그 습관이란, 이들이 연구하는 철학자들이 잘못된 것 또는 도저히 옹호할 수 없는 것을 말했다고 보는 해석을 어떻게든 피하려는 노력이다. 그들 역시 암묵적으로는 자신이 해석하는 텍스트를 권위 있는 것으로 취급하는 것이다.

둘째, 누군가를 향한 아가페 사랑은 그 사람의 선 그 자체를 목적으로 추구하는 사랑의 한 형태이지만, 현대의 아가페주의자들은 번영의 일반적 본질도, 구체적으로는 안녕의 본질도 설명하려고 시도하지 않았다. 물론 그들에게는 인간의 선과 그들에게 무엇이 좋은지에 대한 견해가 있었지만, 이 두 종류의 선의 본질을 설명하려 시도하지는 않았다. 그들은 한 사람에게 선이 되는 일이 무엇인지 당연히 모두가 충분히 잘 이해하고 있다고 보았기 때문에 아가페 사랑의 본질과 그것이 다른 형태의 사랑들과 어떻게 다른지 설명하는 데 집중했다. 키에르케고어는 아가페 사랑의 본질과 특징을 설명하면서 그런 사랑이 다른 형태의 사랑과 더불어 한 사람의 삶에 어떻게 자리 잡는지 표현해 냈다. 니그렌은 아가페 사랑을 논하면서 그런 사랑이 어떻게 정의와 이어지는지에 대해 중요한 발언들을 남겼다.

현대의 아가페주의자들은 자신들이 생각하는 형태의 사랑을 이웃-사랑(neighbor-love)이라 부르는데, 나는 그렇게 하지 않을 것이다. 여기에는 세 가지 이유가 있다. 첫째, 그런 형태의 사랑에 이웃-사랑이라는 용어를 쓰면 아가페주의자들이 염두에 둔 것이 그저 이웃을 대상으로 한 사랑이 아니라 특별한 종류의 사랑이란 것을 잊어버리기 쉽기 때문이다. 둘째, 우리가 아가페 사랑의 수혜자들 가운데 우리 자신을 포함시켜야 한다는 키에르케고어의 견해 때문이다. 우리가 우리 자신을 향한 이웃-사랑을 품어야 한다는 말로 이 견해를 표현하는 것은 명백한 역설이다. 셋째, 현대 아가페주의자들은 모두 하나님이 우리를 사랑하시는 그 사랑으로 우리도 이웃을 사랑해야 한다고 주장했다. 우리 모두가 하나님에게서 이웃-사랑을 받았다고 하면 이상한 말이 될 것이다.

나는 대신 '아가페 사랑'(agapic love)이라는 용어를 사용할 것이다. 예수가 우리에게 이웃을 사랑하라고 명하셨을 때나 하나님이 우리를 사랑하신다고 말씀하셨을 때, 현대 아가페주의자들이 예수가 염두에 두셨다고 **생각하는** 사랑이 아니라, 그분이 **실제로** 염두에 두신 사랑을 말하고 싶을 때 나는 그것을 **신약**의 아가페라고 부를 것이다. 혼동의 여지가 없을 때는 그냥 아가페라고 부르겠다.

아가페 사랑의 본질과 적용 규칙

이번 장의 주요 내용은 다음과 같다. 첫째, 현대의 아가페주의자들이 보통 이웃-사랑이라 불렀던 부류의 사랑을 식별한다. 둘째, 그들이 이런 부류의 사랑에 대해 제시하는 적용 규칙을 살펴본다. 셋째, 이 형태의 사랑과 다른 형태의 사랑들 간의 개념적 관계와 실존적 관계에 대해 그들이 무슨 말을 하는지 알아본다. 대체로 나는 비판을 삼갈 것이다. 비판은 이어지는 장들에 가면 나온다.

현대 아가페주의자들은 모두 아가페 사랑이 정의의 요구 때문이 아니라 누군가의 선 자체를 목적으로 여기고 증진하려 드는 사랑의 일종이라고 주장한다. 그런 사랑을 받는 대상이 본인이 아니라 다른 누군가일 때 **자비**(benevolence), 또는 **관대함**(generosity)이라고 말한다. 타인을 향한 아가페 사랑은 자비의 일종이다. 아가페 사랑의 수혜 대상에 자기 자신을 포함시키면 안 된다고 주장하는 이들은 그것을 **자기희생적**(self-sacrificial) 사랑이라고 불렀다. 바르트가 즐겨 말했던 방식으로 표현해 보면, 아가페는 타인을 **위하는 상태**다.

이 해석을 지지하는 인용문 몇을 들어 보겠다. 바르트에 따르면, 아가페 사랑 안에서 사람은 "대가를 바라지 않고 순수한 의도로, 던져 버리듯 자신을 타인에게 내어 준다." 그는 "[상대가] 매력적이건 아니건, [상대가] 내놓을 것이 있건 없건, [상대의] 이익"에 자기 문제처럼 관심을 갖는다.[4] 로빈 로빈(Robin Lovin)은 니버를 다룬 책에서 사랑은 "일반적으로 사람들의 안녕을 추구하는 성향이며, 신학자들과 도덕철학자들은 이것을 '자비'라고 불렀다"고 선언한다.[5] "다른 사람을 사랑하는 것은 그 사람의 선을 바라는 것이다"(200). 아웃카(Outka)는 이 운동 전체에 대해 이렇게 말한다. "아가페는 그 기원과 지속 모두가 이웃의 안녕에 대한 적극적 관심이다. 이 관심

---

4 Karl Barth, *Church Dogmatics*, Vol. 4, Part 2: The Doctrine of Reconciliation, ed. T. F. Torrance, trans. G. W. Bromiley (Edinburgh: T&T Clark, 1958), p. 745.

5 Robin W. Lovin, *Reinhold Niebuhr and Christian Realism* (Cambridge: Cambridge University Press, 1995), p. 199.

은 상대의 구체적 행위와는 독립적으로 존재한다"(260). 다른 사람들을 아가페로 대하는 사람은 "자신의 이익만이 아니라 타인의 이익을" 고려한다. "타인들이 나에게 결국 어떤 이익을 가져다주기 때문이 아니라 그들을 위해, 그들이 무엇을 원하며 무엇이 필요한지 알고자 그들을 바라봐야 한다"(8).

폴 램지는 나름의 아가페주의를 제시하면서 "현대 신학계의 논의에서 수용되고자 투쟁하는, 기독교적 사랑의 의미"에 대한 다른 주요 해석을 언급한다.[6] 그것은 **상호적 사랑**, 즉 사랑하고 사랑받기를 추구하는 사랑이다. 상호적 사랑에서는 "자기 지시적 동기가⋯ 타인을 고려하는 동기와 공존한다"(106).

램지는 이 대안을 퉁명스럽게 거부한다. "분명하다"고, 사랑을 자비로 보는 해석이 "신구약성경 텍스트를 보다 정확하게 읽은 것"이라고 말한다. "구약 이스라엘 백성의 국가적 삶은 언약에 근거했고, 사람들 사이에서 이 언약을 평가하는 기준은 하나님의 비범한 의(義)였다. 하나님의 헤세드(*hesed*), 즉 인간들 편에서 사랑을 갚지 않을 때조차도 변함없이 베푸시는 한결같은 신실하심이 그 언약의 표준이 되었다.⋯'너희 중에 사랑이 있어야 한다'는 성서의 명령은 "'너희 중에 있는 상태'가 너희 중에 있어야 한다'라는 동어반복이 아니다. '상호적 사랑이 상호적이게 하라'는 말과 신약성경에 나오는 '**사랑**이 상호적이어야 한다'는 말은 전혀 다르다. 그 사랑은 '교회를 위해 자신을 내어 주신' 그리스도의 교회를 향한 사랑을 본으로 삼

---

[6] Paul Ramsey, "Love and Law", in Charles W. Kegley and Robert W. Bretall, eds., *Reinhold Niebuhr: His Religious, Social, and Political Thought* (New York: Macmillan, 1961), p. 104.

기 때문이다"(106).

나는 현대 아가페주의자들이 이해하는 아가페 사랑은 정의의 요구 때문이 아니라 누군가의 선 그 자체를 목적으로 여기고 증진하려는 추구의 한 종류라고 말했다. 이제 그것이 어떤 종류인지 물어야 한다.

'이웃-사랑'이라는 용어 안에 답이 들어 있다. 현대 아가페주의자들은 모두 아가페 사랑이, 예수가 말씀하신 의미에서의 이웃이기 **때문에** 누군가를 사랑하는 일종의 자비라고 주장했다. 상대가 배우자라서, 친구라서, 존경하는 사람이라서, 애착을 느끼는 사람이라서가 아니라 이웃이기 때문에 사랑하는 것이 아가페 사랑이다.

누가 이웃인가에 대해서는 아가페주의자들 사이에 의견이 갈린다. 이웃은 자신의 행동에 영향을 받는 모든 사람이라고 아웃카는 말한다(13). "이웃은 모든 사람", 모든 인간이라고 키에르케고어는 말한다(55). 또, 사랑을 하는 사람 그 자신도 인간이기 때문에 각 사람은 자신에게 이웃이 된다고 주장한다.[7] 니그렌은 키에르케고어의 두 번째 주장을 강경하게 반대했다. 그의 말을 들어 보자. 아가페는 "모든 자기애를 배제한다. 기독교는 자기애를 합당한 형태의 사랑으로 인정하지 않는다. 기독교적 사랑은 하나님과 이웃, 두 방향으로 움직이고, 자기애를 싸워 이겨야 할 주적으로 파악한다.…아가페는 어떤 종류의 자기애도 정당한 것으로 인정하지 않는다"(217).

---

[7] Works of Love에서 Kierkegaard는 두 번째 사랑 명령이 "네 이웃을 네 자신처럼 사랑하라"인데 이 명령을 "제대로 이해하면 정반대로, 네 **자신을 올바른 방식으로 사랑하라**는 말씀이기도 하다"고 말했다(p. 22). 이어서 상당한 분량을 할애해 올바른 자기 사랑과 잘못된 자기 사랑을 다룬다.

지금까지 아가페 사랑의 본질을 살펴보았다. 그렇다면 아가페 사랑의 적용 규칙은 무엇인가? 누가 아가페 사랑을 받아야 하는가? 아주 분명하다. 이웃이라면 누구나 해당한다. 키에르케고어에 따르면 기독교 교리는 "이웃을 사랑하되, 인류 전체, 모든 사람, 심지어 원수까지도 예외 없이 사랑하라고 말한다. 누구를 선호해서도 혐오해서도 안 된다"(19). 우리는 어떤 조건에서 이웃에 해당하는 모든 사람을 아가페적으로 사랑해야 하는가? '모든 조건에서'라고 고전적 현대 아가페주의자들은 말했다. 그러나 비고전적 현대 아가페주의 운동의 대표자인 라인홀드 니버는 여기에 동의하지 않았다. 그는 어떤 상황에서는 이웃을 아가페적으로 사랑할 것이 아니라 정의의 요구에 따라 대해야 한다고 보았다. 니버의 견해는 5장에서 살펴볼 것이다.

아가페 사랑은 어디에서 나오는가?

키에르케고어의 논의를 관통하는 것은 아가페 사랑과 본성적 사랑의 대조다. 아가페 사랑을 제외한 모든 형태의 사랑은 본성적이다. 평범한 자기애, 낭만적 사랑, 가족 사랑, 나라 사랑, 친구들 간의 사랑, 이 모두가 인간 본성에 속한 역학관계의 표현이다.[8] 아가페 사랑

---

[8] *Works of Love*, pp. 154-155에서 Kierkegaard는 이 부분에 대응하는 테마를 제시하면서 인간에게는 '사랑의 필요'와 '교제의 필요'가 내재한다고 말한다. 그런 이유로, 그리스도에게도 이런 필요들이 있었다. 사랑받는 자가 된다는 것은 '축복'이다(p. 157).

은 그렇지 않다. 사정이 이와 같다면, 우리 가운데 있는 아가페 사랑의 존재는 어떻게 설명하는가? 이 부자연스러운 형태의 사랑은 어디에서 나오는 것인가?

키에르케고어는 모든 본성적 형태의 사랑의 편파성을 거듭 강조한다. 그 모두는 특정한 인간을 사랑하고 나머지는 사랑하지 않는다. 키에르케고어가 제시하는 그런 사랑의 사례들은 거의 모두가 누군가에게 애착을 느껴서 상대를 사랑하게 되는 경우였다. 애착에 근거한 사랑은 신비로움이 없다. 더없이 자연스러울 뿐이다. 그렇다면 자신이 아닌 누군가에 대해 애착이 없을지라도, 공감마저도 없을지라도(공감도 본성적이므로) 그 사람의 선 자체를 목적으로 여기고 증진하려 들게 만드는 것은 무엇인가? 자신의 이웃이라 여기는 모든 사람에게 공평한 일종의 자비를 사람 안에 불러일으키는 것은 무엇인가? 사람은 자기 자신의 이웃이라는 키에르케고어의 견해까지 담아낼 수 있도록 질문을 이렇게 바꿀 수 있겠다. 무엇이 어느 누구도 편파적으로 대하지 않고 누군가의 선 자체를 목적으로 추구하는 마음을 사람 안에 불러일으키는 것인가? 아가페 사랑같이 너무나 부자연스러운 형태의 사랑을 어떻게 설명할 수 있는가?

니그렌의 논의를 관통하는 것은 아가페와 에로스의 대조다. 아가페 사랑을 제외한 모든 형태의 사랑은 에로스다. 니그렌은 에로스 안에는 언제나 결핍의 기미가 있고, 따라서 자기애의 기미가 있다고 생각했다. 자기애에는 어떤 신비도 없다. 그지없이 자연스러울 뿐이다. 그러나 니그렌은 이렇게 묻는다. "무엇이 그 어떤 추가 목적도 고려하지 않고 단순하게 이웃을 사랑하게 만들 수 있는가? 도대체 무엇이 원수를 사랑하게 만들 수 있는가?"(215)

니그렌은 이 질문에 답하기에 앞서, 아가페가 "가치 있는 특성을 그 대상 안에서 인식하여 생겨나는 부류의 사랑과 관련이 없다"는 주장을 펼쳤다(78). 이 입장에 대해 그가 제시하는 논증은 다음과 같다. 만약 그렇지 않다면 "하나님의 사랑은 결국 자발적이고 저절로 생겨나는 것이 아니라 인간 본성에 내재하는 무한한 가치 안에서 적절한 동기를 발견하는 것이 된다. 그렇게 되면 죄 용서는 이미 존재하는 가치를 인정하는 행위에 불과하다. 그러나 이것이 예수가 이해하신 죄 용서가 아님은 너무나 분명하다. 그분이 '네 죄가 사함을 받았다'고 말씀하실 때는 결점을 눈감아 주는 것을 정당화할 만한 가치가 상대에게 있음을 공적으로 인정하신 것이 아니었다. 선물을 수여하신 것이다"(79-80). 이 대목에서 하나님이 죄인을 용서하심이 아가페 사랑의 전형적 예라는 니그렌의 확신이 표면에 드러난다. 니그렌의 책을 읽다가 그가 사랑에 대해 이해하기 어려운 말을 하는 대목이 나오면, 죄인들을 향해 하나님이 이유 없이 주시는 사랑이라는 렌즈를 통해 그가 아가페를 바라보았다는 사실을 기억하는 것이 도움이 된다. 그의 사상을 계승한 20세기 학자들도 대부분 그렇다.

하지만 대상 안에 있는 가치를 인정하는 것이 아가페 사랑의 동기가 아니라면, 무엇이 남는가? 우리가 방금 살펴본 것처럼, "사랑받는 대상 안에는 사랑의 동기가 없다." "대상 바깥에도" 동기가 없기는 마찬가지다. "어떤 숨은 목적도 없다. 그렇지 않다면 참되고 진정한 사랑이 아닐 테고, 아가페라고 할 수 없을 것이다. 그 사랑이 이웃에게만 향하지 않으면, 또 온전히 그에게만 관심을 갖고 말 그대로 다른 목적으로부터, 심지어 하나님의 사랑을 얻어 낸다는 목적을 포함한 어떤 목적에서도 자유롭지 않으면, 이웃 사랑이라는 이름으로 불릴 자격이 없기 때문이다"(216).

사랑하는 주체 바깥에 있는 그 무엇도 아가페 사랑을 설명할 수 없으니, 그것은 사랑하는 주체 내면에 있는 어떤 것임이 분명하다. 다른 어떤 선택지가 있는가? 그것은 무엇인가? 하나님으로부터 시작해 보자. 인간에 대한 하나님의 사랑은 아가페적이다. 그래서 "우리는 하나님의 사랑을 받는 사람의 성품에서 그 사랑에 대한 이유를 찾지만 그 시도는 실패로 돌아간다.…[하나님의 사랑의] 유일한 근거는 하나님 안에서 찾아야 한다. 하나님의 사랑은 전적으로 **자발적이다**"(75). 하나님이 사랑하시는 이유는 "사랑이 그분의 본성이기 때문이다"(201).

우리의 사랑이 아가페 사랑이 되려면 하나님의 사랑처럼 그에 대한 설명이 사랑하는 자신 안에 있어야 한다. 하지만 이 부분에서 우리는 조심해야 한다. 우리의 경우, 다른 사람을 아가페 사랑으로 사랑하는 것이 인간으로서 우리의 본성이나 본질에 속한 일이라고 설명할 수 없다. 그렇지 않으니까 말이다. 그보다는 하나님의 사랑이 우리에게 불어넣어졌다고 보는 설명이 낫다. "하나님이 이웃 사랑의 출발점이자 영구적 기반이다. 그분은 이웃 사랑의 [지향점인] 목적인(*causa finalis*)이 아니라 [그것을 가능하게 하는] 작용인 (*causa efficiens*)이시다.…그분이 아가페이시며 아가페를 낳으신다.… 하나님의 사랑을 받고 그분의 사랑에 사로잡혀 무릎을 꿇은 사람은 그 사랑을 이웃에게 전달하지 않을 수가 없다. 하나님의 사랑은 이런 식으로 이웃을 향한 그리스도인의 사랑으로 넘어간다"(216).[9]

---

[9] Barth는 Nygren의 설명이 드러내는 결정론적 특성에 격렬히 반대했다.

키에르케고어의 답변은 달랐다. 아가페 사랑이 우리 가운데 있다면, 그 이유는 우리가 그런 사랑을 우리의 의무로 인정했기 때문이다. 이것만이 이웃에 해당하는 모든 사람을 심지어 원수까지도 아가페적으로 사랑하려 드는 너무나 부자연스러운 상황을 설명할 수 있다. "기독교적 사랑의 증표이자…그 두드러진 특징은 '사랑하는 것은 의무'라는 일견 모순으로 보이는 사실을 담고 있는 점이다"(24). 기독교적 사랑은 "양심의 문제이지 충동과 성향의 문제, 감정의 문제, 지적 계산의 문제가 아니다"(143). 키에르케고어는 에로스 사랑과 우정을 "자발적 사랑"이라 부른다(29-43의 여러 곳). 그것들은 정념의 산물이고, 그렇기 때문에 선별적이고 편파적인 특성을 갖는다. 아가페 사랑의 작용은 의무에서 나온다.[10]

아가페 사랑은 그리스도가 우리에게 부과하신 의무다. 그리스도의 명령이, 모든 이웃을 아가페 사랑으로 사랑해야 할 의무를 우리 안에 만들어 낸다. 우리는 명령을 내리신 분을 사랑하기 때문에 그 의무를 인정한다. 그와 같이, 우리 안에 있는 아가페 사랑의 존재를 설명하는 것은 바로 하나님을 향한 우리의 사랑이다. "하나님을 향한 사랑"에서 "이웃을 향한 사랑이 생겨난다"(57). "하나님을 다른 무엇보다 사랑하라. 그러면 이웃도 사랑하게 되고, 이웃 안에서 모든 인간을 사랑하게 된다. 하나님을 다른 무엇보다 사랑함으로써만 다른 사람 안에 있는 이웃을 사랑할 수 있다"(58).

---

10 Kierkegaard가 이 점을 논의하는 대목에서는 Kant의 메아리가 선명하게 들린다. "시인이 잘 이해하는 대로, 에로스 사랑과 우정에는 도덕적 임무가 없다.…반면, 이웃을 사랑해야 한다고 할 때 여기서 임무는 도덕적 임무다. 이것이 모든 임무의 근원이고…기독교는 참된 도덕이다"(p. 51).

키에르케고어는 명령을 내리는 분이신 그리스도에 대한 사랑 때문에 명령에 순종한다는 점을 강조하지만, 이것이 이 문제에 대한 그의 생각 전부는 아니다. 『사랑의 역사』의 결론에서 키에르케고어는 우리가 신약성경의 요한일서에서, 사랑하라는 명령 대신에 "사랑하는 자들아 우리가 서로 사랑하자"라는 보다 부드러운 권유를 본다고 지적한다. 그는 이 차이에 주목하고 이렇게 말한다. "사랑의 계명은 조금도 변하지 않는다. 사도가 그 계명을 바꾸는 것은 더욱 아니다. 그렇다면 달라지는 거라곤 사랑하는 사람이 그 계명에 점점 더 친숙해지고 그 계명과 하나가 되는 것일 수밖에 없다. 그가 그 계명을 사랑하는 것이다. 그가 그렇게 부드럽게 말할 수 있는 것도 그 때문이다.…하지만 이 말을 한 사람이 사랑의 사도라는 사실을 잊으면 그의 말을 오해하게 된다. 이 말은 사랑에 대한 담론의 시작이 아니라 완성이다. 그러므로 우리는 감히 그런 식으로 말하지 않는다"(375-376).

'사랑의 사도'는 사랑의 명령을 너무나 사랑하게 되어, 의무감에서가 아니라 사랑하는 마음으로 그 명령에 맞게 행동한다. 또 키에르케고어는 "사람들을 사랑하는 것이 유일하게 가치 있는 삶의 목표이고, 이 사랑이 없다면 제대로 살고 있는 것이 아니다"라는 사실을 사도 요한이 분별했다고 말한다(375). 이 말은 무슨 뜻인가? 그는 어떻게 생각하고 있는 것인가?

그는 말해 주지 않는다. 그러나 나는 『사랑의 역사』의 앞부분에 나오는 수사적으로 주목할 만한 대목에서(86-89), 그 답을 찾을 수 있다고 본다. 거기서 키에르케고어는 분장을 한 배우와 분장을 지운 배우의 대조를 비유적으로 활용한다. 우리 대부분은 대부분의 시간에 분장한 채로 서로를 대한다. 다른 방식으로는 자신의 모습을 전혀 보여 주지 않는 이들도 있다. 그러나 분장 아래에는 "동등한 내면의 영광"(87), 다르게 표현하면 "공통의 (빛을 비추면 보이는) 투명 무늬"가 있다(89). "기독교의 교리는 각 사람에게 동등하게 다가가고, 하나님이 그를 창조하셨고 그리스도가 그를 구원하셨다고 가르친다"(69). 우리가 모든 이의 분장과 그 차이점을 한결같이 꿰뚫어 볼 수 있다면, 각 사람 안에 있는 동등한 내적 영광을 인식함으로써 그들에 대한 아가페 사랑을 우리 안에 불러일으킬 수 있을 것이다. 하지만 이생에서는 사도 요한 같은 성화된 개인들만 모든 사람 안에 들어 있는 내적 영광을 분별한다. 나머지 사람들은 "죽음으로 현실의 무대에 막이 내릴" 때까지 기다려야 한다. 그때가 되어야 "우리 모두의 본질적 모습, [분장의] 차이 때문에 [우리가 보지 못했던 사실, 우리가] 인간이라는 사실"을 분별할 수 있다(87). 반면, "이웃을 참으로 사랑하려면, 그가 보여 주는 차이점이 변장이라는 사실을 늘 염두에 두어야 한다.…각 개인 안에는 모두에게 공통적인 본질적 타자, 영원한 유사성, 닮은꼴이 끊임없이 빛난다"(88).[11]

키에르케고어는 사람에 대한 아가페 사랑이 그 사람 안에서 볼 수 있는 내적 영광에 **걸맞다**고 생각한 것 같다. 사도 요한은 서로 다른 각 사람의 분장에 속지 않고 사람들 안에 있는 동등한 내적 영광을 꿰뚫어 볼 수 있는 성화의 지점에 이르렀다. 그리스도에 대한 의무감 때문에 순종하는 것이 아니라 인간 안에 있는 내적 영광에 걸맞게 행동하도록 감동을 받은 것이다. "이웃에 대한 사랑이

---

[11] 참고. p. 60: "이웃은 동등한 사람이다. 이웃은 연인도 아니고 친구도 아니다. 연인이나 친구는 감정에 따라 더 선호하게 되는 상대다."

그의 눈을 멀게 하여" 각 사람의 차이점을 보지 못하게 되고 그리하여 그는 "모든 사람을 맹목적으로 사랑하게 된다"(69). 비유를 조금 바꿔서 표현하면, 아가페 사랑은 "오직 눈을 감은 채, 또는 모든 차이점에서 시선을 **돌린 채** 이웃을 본다"(68).

키에르케고어는 이 인간상에 함축된 평등주의(egalitarianism)에 주목한다. "우리 중 누구도 '순수한 인간'이 아니다"(90). 우리는 온갖 면에서 다르다. 기독교는 그렇지 않은 척 가장하지 않고, 모든 차이점을 제거하려 하지도 않는다. (설령 그런 일이 가능하다 해도) 기독교는 "차이점을 없애겠다고 달려들지 않는다. 탁월함의 차이도 초라함의 차이도 마찬가지다." 그 대신 "그 차이가 개인에게 느슨하게 걸려 있기를 바란다"(88). "통치자를 만날 때는 기꺼이 공손하게 경의를 표하겠지만 여전히 그 통치자 안에서 내적 영광을, 그의 위엄이 가리고 있는 평등한 영광을 볼 것이다.…걸인을 볼 때도…그 안에서 내적 영광을, 그의 초라한 겉옷이 가리고 있는 평등한 영광을 볼 것이다"(88).

키에르케고어는 모든 인간 안에 동등하게 존재하는 내적 영광의 측면이 인간을 향한 아가페 사랑의 측면과 어떻게 연결되는지 밝히지 않는다. 앞에서 나는 그의 견해를 서술하며, 누군가에 대한 아가페 사랑이 그의 내적 영광에 **걸맞다**고 말했다. 그 정도로 두려고 한다. 그러나 나처럼, 정의는 누군가의 가치에 대한 합당한 존중이 요구하는 바라고 생각하는 독자라면, 자연스럽게 이런 의문을 품을 것이다. 그가 하는 말에서 더 나아가, 이웃이기 때문에 누군가를 사랑하는 것이 적어도 몇몇 경우에는 정의가 요구하는 일을 하는 것이 되며, 그런 경우 그리스도의 명령에 순종하기 위해서만이 아니라 그 이웃의 가치를 합당하게 존중하는 차원에서도 그를 사랑해야 한다고 주장한다면, 키에르케고어의 생각에 충실한 것이라 할 수 있는가?

우리는 정의가 요구하는 바를 **따라** 행동하는 것과 정의가 어떤 행동을 요구하기 **때문에** 그 일을 하는 것을 구분해야 한다. 키에르케고어의 사상에서 때로는 누군가를 향한 사랑, 그의 선을 향한 관심을 그 사람의 가치가 **요구한다**는 말을 거부하게 만들 만한 내용은 없는 것 같다. 그러나 정의가 요구하는 일이기 **때문에** 누군가를 어떤 식으로 대하는 것은 예수님이 우리에게 요구하시는 종류의 사랑에 해당하지 않음을 키에르케고어는 아주 분명하게 밝힌다. 그가 말하길, 정의의 "핵심은 각 사람에게 각자의 몫을 주는 것이고, 자기 몫을 주장하는 것 역시 그렇다.…누군가가 자기 몫을 빼앗길 경우, 누군가가 다른 사람의 몫을 빼앗을 경우 곧장 정의가 개입한다. 모두가 자기 권리, 자신의 정당한 몫을 가지는 공통의 안전을 보장하는 것이 정의이기 때문이다"(265). 그러나 기독교적 사랑에서 내 것과 네 것의 구분은 사라진다. 그 구분이 더 사라질수록, "정의는 더 몸서리치"고 "사랑은 더 완전해진다"(266). 아가페 사랑은 정의가 요구하는 바에 눈을 가리고 귀를 막는다.

아가페 사랑은 다른 형태의 사랑들과 공존할 수 있는가?

무엇이 사람 안에 아가페 사랑을 불러일으킬 수 있는지 고려하는 중에, 우리는 이미 아가페 사랑의 본질에 대한 현대 아가페주의자들의 설명을 논하는 데서 벗어나 아가페 사랑이 인간의 삶에서 차지하는 자리에 대해 그들이 한 말을 논하기 시작했다. 삶에서 아가페 사랑이 차지하는 자리에 대해 말할 때 그만큼 중요한 또 다른 질문은 이것이다. 적어도 일부 본성적 형태의 사랑들과는 아가페 사랑이 공존할 수 있는가? 아니면 그 존재가 모든 본성적 형태의 사랑을 몰아내는가?

내가 알기로 니그렌은 이 문제를 어디서도 분명하게 다루지 않았지만, 나는 아가페 사랑이 다른 어떤 형태의 사랑과도 공존할 수 없다는 것이 그의 견해였다고 거의 확신한다. 아가페 사랑은 질투심이 강해 다른 어떤 형태의 사랑도 참지 못한다. 아가페 사랑이 들어갈 자리를 확보하려면 다른 모든 형태의 사랑을 뿌리 뽑아야 한다.

그러나 이것이 니그렌의 견해라 해도, 그가 왜 그런 견해를 내세웠는지는 분명하지 않다. 니그렌은 아가페 사랑을 제외한 모든 형태의 사랑을 에로스의 일종이라 여긴다. 또한 아가페와 에로스는 근본적으로 다르다고 본다. 에로스는 언제나 사랑하는 주체가 지닌 어떤 욕구의 만족을 추구한다. 에로스 안에는 늘 자기애의 기미가 있다. 반면 아가페는 타인의 번영을 위해 자신을 온전히 내어 줄 뿐 그것이 자신의 번영에 끼칠 영향은 전혀 고려하지 않는다. 그러나 에로스의 모든 사례가 필연적으로 아가페의 사례이진 않고 그 역 또한 성립한다 해도, 아가페와 에로스가 **공존**할 수 없다는 결론으로 이어지는 것은 아니다. 상대가 나의 이웃이기 때문인 동시에 나의 번영에도 기여할 것 같아서 그의 선 자체를 목적으로 여기고 증진하려 드는 경우가 있지 않은가? 내가 아는 한, 니그렌은 이런 경우는 다루지 않았다.

아가페 사랑과 다른 형태의 사랑이 공존할 수 있는가에 대한 키에르케고어의 견해는 어떨까? 이 문제를 둘러싸고 깊고 극심한 해석의 충돌이 있었다. 그가 좀더 분명하게 견해를 밝혔으면 좋았을 거라는 말 정도로 넘어갈 수 있는 상황이 아니다. 그는 아가페 사랑이 "모든 자기애를 몰아내듯 모든 편애를 몰아낸다"고 말한다(55). 그러면서 "기독교는 사람이 자신을 사랑한다는 것을 전제한다"고도 말하고 "이웃을 자기 자신처럼"에 대한 한 구절만 덧붙인다(18). "이웃을 사랑할 수 있도록 편애의 구별을 치워버리라"고 말하지만(61), 이렇게도 말한다. "에로스 사랑이 욕구에 근거하고 있기 때문에 기독교가 그것을 좋지 않게 여긴다는 생각은 언제나 오류였다.…기독교는 사람을 자신의 감각적 욕구와 대립시키는 불합리한 종교가 아니다"(52). 결국, 그런 사랑의 원천이 되는 욕구는 인간들이 "스스로 만든" 것이 아니다(52). 그는 "연인을 사랑하는 사람의 모습은 하나님과 같지 않다. 하나님께는 편애가 없기 때문이다.…그러므로 가서 그분과 같이 하라. 이웃을 사랑할 수 있도록 차이점들을 버리라"라고 말하지만(63), 이렇게도 말한다. "기독교는 남편이 아내를 특별히 사랑하는 것을 반대하지 않는다"(141).

이렇게 쌍을 이루는 본문들을 다루는 한 가지 방법은, 다 거론할 수 없을 만큼 많은 그 본문들에서 키에르케고어가 모순된 말을 한다고 결론짓는 것이다. 그러나 이런 결론에는 설득력이 없다. 제대로 된 사상가의 저작에서 발견되는 모순은 무심코 저지른 실수이거나, 시간이 지나면서 저자의 생각이 달라진 결과다. 그러나 앞에서 인용한 대목들은 무심코 저지른 실수가 아니다. "보란 듯이 면전에" 놓여 있고, 미묘하지도 않다. 그리고 긴 시간에 걸쳐 펼쳐지는 것이 아니라 한 책 안에서 다 등장한다.『사랑의 역사』를 쓸 때 키에르케고어의 심신은 더없이 멀쩡했다.

이 문제를 다루는 또 다른 방식은 표면상의 모순을 인정하면서도 필요한 대로 각 쌍의 한쪽 구절에 해석상의 우위를 부여하고 나머지 한쪽이 그쪽과 일관성을 갖도록 만드는 것이다.『사랑의 역사』의 훌륭한 주석서 두 권이 최근에 나왔는데, 스티븐 에반스(C. Stephen Evans)[12]와 제이미 페레이라(M. Jamie Ferreira)[13]의 저작이다. 두 사람 모두 이런 우선순위 부여 전략을 택했고, 동일한 우선순위를 정했다. 인간의 본성적이고 차별적인 형태의 사랑을 키에르케고어가 인정하는 듯한 대목들을 문자적이고 엄밀한 견해로 해석한다. 그리고 그와 반대되는 듯한 대목들을 우선순위를 부여받은 대목들과 조화를 이루도록 해석한다. 그런 대목들에서는 그가 과장법을 쓰거나 반어적으로 말하는 등 어떤 식으로든지 느슨하게 말하고 있다고 보는 것이다.[14] 이런 우선순위 부여 전략을 택한 이유를 에반스는 이렇게 밝힌다. "모든 특별한 관계를 배제하는 방식으로 이웃-사랑을 이해하는 것은 너무나 불쾌한 일일 것이다"(206).[15]

아가페 사랑이 "모든 자기애를 몰아내듯, 모든 편애도 몰아낸다"

---

12 *Kierkegaard's Ethic of Love: Divine Commands and Moral Obligations* (Oxford: Oxford University Press, 2004).

13 *Love's Grateful Striving* (Oxford: Oxford University Press, 2001).

14 이 장의 초기 원고에서 나는 이와 동일한 우선순위 부여 전략을 채택했는데, 어느 구절에 해석상의 우선권을 부여할지에 대해서는 정반대의 결정을 내렸다. 그것은 많은 주석가들의 입장이기도 했다. 그러나 Evans의 강력한 반론을 접하고 나서는 Kierkegaard가 편애의 적법성을 인정했다고 보는 것 말고는 달리 해석할 도리가 없는 대목이 너무 많다는 것을 수긍하게 되었다. 내 독법의 오류를 인정하게 해 준 Evans에게 이 자리를 빌려 감사를 전한다.

15 참고. Ferreira, *Love's Grateful Striving*, pp. 44-47.

는 키에르케고어의 진술을 이 해석 전략에 따라 읽으면 어떻게 될까? 에반스는 키에르케고어가 이 구절 및 비슷한 다른 구절들에서 말하는 바를, 우리가 어떤 사람들을 사랑하지 않게 하는 모든 형태의 사랑을 뿌리 뽑아야 한다는 것으로 해석해야 한다고 제안한다. "여기에서 키에르케고어는 아내가 남편을 여느 남자와 똑같이 대해야 한다거나, 남편이 아내를 여느 여자를 대하듯 대해야 한다고 말하는 것이 아니다. 그것은 터무니없는 주장이다. 그는 우리가 어떤 사람들을 도덕적 관심의 범위 바깥으로 밀어내서는 안 된다는 의미에서 '구별'하지 말라고 말하는 것이다"(205-206). 페레이라의 해석도 비슷하다. "어려움에 처한 사람을 대할 때는 편애의 제약을 제거해야 한다.…요점은, 우리의 책임이 우리가 매력을 느끼거나 좋아하는 사람들에게 한정되어서는 안 된다는 것이다"(46).[16]

그러나 내가 보기에, 이 해석은 부자연스럽다. 에반스에 따르면, 아가페 사랑이 모든 편애와 자기애를 몰아낸다는 키에르케고어의 말이 의미하는 바는 우리가 편애와 자기애에 이끌려 우리 사랑의 범위에서 어떤 사람들을 배제해서는 안 된다는 것이다. 이것이 우리가 내놓을 수 있는 최선의 해석이라면, 이 정도로 만족할 것이다. 그러나 나는 이것이 최선의 해석은 아니라고 본다. 키에르케고어가

---

16 Ferreira는 자신의 해석을 뒷받침하기 위해 다음 구절을 인용한다(p. 47). "자기를 내어 줌에 있어서 자기 부인의 무한성은 단 한 사람도 배제하지 않는 것을 뜻한다." 그러나 이 구절을 바로 앞 구절과 연관 지어 읽으면 이 해석은 바로 설득력을 잃고 만다. "그러나 편애가 보여 주는 배제의 극치는 단 한 사람만 사랑하는 것을 뜻한다"(p. 52). 물론 Kierkegaard의 생각은 편애의 가장 극단적 사례가 단 한 사람만 사랑하는 일이라는 것이다. 이 경우, 편애와 아가페 사랑은 단 한 사람만 사랑하는 것과 단 한 사람도 사랑에서 배제하지 않는 형태로 극명한 대조를 이룬다.

쌍으로 대조한 여러 구절과 문장들 모두에서 남긴 말이 정확히 그 말 그대로의 의미가 되도록 해석하는 방법을 제안하고자 한다.

예수가 밝히신 두 번째 사랑의 계명에 대한 현대 아가페주의자들의 공통된 견해는 그분이 '우리 이웃에 해당하는 모든 사람을 사랑하라'고 명하실 뿐 아니라, 내가 **아가페 사랑**이라 명명했고 키에르케고어가 **기독교적 사랑**이라고 이름 붙였으며 다른 이들은 대체로 **이웃-사랑**이라 부른, 특별한 종류의 사랑으로 모든 사람을 사랑하라고 명하신다는 것이다. 아가페 사랑이 모든 편애 및 그와 같은 종류의 다른 감정들을 몰아낸다고 키에르케고어가 말한 것을 나는 아가페 사랑의 **본질**에 대한 언급이라고 본다. 그는 개념적 요점을 밝히고 있는 것이다.[17] 이웃에 해당하는 사람들 사이에서 편애하지 않는 것이 아가페 사랑의 본질이다. 아가페 사랑은 누군가가 나의 이웃이라는 이유만으로 그에게 부여되는 자비로운 사랑의 일종이다. 이웃들 사이에서 편애하는 사랑이 형태를 막론하고 아가페 사랑의 사례가 될 수 없는 것은 필연적이다. 반면, 키에르케고어기 본성적 편애의 석법성을 긍정한 것은 우리 삶에 존재하는 다양한 형태의 사랑이 차지하는 위치에 대해 구체적으로 말한 것이라고 볼 수 있다. 아가페 사랑은 여러 형태의 본성적 편애와 더불어 한 사람 안에 공존할 수 있고, 공존해야 한다.

이런 식으로 키에르케고어를 읽으면 한 쌍의 구절들 중 어떤 한쪽에 해석상의 우선권을 부여할 필요가 없고 양쪽 구절 모두에 동

---

[17] Ferreira도 지나가는 말로 같은 주장을 한다. "어떤 의미에서 편애는 양자택일을 요구한다. 편애는 편파적이지 않은 사랑과 **개념적으로** 극명한 대조를 이룰 수 있다"(p. 45).

등한 지위를 부여할 수 있다. 키에르케고어가 각각의 구절에서 밝힌 내용을 말 그대로의 뜻으로 해석할 수 있다. 그가 말하는 내용은 모순되지 않고 서로 잘 들어맞는다.

물론 이런 제안은 순전히 도식적인 것이다. 실제 해석이 아니라 해석 전략에 불과하다. 그러나 아가페 사랑의 본질에 대한 키에르케고어의 분석을 논의하면서 나는 벌써 이 전략의 개념적 측면을 실행에 옮겼다. 이제 우리는 아가페 사랑이 누군가의 삶에서 여러 형태의 본성적 편애와 어떻게 이어지며, 이어져야 하는지에 대한 세부 내용을 채워 넣어 그 구체적 측면을 실행해야 한다.

키에르케고어는 사랑에 대한 논의에 기독교가 기여한 것이 우리가 가진 여러 편애를 수정하고 보완하라는 여러 제안이라고 보는 관점, 곧 "아내와 친구를 사랑하는 방법에서 이런저런 변화"를 제안하고(143), "뭔가를 약간 보태거나 빼는 것" 정도라고 보는 시각에 단호하게 반대했다(147).[18] 그가 볼 때 기독교는 "모든 것을 바꾸어 놓았고, 사랑 전체를 바꾸었다"(147).

그렇다면 기독교는 어떤 식으로 그런 변화를 이루었을까? 첫째, 자신의 모든 이웃을 사랑하되 그가 나의 이웃이기 **때문에**, 그가 나의 이웃이라는 **이유로** 사랑하는 것이 우리의 의무라고 선언함으로써 그렇게 했다. 기독교는 우리가 본성적으로 사랑하지 않는 이웃들을 의무적으로 사랑함으로써 우리의 본성적 사랑을 보완해야 한다고 말하지 않는다. 우리의 이웃인 사람 **모두**를 그 사람이 이웃이기 **때문에** 사랑해야 한다. 그리고 키에르케고어가 볼 때는 모든 인

---

18 원문에는 "보태거나"와 "빼는"이 아니라 "보탰거나"와 "뺀"으로 되어 있다.

간이 이웃이다. "'이웃'의 범주는 '인간'의 범주와 같다. 우리 모두는 인간이고 그 안에서 개별적으로 구별되는 개인이다. 그러나 인간은 근본적 범주다.…특정한 차이점 때문에 인간이라는 범주에서 제외되는 일은 없다. 우리는 먼저 인간이고 그다음에 특정한 모습을 갖춘 존재다"(141). 따라서 "당신의 아내는 누구보다 당신의 이웃이어야 한다"(141). 나는 내 아내에 대한 애정 때문에 그를 사랑한다. 그러나 이 사실은 인간인 모든 존재를 사랑하는 것이 나의 의무이고 아내가 인간이기 때문에, 아내도—그리고 다른 모든 사람도—사랑해야 한다는 사실을 훼손하지 않는다.

내가 아내에게 애정을 품고 있기 때문이 아니라 모든 인간을 사랑해야 한다는 의무감에서 아내를 사랑하는지 여부를 어떻게 아는가? 아내를 아가페적으로 사랑하는지 여부를 어떻게 알 수 있는가? 키에르케고어는 답해 주지 않는다. 그러나 우리는 다음과 같은 가상의 질문을 스스로에게 던져 볼 수 있을 것이다. 아내에 대한 애정이 시들해져도, 심지어 아내와 원수가 되어도 여전히 아내를 사랑할 것인가? 이 질문에 대한 답이 "그렇다"라면, 나는 아내를 아가페적으로 사랑하는 것이다. 그러나 그런 질문에 어떻게 답하게 될지 확실히 아는 사람이 있을까? 아마 없을 것이다. 답은 하나님만이 아신다.

둘째, 기독교는 누군가를 향한 아가페 사랑이 그 사람을 향한 모든 형태의 사랑의 **토대**가 되어야 한다고 선언함으로써 "모든 것을 바꾸"었다. 아가페 사랑은 "다른 모든 사랑의 표현의 근거가 되어 그 안에 들어 있어야" 한다(146). 누군가를 향한 본성적이고 편파적 형태의 사랑은 그 사람에 대한 아가페 사랑의 발현(manifestation) 혹은 특정화(specification)이도록 형성되고 빚어져야 한다. 앞에서 인용한, "당신의 아내는 누구보다 당신의 이웃이어야 한다"는 문구는 다음과 같이 이어진다. "그가 당신의 아내라는 사실은 두 사람의 특정한 관계가 보다 정확하게 특정화된 것이다.…사랑의 영원한 토대는 온갖 방식으로 표현된 특정한 관계의 토대로도 작용해야 한다"(141).

여기서 키에르케고어는, 모든 사람을 아가페적으로 사랑하는 것이 모든 사람을 똑같이 사랑한다는 뜻은 아니라는 생각을 드러낸다. 배우자에 대한 사랑은 동료에 대한 사랑과 다른 형태가 되어야 한다. 배우자는 동료와 다르고 배우자와의 관계는 동료와의 관계와 다르기 때문이다. "아내와 친구를 같은 방식으로 사랑하지 않고, 친구와 이웃을 똑같이 사랑하지 않는다. 그러나 이것은 본질적 차이점이 아니다. '이웃'이라는 범주는 근본적 유사성을 내포하기 때문이다"(141). "누군가를 참으로 사랑하는 사람은…모든 사람을 상대의 특수성에 따라 사랑한다.…잠시 자연을 보자. 자연, 또는 자연 속의 하나님이 어떤 무한한 사랑으로 생명과 존재를 가진 모든 다양한 것들을 아우르는가! 당신이 자주 즐겁게 지켜봤던 것들을 떠올려 보라. 아름다운 풀밭은 어떤가! 그 사랑에는 어떤 차별도 없지만, 꽃들은 제각기 얼마나 다른가!…인간들 사이의 사랑의 관계도 마찬가지다. 참된 사랑만이 모든 사람을 그들 각자의 특수성에 따라 사랑한다"(269-270).

간단히 말해, "기독교는 남편이 아내를 특별하게 사랑하는 것을 전혀 반대하지 않는다. 남편은 아내를 특별히 사랑해야 한다. 그러나 아내를 모든 사람과 구별된 존재로 여기고 이웃이 아닌 것처럼 사랑해서는 안 된다. 그럴 경우 남편은 기독교적 이웃 사랑을 혼동하여 아내가 남편에게 이웃이 아니게 되고, 그로 인해 다른 모든 사람도 그의 이웃이 되지 못한다.…기독교는…한 종류의 사랑, 영의 사랑만을 알지만, 이 사랑은 온갖 다른 모습으로 표현된 사랑의 근거가 되고 그 안에 머문다"(141-142, 146). "배우자를 신실하고 다정하게 사랑하라. 그러나 배우자에 대한 이웃 사랑이 하나님과 언약한 부부 관계를 거룩하게 하는 요소가 되게 하라. 친구를 진실하고 헌신적으로 사랑하라. 그러나 하나님과 신뢰에 찬 관계를 나누는 우정 가운데 서로를 통해 친구에 대한 이웃 사랑을 배우라"(62).

키에르케고어는 아가페 사랑이 어떻게 "에로스 사랑과 우정을 기독교적으로 바꾸는지"(143) 자세히 설명하지 않는다. 그가 설명하지 않는 이유는, 기독교가 "한 종류의 사랑, 영의 사랑만 인정하고, 이 근본적이고 보편적인 사랑이 어떤 다양한 방식으로 나타날 수 있는지 자세히 설명하는 일에는 관심이 없기 때문이다. 기독교 안에서, 다양한 종류의 사랑을 나누는 구분 자체가 본질적으로 폐지된다"(143).

사랑을 아가페적으로 하는 사람이 편애를 할 수 있는가?

내가 에반스-페레이라의 해석 노선에 반대하는 이유는 그 해석을 따를 경우, 아가페 사랑이 "모든 편애를 몰아낸다" 같은 구절들을 부자연스럽게 해석할 수밖에 없기 때문이다. 하지만 그들이 제시하는 것과는 다른 해석 노선이 분명히 존재하고, 그것을 이용하면 문제 구절들을 그렇게 부자연스럽게 해석할 필요가 없다. 이 대안적 해석 전략을 적용하는 과정에서 우리는, 누군가에 대한 모든 본성적 편애는 아가페 사랑의 특정화이자 발현이 되도록 형성되고 빚어져야 한다고 키에르케고어가 주장한 것을 보았다. 하지만 이것으로 앞에서 제기된 또 다른 해석의 문제가 해결되지는 않는다.

에반스와 페레이라는 본성적 형태의 사랑에 이끌려 이웃들 중 일부를 다른 사람보다 더 사랑하게 된다고 해도(그 때문에 그들 중 일부를 전혀 사랑하지 않게 된다면 얘기가 달라지겠지만) 자신의 모든 이웃을 아가페적으로 사랑할 수 있다고 주장한다. 또, 모든 이웃을 아가페적으로 사랑한다는 말이, 원수인 이웃의 번영을 위해 자녀인 이웃의 경우만큼 전반적으로 똑같이 헌신한다는 뜻은 아니라고 주장한다. 그들의 주장이 과연 옳을까?

질문을 분할해 보자. 지금 우리는 아가페 사랑의 **본질**에 대해 말하는 것인가, 아니면 아가페 사랑이 한 사람의 삶에 분명하게 자리를 잡는 방식에 대해 말하는 것인가? 아가페 사랑의 본질이 우리가 말하는 주제라면, 아가페 사랑은 모든 이웃을 평등하게 사랑한다는 것이 키에르케고어의 견해라고 나는 생각한다. 아가페 사랑이 모든 사람 안에 평등하게 내재하는 "내적 영광"에 (키에르케고어가 설명하지 않는 어떤 방식으로) 걸맞은 사랑이라는 말을 기억하라. 나의 이웃인 모든 사람을 사랑하라는 그리스도의 명령의 요점은 모든 이웃을 그 사람의 내적 영광에 걸맞게 대우하라는 것이다. 그러나 모든 사람이 평등하게 보유한 내적 영광에 걸맞게 각 사람을 대하라는 근본적 이치(*ratio*)를 품은 사랑은 그에 상응하게 평등한 것이어야 한다. 본질상 아가페 사랑은 평등한 시선으로 바라보는 사랑이다.

하지만 이것으로부터, 대체로 어떤 사람들을 다른 사람보다 더 사랑할 경우, 예컨대 자녀를 원수보다 더 사랑할 경우 내가 아가페 사랑을 온전히 보유한 것이 아니라는 결론이 따라오지는 않는다. 본성적 사랑이 편애로 나타날 때에도 아가페 사랑은 평등한 시선으로 존재할 수 있다. 그럼 대체로 어떤 사람들을 다른 사람들보다 더 사랑하는 경우, 자신이 모든 사람을 평등한 시선의 아가페 사랑으로 사랑하고 있는지 아닌지 어떻게 알 수 있을까? 아마 다시 한 번, 가상의 질문을 던져 보고 나오는 답을 분별해 보면 알 수 있을 것이다. 그 질문이 무엇이 될지, 이 자리에서 궁리하진 않겠지만 말이다.[19]

그럼 이 문제에 대한 키에르케고어의 견해는 무엇이었을까? 우리의 본성적 사랑이 어떤 사람들을 다른 사람들보다 더 사랑하도록 이끌지 않는 경우에만 아가페 사랑의 특정화 내지 발현으로 보아야 한다고 생각했을까? 아니면 대상에 따라 본성적 사랑의 방식뿐 아니라 강도가 달라져도 여전히 아가페 사랑의 특정화나 발현이 될 수 있다고 보았을까? 나는 키에르케고어가 이 문제를 다룬 구절을 본 적이 없고, 그가 암묵적으로 어느 한쪽 입장을 취했음을 분명히 보여 주는 구절도 아는 바가 없다.

우리의 본성적 사랑을 철저히 개혁해서 이 사람 저 사람 가리지

---

19 얼핏 떠오르는 내용은 있다. 누구에 대해서도 애정과 혐오감을 느끼지 않는 사람, 일체의 공감도 연대감도 없는 사람이 모든 사람을 평등하게 사랑할 수 있을까? 이 질문에 대한 답은 '그렇다'가 될 것이다. 하지만 실제로 애정과 혐오감이 어떤 사람들에게는 너무 일그러진 사랑을 불러내기 때문에 그들에 대해서는 아가페 사랑이 없거나 심각하게 변형되었다는 결론을 내려야 할 것이다.

않고 모두 평등하게 사랑해야 한다는 관점은 어딘가 비인간적인 면이 있다고 말할 독자들이 있을 것이다. 니그렌의 경우처럼 모든 본성적 사랑을 뿌리 뽑아야 한다는 관점보다는 낫지만 그래도 비인간적으로 보이는 것이 사실이다. 그 독자들은 더 나아가 이 입장의 비인간성을 근거로 삼아 키에르케고어가 이 관점에 동조하지 않을 거라고 주장할지도 모르겠다.

그러나 나는 어떤 입장의 소위 비인간성이 키에르케고어가 그런 견해를 내세우지 않았다는 결론을 이끌어 내는 근거로는 너무 빈약하다고 본다. 키에르케고어는 이웃에 대한 아가페 사랑을 근본적인 것으로 여기는 일은 "분명히 이상하고 소름 돋는 도치"라고 시인했다(141). 그는 에로스 사랑과 우정에도 "이웃을 향한 사랑의 여지를 남겨 둬야" 한다는 자신의 주장에 일부 독자들이 "충격을" 받을 것임을 알고 있었다. 그는 "본질적으로 기독교적인 것에는 언제나 불쾌한 조짐들이 따라온다"고 답한다(62).

키에르케고어는 무엇을 말해야 했는가? 내가 볼 때, 그의 사고방식은 두 입장 중 어느 쪽도 암시하지 않는다. 그는 어느 쪽으로든 갈 수 있었을 것이다. 하지만 우리가 자신의 애착과 호의를 완전히 장악하여 임의의 한 사람에 대한 우리의 전반적 사랑이 또 다른 사람에 대한 우리의 전반적 사랑과 같아지도록 만들 수 있다는 생각은 너무나 설득력이 없어 보인다. 그런 이유에서 나는 키에르케고어가 이 입장에 반대했을 거라고 생각한다.

사랑의 종류 구분하기

우리가 지금까지 살펴본 것처럼, 현대 아가페주의자들은 신약의 아가페가 정의의 요구 때문이 아니라 누군가의 선 자체를 목적으로 여기고 증진하려 드는 형태의 사랑의 일종이라고 여겼다. 그 사랑의 대상이 본인이 아닐 경우를 가리켜 **자비**라고 한다. 키에르케고어는 아가페 사랑의 범위에 본인도 포함된다고 주장했다. 바로 그 부분 때문에 나는 현대 아가페주의자들이 아가페 사랑을 일종의 자비로 파악한다는 말을 거침없이 하지 못한 것이다. 그러나 키에르케고어의 견해를 명심한다면, 앞으로는 대부분까지는 아니어도 많은 현대 아가페주의자들의 관행을 따라 아가페 사랑이 자비의 일종이라 말해두 무방할 것이리고 본다.

현대 아가페주의자들은 아가페 사랑의 본질을 명확히 표현하려 시도하는 가운데 아가페 사랑에 해당하는 특정한 종류의 자비를 골라내려 했을뿐더러, 온갖 종류의 자비를 다른 여러 형태의 사랑과 구분하는 데도 많은 시간을 들였다. 짧게나마 그 논의를 살펴본다면 그들의 입장을 파악하는 데 도움이 될 것이고 이후의 논의에도 유용할 것이다.

니그렌이 『아가페와 에로스』에서 펼치는 주된 논제는 서구인들의 정신과 마음을 장악하고자 투쟁을 벌인 세 가지 '근본 모티프'가 있다는 것이었다. 에로스-모티프는 플라톤과 플라톤주의 전통이 가장 잘 표현했다. 노모스(nomos)-모티프는 율법과 정의에 대한 구약성경 저자들의 진술에 가장 잘 표현되었다. 아가페-모티브는 예수의 몇몇 비유, 하나님의 사랑에 대한 바울의 가르침, 그리고 한

참 후에 나온 루터의 저작들에 가장 잘 표현되었다.

에로스는 끌림(attraction)의 사랑이다. 무엇인가에 붙들리고 끌려가고 이끌리는 것이다. 사람, 동물, 식물, 경치, 기관과 그룹, 프로젝트, 이상(理想), 하나님 등 무엇이든 그 대상이 될 수 있다. 우리는 가치 있다고 여기는 그 무엇을 지닌 사람이나 사물들을 사랑한다. 그것이 무엇인지 말로 표현하기 어렵고 심지어 불가능할 때도 있다. 그러나 표현할 수 있건 없건, 우리는 정신, 성품, 신체, 헌신, 성취의 어떤 훌륭한 특성 때문에 상대를 사랑한다. 그에게 있는 그 무엇 때문에 그 사람은 우리 눈에 사랑할 만한 존재가 된다. 나무의 어떤 것, 단체의 어떤 것 때문에 나무나 단체가 사랑할 만한 것이 된다. 끌림의 사랑은 어떤 것의 가치와 탁월성에 이끌리는 사랑이다. 플라톤이 『향연』(Symposium)에서 염두에 두었던 사랑, 아우구스티누스가 하나님을 향한 인간의 사랑을 이야기할 때 염두에 두었던 사랑이 바로 끌림의 사랑이었다.

키에르케고어는 아가페 사랑을 에로스 사랑뿐 아니라 우정과도 대조시켰다. 우정의 요소에는 흔히 끌림의 사랑이 포함되지만 다른 형태의 사랑, 즉 애착(attachment)의 사랑도 포함된다. 나는 내 친구에게 애착을 느끼며 내 아이, 내 집, 내 고양이에게 애착을 느낀다. 내가 상황을 객관적으로 판단하고 탁월성을 택한다면 굳이 이 아이, 이 집, 이 고양이에게 마음을 두지 않았을지도 모른다. 그러나 나는 다들 인정하는 그 대상의 탁월성 때문에 그것에 애착을 갖게 된 것이 아니다. 어떻게든 유대감을 형성한 것이다. 그것이 애착의 사랑을 설명해 준다. 당신의 고양이가 내 고양이보다 잘생겼다는 사실을 나도 인정한다. 그래도 상관없다. 내 고양이는 내가 애착을 갖는 고양이다. 나는 어느 추운 겨울날 아침, 문간에 웅크리고 앉아 애절한 눈빛으로 나를 바라보는 녀석을 발견했다. 내 고양이는 내가 사랑하는 고양이다.

애착을 갖는 대상의 번영 상태가 달라질 때, 애착의 사랑에는 어김없이 자비의 사랑이 따라오는 것 같다. 우리는 자녀나 고양이의 번영 그 자체를 목적으로 여기고 그것을 보존하거나 향상시키려 한다. 반면, 현대의 아가페주의자들은 자비의 사랑이 애착의 사랑과 끌림의 사랑 없이도 나타날 수 있다고 주장하는데, 옳은 지적이다. 나는 딱히 애착을 느끼지도 끌리지도 않는 상대, 같이 있고 싶은 마음이 들지 않는 상대라도 그의 번영 그 자체를 목적으로 추구할 수 있다. 나는 의무감에서 그렇게 할 수 있다.

끌림의 사랑, 애착의 사랑, 자비의 사랑, 이 세 가지는 사랑하는 대상에 대한 욕망, 예컨대 끌리는 사람과 함께 있고 싶은 욕망으로 나타난다. 그러나 자비를 특정한 종류의 욕망과 **동일시**하는 것은 설득력이 있는 반면, 끌림의 사랑과 애착의 사랑을 욕망과 동일시하는 것은 설득력이 없다. 우선, 이런 종류의 사랑은 욕망뿐 아니라 감탄이나 칭찬으로도, 사랑의 대상이 되는 사람이나 사물과 함께 있음을 즐거워하는 것으로도 나타난다. 둘째, 이 사랑들은 사랑이 머무는 동안 생겨났다 사라지는 욕망들을 만들어 낸다. 지금 내가 내 아이들에 대한 애착 때문에 그들에게 갖는 욕망들은 그들이 어렸을 때 내가 가졌던 욕망과 많이 다르다.

애착을 느끼는 대상의 가치가 감소한다고 해서 반드시 애착이 약해지는 것은 아니다. 오히려 강해질 수 있다. 하지만 그렇게 되면 대체로 슬픔이 생겨난다. 애착을 느끼는 대상의 죽음이나 파괴는 슬픔을 초래한다. 끌림의 사랑은 다르다. 대상에게 끌리게 만들었던 특성들이 사라지거나 훼손되는 경우, 매력적으로 느껴지는 다른 특성들이 그 자리를 대체하지 않으면, 끌림은 약해지다 마침내 사라지게 된다. 그때 느끼는 감정은 슬픔이 아니라 실망과 유감이다. 끌림을 느끼는 대상이 파괴되거나 그것을 빼앗길 때도 실망과 유감을 느끼게 된다.

키에르케고어는 아가페 사랑의 동요하지 않는 모습을 오래도록 숙고했고 에로스 사랑과 우정의 동요하기 쉬운 면모와 비교해서 살폈다. 이 문제에 대한 그의 생각이 옳은지 그른지는 자비의 사랑을 어떻게 이해하는가에 달려 있다. 자비는 타인의 선 그 자체를 위해 향상시키려는 헌신이다. 그런 헌신은 두 가지 형태로 나타날 수 있다. 상대의 선을 **실제로** 향상시키는 데 헌신할 수 있고, 상대의 선을 향상시키려는 **노력**에 헌신할 수도 있다. 첫 번째 부류의 헌신은 동요가 없을 수 없다. 타인의 선을 향상시키는 데 성공하지 못하면 실망하게 된다. 그러나 내 헌신이 타인의 선을 향상시키는 **노력**에만 있다면, 그 노력이 아무 결실을 맺지 못한다 해도 나는 실망하지 않을 것이다. 오직 노력의 헌신이 부족한 것으로 드러날 때만 실망할 것이다.

키에르케고어는 자비에 대해 두 번째 방식으로 생각했다. 자비와 연관된 모든 실망은 자신에 대한 실망이다. 이것은 스토아학파와 같은 사고방식이다. 현대 아가페주의 운동 일반을 둘 중 어느 한 입장에 맞출 이유는 없다.

그런데 사랑에는 또 다른 종류가 있다. 끌림의 사랑, 애착의 사랑, 자비의 사랑에 더해 이득(advantage)의 사랑, 자기애(self-love)가 있다. 이득의 사랑은 어떤 일이 자기에게 이득이 되고 자기의 선을 향상시켜 줄 거라고 믿기 때문에 그 일이 벌어지기를 바란다. 아가페주의자들은 자기애에 대해 자주 그리고 길게 언급했고, 그것을 아가페 사랑과 대조해서 말했다. 이때 그들이 염두에 둔 것이 바로 이득의 사랑이었다. 그들은 아가페 사랑 이외의 모든 형태의 사랑은 결국 자기애, 이득의 사랑이라는 주장을 자주 펼쳤다.[20] 나는 그들의 그 주장이 틀렸다고 생각한다. 내가 슈베르트의 후기 소나타 연주에 매료될 때, 내가 사랑한 것은 내 자신이 아니라 연주된 소나타다.

지금까지 사랑의 여러 형태에 대한 유형론을 제시한 것은 현대 아가페주의자들이 무엇을 염두에 두고 사랑을 말했는지 선명하게 인식하기 위해서였다. 이 유형론은 그들의 관점이 얼마나 다른지를 부각해 보여 준다. 그들에 따르면, 히브리성서와 기독교성서가 하나님의 사랑의 속성이라 단언하고 우리에게 명한 사랑은 끌림의 사랑도, 애착의 사랑도, 이득의 사랑도 아니다. 그것은 순수한 자비다.[21]

---

[20] 참고. Kierkegaard, *Works of Love*. p. 53: "기독교가 에로스 사랑과 우정에 대해 의혹을 품는 것은 감정에서의 편애 또는 편파적 감정이 실제로는 또 다른 형태의 자기애이기 때문이다." Outka는 아가페를 제외한 모든 형태의 사랑이 자기애(이득의 사랑)인가 하는 문제를 다루면서 Barth에 대해 길게 논하고, Barth가 이 문제에서 일관성이 없다고 결론 내린다.

[21] 내가 제시한 유형론과 C. S. Lewis가 *The Four Loves* (London: Geoffrey Bles, 1960, 『네 가지 사랑』, 홍성사)에서 제시한 유형론이 어떤 관련이 있는지 묻는 분들이 있을 법하다. Lewis가 생각한 네 가지 사랑이 무엇인지는 그리 선명하지 않다. 그가 그 책의 한 장씩을 할애해서 다룬 애정, 우정, 에로스, 자비가 그가 말하는 네 가지 사랑일 수도 있다. 그런가 하면, 그는 네 가지 다른 사랑도 제시하는데, 그중 동일한 하나를 제외하면 첫 번째 그룹의 사랑들로 표현되는 것들이다. 그 네 가지는 필요의 사랑, 선물의 사랑, 감상, 애정이다. Lewis의 필요의 사랑은 내가 이득의 사랑이라 부르는 것과 같다. 선물의 사랑은 자비와, 감상은 끌림과, 애정은 내가 말하는 애착과 같다.

고전적 현대 아가페주의가 바라보는
사랑과 정의의 관계

이번 장에서는 고전적 현대 아가페주의자들이 생각하는 아가페 사랑과 정의의 관계를 다룰 것이다. 먼저, 내가 지난 장에서 말한 내용에 대해 단서를 하나 달아야겠다. 나는 아가페주의자들이 사랑에 대한 자신들의 설명을, 헬라어 성경에 쓰인 아가페라는 단어의 의미에 대한 해석이자 그로부터 이끌어 낸 추론으로 제시했다고 말했다. 그들은, 하나님이 우리를 사랑한다고 말하시고 우리에게 이웃 사랑을 명하실 때 예수가 염두에 두신 의미가 바로 그것이라고 해석했다. 그러나 예수는 하나님을 사랑하라고도 우리에게 명하셨는데, 그때에도 아가페라는 단어가 쓰였다. 그런데 아가페주의자들은 누구도 그 말이 하나님을 아가페 사랑으로 대하라거나 다른 어떤 종류의 자비로 대하라는 명령이라고 생각하지 않았다.

많은 부분에서 그렇듯 이 점에서도 니그렌은 용기 있는 확신을 갖고 있었다. 신약성경 기자들은 예수의 말씀을 전하면서 종종 명사 '아가페'(*agapē*)와 동사 '아가파오'(*agapaō*)를 느슨하게 썼다. 그들은 우리가 하나님을 사랑해야 한다고 말한 것으로 예수의 말을 전할 때 정확한 용어를 구사하지 않았는데, 니그렌에 따르면 예수가 정말로 의미하신 것은 우리가 하나님에 대한 **믿음**을 가져야 한다는 것이었다. 이 부분에서 바울은 예수보다 훨씬 정교하게 말했는데, 그가 하나님에 대한 우리의 합당한 자세를 가리킬 때 선호한 단어는 '아가페'보다는 '피스티스'(*pistis*)였다(『아가페와 에로스』, 94 이하, 124 이하).

앞에서, 니그렌 자신은 그저 신약성경 사상에 담긴 놀라운 함의를 펼쳐 가는 것으로 여긴 많은 논증들이 내가 볼 때는 귀류법 논증이라고 말했는데, 여기서 그 사례를 볼 수 있다. 하나님을 사랑하라는 예수의 말씀이 하나님에 대한 믿음을 가지라는 뜻이었다면, 왜 복음서 저자들은 예수가 그렇게 말씀하셨다고 전하지 않았는가? 그들에게는 예수의 말씀을 번역하고 전달하는 데 쓸 수 있는 헬라어 단어 피스티스가 있었는데 말이다.

아가페 사랑은 정의의 요구에 따른 행동을 배제한다

2장에서 본 것처럼, 예수가 우리에게 이웃을 사랑하라고 명하셨을 때 어떤 사랑을 요구한 것인지에 대한 현대 아가페주의자들의 생각은 대개 일치한다. 그것은 아무 형태의 사랑이나 다 되는 것이 아니고, 아가페주의자들이 흔히 **이웃-사랑**으로, 키에르케고어가 **기독교적 사랑**으로, 내가 줄곧 **아가페 사랑**으로 부른 특별한 형태의 사랑이다. 현대 아가페주의자들은 사람이 아가페 사랑으로 자신을 사랑할 수 있는지에 대해서는 서로 의견을 달리했다. 그러나 이런 의견 차이를 염두에 둔다면, 자신에 대한 사랑을 "자비"라고 부르지 않을 거라는 언어학적 사실을 무시하고서, 현대의 아가페주의자들이 아가페 사랑을 자비·관대함·박애의 일종으로 여겼다고 보아도 무방할 것이라 나는 제안했다.

어떤 사람이 누군가에게 자비롭게 행동했다고 말하는 것은 그 일이 정의의 요구에 따른 행동이 아니라는 의미를 함축한다. 누군가를 아가페적으로 사랑한다면 정의가 요구하기 때문에 그렇게 대하는 것이 아니다. 반대로, 정의의 요구에 따라 누군가를 특정한 방식으로 대한다면, 그것은 그 사람을 아가페적으로 사랑하는 일이 아니다. 모든 현대 아가페주의자들이 이 생각에 동의했다. 누군가를 아가페적으로 사랑하는 것과 정의의 요구에 따라 그 사람을 특정 방식으로 대하는 것은 개념적으로 양립할 수 없다. 아가페 사랑은 정의와 불의에 대한 모든 생각을 몰아낸다. 아가페 사랑은 정의와 불의에 눈을 가리고 귀를 막는다. 정의와 불의는 아가페 사랑의 시야에 들어오지 않는다. 아가페 사랑은 **이유 없는** 관대함이다.

이제 우리 앞에 놓인 질문은 이것이다. 현대의 아가페주의자들은 왜 이런 견해를 내세웠을까? 내가 누군가를 정의롭게 대하려고 할 때는, 그 사람의 선의 어떤 면을 증진하려는 것이 아닌가? 달리 어떻게 그에게 정의를 베풀 수 있단 말인가? 그러면 아가페주의자들은 왜 예수가 우리에게 요구하는 사랑이 본질적으로 정의와 불의에 무관심하다는 주장을 내세웠을까?

앞 장에서 살펴본 것처럼, 키에르케고어는 정의의 "특징이 각 사람에게 각자의 몫을 주는 것"인 반면, 아가페 사랑에서는 내 것과 네 것의 구분이 사라진다는 것을 이유로 제시했다. 그는 이 생각을 더 이상 발전시키지 않는다. 니그렌은 아가페 사랑이 정의의 요구에 무관심하다고 주장하는 이유를 좀더 적극적이고 분명하게 밝히고 있으니, 이 문제에 대한 그의 의견을 살펴보자.

니그렌에 따르면, 아가페 사랑의 특징은 **자발성**이다. 아가페 사랑은 이웃의 선을 향상시키는 일을 자발적으로 추구한다.[1] 앞 장에서 인용했던 대목을 다시 인용해 보자. "우리는 헛되이, 하나님의 사랑을 받는 사람의 성품에서 그분의 사랑하시는 이유를 찾으려 한다.…[하나님의 사랑의] 유일한 근거는 하나님 안에서 찾아야 한다. 하나님의 사랑은 전적으로 **자발적이다**"(75). 이 자발성 때문에 아가페 사랑이 정의 추구와 본질적으로 구분된다.

니그렌은 논증을 마무리하는 데서 이웃을 정의롭게 대하려 하는 일이 왜 비자발적인 행동이 되는지 명시적으로 지적하지는 않는다. 하지만 그가 어떤 식으로 생각하는지 추측할 수는 있을 것 같다. 내가 누군가를 정의롭게 대하려고 할 때, 내가 어떤 면에서든 그 사람의 번영을 증진하려 하는 이유는 그 일이 그에게 **합당하기** 때문이다. 누군가를 정의롭게 대하려 할 때, 어떤 요구에 대한 인정이 나의 의도 안으로 들어온다. 누군가가 결승점을 1등으로 통과했다면, 나는 그 사람에게 1등상을 줘야 할 **의무가 생긴다**. 그렇게 하지 않으면 그 사람의 몫인 것을 그에게 주지 않는 셈이다. 나의 추측에 니그렌은 이 부분 때문에 정의의 추구가 자발적이지 않다고

---

[1] Kierkegaard는 때로는 **본성적** 사랑이 자발적이라고 묘사한다.

주장하게 되었다.

아가페 사랑은 받는 사람 측에서 나오는 요구 일체를 전혀 보지 못한다. 그런 면에서 자발적이다. 그러나 내가 당신을 정의롭게 대하려 할 때는 당신의 가치가 그런 대우를 요구하기 때문에 그렇게 대하는 것이다.

왜 아가페 사랑은 자발적인가?

이 모두가 사실이라고 가정해 보자. 현대 아가페주의자들이 이해하는 대로, 아가페 사랑은 누군가를 정의롭게 대하려는 추구와 달리 자발적이라고 하자. 그래도 이 사실이 우리의 질문에는 답이 되지 않는다. 같은 질문을 다른 방식으로 묻도록 유도할 따름이다. 왜 현대 아가페주의자들은 모두 이런 식으로 아가페 사랑이 자발적이라고 주장한 것일까? 왜 그들은 모두, 이웃을 사랑하라는 예수의 명령이 이웃에 대한 정의는 고려하지 않는 그런 종류의 사랑으로 이웃을 사랑하라는 뜻이라고 본 걸까?

2장에서 나는 현대의 아가페주의자들이 자신들의 관점을 기독교성서, 특히 신약성경에 대한 타당한 해석과 그로부터 끌어낸 타당한 추론의 산물이며 체계적 반론에 맞서 옹호할 만한 주장으로 제시했다고 말했다. 그들은 성서 본문을 권위 있는 것으로 여겼기 때문에 이런 식의 논증이 충분하다고 생각했다. 그들은 성서의 권위를 전제하지 않고 자신들의 관점을 뒷받침하는 논증을 발전시키는 데는 관심이 없었다. 하지만 이제까지 나는 그들의 관점을 해석하면서, 그들이 기독교성서에 대한 타당한 해석을 제시했다고 생각한 이유를 아직 밝히지 않았다. 그들의 해석학적 논증에 대해서는 한 마디도 하지 않았다. 이제 그들이 신약의 아가페가 정의의 요구를 무시한다고 생각한 이유를 물어야 할 시간이다.

질문을 좀더 구체화해 보자. 어째서 니그렌은 '누군가에 대한 아가페 사랑은 그 사람을 정의롭게 대하려는 시도와 개념적으로 양립할 수 없다'는 결론이 자기 해석의 귀류법의 사례가 아니라 신약의 아가페에 담긴 함의라고 여겼을까? 그를 포함한 여러 아가페주의자들은 생각을 전개하다가 이 지점에 도달했을 때 왜 물러서서 자신들이 본문을 잘못 해석했다고 결론짓지 않았을까?

니그렌의 해석학적 논증은 거의 전적으로, 성서는 하나님이 죄인들을 사랑으로 용서하심을 우리를 향한 하나님의 사랑의 전형이자 우리가 따라야 할 이웃 사랑의 본으로 제시한다는 확신 위에 서 있었다.[2] 니그렌에 따르면 용서의 본질은 용서받은 자에게 용서받을 권리가 없다는 사실에 있다. 용서받지 못해도 악인은 자신이 모욕을 당했다거나 부당한 취급을 당했다고 주장할 수 없다. 용서받지 못해도 자신에게 합당한 몫을 빼앗겼다고 주장할 수 없다. 용서는 이유 없이 주어지는 것이다. 하나님의 사랑 전체가 이와 같다. 하나님의 사랑은 순전한 은혜, 속속들이 은혜다. 하나님의 사랑은 순전한 자발성이다. 우리의 사랑은 하나님의 사랑과 같아져야 한다.

예수의 가르침을 두고 니그렌은 이렇게 말한다. "하나님과의 교

---

[2] 2장에서 인용한 Ramsey의 말로 미루어 보면, 사랑에 대해 생각할 때 죄인들에 대한 하나님의 용서가 핵심 역할을 한다는 이 가정을 Ramsey도 공유했음을 알 수 있다.

제를 지배하는 것은 율법이 아니라 사랑이다. 인간에 대한 하나님의 태도의 특징은 '분배정의'(*justitia distributiva*)가 아니라 아가페이며, 응보적 의로움이 아니라 너그럽게 주고 용서하는 사랑이다"(70).

> 거룩하신 하나님이 죄인을 사랑하신다면, 그것은 그 사람의 죄 때문이 아니라 그 죄에도 불구하고 사랑하시는 것일 수밖에 없다.…하나님의 사랑이 의로운 자들과 경건한 자들에게 베풀어질 때, 하나님이 그들의 의와 경건 때문에 그들을 사랑하신다고 생각할 위험이 상존한다. 그러나 이것은 아가페를 부인하는 일이다. '의로운' 자들에 대한 하나님의 사랑이 죄인을 향한 사랑 못지않게 자유롭고 자발적임을 부인하는 일이다!…대상의 가치에 대한 생각 일체를 버려야만 비로소 사랑이 무엇인지 알 수 있다. 하나님의 사랑은 사람의 성품이나 행동이 정하는 어떤 한계도 허용하지 않는다. 가치 있는 자와 무가치한 자, 의인과 죄인 사이의 구분은 하나님의 사랑에 제약을 가하지 않는다. (77-78)

한마디로, 구체적으로 용서는, 그리고 일반적으로 아가페는 '가치에 무관심'하다. 다시 말해, 사랑받는 사람의 가치나 중요성에 무관심하고, 그 가치를 인정할 때 따라오는 일체의 요구에도 무관심하다. 아가페는 평범한 가치들을 '재평가'하는 것이 아니다. 예수는 "일반적으로 받아들이는 가치 기준"을 뒤집어 "죄인이 의인보다 '낫다'고 [주장]하시는 것이 아니다"(77). 오히려, "하나님의 사랑이 죄인에게로 향할 때, 그때는…가치평가에 대한 모든 생각이 사전에 배제된다"(77).

참으로 놀랍고 도발적이게도, 니그렌은 인간을 향한 하나님의 사랑이 그들의 가치를 인정함으로써 생겨난 것도 그것에 영향을 받은 것도 **아니며**, 인간에게는 그들을 향한 하나님의 아가페 사랑이 그들 안에 창조해 낸 가치 외에는 달리 어떤 가치도 없다고 주장한다. "하나님은 이미 그 자체로 사랑할 만한 가치가 있는 것을 사랑하시는 것이 아니다. 정반대로, 그 자체로는 아무 가치도 없는 것이 하나님의 사랑의 대상이 됨으로써 가치를 획득한다. 아가페는 그 대상의 값진 특성을 인정함으로 인해 생겨나는 그런 종류의 사랑과 아무 관련이 없다. 아가페는 가치를 인정하지 않고, 가치를 창조한다.…하나님의 사랑을 받는 사람은 그 안에 어떤 가치도 갖고 있지 않다. 그를 가치 있게 하는 것은 하나님이 그를 사랑하신다는 바로 그 사실이다. **아가페는 가치를 창조하는 원리다**"(78). 현대의 다른 아가페주의자들 중에서 이 정도로 과격하게 말하는 사람은 거의 없다.

니그렌은 인간을 향한 하나님의 아가페 사랑이 그들 안에 만들어 낸 가치를 제외한 인간의 모든 가치를 부정하는 이유를 분명히 밝히지 않는다. 인간을 향한 하나님의 아가페 사랑이 그들의 가치를 인정함으로 인해 생겨난 것도 아니고 그에 영향을 받은 것도 아니라고 해서, 인간에게는 하나님의 사랑이 만든 가치 외에 다른 어떤 가치도 없다는 결론이 따라오는 것은 아니다. 니그렌도 이런 주장을 하지는 않는다. 그러나 이 부분에서도 그의 생각을 짐작할 수 있을 것 같다.

여기서 그는 인간이 가치를 갖고 있다면 그 가치에 합당한 방식으로 그들을 대해야 한다는 요구가 있다고 생각한다. 하나님이 그분의 사랑에 앞서는 어떤 가치를 가진 사람들을 만나신다면, 그 가치에 합당한 방식으로 그들을 대해야 한다는 요구를 받으실 것이다. 그렇게 대하지 않는 것은 그들을 부당하게 대하는 일이 될 것이다. 정의의 요구에 따라 행하려면 하나님이 정의를 확보하기 **위해** 행동하셔야 할 것이라는 결론이 따라오지는 않는다. 원리상, 하나님은 이유 없이 관대하게 행하시는 가운데 인간의 선행 가치가 하나님께 요구한 바를 늘상 행하신 것일 수도 있다. 그렇다고 해도, 의무성이라는 뱀은 순전한 아가페의 동산으로 꾸물꾸물 기어 들어왔을 것이다. 실은 하나님에게 요구되었던, 우리를 대하시는 여러 방식이 있을 것이다. 설령 하나님이 그분에게 요구되는 바가 있기 때문에 우리를 지금처럼 대하시지 않는다 해도, 하나님의 사랑은 하나님에게 요구되는 바를 행하는 일이 될 것이다.

아가페는 그런 의무성의 흔적조차도 참지 못한다. 하나님은 언제나 순전한 관대함으로 행하실 뿐, 필요에 의해 행하시는 법이 없다. 하나님이 우리를 대하실 때 반드시 하셔야 하는 일은 하나도 없다. 어떤 사랑의 수고도 그분이 꼭 하셔야 하는 일은 아니다. 아가페는 일반적으로 용서의 경우처럼 속속들이 관대함이다. 나는 니그렌의 생각이 이런 식으로 펼쳐졌을 거라고 생각한다.

흥미롭게도, 이것은 전통적 사고 노선을 거의 뒤집어 놓는다. 니그렌의 논증은, 하나님의 사랑이 다른 것과 섞이지 않은 순수한 관대함이기에, 하나님은 우리를 합당하게 대하셔야 한다는 어떤 요구도 받으실 수 없다는 것이다. 전통적 논증에 따르면, 하나님의 자존성(自存性, aseity)은 그분이 어떤 식으로건 우리를 합당하게 대하라는 요구를 받으실 수 없다는 사실을 함축하므로, 우리를 향한 하나님의 사랑은 다른 것이 섞이지 않은 순수한 관대함이어야 한다.

정의 추구와 아가페 사랑이 공존할 수 있는가?

우리는 왜 니그렌이 모든 현대 아가페주의자들과 더불어, 예수가 우리에게 명하는 사랑이 아가페 사랑이며 그것은 정의의 요구를 무시한 순전히 자발적이고 이유 없는 사랑이라는 견해를 내세웠는지를 살펴봤다. 그러나 내가 2장에서 언급한 것과 같이, 아가페 사랑과 정의의 **구체적** 관계에 대한 질문은 그대로 남아 있다. 논증을 위해, 아가페 사랑에 따라 행동하는 것은 정의의 요구 때문에 행동하는 것이 아니며 정의의 요구 때문에 어떤 행동을 하는 사람은 아가페 사랑에 따라 행동하는 것이 아니라고 가정해 두자. 그렇다고 해도 이 두 가지 행동 방식이 한 사람 안에 공존할 수 있지 않을까? 누군가에 대한 아가페 사랑 때문인 동시에 정의가 그렇게 요구하기 때문에 그의 어떤 선을 증진하려 들어도 된다는 강한 의미에서 두 가지 행동 방식이 공존할 수 있지 않을까?

이 문제에 대한 니그렌의 입장은 분명하다. 아가페 사랑을 모든 이웃에게 베풀기 위해서는 정의 시행에 대한 모든 관심을 삶에서 뿌리 뽑아야 한다. 예수는 "교제를 누릴 자격이 없는 사람들과 교제하신다." 예수의 그런 행동은 "하나님과의 교제를 정의의 원리로 규제하려는 모든 시도를 거스른다"(86). 예수가 말과 행동으로 맞서신 이들은 "하나님과 사람 사이의 관계에서 정의를 대변하는 이들"이었다(83). "바리새인들뿐 아니라 유대교의 율법적 의 안에서 자라고 거기에 뿌리를 내린 모든 이에게는, 예수가 길 잃은 죄인들을 자신에게 이끄신 것이 하나님이 친히 제정하시고 그분의 정의로 보장하신 질서를 어기는 일로 보였을 것이다"(83). 그들이 볼 때 그것은

"인간의 정의 질서뿐 아니라 하나님의 정의 질서와 그분의 위엄을 거스른" 일이었다(70).

니그렌의 요점은 분명하다. 신약성경의 도덕적 비전은 플라톤의 에로스뿐 아니라 구약성경의 노모스(*nomos*), 즉 율법과 정의도 반대한다. 신약성경은 구약성경의 성취가 아니라 부인이며 대안의 선포다. 아가페는 "하나님과 인간의 관계에 대한 율법적 개념을 박살낸다. 이것이 예수가 바리새인들과 충돌하시고 바울이 '율법'에 맞서 싸웠던 이유다. 아가페는 '노모스'의 반대이며 유대교의 가치 척도 전체를 떠받치는 토대를 부정하는 것이다"(200-201).

신약성경에서 아가페 사랑은 정의를 보완하는 것이 아니라 대체한다. 우리를 향한 하나님의 사랑과 우리 안에 하나님의 사랑이 불러일으키는 이웃을 향한 사랑은 정의 추구와 개념적으로 구분될 뿐만 아니라 구체적으로 서로 양립할 수 없다. "'이유가 있는' 정의는…'이유 없는' 사랑에게 자리를 내주어야 한다"(74). 정의의 요구대로 이웃을 대하는 것에 **더해** 아가페적으로 이웃을 사랑하려 해서는 안 된다. 우리는 정의의 요구에 따라 이웃을 대하는 **대신**, 그들을 아가페적으로 사랑해야 한다.

무엇 때문에 니그렌은 그런 강경한 관점에 이르렀을까?

내가 볼 때 니그렌이 이런 강경한 관점에 이르게 된 부분적 이유는 아가페적 사랑과 정의 추구가 양립 불가능한 개념적 측면과 구체적 측면을 명확하게 구분하지 못해서였던 것 같다. 그는 아가페 사랑이 이유 없는 자비의 일종이라고 주장하다가 이유 없는 자비와 정의의 요구를 동시에 만족시키는 방식으로 누군가의 선을 추구할 수는 없다는 주장으로 엇나갔다. 그러나 그가 이런 관점에 이른 데는 이 부분에서의 혼란 외에도 다른 원인이 있다. 우리는 그가 한 말에서 출발해 하나의 논증을 세울 수 있다. 그는 한 곳에서 "자발적 사랑과 관대함이 발견되는 곳에서 정의의 질서는 낡은 것이 되고 효력을 잃는다"고 말한다(90). 여기에 단서가 있다. 아가페 사랑 앞에서 정의 추구는 낡은 것이 되고 효력을 잃는다.

아가페 사랑이 정의가 요구하는 일을 할 때, 정의 추구는 쓸모없는 것, 니그렌의 표현대로 "낡은 것"이 된다. 아가페 사랑이 정의가 금하는 일을 하려 할 때, 우리는 정의보다 사랑을 선호해야 한다. 고전적 현대 아가페주의자들은 우리가 모든 이웃을 항상 아가페 사랑으로 대해야 한다는 데 모두 동의한다. 이 둘을 더하면 우리는 이런 결론을 얻게 된다. '아가페 사랑으로 인해 정의 추구는 어떤 경우에는 낡은 것이 되고 나머지 경우에는 효력을 잃는다.'

두 번째 요점, 즉 아가페 사랑이 때로 정의가 금하는 일을 한다는 점에 대해 니그렌은 아가페 사랑이 불의를 자행하는 일상적 사건들에서 사례를 가져올 수도 있었을 것이다. 5장에서 살펴보겠지만, 니버는 그렇게 한다. 그러나 니그렌은 예수의 두 비유만 제시한다. 포도원 일꾼 비유와 탕자의 비유다(마태복음 20:1-6; 누가복음 15:11-32). 니그렌이 이 두 비유를 인용하여 얻은 이점은, 그의 해석에 따르면 이 두 비유가 사랑과 정의가 충돌하는 사례일 뿐 아니라, 우리가 하나님처럼 되어 아가페 사랑이 우리로 하여금 이웃을 아가페적으로 사랑하지 못하도록 하는 불의를 허용하지 않아야 한다고 말씀하시는 것처럼 예수를 묘사한다는 점이다.

예수는 천국이 포도원의 일용직 일꾼들을 고용하기 위해 아침 일찍 밖으로 나간 포도원 주인과 같다고 말씀하셨다. 그 주인은 일꾼들에게 통상 임금을 지급하기로 합의한 후 그들을 포도원으로 들여보냈다. 오전 9시쯤 그가 다시 밖으로 나가서 보니 몇몇 일꾼들이 시장에서 빈둥거리고 있었다. 그래서 그는 그들에게 "정당한"(just)[3] 품삯을 약속하고 그들을 포도원으로 보냈다. 정오와 오후 세 시, 그리고 다섯 시 무렵에도 같은 일을 되풀이했다. 매번 포도원 주인은 빈둥거리고 있는 일용직 일꾼들을 발견하고 이렇게 말했다. "여러분도 포도원으로 가서 일하시오."

근무 시간이 끝났을 때 포도원 주인은 관리인을 불러 맨 나중에 고용된 사람들부터 시작해서 처음 고용된 사람들까지 급료를 나눠 주라고 지시했다. 맨 나중에 고용된 사람들은 통상 일당을 받았다. 그들은 분명 깜짝 놀랐을 것이다. 맨 처음 고용된 사람들은 그것을 보고 자신들은 훨씬 더 많이 받을 것으로 기대했다. 그러나 그들도 통상 일당을 받았다. 그들은 주인에게 투덜거리며, 마지막에 온 사람들은 한 시간밖에 일하지 않았는데도 찌는 더위 속에서 온종일 수고한 자기들과 똑같이 대우했다며 불평했다. 동일하지 않은 노동에 동일한 임금을 주는 것은 공정한 일이 아니며, 정의롭지 않다는 주장이었다. 주인은 그들의 불평을 거부했다. 그들 중 한 사람에게 이렇게 말했다. "내 것을 가지고 내 뜻대로 할 수 없다는 말

---

[3] 내가 사용하고 있는 성경역본 NRSV는 '알맞은'(whatever is right)이라고 한다. NRSV가 '옳은'(right)으로 번역하고 내가 '정당한'(just)으로 번역하는 헬라어 단어는 디카이오스(*dikaios*)다.

이오? 내가 후하게 대접하는 것이 당신 눈에는 거슬리오?"

니그렌은 이 비유를 이렇게 해석한다. "공로와 자격의 문제라면 불평한 일꾼들이 분명히 옳다. 친절을 베푸는 동시에 정의를 침해하지 않는 것은 불가능하다. 공로와 보상의 원리를 결정적인 것으로 놓고 보면 '정의의 침해'가 발생한다. 선인들이 보상을 잃고 악인들이 보상을 받을 때, 자격이 있는 자들과 부족한 자들이 똑같이 대접을 받을 때가 이런 경우다. 정의의 원리는 노동과 임금 사이의 합당한 균형을 요구한다"(88). 그는 이렇게 덧붙인다. "법적 관점에서 볼 때 거슬리는 요소를 이 비유에서 제거하려 해 봤자 부질없다. 종교적 관계에 정의의 원리를 적용할 수 없다고 인정하고 배제해야만 그 불쾌감이 사라진다"(87-89).[4]

에밀 브루너(Emil Brunner)는 『정의와 사회질서』(*Justice and Social Order*, 대한기독교서회 역간)에서 이와 비슷한 해석을 제시한다. "그리스도의 포도원 일꾼 비유는…우리의 본성적 정의 이해에 어긋난다.…이 비유에서는 어떤 응보 정의의 법에도 매이지 않는 사랑, 이 세상의 질서에서 우리가 정의롭다고 불러야 할 상태와 절대적으로 배치되는 사랑, 이해할 수 없는 선물이 하나님이 행하시는 방식으

---

4 Nygren은 이렇게도 말한다. "주인의 대답은 '너희가 정의의 요구를 들고 나온다면 정의를 끝까지 고수하겠다'는 것이다. '이보시오, 나는 당신을 부당하게 대한 것이 아니오. 당신은 나와 한 데나리온으로 합의하지 않았소? 당신의 품삯이나 받아 가지고 돌아가시오.' 자발적 사랑과 관대함이 있는 곳에서 정의의 질서는 낡은 것이 되고 효력을 잃는다"(p. 90). 당혹스럽다. 얼핏 보기에 Nygren은 포도원 주인이 모든 일꾼에게 각기 기여한 만큼 지불했다면 불평꾼들을 포함한 모든 사람이 정당한 대접을 받았을 거라고 말하는 듯하다. 하지만 여기에 "자발적 사랑과 관대함"을 삽입하면 상황이 달라진다. "자발적 사랑과 관대함" 앞에서 "정의의 질서는…낡은 것이 되고 효력을 잃는다."

로 드러난다.…이 비유의 핵심은 시민법적 정의(*justitia civilis*)가 아니라 복음적 정의(*justitia evangelica*)이다. 복음적 정의의 특징은 모든 자격의 중지, 모든 합법적 권리의 부인이어서 세상의 정의의 법과 반대된다."[5]

탕자 비유에 대한 니그렌의 해석은 좀더 피상적이지만 같은 노선을 따르고 있다. "뒤로 물러나 있는 형은 법적 질서를 대표한다. 형의 관점, 정의의 관점에서 보자면 [그는] 전적으로 옳다. 동생의 행동만 놓고 보면 아버지가 동생에게 베푼 큰 사랑에는 어떤 근거도 없다"(90). 잔치를 받을 자격이 있는 사람은 방종해 낭비만 일삼은 동생이 아니라 근면하고 책임감 강한 형이다. 그러나 아버지는 맏아들과 그의 친구들을 위해 잔치를 베풀어 주지 않았다. 공정하지 않고 정의롭지 않다. 불의한 사랑이다.

아가페 사랑과 정의가 충돌하는 곳에서, 하나님은 사랑을 선택하신다. 우리도 똑같이 해야 한다. 둘이 충돌하지 않는 곳에서 사랑은 정의가 할 일을 한다. 따라서 니그렌은 다음과 같은 결론을 내린다. '자발적 사랑과 관대함이 있는 곳에서, 정의의 질서는 효력을 잃거나 낡은 것이 된다.' 아가페 사랑이 정의 추구를 대체한다.

---

[5] (New York: Harper & Brothers, 1945), p. 111.

고전적 현대 아가페주의의
아이러니와 불가능성

현대 아가페주의의 고전적 형태는 아가페주의의 근본 문헌(신구약 성경—역주)에 대한 해석으로 타당하지도 않고 체계적 입장이라고 옹호할 만하지도 않다. 뭔가 하나는 포기해야 한다. 사랑을 다르게 생각하거나 다른 적용 규칙을 찾아내거나, 아니면 둘 다 해야 한다. 이것이 이번 장에서 다룰 내용이다. 『정의』의 5장에서 나는 정의가 신약성경에서 밀려나기는커녕 신약성경 복음의 핵심에 자리 잡고 있다고 주장했다. 여기서 그 내용을 되풀이하지는 않겠지만, 그 주장은 아가페주의의 토대가 된 문서들에 대한 고전적 현대 아가페주의 해석이 미심쩍음을 밝히는 큰 논거의 중요한 부분을 차지한다.

현대 아가페주의자의 적용 규칙을 따르는 것은 불가능하다

고전적 형태의 현대 아가페주의에는 체계적 옹호가 불가능하다고 비판할 수 있는 부분이 많다. 현대의 아가페주의는 그들이 이웃-사랑, 아가페 사랑, 기독교적 사랑 등의 다양한 이름으로 부르는 그것이 누군가가 이웃이기 **때문에** 그의 선 자체를 목적으로 여기고 증진하려 드는 일종의 자비라고 먼저 설명한다. 그리고 나서 자신의 이웃에 해당하는 사람 **모두**를 늘 평등한 시선의 아가페 사랑으로 대해야 한다는 적용 규칙을 제안한다. 니그렌은 이 규칙에다 아가페 사랑이 아닌 다른 방식으로 이웃을 대해서는 안 된다는 규칙을 덧붙였다. 이와 반대로 키에르케고어는 다른 형태의 사랑으로도 이웃을 대할 수 있다고 주장했다. 다만 여기에다 그 다른 형태의 사랑은 이웃을 향한 아가페 사랑의 특정화 내지 발현이 되도록 형성되고 빚어져야 한다는 조건을 달았다. 키에르케고어는, 어느 한 이웃에 대한 전반적 사랑이 다른 모든 이웃에 대한 전반적 사랑과 동등해야 한다는 원칙을 그런 사랑의 형성과 빚어짐이 과연 만족시켜야 하는지 여부를 열린 질문으로 남겨 두었다.

나는 고전적 현대 아가페주의자의 적용 규칙을 따르는 일은 불가능하다고 본다. 키에르케고어를 따라 현재 존재하는 모든 사람을 자신의 이웃으로 간주하기란 분명히 불가능하다. 60억이나 되는 인간의 선을 증진하는 것이 어떻게 가능하단 말인가? **이웃**에 대한 이해를 더 좁게 받아들여, 예를 들면 내 행동으로 인해 번영에 영향을 받게 될 사람만 나의 이웃으로 여긴다 해도 불가능하기는 마찬가지다.

현대 아가페주의자들이 이 요점을 명확하게 밝히는 경우는 드물지만, 우리는 그들이 누군가의 선을 훼손하는 일이 그 사람에게 더 큰 선을 가져다줄 최선의 수단일 경우에는 그것이 허용된다고 주장하는 것으로 해석해야 한다. 위급한 상황에서 심근경색의 위험을 제거할 최선의 방법이 심장우회술이라면 환자가 수술의 고통을 겪게 하는 일이 허용된다. 고전적 현대 아가페주의자들은 다른 사람의 선을 향상시키기 위해 누군가의 선을 손상시키는 행위를 금지한다. 하지만 우리가 사는 이 세상에서는 정확히 그렇게 할 수밖에 없는 불행한 상황이 종종 발생한다. 다른 이웃의 선을 무시하거나 심지어 손상시켜야만 한 이웃의 선을 증진할 수 있는 상황을 보게 된다. 우리는 모든 이웃을 늘 아가페 사랑으로 대할 수 없다. 그들 모두를 동등한 사랑으로 대하는 것은 더 말할 나위도 없다.

우리가 사는 세상의 바로 이런 현실 때문에 공리주의자들이 '그런 상황에는 선의 총량이 더 큰 쪽을 선택하라'는 극대화 원리를 내세우게 된 것이다. 그러나 아가페주의자가 그 길로 간다면 더 이상 아가페주의자라고 할 수 없다. 관점을 바꾸는 셈이다. 고전적 현대 아가페주의 관점의 핵심은 공리주의적 교환을 거부하는 것이다. 그들은 모든 이웃을 늘 아가페 사랑으로 대해야 한다고 생각한다. **해당** 이웃의 더 큰 번영에 보탬이 되는 경우에만 그의 번영의 몇몇 측면을 손상시킬 수 있다.

우리는 앞으로 몇 장에 걸쳐 현대 아가페주의자의 적용 규칙에 있는 이 문제점에 대해 더 많이 살펴볼 것이다. 이번 장의 나머지 부분에서는 아가페 사랑과 정의 추구의 관계에 대한 고전적 형태의 현대 아가페주의의 서술에서 아이러니하며 불가능한 많은 부분에 초점을 맞출 것이다.

고전적 현대 아가페주의에 대한 정의의 아이러니한 개입

니그렌은 다른 어떤 고전적 현대 아가페주의자보다 더 자세히 사랑과 정의의 관계를 논했고, 우리는 그 논의의 내용을 살펴보았다. 현대의 아가페주의자들이 다들 그렇듯, 니그렌 역시 예수가 우리에게 이웃을 우리 자신처럼 사랑하라고 명령하셨을 때, 어떤 형태로든 이웃을 사랑하라고 가르친 것이 아니라 '아가페 사랑'이라는 특별한 형태의 사랑으로 이웃을 사랑하라고 가르친 것이었음을 당연하게 받아들였다. 그를 포함한 현대의 아가페주의자들은 정의의 요구에 따라 이웃을 대하는 것은 예수가 명하시는 종류의 사랑으로 이웃을 대하는 것의 사례가 아니라고 주장한다. 그들이 그런 주장의 이유로 제시한 것은 하나님이 죄인을 용서하심을 그런 사랑의 전형으로 삼아야 한다는 점이다. 누군가에게 잘못을 범한 사람이 정의의 요구를 들먹이며 자신이 용서받아야 한다고 정당하게 주장할 수 없다는 것은 용서와 관련한 모든 상황에 해당하는 사실이다.

이것과 더불어 앞에서 본 것처럼 아가페 사랑을 정의의 추구로 보완할 수 있느냐는 실존적 질문이 남아 있다. 이웃을 아가페적으로 사랑하기도 하고 정의의 요구대로 대하기도 하면 되는 것 아닐까? 내가 재구성해 본 바에 따르면, 이 문제에 대한 니그렌의 주장은 이렇다. 누군가를 아가페적으로 사랑하게 되면 때로는 그 사람을 불의하게 대하기 마련이다. 예수는 그런 일이 벌어질 때 정의보다 사랑을 선택하라고 가르친다. 누군가를 아가페적으로 사랑하는 것이 그를 불의하게 대하는 것으로 이어지지 않을 때, 정의는 아가페 사랑이 이미 확보해 둔 것 외에는 아무것도 보태지 못한다. 니그렌의 표현을 인용하면, 아가페 사랑은 정의의 질서를 '낡은 것이자 효력 없는 것'으로 만든다.

내가 첫 번째로 논하고 싶은 것은, 니그렌이 최선을 다했는데도 그의 아가페주의에 두 가지 면으로 정의가 개입한다는 것이다. 정의는 밀려나지 않았다. 첫 번째로 정의가 개입하는 지점은 니그렌식의 현대 아가페주의의 특이점과 관련이 있으며 간단하게 소개할 수 있다. 두 번째 지점은 현대 아가페주의 일반과 관련이 있는데, 소개하는 데 시간이 더 걸릴 것이다.

아가페 사랑이 정의를 낡은 것, 효력 없는 것으로 만든다고 주장했을 때 니그렌이 어떻게 사고한 것인지, 우리는 크게 다른 두 가지 방식으로 이해할 수 있다. 한 가지 해석은 정의 개념이 현실에 적용되지 않으며, 적용된 적도 없다는 것이다. 누군가를 정의롭게 대하거나 불의하게 대하는 일은 지금도 없고 전에도 없었다. 이것과 다르게 생각하는 것은 오류이며 우리는 예수의 가르침에서 그것을 배울 수 있다. 정의의 개념은 초기 근대 물리학의 플로지스톤(산소를 발견하기 전까지 연소 현상을 설명하기 위해 가연물 속에 존재한다고 믿었던 물질—역주)과도 같다. 어떤 적용점도 없는 개념이다. 플로지스톤 같은 것은 지금도 없지만 전에도 없었다. 니그렌의 생각에 대한 다른 해석은, 정의와 불의라는 개념이 현실에 적용되기는 하지만 아가페 사랑이 그 개념들을 쓸모없게 만든다는 것이다. 쓸모없는 정도가 아니라 혼란만 부추길 뿐이다. 우리가 이웃을 아가페적으로 사랑하면, 정의의 요구가 무엇인지 묻는 것은 아무 소용이 없다.

정의에 대한 니그렌의 수사(rhetoric)는 두 해석 모두에 상당 부분 열려 있지만, 그의 사상에는 첫 번째 해석과 양립할 수 없는 중요한 요소들이 있다. 우리는 3장에서, 인간에게 있는 유일한 가치가 하나님의 아가페 사랑이 그들 안에 창조한 가치라고 니그렌이 주장했음을 살펴보았다. 우리는 그가 이런 관점을 내세운 이유를 추측해 보았는데, 하나님의 사랑에 앞서 인간에게 어떤 가치가 있었다면 하나님이 인간을 그 가치에 합당하게 존중하며 대해야 한다는 요구, 즉 그들을 정의의 요구에 맞게 대해야 한다는 것이라는 것이었다. 그러나 만약 그렇다면, 하나님이 정의의 요구 **때문**이 아니라 순전한 관대함에서 인간을 그렇게 대하셨다 해도, 하나님은 여전히 실제로는 그분이 요구받는 일을 하고 계신 것이다. 그리고 그렇게 되면 하나님의 사랑 안에 있는 순전히 자발적인 관대함이 훼손된다. 하나님에게는 무엇도 요구되지 않는다.

그러나 당신과 내가 우리에 대한 하나님의 사랑을 받기 전에는 무가치하다는 니그렌의 주장이 비록 옳다고 하더라도, 그의 견해에는 우리가 하나님이 우리를 사랑하신 **결과로** 가치를 갖게 된다는 점이 함축되어 있다는 데 주목하자.[1] 따라서 이웃은 내 사랑을 받기 전부터 가치 있는 존재가 되었다. 나의 사랑이 아니라 하나님의 사랑의 결과로 말이다. 그러니까 결국, 다른 이들의 가치를 합당하게 존중함으로써 내게 어떤 일들이 요구된다. 이웃은 정의의 요구를 품고 내게 다가오는 셈이다. 정의 개념은 플로지스톤 개념과 다르다. 세상에는 엄연히 정의가 존재하고 불의가 존재한다. 하나님이 이유 없이 인간을 사랑하신 이래로 정의와 불의는 늘 존재했다.

여전히 니그렌은 정의와 불의에 주목해 봐야 부질없다고, 정의

---

[1] Outka는 그의 책 *Agape*, p. 159에서 이 점을 지적한다. 하지만 이것이 함축하는 내용, 즉 정의가 아가페에 개입한다는 사실은 주목하지 않는다.

의 질서는 아가페 사랑으로 대체된다고 주장할 수 있다. 하지만 설령 그렇다고 해도, 만약 하나님의 아가페 사랑이 우리 안에 가치를 만들어 내고 그 가치에 걸맞게 사람을 대하는 것이 정의라고 가정한다면 정의와 불의는 실제로 존재하여, 우리가 그 권리를 인정하여 행동하든 그렇게 하지 않든 우리에게 권리를 주장하는 것이다.

이제 정의가 니그렌의 사고방식과 고전적 현대 아가페주의 일반에 불청객처럼 개입하는, 보다 중대한 두 번째 지점을 살펴보자. 3장에서 본 것처럼, 현대 아가페주의자는 하나님이 죄인을 용서하시는 것을 우리에 대한 하나님의 사랑의 전형으로 보고 우리의 이웃 사랑의 본으로 삼아야 한다고 말한다. 하지만 나는 용서의 본질을 꼼꼼히 살펴보면, 사랑의 관점에서만 생각하고 불의에 개의치 않는 사람에게는 용서가 불가능하다는 것을 알게 될 것이라고 본다. 예수가 우리에게 요구하시는 사랑은 정의와 불의에 무관심하다는 니그렌의 주장이, 현대의 아가페주의자들이 하나님의 사랑의 전형이자 우리의 사랑의 본으로 제시하는 하나님의 죄인 용서 때문에 흔들린다니, 참으로 아이러니한 일이다. 앞으로 여러 장에 걸쳐 용서에 대해 더 말하게 될 테니, 여기서는 당장의 요점을 밝히는 데 필요한 정도만 언급하겠다.

니그렌을 비롯한 현대 아가페주의자들이 하나님이 죄인을 용서하시는 데서 주목하는 부분은 그분의 용서가 정의의 요구에 따른 일이 아니라는 점이다. 죄인은 용서받을 권리를 내세울 수 없다. 이 사실은 하나님의 용서에만 적용되는 것이 아니다. 용서받을 권리를 가해자가 주장할 수 없다는 것은 용서를 말하는 어떤 상황에서나 인정되는 사실이다. 가해자는 자신이 용서받지 못한 것을 부당한 취급이라고 주장할 수 없다. 용서는 정의의 요구를 뛰어넘는다.

그러나 용서의 본질에는 니그렌과 여타 아가페주의자들이 무시하는 또 다른 측면이 있다. 용서를 무차별적으로 여기저기에 베풀 수 없다는 사실이다. 나는 당신이 누군가에게 잘못을 저질렀을 때, 바로 그 잘못에 **대해서만** 당신을 용서할 수 있다.[2] 당신이 내게서 내게 권리가 있는 어떤 것을 빼앗지 않았다면 나는 당신이 나를 대한 방식에 대해 당신을 용서할 수 없다. 물론 내가 상황을 잘못 파악하여 당신에게 부당한 일을 당했다고 **믿는다면** 당신을 용서하는 것이 가능하다고 생각할 수도 있다.

이제 용서가 가능하기 위한 조건에서 벗어나 용서의 본질을 간략히 살펴보자. 자신이 권리를 가진 어떤 것을 누군가에게 빼앗기면, 이전에는 허용되지 않던 특정한 방식으로 부당 행위자를 대할 권리가 생겨난다. 그에게 화를 낼 권리, 그를 벌하거나 그에 대한 처벌 부과를 지지할 권리 등이 생긴다. 그렇게 생겨난 권리들을 전통적으로 **보복권**(retributive rights)이라고 불렀다. 그런 권리들이 정말로 복수할 권리를 뜻하는지 여부는 17장에서 논의하겠다. 그러니 당장에는 여기에 **교정권**(corrective rights)이라는 중립적 이름을 붙여 두자. 그리고 침해당할 때 교정권을 발생시키는 권리들을 **기본권**(primary rights)이라고 해두자.

기본권과 교정권 사이의 구분을 고려하면 용서의 핵심 요소를 찾아낼 수 있다. 용서하려면 내 교정권의 행사를 일부나 전부 포기해야 한다. 존이 마사를 부당하게 대하고 그의 기본권을 빼앗았다

---

[2] 피해 당사자 본인만 가해자를 용서할 수 있는지 여부는 15장에서 다룰 것이다.

고 하자. 존에게 부당한 일을 당한 마사는 존에 대해 특정한 교정권을 갖게 되었다. 마사가 존을 용서한다는 것은, 무엇보다 그 교정권을 일부 또는 전부 행사하기를 포기한다는 의미다. 그런데 마사가 정의와 불의의 관점에서 생각하지 않는다고 해 보자. 부당한 일을 당했다는 관점에서 생각하지 않고, 누군가에게 어떤 몫이 정당하다는 관점에서 생각하지 않으며, 사람이 어떤 권리를 갖는지의 관점에서 생각하지 않는다고 하자. 정의는 마사의 개념 목록에 들어 있지 않다. 계속 부당한 일을 당할 수 있고, 계속 교정권을 획득할 수 있고, 계속 교정권을 행사하지 않을 수 있다. 그러나 마사에겐 그런 식의 생각이 아예 떠오르지 않는다.

마사가 부당한 일을 당했는데 교정권을 행사하지 않는다고 하자. 존이 마사를 부당하게 대했지만, 마사는 자신이 그런 일을 당했음을 인식하지 못하고 자신에게 교정권이 있어서 그것을 행사하거나 포기할 수 있다는 것도 알지 못한다. 존에게 어떤 분노도 느끼지 않고 그를 처벌하려는 어떤 노력도 하지 않는다. 이런 상황에서 마사는 자신이 존을 용서한다고 생각할 수 없다. 마사에게는 용서에 필요한 개념 자체가 없다. 용서라는 개념을 구성하는 요소 중에는 부당한 일을 당했다는 개념이 들어 있다. 마사의 개념 목록에는 부당한 일을 당한다는 개념이 없으니 자신이 존을 용서한다고 생각할 수 없다.

그럼에도 불구하고 실제로는 마사가 존을 용서한 것이 아닌가? 이 질문에 대한 답은 좀더 까다롭다. '걷어차다'라는 개념 없이도, 자신이 걷어차고 있다는 사실을 이해하지 못해도 사람은 뭔가를 걷어찰 수 있다. 용서도 그런 면에서 걷어차기와 같지 않을까?

내 생각은 다르다. 마사의 외적 행동은 용서하는 사람의 행동과 똑같지만, 그는 존을 용서하는 것이 아니다. 교정권을 행사하지 않는 모든 사례가 용서의 사례인 것은 아니다. 자신을 부당하게 대한 사람을 쓰레기처럼 여기고 그에게 신경을 쓰고 싶지 않아서 교정권을 행사하지 않는 거만한 귀족은 부당 행위자를 용서한 것이 아니다. 마찬가지로, 자신이 부당한 일을 당했다는 사실과 그로써 부당 행위자에 대해 특정한 교정권을 얻었음을 깨닫지 못한다면, 그 사람은 부당 행위자를 용서할 수 없다.

한마디로, 정당함과 부당함, 정의와 불의 개념을 쓰지 않고는 자신이 누군가를 용서한다고 **이해**할 수 없다. 그런 개념들 없이는 누군가를 용서하는 **행위를 수행**할 수도 없다. 용서가 예수가 우리에게 명한 이웃에 대해 가져야 할 사랑의 본보기라면, 그 사랑은 불의에 눈멀고 귀먹을 수 없다. 오히려 정의와 불의에 주의를 기울여야 한다. 내가 앞에서 말한 대로, 현대 아가페주의자들이 아가페 사랑의 전형적 사례로 여기는 용서를 꼼꼼히 따져 보면 정의와 불의를 생각하지 않고는 아가페 사랑을 실천할 수 없음이 드러난다. 참으로 아이러니가 아닐 수 없다.

아가페 사랑이 불의를 저지를 수도 있다

고전적 현대 아가페주의를 지지하는 사람은 어떻게 대답할까? 아가페 사랑이 정의와 불의에 눈멀고 귀먹을 수 없다는 점은 인정하되, 모든 이웃을 언제나 아가페적으로 사랑해야 한다는 사실에는 변함이 없다고 주장하는 것이 그가 할 수 있는 최선의 답변일 것이다. 정의의 요구대로 사람을 대하는 것은 필시 그를 아가페적으로 사랑하지 않는 것이라는 전제하에서는 그밖에 다른 도리가 없다.

다시 한번 용서를 살펴보자. 정의와 불의 개념을 쓰지 않고는 누군가를 용서한다는 인식이 있을 수 없고 실제로 용서할 수도 없는 것이 사실이라고 해 두자. 그럼에도 불구하고, 부당 행위자를 용서하는 것은 정의의 요구에 응하는 일이 아니다. 정의는 용서를 요구하지 않으니 말이다. 부당 행위자를 용서하는 사람이 그 순간 생각하는 바는 단 하나, 상대의 선을 증진하는 것, 그의 삶에 용서받음이라는 선을 가져다주는 것뿐이다. 예수가 우리에게 명하시는 각각의 이웃에 대한 사랑은 이런 면에서 용서와 같다. 필요할 경우 정의와 불의에 주목하되 정의의 요구에 **이끌려** 행동하지는 말라.

이제 이 수정된 아가페주의에 반대하는 논증을 제시하겠다. 이 문제에 대해 처음 생각할 때는 일반적 자비, 특히 아가페 사랑이 자동적으로 정의의 요구를 행하겠거니 하고 추정하고 싶은 유혹이 든다. 하지만 더 깊이 생각해 보면, 아가페 사랑의 형태로 나타나든 아니든, 자비가 종종 불의를 저지른다는 것을 알 수 있다. 이것이 예수가 말씀하신 포도원 일꾼들 비유와 탕자 비유에 대한 니그렌의 해석이었다. 이 비유들에 대한 니그렌의 해석을 살피는 작업이 중요하다. 그러나 그에 앞서, 아가페 사랑이 불의를 저지르는 다른 사례들을 먼저 생각해 보자.

때로 정의는 특정 무리에게 어떤 선을 베풀도록 요구한다. 그렇게 하지 않는다면 그들을 불의하게 대하게 되는 상황이다. 그러나 정의의 요구가 있어서가 아니라 순전히 너그러운 마음에서 선을 베푼 경우에도 그 일이 불의할 수 있다. 그런 상황을 상정해 보거나 실례를 찾는 일은 어렵지 않다.

샘이라는 선량한 사람이 있다고 가정해 보자. 그는 가끔씩 동네 아이들에게 작은 선물을 나눠 주는 것을 좋아한다. 오늘 그는 사탕을 나눠 준다. 정의가 요구하기에 하는 일이 아니다. 그가 사탕을 나눠 주지 않는다고 해서 부당한 대우를 받는 어린이는 없을 것이다. 그는 그저 좋아서 사탕을 나눠 주는 것이다. 그런데 샘이 어쩌다 로저라는 동네 아이를 싫어하게 되었다. 그래서 사탕을 나눠 줄 때 일부러 로저에게는 하나도 주지 않는다. 분명히 로저는 샘에게 부당한 대우를 받았다. 샘이 이유 없이 나눠 주는 사탕을 그에게만 주지 않은 것도 부당한 대우였고, 샘에게 미움을 받은 것도 부당한 대우였다고 할 수 있을 것이다.

현대 아가페주의자에게는 준비된 답변이 있다. 샘이 자비를 베풀긴 했지만, 평등한 시선이라는 적용 규칙을 위반했다는 것이다. 로저를 그의 사랑의 범위에서 제외한 것이다. 정당한 대답이다. 그렇다면 이번에는 편파성의 문제가 없는 사례를 들어 보겠다.

2006년 1월 16일, 「뉴욕타임스」는 아르헨티나의 피아노 연주자 잉그리드 필터(Ingrid Filter)가 30만 달러의 상금이 걸린 길모어상(Gilmore Artist Award)을 수상했다고 보도했다. 길모어상은 특이하게도 수상자 선정 과정에 공개 경쟁 절차가 없다. 수상 후보군 중 누구도 자신이 후보라는 사실을 모른다. 심사위원들은 비밀리에 일한다. 추천을 받아 음반을 듣고 명단을 어느 정도 추리고 나면 전 세계로 날아가 신분을 숨기고 공연을 들어 본다.

그해 길모어상의 심사위원들은 수상자 선정 과정에서 후보들의 번영을 전혀 고려하지 않았을 것이다. 그저 그 상의 암묵적 규칙과 명시적 규칙을 따랐고 최고의 공연을 펼쳤다고 판단되는 후보에게 상을 수여했다. 만약, 그들이 필터 씨를 최고의 연주자로 판단했지만 어떤 이유로 다른 사람에게 상을 수여했다면, 그 일은 그를 부당하게 대우하고 그에게 권리가 있는 것을 그로부터 빼앗은 경우가 되었을 것이다. 그는 그런 불의가 저질러졌음을 알지 못했겠지만, 그럼에도 여전히 그 일은 불의였을 것이다.

상상력을 발휘해 보자. 길모어상 심사위원 각각이 키에르케고어, 니그렌, 바르트, 니버, 램지 등의 글을 읽고서 확신에 찬 고전적 현대 아가페주의자가 되었다고 상상해 보라. 이 일을 서로에게 털어놓지 않았고, 자신이 새로 발견한 이가페주의에 대해 다른 사람에게 이야기하지도 않았다. 그들은 정체를 숨긴 아가페주의자들이다.

이제 필터 씨와 그의 마지막 경쟁자를 놓고 최종 선택만 남아 있다. 심사위원들은 길모어상의 암묵적이고 명시적인 규칙을 다 안다. 정의의 요구가 무엇인지도 안다. 그러나 아가페주의자들인지라, 정의의 요구는 그들의 마음을 움직이지 못한다. 그들의 마음에는 두 후보를 평등한 시선의 아가페 사랑으로 대하겠다는 의지만 가득하다. 게다가 심사위원들 모두에게 어느 한 후보에 대해 먼저 형성된 애착은 없다고 하자.

그들은 필터 씨에게 상을 수여할까? 그렇게 해서 정의의 요구를 수행할까? 그럴 수도 있고 아닐 수도 있다. 상황에 따라 다르다. 모든 심사위원이 필터 씨보다 그의 최종 경쟁자에게 그 상이 훨씬 의미 있을 거라는 판단을 내렸다고 해 보자. 필터 씨는 명예도 돈도 많아서 그 수상에 큰 의미가 없을 것이다. 반면에 경쟁자는 명예도 돈도 없다. 그러면 이 평등한 시각의 아가페주의자들은 어떻게 할까? 필터 씨에게 상을 수여할까? 그렇게 하면 경쟁자의 선을 증진하지 못할 테고 필터 씨의 선도 딱히 증진하지 못할 테니, 경쟁자에게 상을 수여하는 쪽보다는 두 사람을 평등하게 대할 수 있으니까? 내가 볼 때 그들은 그렇게 할 것 같다. 그러니까 그 상황에서 아가페주의자 심사위원들은 정의의 요구에 이끌려 행동하지 않으면서도 정의의 요구를 실천하게 될 것이다.

이제 두 경쟁자의 처지가 정반대라고 해 보자. 경쟁자에게는 명예와 돈이 별 의미가 없고 필터 씨에게는 큰 의미가 있다. 이 경우 경쟁자가 상을 받아 증진되는 선보다 그가 상을 받아 증진되는 선이 훨씬 클 것이다. 그러나 이들은 확신에 찬 고전적 현대 아가페주의자들이기에 두 사람의 선을 평등한 시선으로 대한다. 그래서 필터 씨가 아닌 경쟁의 패배자에게 명예와 돈을 준다. 그렇게 하면 승자의 선이 증진되지는 않겠지만 경쟁자의 선을 증진하는 데도 거의 보탬이 안 될 것이다. 이것은 주어진 상황에서 그들을 평등한 시선으로 대하는 것에 최대한 근접하는 선택이다. 그러나 이 경우 승자인 필터 씨는 부당한 대우를 당하게 될 것이다. 아가페 사랑이 불의를 저지른다.

내가 제시한 불의한 사랑의 사례는 불의한 분배의 사례다. 자비로운 온정적 간섭주의(paternalism)의 경우에서도 불의한 아가페 사랑의 다른 사례들을 많이 볼 수 있다. 내가 가르치는 과목에서 한 학생이 대단히 뛰어난 과제물을 썼다고 하자. 정의의 요구에 따르자면 나는 그의 과제 성적으로 A를 줘야 한다. 그렇게 하지 않으면 그를 부당하게 대하는 일이 될 것이다. 그러나 그 학생이 뛰어날 뿐 아니라 건방지고 오만한 데다 자기중심적이기까지 하다고 가정하자. 나는 그가 좀 겸허해진다면 장기적으로 그에게 훨씬 유익할 거라 생각하고, 그에게 B 마이너스를 주는 일이 그런 바람직한 성품의 변화를 가져오는 데 도움이 될 거라고 판단한다. 그래서 그에게 B 마이너스를 주고 그 과제물의 결점을 지적하는 평을 남긴다. 교수는 학생이 제출할 수 있는 최고의 과제물에서도 여러 결점을 찾아낼 수 있는 법이다. 아가페 사랑이 불의를 저지른다.

이 불의한 '자비로운 온정적 간섭주의'의 사례는 기독교 세계의 역사에서 골라 모을 수 있는 여러 사례들에 비하면 별것도 아니다. 전통적 견해에 따르면, 국가의 임무에는 시민들이 덕과 참된 종교를 갖도록 유도하는 일도 포함되었다. 국가는 그 목적을 이루기 위해 종종 엄청난 강제와 학대를 일삼았고 심지어 고문까지 자행했다. 큰 선을 이루기 위해서라면 상당한 양의 강제와 학대는 무방하고 어쩌면 필요할 수도 있다는 정당화 논리가 등장했다. 사람의 영원한 운명이 달린 상황에서는 고문조차도 정당화되는 것이다. 현대 아가페주의자들은 이 논증을 거부할 수 없으리라고 본다. 이웃의 선의 어떤 측면을 증진하기 위해 쓸 수 있는 수단이 이런저런 학대뿐인 경우가 종종 있다. 그 자체로만 보면 학대는 아가페주의를 명백하게 위반하는 일이지만, 목적의 선이 수단의 악보다 클 경우에는 학대가 허용되고 요구되기까지 한다.[3] 이 대목에서 떠오르는 한

---

[3] 또 다른 형태의 아가페주의로, 아무리 큰 선을 가져올 수 있을 것 같다 해도 어떤 식으로든 '삶-악'(life-evil)을 부과하는 것은 결코 용납할 수 없다는 입장이 있을 수 있다. 이런 아가페주의는 지금 본문에서 고려하는 형태의 아가페주의보다 불의를 방조하는 경우가 더 많을 것이다. 이와 다른 형태의 아가페주의도 있을 수 있는데, '삶-선'을 기대할 수 있을 경우에는 어떤 삶-악을 부과할 수 있지만

나 아렌트(Hannah Arendt)의 말이 있다. "정치에서 그리스도인들의 문제는 너무 사랑이 많다는 것이다."

이 문제에 대한 요즘의 흔한 답변은 중세 고문가들이 가졌던 두 가지 생각 중 어느 하나 또는 둘 모두가 잘못되었다는 것이다. 그들은 학대를 통해 개종이나 교화를 이룰 수 있다고 잘못 생각했다. 그리고/또는, 그들이 이끌어 내려고 했던 개종이나 교화가 그 사람의 선이라고 잘못 생각했다. 그러나 어느 생각이 잘못되었든, 고문이 고문 피해자의 선을 실제로 증진하지 못했다는 것이 관건이다. 고문은 (성공적) 자비의 사례가 아니기 때문에 불의를 가하는 자비의 사례가 되지 못한다.

이 답변은 아가페주의의 해석에 있어서 내가 건너뛰었던 쟁점을 제기한다. 이것은 아가페주의의 해석뿐 아니라 이기주의, 행복주의, 공리주의, 그 외의 다른 모든 윤리 체계의 해석에도 해당하는 쟁점이다. 하나의 윤리 체계는 누구의 선 자체를 목적으로 여기고 증진하려 들어도 되고 그렇게 해야 하는지, 그것을 어떤 방식으로 어떤 상황에서 추구해도 되거나 추구해야 하는지 명시하는 규칙을 제공한다. 물론, 그 규칙을 적용할 때 우리는 이 문제들에 대한 우리의 신념을 적용하며 우리가 하려는 행동이 실제로 그 사람의 선을 증진할지에 대한 신념도 적용한다. 그 과정에서, 우리는 이런 문제들에 대한 우리의 신념이 어떻게 형성되는지 검토할 의무와, 충분히 근거 있는 것인지 확인하는 탐구를 수행할 의무가 있다. 그러나 그 정도가 인간이 할 수 있는 최선이다. 충분히 근거 있는 신념에 충

그 외의 삶-악은 결코 부과해선 안 된다' 정도일 것이다. 허용해선 안 되는 악으로 흔히 **폭력**이 거론된다. 폭력은 쓰면 안 된다.

실하게 규칙을 적용하는 것이다. 근거 있는 그 신념이 틀릴 수도 있지만 누구도 우리에게 그 이상을 요구할 수는 없다.[4]

역사적 증거를 볼 때 중세의 고문가들 중 적어도 일부는 이단자들을 고문함으로써 그들의 개종과 교화를 이끌어 낼 수 있고, 그것이 그들의 삶에 큰 선이 될 거라고 믿었던 것 같다. 추측건대, 적어도 일부 고문가들은 이런 신념은 충분히 근거가 있다고 보았다. 그런 신념을 가졌다고 해서 그들을 탓할 수는 없다. 그렇다면, 그들은 현대 아가페주의가 주장하는 대로 당연히 해야 할 일을 한 것이다. 그들은 상대의 선 자체를 목적으로 여기고 증진하는 것을 목표로 삼았다. 그럼에도 불구하고 그들은 그를 부당하게 대우했고, 엄청난 불의를 저질렀다.

사랑의 이름으로 불의를 저질러서는 안 되는 이유

자비, 그중에서도 아가페 사랑이 불의를 저지르기도 한다는 내 주장에 니그렌은 동의할 것이다. 그는 예수의 비유가 바로 이 주장을 담고 있다고 해석했다. 그러나 이것이 모든 이웃을 언제나 아가페적으로 사랑해야 한다는 자기 입장에 반론이 된다고는 인정하지 않았다. 이것이 예수의 두 비유에 대한 그의 결론이다. 주인은 늦게

---

4   여기서 암시한 근거(entitlement) 이론은 다음 에세이에 자세히 전개했다. "Entitlement to Believe and Practices of Inquiry", in Nicholas Wolterstorff, *Practices of Belief: Selected Essays, Volume 2*, ed. Terence Cuneo (Cambridge: Cambridge University Press, 2010).

온 일꾼들을 관대하게 대하느라 일찍 온 일꾼들을 불의하게 대했고, 예수는 그래도 어쩔 수 없다고 말씀하신다는 것이다. 아버지는 막내아들을 관대하게 대하느라 맏아들을 불의하게 대하게 되었고, 예수는 그래도 할 수 없다고 하신다. 사랑은 불의를 감수한다.

이제, 아가페 사랑이 때로 불의를 저지른다는 사실이 왜 고전적 현대 아가페주의를 거부할 이유가 되는지 보임으로 논증을 마무리하려고 한다. 아가페 사랑이 때로 불의를 저지른다면, 우리가 모든 이웃을 늘 아가페적으로 사랑해야 한다는 말이 옳을 수 없다. 하지만 이 문제를 다루기에 앞서, 이 두 비유를 통해 예수가 '아가페 사랑이 불의를 저지를 때 우리는 사랑에 충실하고 정의와 작별해야 한다'고 가르친다는 니그렌의 주장에 이의를 제기하고 싶다.

나는 두 비유에 대한 니그렌의 해석이 고집불통의 잘못된 해석이라고 본다. 그는 포도원 일꾼 비유에서 주인이 일찍 온 일꾼들에게 말하는 바를 이렇게 해석한다. "늦게 온 일꾼들을 관대하게 대함으로써 내가 너희를 부당하게 대한 것이 사실이라고 하자. 그러나 너는 내가 원하는 어떤 방식으로든 내 관대함을 행사해도 되지 않느냐?" 주인의 실제 대사를 그대로 인용해 보면 이렇다. "이보시오, 나는 당신을 부당하게(adikos) 대하지 않았소. 당신은 나와 한 데나리온으로 합의하지 않았소? 당신의 품삯이나 받아 가지고 돌아가시오. 이 마지막 사람에게 당신에게 준 것과 똑같은 것을 주는 것이 내 뜻이오. 내 것을 가지고 내 뜻대로 할 수 없다는 말이오? 내가 후하기 때문에, 그것이 당신 눈에 거슬리오?"(마태복음 20:13-15) 자신들이 부당한 대우를 받았다는 불평꾼들의 생각은 잘못된 것이다. 그들은 정의가 무엇인지 다시 생각해야 한다. 여기서 포도원 주인의 생각이 옳은지 여부는 이 책의 18장에서 정의로운 관대함과 불의한 관대함에 대해 포괄적으로 논의하며 다룰 생각이다.

니그렌은 탕자의 비유에서 아버지가 맏아들에게 이렇게 말한 것으로 해석한다. "정의의 관점에서 보면 네 말이 전적으로 옳다. 나는 너를 부당하게 대우했다. 그러나 네 동생을 잃었다가 되찾았으니 너를 부당하게 대하는 일이 된다 해도 잔치를 벌여야겠다." 아버지가 실제로 한 말을 그대로 옮겨 보면 이렇다. "애야, 너는 늘 나와 함께 있으니 내가 가진 모든 것은 다 네 것이다. 그런데 너의 이 아우는 죽었다가 살아났고, 내가 잃었다가 되찾았으니, 즐기며 기뻐하는 것이 마땅하다"(누가복음 15:31-32). 한마디로, 자신이 부당한 대우를 받고 있다는 맏아들의 생각은 틀렸다. 그는 정의가 무엇인지 다시 생각해야 한다.

정의로운 관대함과 불의한 관대함에 대한 포괄적인 논의 없이도 이 문제에서 아버지가 옳다는 것을 알 수 있다. 맏아들은 아버지의 집에서 벗어난 적이 없을 뿐 아니라, 남아 있는 유산은 모조리 그의 것이다. 그런 그가 어떤 부당한 대우를 당했다는 것인가? 맏아들은 상호주의 원칙(reciprocity code)의 관점에서 생각하고 있을 가능성이 높다. 선은 선으로, 악은 악으로 갚아야 한다는 것이다. 올곧은 맏아들은 방종한 동생이 받아야 할 것은 처벌이고, 잔치의 주인공이 되어야 할 사람은 본인이라고 생각한다. 그러나 아버지는 이 원리를 거부한다. 물론 막내아들의 행동은 나빴지만, 회개하고 돌아왔으니 지금은 용서의 잔치를 벌일 시간이다. 정의는 그의 처벌을 요구하지 않는다.

포도원 주인과 아버지는 불의하다는 고발을 인정하지 않지만 그렇다고 부적절하다며 무시해 버리지도 않는다. 거기에 적극적으로 반박한다. 니그렌은 이 비유들 안에 사랑이 불의를 감수함을 확실히 인정하시는 예수의 메시지가 있다고 본다. 하지만 거기에 그런 것은 없다. 없는 것뿐이 아니다. 나는 더 나아가 니그렌의 해석대로라면 주인의 말도 아버지의 말도 옳을 수 없다고 주장하겠다. 불의를 저지르는 것이 허용된다는 해석은 필연적으로 틀린 것이다.

포도원 주인은 자신이 해도 되는 일을 했다고 말한다. 그가 니그렌의 해석대로 일찍 온 일꾼들을 불의하게 대우하고 그들이 권리를 가진 것을 그들에게서 박탈했다고 하자. 그러나 일꾼들이 포도원 주인에게서 더 많은 품삯을 받을 권리가 있다면, 주인은 그들에게 더 나은 품삯을 지불해야 할 상관적 의무를 갖는다.[5] 주인은 그들에게 더 많은 품삯을 지불**했어야 마땅하다**. 따라서 니그렌의 해석대로라면, 포도원 주인은 사실은 해서는 안 될 일을 하는 것이 자신에게 허용된다고 말한 것이다. 이것은 필연적으로 틀리다.[6] 탕자 비유에 나오는 아버지에 대한 니그렌의 해석에 대해서도 같은 논리를 적용할 수 있다.

고전적 현대 아가페주의는 우리가 모든 이웃을 항상 아가페 사

---

[5] 나는 이 상관성(correlatives)의 원리를 *Justice: Rights and Wrongs*에서 꽤 길게 옹호했다.

[6] Nygren의 생각이 온종일 일한 일꾼들이 품삯을 더 받을 (절대적 권리가 아닌) 잠정적 권리를 가진다는 것이었다면 아무 문제가 없을 것이다. 그렇다면 상관관계에 의해 포도원 주인에게는 그들에게 품삯을 더 지불해야 할 (절대적 의무가 아닌) 잠정적 의무만 있을 것이기 때문이다. 그러나 Nygren의 말 어디에도 그가 그런 생각을 하고 있다는 암시는 찾아볼 수 없다. 그의 생각은 아가페 사랑이 정의의 요구에 전혀 관심을 기울이지 않기 때문에, 모든 것을 고려할 때 때로는 불의한 일을 할 수 있고, 그것이 적어도 모든 사람은 아니라도 예수를 따르는 자들은 수용해야 하는 결론이라는 것이다.

랑으로 대해야 한다고 말하고, 정의의 요구에 따라 누군가를 대하는 것은 아가페 사랑의 사례가 아니라고 이해한다. 우리는 우리가 살아가는 세상에서 이런 아가페 사랑이 불의를 저지를 수 있음을 예상하고 있어야 한다. 이렇게 되면 아가페주의자들은 곤란한 문제에 직면하게 된다. 내가 누군가를 아가페적으로 사랑하면서 그를 불의하게 대한다면, 그렇게 대우받지 않을 그의 권리를 침해한 것이다. 그가 그런 대우를 받지 않을 권리를 갖고 있다면, 나는 마땅히 그를 그렇게 대우하지 말아야 한다. 일반적으로, 누군가 나에게 그런 식의 대우를 받지 않을 권리를 갖고 있다면, 나는 그에 대해 그를 그렇게 대하지 말아야 할 상관적 의무를 갖게 된다. 아가페주의자의 관점은 내가 해서는 안 될 일을 하는 것이 때로는 허용된다고 본다. 때로는 마땅히 해서는 안 될 일을 **해야 하는** 상황조차도 있다는 것이다. 이것은 옳을 수가 없다. 고전적 현대 아가페주의는 무언가를 포기해야 한다.

5

니버의 비고전적 아가페주의

니그렌에 이어 사랑과 정의의 관계를 가장 광범위하게 고찰한 현대 아가페주의자는 라인홀드 니버다. 다른 현대 아가페주의자들과 마찬가지로, 그는 이웃을 우리 자신처럼 사랑하라고 예수가 명하신 것은 이런저런 종류의 사랑으로 각자의 이웃을 사랑하라고 명하는 것이 아니라고 했다. 다름 아닌 이웃 사랑, 아가페 사랑이라는 특별한 종류의 사랑으로 이웃 한 사람 한 사람을 사랑하라고 명령하신 것이라는 주장이다. 또 모든 현대 아가페주의자들처럼 그는 아가페 사랑은 상대가 이웃이기 **때문에** 그를 사랑하는 일종의 자비라고 보았다. 아가페 사랑이 자신을 대상으로 할 수 없다는 니그렌의 말에 니버는 동의했다. 아가페 사랑의 특징은 **자기희생적**이고, "사심이 전혀 없음"이라고 종종 말했다.[1] 그러나 아가페 사랑으로 누군가

---

[1] D. B. Robertson, *Love and Justice: Selections from the Shorter Writings of Reinhold Niebuhr* (Philadelphia: Westminster Press, 1957), p. 31. 참고. p. 28:

의 선의 증진을 추구할 수 있고 그 외 다른 동기로도 같은 사람의 같은 선의 증진을 추구할 수 있다는 부분에서 니버는 키에르케고어와 생각을 같이하는 것 같다. 하지만 나는 이 문제를 그가 체계적으로 논의한 대목은 없는 것으로 안다.

니버는 아가페 사랑의 적용 규칙을 놓고 고전적 현대 아가페주의 운동의 대표자들과 결정적으로 갈라섰다. 그는 어떤 조건하에서는 이웃을 아가페 사랑으로 대해서는 안 된다고 주장했다. 이웃이 어떤 갈등에 처해 있고 그를 아가페 사랑으로 대하면 다른 누군가에게 불의를 행하게 될 경우 사랑의 요구가 아니라 정의의 요구에 따라 행해야 한다고 말했다. 이는 니그렌의 입장과 정반대다.

니버는 다른 현대 아가페주의자들처럼 자신의 사상을 신약성경 본문들에 대한 타당한 해석이자 그로부터 끌어낸 타당한 추론으로 제시했다. 그가 해당 신약성경 본문들에 대해 명확히 비고전적인 해석을 전개한 이유는 고전적 해석의 지지자들이 제시하는 사랑과 정의의 관계가 체계적으로 옹호할 수 없는 것이라 확신했기 때문이다.

앞 장에서 나는 사랑과 정의가 충돌할 때 정의보다 사랑을 택해야 한다는 주장이 필연적으로 틀린 것이라고 말했다. 내가 당신을 불의하게 대한다면, 당신은 내가 하는 일로 부당한 대우를 받게 된다. 당신이 내가 하는 일로 부당한 대우를 받는다면 나는 그 일을 해서는 안 된다. 그 일을 해서는 안 된다면, 나에겐 그 일을 하는 것이 허용되지 않는다. 니버의 논증은 이것과 다르면서도 비슷하다.

"정의가 자아의 권리 요구를 인정하는 한, 정의는 사랑보다 못하다."

그는 아가페 사랑이 불의를 저지르거나 피해자를 만드는 사례들을 제시하고, "그래도 어쩔 수 없다"고 말하는 것은 도덕적으로 허용할 수 없는 일이라는 직관에 호소한다. 그가 신약성경 본문들을 독특하게 해석하게 된 것은 해석학적 고려 때문이 아니라 불의를 저지르거나 피해자 신세를 자초하는 일이 도덕적으로 허용되지 않는다는 확신 때문이었다. 예를 들어, 그는 신약성경의 정의라는 테마에 놀라우리만치 주의를 기울이지 않는다.

하지만 니버가 취한 그런 관점의 기저에는 그가 다른 아가페주의자들과 공유한 확신, 즉 예수의 말씀에 권위가 있고 복음서는 예수가 말씀하신 내용을 신빙성 있게 증언하고 있다는 확신이 놓여 있다는 점을 놓쳐서는 안 된다. 고전적 현대 아가페주의자들이 예수를 올바르게 해석했다고 인정한 다음, 예수의 말씀이 잘못된 것이었다고 말하는 것은 니버에게 선택할 만한 관점이 되지 못했다.

정의는 갈등에 시달리는 우리의 상황에 적용된다

니그렌에게 아주 강하게 나타나는 체계적 충동이 니버에게는 눈에 띄게 약했다. 그럼에도 불구하고, 잘 드러나는 한 가지 특유한 사고방식이 있다. 모든 상황에서 아가페 사랑을 발휘하는 것은 내세에서나 합당한 일이고 지금은 정의가 필요하다는 생각이 그것이다. "예수의 윤리적 요구는 현재의 인간이 실현할 수 없다. 그런 요구들은 본질적 실재의 초월적이고 신적인 단일성에서 나오는 것이고, 그 최종적 실현은 하나님이 그분의 최종적 단일성으로 이 세상의 혼란을 잠재우실 때라야 가능하다."[2]

물론, 예수의 윤리적 요구를 현 시대에 이룰 수 없다고 해서 그런 요구를 따르려는 노력조차도 하면 안 되는 상황들이 존재한다고 말할 수는 없다. 니버는 우리가 정의의 요구 또한 온전히 이룰 수 없을 것임을 인정한다.[3] 예수의 사랑의 윤리는 **불의를 자행하거나 조장하거나 피해자를 만들어 내지 않고**는 현 시대에 실현할 수 없다는 말을 덧붙여야겠다. 정의를 침해하지 않고 예수의 윤리를 실현하기가 불가능하다는 것은 그 윤리가 현 시대의 삶을 위한 보편적 윤리로 주어진 것이 아님을 뜻한다.

우리 인간은 속속들이 이기적이고, 그런 모습을 의미 있는 수준까지 바로잡을 능력이 없다. 인간의 삶은 "주장과 그 반대 주장", "경쟁하는 의지와 이해관계"의 각축장이다.[4] 우리는 조화롭게 살지 않는다. "예수의 윤리는 모든 인간이 당면한 도덕적 문제, 즉 서로 경쟁하는 다양한 파당과 세력들 간에 어떤 종류의 휴전을 도모하는 문제를 다루지 않는다. 정치와 경제의 상대성은 물론, 심지어 가장 친밀한 사회적 관계 속에도 존재하며, 존재해야만 하는 세력 균형의 상대성에 대해서도 말하지 않는다. 예수의 사랑의 윤리 속에 있는 절대주의와 완벽주의는 인간의 자연스런 이기적 충동뿐 아니라 타인의 이기주의에 맞서기 위해 필요한 신중한 자기방어와도 철

---

2   Reinhold Niebuhr, *An Interpretation of Christian Ethics* (New York: Harper & Brothers, 1935), pp. 56-57.
3   *Interpretation*, p. 108를 보라.
4   Reinhold Niebuhr, *The Nature of Destiny of Man: A Christian Interpretation* (New York: Charles Scribner's Sons, 1949), vol. 2, p. 72. 『인간의 본성과 운명』 (종문화사).

저하게 배치된다"[『기독교 윤리학 해석』(Interpretation), 39].

20세기 초 수십 년간, 자유주의 개신교도들은 이웃에 대한 사랑이 이웃에게서 사랑을 불러일으킬 거라고 믿었다. 그리스도인들이 조금만 더 사랑을 베풀면, 사랑과 정의의 하나님의 나라가 지상에 나타날 것이라고 보았다. 니버에 따르면, 자유주의 개신교도들은 "유쾌하고 안일한 확신을 갖고 이 세상의 불의와 갈등에 접근했다. 인간이 무지해서 이기적이라는 것이다. 그들은 이제 사랑의 법을 배울 것이다.…일단…몽매주의 신학(obscurantist theology)을 몰아내고 나면, 교회는 세상에 자유롭게 구원을 선포할 것이다. 그 구원의 말씀은 모든 사람이 서로 사랑해야 한다는 것일 테다. 그렇게 간단한 일이었다."[5]

니버는 짜증 섞인 묵살로 답했다. 사랑의 법은 사랑하는 사람들의 공동체를 창조하기에 충분히 사려 깊은 전략이 아니다. 그렇게 되기에는 이기심이 인간 본성에 너무 깊이 자리 잡고 있다. 하나님의 종말론적 승리만이 인간에 대한 죄의 지배력을 느슨하게 만들 것이다. 그리스도인들이 이웃들을 사랑함으로 인해 그 이웃들이 사랑하는 인간으로 다시 태어날 거라는 생각은 순진하다. 이것이 니버의 소위 '현실주의'(realism)의 핵심이다. "[신약성경은] 하나님의 성품을 본받아야 한다는 것을 원수를 용서하는 유일한 동기로 제시한다. 용서의 실천을 통해 적의를 우정으로 바꿀 가능성에

---

5 *Interpretation*, pp. 169-170. 참고. p. 177: "자유주의 그리스도인들의 글은 사람들이 선량한 마음으로 사랑을 베푼다면 정치라는 고약한 도구가 없어도 될 것이라는 경건한 소망을 곳곳에서 단조롭게 되풀이한다." *Interpretation*의 6장 전체가 자유주의 개신교의 순진함에 대한 통렬한 공격으로 채워져 있다.

대해서는 아무런 말이 없다. 그러한 사회적이고 긍정적인 가능성은 예수의 가르침에 없는 내용을 자유주의 기독교가 제멋대로 읽어 낸 것이다(『기독교 윤리학 해석』, 40-41).[6]

니버의 주의를 끈 것은 아가페 사랑이 때로 불의를 자행하거나 조장한다는 사실만이 아니었다. 전 생애를 "사랑의 법"에 따라 살아가려 할 때 따라오는 결과는 그 사랑의 대상들이 사랑의 사람들로 변화되기보다 본인만 피해를 입게 될 가능성이 훨씬 높다는 사실도 문제였다. 예수의 생애와 죽음이 이 비극적 진실을 극명하게 증언한다. 자주 인용되는 대목에서 니버는 이렇게 표현했다.

신적 사랑에 대응하는 사랑은 역사 속에서 비극적으로 끝난다. 그런 사랑은 역사에 존재하는 여러 주장과 반대 주장에 참여하기를 거부하기 때문에 그런 결말을 맞을 수밖에 없다. 그 사랑은 "자기 유익을 구하지 않는" 사랑이다. 자기 유익을 구하지 않는 사랑은 역사적 사회 안에서 생존을 유지할 수 없다. 다른 이들이 펼치는 과도한 형태의 자기주장의 피해자가 될 뿐이다. 역사상 가장 완벽하게 균형 잡힌 사법 제도조차도 경쟁하는 의지와 이해관계 사이의 균형에 불과하기에, 그 균형에 참여하지 않는 모든 사람은 패배자가 될 수밖에 없다. (『인간의 본성과 운명』 2권, 72)

---

6 참고. *Nature and Destiny of Man*, vol. 2, pp. 87-88: "가장 심오한 형태의 기독교 신앙은, 십자가가 역사적 존재의 본질을 크게 변화시켜 희생적 사랑이 점점 더 보편적으로 실현되고 결국엔 그것이 역사적·사회적 결과로 완벽하게 입증된 성공적인 상호 간의 사랑으로 바뀔 거라고는 한 번도 믿지 않았다.…신약성경은 십자가 '전략'의 역사적 성공을 결코 보장하지 않는다. 예수는 지나치게 낙관적인 역사적 희망에 대해 제자들에게 이렇게 경고하신다. '귀신들이 너희에게 굴복한다고 해서 기뻐하지 말고, 너희의 이름이 하늘에 기록된 것을 기뻐하여라'(누가복음 10:20). 이 경고는 유토피아적으로 변질된 기독교에 대한 강력한 반박이다."

이 대목에서 니버는 이웃을 위해 결코 목숨을 희생해서는 안 된다고 말하는 것처럼 보인다. 바로 이 부분에서 니버의 신약성경 해석에 대한 한 가지 반론이 줄기차게 제기된다. 어디에서 예수가 과도한 자기희생이 전혀 따르지 않는 정도로만 이웃을 사랑하라고 말씀하시는가? 예수는 사랑 때문에 친히 자기 목숨을 희생하셨다. 그렇다면 우리도 그분과 같이 해야 하지 않는가?

이 대목 및 다른 여러 대목에서 니버가 반론의 여지를 열어 놓은 것은 부인할 수 없는 사실이다. 그러나 이 대목들을 그의 전체 논의의 맥락에 넣어서 바라보면, 타인의 선을 증진하고자 힘쓸 때 자기희생을 해서는 안 된다고 하는 말이 아님이 분명히 드러난다. 그는 사랑의 **법**, 내가 **적용 규칙**이라 부른 것에 대해 말하는 것이다. 우리 자신을 피해자로 만드는 희생이 따르건 말건 언제나 이웃의 선 자체를 목적으로 여기고 증진할 준비가 되어 있어야 한다는 의미로 사랑의 법을 해석하는 이들과 의견을 달리한 것이다. 니버는 다른 현대 아가페주의자들과 마찬가지로 아가페 사랑이 자기희생적 자비라고 주장한다. 그러면서도 그는 아가페 사랑이 피해자화를 초래한다는 점을 지칠 줄 모르고 강조한다. 그러나 우리 모두가 자신을 피해자로 만드는 상황을 늘 허용한다면 인간 사회는 지속될 수 없다. 예수가 우리에게 인간 사회를 종말에 이르게 만들 방식으로 행하라고 명령하셨다는 해석은 설득력이 없다.

다음 대목에서 니버는 피해자화에 대한 논점을 '자비는 종종 불의를 저지르거나 조장한다'는 논점과 결합시킨다.

인류의 집단적 관계 안에서 가혹한 공격을 받으면 단호하게 맞서서 방어해야 하고, 지배 충동을 가진 세력을 만나면 저항해야 한다. 그래야만 노예 상태를 피할 수 있다. 자기의 이익만 고려할 때는, 무자비한 적대자에게 희생적으로 굴복하는 대응이 고귀한 순교가 될 수도 있을 것이다. 그러나 그 과정에서 다른 이들의 이익이 희생될 경우, 이 고귀함은 비굴한 '양보'가 된다. 우리 기독교 완전주의자들은 수십 년 동안의 비극적인 역사를 통해 이 사실을 배웠(거나 때로는 배우지 못했)다.…성자(聖者)처럼 이익을 포기하는 행위는 강한 자들과 파렴치한 자들의 가차 없는 권력 강화만 부추길 수 있다. 이 사실들은 너무나 분명하기 때문에, 복잡하고 애매모호한 사회정의의 단순한 대안으로 고통을 감수하는 사랑을 도입하려는 모든 시도는 감상주의라는 비판을 면할 수 없다.[7]

하나님이 거두시는 종말론적 승리의 "불가능한 가능성"[8]이 인간의 죄성(罪性)을 모두 제거할 때, 자기희생을 감수할 준비가 된 자비는 더 이상 불의를 자행하거나 조장하지 않을 것이고 피해자화를 자초하는 일도 없을 것이다. "마찰 없는 조화"[9]가 나타날 종말에 이르러서야 사랑의 법이 영속적 인간 공동체의 보편적 토대가 될 수 있다.

갈등 상황에서 요구되는 것은 아가페 사랑이 아니라 정의다. "정의에 대한 모든 뜻매김(definition)은…인간의 죄를 주어진 현실로 전제한다. 삶은 타인의 삶과 충돌하기 때문에, 인간의 악한 이기심

---

[7] Reinhold Niebuhr, *Faith and History: A Comparison of Christian and Modern Views of History* (New York: Charles Scribner's Sons, 1949), p. 184.
[8] Niebuhr의 *Interpretation* 4장 "불가능한 윤리적 이상의 적절성"에 쓰인 표현이다.
[9] 이 표현은 *Nature and Destiny of Man*, vol. 2, p. 78에서 볼 수 있다.

때문에, 우리는 누군가가 다른 사람을 이용하지 못하게 막는 정의의 제도를 신중하게 규정할 필요가 있다"[『사랑과 정의 선집』(Love and Justice), 49]. "정치와 경제의 문제는 [따라서] 정의의 문제다. 정치의 문제는, 이해관계가 상충하는 무정부상태에 어떻게 강제로 질서를 부여하여 사람들에게 가능한 한 큰 상호 지원의 기회를 제공할 것인가의 문제다. 집단행동의 장에서 이기주의적 정념의 힘은 너무나 강하게 작용하기 때문에, 우리가 기대할 수 있는 조화는 세력균형을 통해서나 그 힘의 과도한 표출에 맞선 상호 방위를 통해, 또는 사회적 목표를 위해 그 에너지를 제어하는 기법들을 통해 이 힘을 상쇄함으로 주어지는 조화뿐이다. 이 모든 조화의 가능성은 사랑의 이상에 못 미치는 상태다"(『인간의 본성과 운명』, 140).

정의는 여러 당사자들의 이해관계가 상충하는 상황에서 필요하다. 정의는 그런 충돌들의 정당한 해결로 구성된다.[10] 그런 해결은 "박탈당한 자들의 권리 주장을 포함"하며, "강력력의 사용"이 필요한 경우가 많다(『사랑과 정의 선집』, 34). 다른 사람의 권리를 빼앗는 이들은 피해자들의 사랑을 받는다고 해서 하던 짓을 멈추지 않는다. "약자들 쪽의 권리 주장에 근거한 강제력의⋯필요성은 너무나 분명한 역사의 교훈인지라 그 점을 장황하게 논할 이유가 있을까 하는 생각이 든다. 사회윤리와 기독교 윤리학 분야의 학술 논문 절반이 그런 필요성이 아예 없는 것처럼 저술되지만 않았어도 이 문제를 길게 논하지 않았을 것이다"(36).

그러나 정의가 요구하는 권리 주장은 강제력의 사용과 마찬가

---

[10] "정의는 상충하는 주장들 사이에서 옳고 그름을 가리는 판단을 요구한다"(Love and Justice, p. 28).

지로 "복음서에 나오는 순전한 사랑의 윤리와 양립할 수 없다"(34). 권리 주장과 불가피한 강제력 행사가 대변하는 "사회적 투쟁은 순수한 사랑의 윤리를 위반한다"(35). 니그렌의 견해에 따르면, 우리는 불의를 저지르게 되더라도 무조건 아가페 사랑으로 행해야 한다. 니버의 견해에 따르면, 매 경우마다 요구되는 것이 아가페 사랑인지 정의인지 분별해서 그에 따라 행동해야 한다. 니그렌에게 아가페 사랑은 제약이 없다. 그것이 결과적으로 불의를 양산한다 해도 사정은 달라지지 않는다. 그러나 니버에게 아가페 사랑은 정의의 요구라는 제약을 받는다.

독자는 바로 앞 단락의 인용문에서 "사회적 투쟁"을 말한 대목에 주목했을 수 있다. 니버는 국가나 기업체 등의 사회적 실체들 내부에서 혹은 그 실체들 사이에서 아가페 사랑을 적용하면 십중팔구 불의를 자행 또는 조장하거나 피해자화를 자초하게 된다고 생각한 반면, 개인들 사이의 관계에서는 상황이 다르다고 보았다. 이런 차이가 생기는 이유는, 개인적 관계에서는 "자연적 공감의 힘"(125)이 때로 이기심을 극복하여 타인을 순전한 사랑으로 대할 힘을 준다는 데 있다. 우리가 타인에게 공감할 때는 자신이 타인의 처지에 있다고 상상하고 타인의 시각에서 상황을 바라본다. 사회적 실체들이 그런 공감적 상상력을 갖추기란 거의 불가능하다. 따라서 "인간의 유한성과 죄의 온전한 해악은 국가 간의 충돌에서 가장 생생하게 드러난다.…여기서 사랑의 율법의 불가능성이 비극적으로 드러난다. 충돌 상황을 만든 국가들은 적국의 관점이 가진 장점을 헤아려 볼 만큼 수준이 높지 않기 때문이다. 도덕적 기준을 들먹이는 것도 적국을 상대로 자국의 관점을 도덕적으로 정당화하는 행

위로 전락해 버린다"(125-126).¹¹

개인 간의 관계에서 가능한 일과 사회적 실체들 간의 관계에서 가능한 일을 대조하는 것은 니버의 사상 초기부터 후기까지 줄곧 등장하는 주요 테마이지만, 그는 그 차이를 과장하지 말라고 경고한다. "가장 친밀한 집단인 가족 내에서도, 자식 사랑과 부부애와 효심이 정의와 조화할 거라 완전히 보장하지는 못한다. 이 모든 자연적 공감의 힘은 오히려 그 배후에서 작용하는 권력의지를 가리는 위장막이 될 수 있다. 집단들이 휘두르는 제국주의만큼 눈에 확 띄지는 않을지 몰라도, 그렇게 근거리에서 작용할 경우에 권력의지는 더욱 치명적일 수 있다"(『사랑과 정의 선집』, 125).

아가페 사랑의 보편적 적용과, 이해관계의 대립으로 충돌하는 집단들 사이에서 정의를 확보할 필요는 양립할 수 없다. 이것은 니버의 모든 윤리학 저술에서 눈에 띄는 테마이지만 사랑과 정의의 관계에 대해 그가 말하는 전부는 아니다. 니버는 정의가 사랑이라는 이상의 "근사치"라고도 말하고(111), 다른 은유를 써서 정의가 사랑이라는 이상의 "메아리"라고도 한다.¹² "평등은…정의의 규제원리다. 평등의 이상에서 '네 이웃을 네 자신처럼 사랑하라'는 사랑의 법의 메아리를 들을 수 있기 때문이다"(108).

---

11 참고. *Love and Justice*, p. 35: "집단 간의 관계는 너무 간접적이라 우리의 행동이 다른 집단의 삶에 미치는 결과를 쉽게 알아볼 수 없다. 그래서 우리는 가까운 개인 간의 관계에서 생겨나는 양심의 부담 없이 비윤리적인 행동을 계속한다. 만연한 인종적 편견이 흑인들의 마음과 몸에 어떤 피해를 주는지 조금이라도 아는 백인은 거의 없다." 이 요점이 *Moral Man and Immoral Society* (New York: Charles and Scribner's Sons, 1932), pp. xi-xii, xxiii-xxiv에서도 전개된다.
12 다른 대목에서 그는 사랑이 "정의의 **정신**의 실현이자 최고 형태"(*Love and Justice*, p. 25. 강조 추가)라고 말한다.

역사를 보면 문명사회의 발달 과정에서 평등한 시선의 자비로운 사랑이라는 이상에 점점 더 근접해 가는 모습을 확인할 수 있다. "초기 사회들에서 볼 수 있는 생명과 재산의 기본권, 보다 발달된 사회에서 법적으로 보장되는 최소한의 권리와 의무들, 그런 사회들에서 법적으로 강제되는 수준 이상으로 인정되는 도덕적 권리와 의무들, 사회 일반에서 인정되는 권리와 의무를 넘어 가정에서 나타나는 한층 세련된 기준들. 이 모두는 도덕적 가능성의 상승을 보여 주는 계층 구조에 자리 잡고, 한 단계 올라갈 때마다 사랑의 법에 더욱 근접한다"(110). 하지만 "모든 성취는 근사치의 영역에 [머문다.] 이상이 완전한 형태를 갖추는 것은 인간 본성의 역량을 넘어서는 일이다"(111).

앞에서 밝혔던 논점을 여기에다 덧붙여야겠다. 사랑뿐 아니라 정의도 우리가 현 존재로서 도달할 수 있는 가능성을 초월해 있다는 점이다. 따라서 "사랑의 이상과 평등의 이상"은 "존재의 사실 저 너머에 있는 초월적 등급"에 함께 서 있다고 생각할 수 있다. "평등의 이상은 존재를 초월하는 자연법의 일부이지만, 이상적인 **법**[13]이기 때문에 사회적·경제적 문제들에 보다 직접적으로 관련되어 있고, 법으로서 굴복시켜야 하는 본성의 저항을 전제한다. 반면 사랑의 이상은 모든 법을 초월한다. 그것은 역사적 존재를 다룰 때 만나는 본성의 저항을 알지 못한다. 사랑의 이상은 법의 완성이다. 순수한 형태의 사랑의 이상에서 출발해 사회윤리를 구성해 내는 일은 불가능하다. 사랑의 이상은 사람과 사람 사이의 갈등이 해결된 상태를 전제

---

13 강조 추가.

하기 때문이다. 법의 관심사는 바로 그런 갈등을 줄이고 제한하는 것이다. 이런 이유로, 스토아학파의 윤리를 빌려 오기 전까지 실제로 기독교 안에는 사회윤리가 없었다"(149-150).

니버는, 이해관계가 상충하는 당사자들 사이의 갈등 해결이 사랑이란 이상의 메아리이자 근사치일 뿐이라는 사실이, 사랑의 이상이라는 조명 앞에 서면 우리의 아무리 뛰어난 성취라도 그 결점이 환히 드러난다는 함의를 갖고 있다고 본다. 상충하는 이해관계 앞에 선 "인류는 언제나 이중의 과제에 직면한다. 하나는 무질서한 상태의 세상에 그나마 견딜 만한 어떤 질서와 통일성을 부과하는 것. 다른 하나는 이런 잠정적이고 불안정한 통일성과 성취를 궁극적 이상의 비판 아래 두는 것. 이렇게 비판의 대상으로 삼지 않으면, 그 안의 좋은 것은 악이 되고 각각의 잠정적 조화는 새로운 무질서의 원인이 된다. 우리는 아우구스티누스의 말에 귀를 기울여, 세상의 평화는 투쟁으로 얻는 것임을 깨달아야 한다. 그렇다고 해서 잠정적 평화를 거부하거나, 그 평화를 최종적인 것으로 받아들이는 것이 정당화되지는 않는다. 하나님의 도성의 평화는 그보다 못하고 취약한 이 세상 도성의 평화를 사용할 수 있고, 변화시킬 수도 있다. 하지만 그렇게 되려면 하나님의 궁극적 평화와 세상의 평화를 혼동하지 않아야 한다"(60-61).[14]

---

14 참고. *Love and Justice*, pp. 32-33: "예수의 윤리적 가르침은 개인이나 사회, 어느 쪽 시각에서 바라보아도 도달할 수 없지만, 대단히 유용한 이상이다. 그것은 역사나 현실 속에서 결코 실현된 적 없는 이상이지만, 개인적·사회적 의를 판단할 수 있는 절대적 기준을 제시한다.…그러나 집단 간의 관계가 신적인 수준은 물론이고 인간다운 수준에도 못 미치는 세상에서 이 이상을 따르려 하다가는 필연적으로 예수처럼 십자가에 이르게 될 것이라는 사실을 덧붙여야 한다.
  이러한 완벽주의는 귀중하긴 하지만, 커져 가는 사회를 책임 있게 다루는 사

이 주장을 예수의 사랑의 윤리에 대한 해석이라고 보는 그 어떤 말을 하더라도, 체계적인 것으로 보기에는 어딘가 당혹스러운 부분이 있다. "사랑의 이상"이 정의를 확보하기 위한 우리의 시도를 비판하는 잣대 노릇을 할 수 있다면, 그것이 하나의 사회윤리의 윤곽이라도 제시할 수 없는 이유는 무엇인가? 사랑의 이상은 사회정의를 확보하려는 우리의 모든 시도에 대해 '자격 미달'이라고 선언한다. 그러나 '자격 미달'이라는 선언에 그치지 않고, 사랑의 이상에 얼마나 근접했는지 분별하여 '더 낫다' 또는 '더 못하다'고도 선언한다. 사랑의 이상에 의거해 '더 낫다' 또는 '더 못하다'고 선언한다면 이미 하나의 사회윤리로서 개요를 갖춘 것 아닌가? 니버가 다음과 같은 주장을 할 수 있는 근거는 무엇인가? "예수의 윤리는 현실을 다루는 사려 깊은 사회윤리에 대한 귀중한 통찰과 비판의 근거를 제공할 수 있을 것이다. 그러나 순전히 종교적인 윤리에서는 그런 사회윤리가 직접 도출될 수 없다"(『기독교 윤리학 해석』, 51).

내가 아는 한, 니버는 그의 글 어디에서도 이 반론을 다루지 않았다. 그러나 그가 무어라 대답할지는 우리가 추측할 수 있을 것 같다. 정의를 행하기 위해서는 개인과 사회적 실체들의 권리에 주

> 회윤리의 토대는 전혀 제공하지 않는다. 현대사회의 철저한 재구성이 필요하다고 믿는 우리 같은 사람들이 예수의 이상을 기준으로 삼아 현재의 사회질서를 규탄하는 것은 무방하지만, 어느 정도의 정의 실현이나마 보장하는 사회정책을 예수의 가르침에서 끌어내려 시도하는 것은 오류다.···현대 자유주의의 손쉬운 낙관주의와 결별하고 교육을 더 시키고 사랑에 대한 설교를 늘린다고 해서 정의로운 사회가 세워지진 않을 거라고 보는 우리 같은 사람들이야말로 이 문제에 대해 생각을 바로잡아야 할 분명한 이유가 있다. 그래야만 온갖 종류의 물리력, 강제력, 정치적 압력을 행사하는 사회윤리를 제안하면서 그것을 예수의 권위를 내세워 옹호하는 상황을 피할 수 있다."

목해야 한다. 강제력을 행사해야만 권리를 누릴 수 있는 경우도 많다. 그에 반해, 아가페 사랑은 권리에 관심을 기울이지 않고 강제력 사용을 모두 포기한다. 따라서 사랑에서 정의를 끌어내는 일은 불가능하다. 아가페 사랑은 정의를 조성하는 데 개입하지 않는다. 사회적 정의든지 개인 관계에서의 정의든지 다를 바 없다. 그러나 이 부분에서 니버의 표현 방식에는 오해의 소지가 있다.

모두 옳다. 아가페 사랑은 정의를 주조하는 데 관여하지 않는다. 그럼에도 불구하고 니버의 견해에 따르면 사랑의 이상과 정의 사이에는 구조적 유사성이 있다. 참된 정의는 모든 사람의 권리가 평등하게 존중받을 것을 요구한다. "가장 단순한 도덕 원리는 평등한 정의의 원리다"(131). 아가페 사랑의 규칙은 모든 이웃이 똑같이 아가페 사랑의 후보여야 한다는 것이다. 그래서 사랑의 이상이라는 관점에서 정의를 확보하기 위한 시도를 바라보면, 그 시도 전체가 아가페 사랑의 이상과는 아무 관련도 없는 것을 주조하는 데 관여하고 있음을 알게 될 뿐 아니라, 더 나아가 그 시도들 안에서 대우의 평등이 확보되는 지점과 침해되는 지점을 파악하게 된다. 사랑은 그런 지점들에 주목하지 않는다. 니버는, 평등한 대우가 실천되지 않는 것을 사랑이 알아보고 '반대' 입장을 선언하는 지점들을 강조하지만, 그의 논증에는 평등한 대우가 실천되는 것을 알아본 지점에서 사랑이 '찬성' 입장을 선언한다는 사실이 (대놓고 인정하지는 않아도) 함축되어 있다.[15]

---

[15] *Nature and Destiny of Man*의 2권 3장, "역사의 가능성과 한계"(The Possibilities and Limits of History)에서 Niebuhr는 사랑의 이상을 정의의 성공과 실패를 비평하는 근거로 삼을 수 있는 방안들의 유형화 작업을 제시한다. 그 과정에

니버 해석의 모순

니버는 다른 현대 아가페주의자들과 마찬가지로 아가페 사랑으로 어떤 일을 하는 사람은 정의의 요구를 행하는 것이 아니고, 반대로 정의의 요구에 따라 어떤 일을 하는 사람은 아가페 사랑에 따라 행동하는 것이 아니라고 생각했다. 하지만 니버와 니그렌을 이 동일한 결론으로 이끈 사고의 흐름은 달랐다. 니그렌은, 아가페 사랑이 본질적으로 자발적인 반면 정의 추구는 자신에게 요구되는 일을 하는 것이라는 사실에 주목하여, 아가페 사랑과 정의 추구의 개념은 근본적으로 양립 불가능하다고 보았다. 니버는 여기에 동의했다. 그러나 이런 개념적 양립 불가능성보다는 정의를 확보하기 위해 실제로 해야 하는 일에 주목할 때 나타나는 양립 불가능성을 더 강조했다.

앞에서 봤다시피, 니버는 정의에 대해 생각할 때마다 무엇보다 이기적인 무리들 사이의 갈등을 염두에 두었다. 정의를 확보하기 위해서는 그런 갈등 상황에서 누가 무엇을 마땅히 받아야 하는지 확정하여 그것을 그의 몫으로 돌려야 하는데, 이 과정에서 종종 강제력을 동원해야 한다. 니버는 무엇보다 사랑이 강제력을 포기하는 부분에서 사랑과 정의의 충돌이 나타난다고 보았다. 강제력 행사를 거부하되 누군가에게 그의 마땅한 몫을 돌려주기 위한 강제력 행사까지 거부함으로써, 아가페 사랑은 거듭 불의를 자행하고 조장

서 그는 이해관계들이 대립하는 이 세상에서 아가페의 실천을 정면으로 시도하면 그 결과로 본인이 죽거나 다른 이들에게 불의를 자행하거나, 둘 모두가 벌어질 가능성이 높다고 거듭거듭 상기시킨다.

하고 피해자를 양산한다.

니버는 자유주의 기독교 전통을 여러 측면에서 공격했는데, 그중에서도 아가페 사랑이 사회질서의 토대가 될 수 있는 것처럼 보이게 하려고 아가페 사랑의 급진적 특성을 희석해 버린 부분을 강하게 비판했다. 많은 비판자들은 니버 역시 그런 희석을 했다고 주장한다. 그러나 그들의 비난은 표적을 놓치고 있다. 니버가 신약성경의 사랑의 윤리를 희석했다는 비판이 옳다면, 그것은 사랑의 본질을 희석해서가 아니라 그 적용 범위를 제한했기 때문이다.

니버는 갈등 상황에서 사랑이 아니라 정의의 편을 택하라고 말한다. 사랑은 갈등이 없는 상황에 적절하다는 것이다. 그러나 예수가 가장 힘주어 말씀하신 것은 갈등 상황에서 사랑이 필요하다는 점이었다. 예수는 이웃을 사랑하되 그 이웃이 나의 원수여도, 그가 나를 부당하게 대하고 그 일을 뉘우치지 않아도 사랑하라 하셨다. 악으로 악을 갚지 말고 선으로 악을 갚으라. 갈등이 없는 상황에서뿐 아니라 갈등 상황에서도 사랑을 실천하라. 예수의 가르침에 대한 해석으로 볼 때 니버의 입장은 어딘가 심각하게 비뚤어졌다.

예수가 사랑을 명하시는 상황과 니버가 사랑을 권하는 상황도 크게 다를뿐더러, 니버의 정의관과 예수가 자신을 하나님의 기름부음을 받아 정의를 가져올 자라고 밝히며 보여 주신 정의관 또한 많이 다르다. 정의의 중요성을 인정하는 니버의 말을 처음 들으면, 니그렌에게서는 전혀 볼 수 없었던 성서 속 정의의 테마에 대한 감수성을 기대하게 된다. 그러나 종말이 도래하면 정의가 쇠퇴할 거라는 니버의 생각을 알고 나면, 그의 해석이 잘못된 것임을 깨닫게 된다. 예수는 종말이 도래할 때 정의가 쇠퇴하는 것이 아니라 세상을 온전히 다스리게 된다고 말씀하셨다. 정의는 갈등 상황에만 의미 있는 것이 아니다.

니버가 사랑과 정의를 모두 원한 것은 옳았다. 그러나 악한 이기심으로 가득한 현 시대에는 정의를, 마찰 없는 조화가 실현될 내세에는 사랑을 배정해 두고서 사랑이 정의로 조금 스며들게 하여 둘의 공존을 도모할 것이 아니라, 현 시대와 오는 시대 모두에서 사랑과 정의 모두를 향유할 방법이 필요하다. 서로를 정반대의 것인 양 양극화시키지 않은 채 사랑을 이해할 방법과 정의를 이해할 방법이 필요하다. 이렇게 말하는 편이 낫겠다. 우리는 사랑이 정의를 포함하는 방식으로 사랑과 정의를 이해할 필요가 있다.

니그렌과 니버가 공통적으로 가정한 것은 사랑이 정의와 충돌하면서도 **온전할**(well-formed) 수 있다는 것이다. 니그렌은 그런 갈등 상황에서는 불의를 자행하는 희생을 감수하고 사랑에 충실하라고 가르친다. 니버는 갈등 상황에서는 사랑을 희생하고 정의를 지키라고 가르친다. 우리는 두 입장 모두 지지할 수 없다. 앞으로 여러 장에 걸쳐, 나는 그들의 가정에 의문을 제기할 것이다. 불의를 저지르는 사랑은 기형적(malformed) 사랑이다. 그리고 니버의 생각과 달리, 갈등이 없다고 해도 정의는 여전히 무의미한 것이 되지 않는다. 내가 다른 책에서 주장한 바 있듯, 삼위일체 안에 정의가 있다.[16]

---

16 "Is There Justice in the Trinity?" in Miroslav Volf and Michael Welker, eds., *God's Life in Trinity* (Minneapolis: Fortress, 2006).

2부 배려-아가페주의

사랑으로서의 정의

지금까지의 요점

내 독자적인 아가페주의를 제시하기에 앞서, 도입에서 살펴보았던 몇 가지 요점을 되짚어 보겠다. 모든 윤리 체계에는 사람에게 좋은 것들에 대한 개념이 있는데, 사람의 삶에 있는 상태와 사건, 행동과 활동이 여기에 해당한다. 그런 선들이 있고 없음에 따라 사람이 누리는 안녕의 정도가 결정되기 때문에 나는 그런 선들을 '안녕-선' (wellbeing-goods)이라고 부른다.

모든 윤리 체계는 '안녕-선' 개념을 사용할 뿐 아니라 누군가의 안녕-선 자체를 목적으로 여기고 증진하려 한다는 개념을 갖고 있다. 모든 윤리 체계 안에는 어느 상황에서 누구의 안녕-선 자체를 목적으로 여기고 증진하려 해도 되는지 또는 해야 하는지 명시하는 규칙이 들어 있다. 어떤 윤리 체계들은 어떤 방식으로 누군가의 안녕 자체를 목적으로 여기고 증진하려 해도 되는지 또는 해야 하는지를 제시한다. 어떤 윤리 체계들은 어떤 상태나 사건, 행위나 활동이 누군가에게 좋다는 것이 무엇을 의미하는지 설명한다. 나는 누군가의 안녕 자체를 목적으로 여기고 증진하려 하는 것이 사랑의 한 가지 형태라고 말했다. 그래서 모든 윤리 체계는 어떤 조건에서 누구를 사랑해도 되거나 사랑해야 하는지에 대한 관점을 가지고 있다고 말할 수 있는 것이다.

내가 도입에서 다루지 않은 사항이 하나 있다. 이 문제를 다루는 저자들은, 누군가 어떤 것을 향유하기만 한다면, 그러니까 어떤 것을 만족스럽게 여기기만 한다면 그것이 그에게 본질적으로 좋은 것이라고 여긴다는 점이다. 로버트 애덤스는 이것을 '향유기준'(the enjoyment criterion)이라 부르고, 제임스 그리핀(James Griffin)은 '경험요건'(the experience requirement)이라고 부른다.[1] "어떤 것은 사람이 향유할 때만 그에게 비도구적으로 좋다"는 명제를 뒷받침하는 논증은 대체로 제시되지 않는다.[2] 제시되더라도 엉성한 수준에 머문다. 다들 이 명제를 자명한 것으로 취급하기 때문이다. 크라우트가 이 명제를 지지하며 말한 구절을 모두 인용해 본다.

수영은 분명 호수를 건너는 좋은 방법일 것이다. 수영을 하면 칼로리가 소모되고 근긴장도가 유지된다. 이 모두는 수영이 추가적 목적들을 이루는 수단으로서 수영하는 사람에게 좋다고 생각할 만한 좋은

---

[1] Robert Adams, *Finite and Infinite Goods*, p. 100; James Griffin, *Well-Being* (Oxford: Clarendon, 1986), pp. 317-318, n. 5.
[2] Richard Kraut, *What is Good and Why*, p. 128.

이유들이다. 그러나 수영이 이런 결과들과 별개로 그에게 좋을 수 있을까? 수영을 좋아하는 사람, 다시 말해 수영을 즐겨 하는 사람을 생각하면 그렇다고 말하고 싶은 마음이 강하게 들 것이다. 그러나 수영을 하면서도 수영에서 전혀 즐거움을 느끼지 못하는 사람을 생각하면, 수영이 그 활동에서 나오는 좋은 결과를 제외하고 다른 이유로 그에게 좋을 수 있다고 믿기는 어렵다. (127-128)

나는 안녕의 향유기준이 잘못되었다고 본다. 혼수상태에 있는 사람을 생각해 보자. 그의 삶에는 그에게 좋은 상태와 사건들이 있다. 물론 그중 많은 것은 그에게 도구적으로 좋을 뿐이다. 그러나 어떤 것이 누군가에게 도구적으로 좋을 수 있으려면 그 사람에게 본질적으로 좋은 무언가를 가져다주어야만 한다. 혼수상태의 사람은 어떤 경험을 한다고 할 수 없으므로, 그는 만족스럽거나 향유할 만한 경험을 하고 있지 않다.

도입에서 나는 누군가의 선(goods of)이지만 그에게 있어 선(goods for)은 아닌 상태와 사건, 행위와 활동도 있다고 주장했다. 그런 것들이 사람의 안녕을 향상시키지 않는다 해도 그것들이 있음으로 해서 삶이 더 훌륭해진다. 무엇이든 누군가에게 있어 선인 것은 그의 선이겠지만 그 역 또한 성립하는 것은 아니다. 나는 이 주장을 뒷받침하기 위해 이런 사례를 제시했다. 해커가 내 이메일을 엿보는 데 성공하지만 내게는 물론 다른 누구에게도 그 사실을 밝히지 않고, 자신이 알게 된 내용을 혼자서 즐기는 것 외에는 아무 짓도 하지 않는다고 하자. 나는 그런 식으로 사생활이 침해된 것이 내 삶의 악이라고 생각한다. 그러나 그 일은 내 안녕에 어떤 영향도 끼치지 않기에 나에게 있어 악(evil for)은 아니다.

안녕-선 개념이 적절하게 쓰일 만한 철학 주제들이 있지만, 나는 우리의 목적상 우리에게 필요한 것은 더 넓은 '삶-선' 개념이라고 말했다. 이미 밝혔듯, 그 이유는 우리의 주제가 정의와 사랑이기 때문이다. 음란한 이유로 사생활의 침해를 받지 않는 것은 사람의 삶에 있는 선이다. 그뿐만 아니라 사람에겐 그런 선을 누릴 **권리**가 있다. 정의는 동료 인간들에 의해 그런 취급을 받아서는 안 된다고 요구한다. 이것을 일반화해 보자. 언제나 하나의 도덕적 권리는 특정한 방식으로 대우받는 삶-선을 요구할 도덕적으로 적법한 청구권이다. 그러나 누릴 권리가 우리에게 있는 삶-선 중 일부는 우리에게 **있어** 선이 아니다. 그런 삶-선을 빼앗긴다 해도 우리의 안녕은 전혀 영향을 받지 않는다.

이제 사랑의 범위를 올바로 이해하기 위해서는 더 폭넓은 삶-선 개념을 가져야 한다는 말을 덧붙여야겠다. C. S. 루이스(Lewis)가 『고통의 문제』(*The Problem of Pain*, 홍성사 역간)[3]에서 언급한 바를 인용하는 것으로 이 주장을 소개할 수 있다. 루이스는 사랑이 사람들에게 잘 대해 주는 것, 친절한 것이라는 일반적 이해에 반대하는 주장을 펼친다. "친절은…고통을 면하게 해 줄 수만 있다면 그 대상이 선해지든 악해지든 상관하지 않습니다"(29). 루이스는 이것이 사실은 "사랑과 상극"이라고 주장한다(34). 사랑은 "그 연인을 완벽한 존재로 만들고자 합니다"(34). "별 관심 없는 사람들을 대할 때 우리는 그들이 무조건 행복하기만을 바랍니다. 그러나 우리의 친구와

---

3   내가 인용한 책은 6쇄본(London: Collins/Fontana, 1965)이다.

연인과 자녀들에 대해서는 엄격한 태도를 보이며, 그들이 다른 사람들과 불화하는 비열한 방식으로 행복해지느니 차라리 고통받기를 바랍니다"(29). "사랑은 모든 허물을 용서할 수 있고 모든 허물에도 불구하고 여전히 사랑할 수 있지만, 그 허물을 없애 주겠다는 결심을 접지는 않습니다"(34).

루이스가 염두에 둔 사랑은 자비로서의 사랑, 상대방의 선 자체를 목적으로 삼고 증진하려 드는 사랑이다. 그리고 그가 바라보는 특정한 '삶-선'은 도덕적으로 행동하는 선이다. 그는 사람이 잘못된 일이 아니라 옳은 일을 하는 것, 해서는 안 될 일이 아니라 마땅히 해야 할 일을 하는 것이 그의 삶에 있는 선이라고 생각한다. 그리고 때때로 사랑은 그 대상이 올바른 일을 하도록 촉구하고 돕는 형태를 띨 것이라고, 어쩌면 자주 그럴 것이라고 생각한다.

나는 루이스가 두 가지 점 모두에서 옳다고 본다. 우리 시대 문화에서 자율의 이상이 두드러지면서, 다른 사람들이 올바른 행동을 하도록 촉구하고 돕는 일을 유난히 부담스러워하는 이들이 많아졌다. 루이스의 표현대로 친절하게 구는 것, 다른 사람들이 원하는 대로 행동하도록 내버려 두는 것을 유난히 선호한다. 하지만 누구도 자녀를 그런 식으로 대하지는 않으며, 정부도 시민을 그런 식으로 대하지 않는다.

이제 이 요점을 우리가 당면한 문제에 적용해 보자. 마땅히 해야 할 일을 하는 것은 사람의 삶에서 본질적인 선이다. 때로 우리 동료들에 대한 사랑은 그들이 마땅히 해야 할 일을 하는 삶-선을 증진하기를 추구해야 한다고 요구한다. 물론 여기에는 그들을 부당하게 대우하는 방식으로 그렇게 해서는 안 된다는 단서가 붙는다. 그러나 마땅히 해야 할 일을 하는 것이 그에게 있어 선이 아닌 경우가 종종 있다. 강도를 만나 길가에 버려진 사람을 돕는 일은 예수의 비유에 나오는 사마리아인 편에서는 선행이었다. 그의 삶에서 본질적인 선이었다. 그러나 그에게 있어 선은 아니었다. 가던 길에서 일부러 벗어나 강도 만난 사람을 가장 가까운 여관으로 데려가야 했고, 주머니에서 돈을 꺼내 그 사람의 숙박비를 지불했다.

누군가의 응수를 상상할 수 있다. 나의 주장은 사람의 도덕적 상태 자체가 그의 안녕의 한 측면이 아니라는 생각을 전제한다. 마땅히 해야 할 일을 하는 것이 사람의 안녕을 증가시키기도 하고 감소시키기도 하지만, 그것 자체는 사람의 안녕과 별 관계가 없다고 가정한다. 이런 가정은 안녕에 대한 논의에서 흔히 볼 수 있다. 그러나 이 가정은 옳은가? 마땅히 해야 할 일을 하는지 여부는 그의 도덕적 상태를 결정한다. 그런데 사람의 도덕적 상태, '영혼의 상태'는 그의 안녕의 한 측면이지 않은가? 루이스가 제시하는 길을 따라 사랑의 범위를 이해하려면, 삶-선에 대한 더 넓은 개념이 필요한 것이 아니라 안녕-선에 대한 보다 광범위한 이해가 필요한 것이 아닌가? 사마리아인이 마땅히 해야 할 일을 했다고 보면, 그의 안녕은 감소하지 않았다. 어떤 측면에서는 안녕이 감소했을지 몰라도 전반적으로는 그렇지 않았다.

사마리아인이 다친 사람을 여관으로 실어 나르다 허리를 심하게 다쳐서, 남은 평생 만성적 통증에 시달리며 살았다고 상상해 보자. 그럼 그가 한 일은 자신의 안녕을 감소시킨 경우에 해당하는가? 마땅히 해야 할 일을 하는 것을 안녕-선들 중 하나로 여긴다면, 그런 행동이 사람의 전반적인 안녕에 기여하는 바를 어떻게 평가하는가? 어떤 행동의 도덕적 선보다 그에 따라오거나 그 결과로 생겨나는 비도덕적 악이 더 커서 결국 안녕이 전반적으로 감소하는가? 아니면 어떤 행동의 도덕적 선은 그에 따라오거나 결과로 생겨나는 비도덕적 악보다 언제나 필연적으로 더 크기 때문에, 올바른 일을 하는 것으로 사람의 전반적 안녕이 줄어드는 것은 불가능하다고 말해야 하는가?

이런 어려운 질문은 피하는 것이 상책인 듯하다. 나는 사마리아인이 남을 돕다 자신의 안녕을 감소시켰다 해도, 그 일이 그에게 좋지 않았다 해도, 그가 한 일이 옳고 선하다고 정당하게 말하게 해주는 안녕 개념이 있다고 생각한다. 그런 안녕 개념에 따르면, 그가 허리를 다쳐 평생 극심한 고통 가운데 지내야 했다면 그의 행동이 옳고 선한 것이었음이 더욱 분명해질 것이다. 우리의 논의에서 나는 바로 그런 안녕 개념을 쓰고 있다. 그리고 세대를 뛰어넘어 우리에게 전해지는 부르짖음, "왜 악인들이 잘 되고 의인들이 고통받는가?" 속에 녹아 있는 안녕 개념도 그것이다. 우리 영혼의 상태가 우리의 안녕의 한 측면이라는 말로 누군가가 전하려던 요점은, 우리 영혼의 상태는 우리의 **번영**의 한 측면이라는 말로 좀더 잘 전해지는 것 같다. 마땅히 해야 할 일을 하는 것이 본인에게 있어 선이 아닐지 몰라도, 그것은 그의 선이다.

내가 도입에서 말한 대로, 철학자들이 가장 많이 논한 윤리 체계들, 엄격히 말해 윤리 체계의 **유형들**로는 이기주의, 행복주의, 공리주의가 있다. 내가 그 윤리 체계들을 거부하면서 제시한 몇 가지 이유로 인해 우리는 새로운 적용 규칙을 찾아야 할 입장에 놓였다. 그 새로운 적용 규칙은 사람이 때로는 타인의 선 그 자체를 목적으로 여기고 증진해야 한다고 말하거나 암시하되 행복주의자들이 제안하는 주체-안녕 조건과 공리주의자들이 제안하는 극대화 조건을 거부하는 것이어야 한다. 아가페주의가 그런 윤리 체계(의 유형) 중 하나다. 철학자들은 이것을 거의 논하지 않았고 신학자들과 종교윤리학자들이 자주 길게 논했다.

아가페주의는 다른 세 윤리 체계에 비해 체계적인 유형으로 규정되어 있지는 않다. 그 기원은 히브리성서와 기독교성서에 있다. 윤리 체계의 유형으로서 아가페주의가 갖춘 체계적 통일성은 다소 수수께끼 같은 예언적 문서들을 읽고 적용하는 전통에서 생겨났다. 19세기 말과 20세기를 거치며 아가페주의 전통 내에서 내가 지금까지 **현대 아가페주의**라 불러 온, 아주 분명한 관점의 운동이 나타났다. 지금까지 우리는, 한편에서는 이 아가페주의의 대중성과 그 본래적 관심 때문에, 다른 한편에서는 이 관점이 사랑과 정의를 연결시키는 과정 중 실패한 지점이 어디이며 실패한 이유가 무엇인지를 알아내는 것이 옹호 가능한 형태의 아가페주의를 만들어 내려는 우리의 고유한 시도에 유익하기 때문에, 몇 장에 걸쳐 현대 아가페주의를 검토했다.

이제 그 작업에 착수할 때가 되었다. 나는 아가페주의 전통 안에서 논의를 펼쳐 나갈 것인데, 내 관점을 아가페주의 전통의 토대가 되는 문서들에 대한 타당하고 체계적으로 옹호 가능한 해석이자 추론의 결과물로서 제시할 것이다. 하지만 거기서 멈추지 않고, 독립적으로 놓고 볼 때도 내가 전개하는 관점이 타당한 윤리 체계임을 보일 것이다.

예수가 사랑의 이중계명을 제시하신 사건

공관복음서 세 권 모두에 예수가 사랑의 이중계명을 제시하신 사건이 기록되었다(마태복음 22:34-40; 마가복음 12:28-34; 누가복음 10:25-37). 세 복음서 모두 다양한 집단이 예수의 말을 트집 잡아 그분을 함정에 빠뜨리려 했다고 전제하거나 기록하고 있는데, 사건을 묘사하는 세부 내용에는 다소 차이가 있다.

마태의 기록에서는 사두개인들이 예수를 함정에 빠트리려다가 실패했다는 소식을 전해 들은 바리새인들이 예수를 또 다른 함정에 빠트리려는 장면이 나온다. 그들 중 한 율법교사가 예수께 시험하는 질문을 던졌다. "선생님, 율법 가운데 어떤 계명이 가장 중요합니까?" 아마도 바리새인들 사이에서는 이 질문의 답에 대한 합의가 있었던 모양이고, 율법교사는 예수가 이 합의를 모르시거나 알면서도 거부하신다고 생각했던 것 같다. 그러니 어느 쪽으로 대답이 나오건, 율법교사는 예수의 대답을 물고 늘어져 "걸렸다. 그건 가장 큰 계명이 아니야"라고 말할 수 있을 터였다. 그러나 예수는 정답을 말씀하셨다. 마태는 율법교사나 그의 바리새인 동료들 쪽의 반응은 기록하지 않았다. 예수의 답변은 그들이 예수의 답변을 눌러 버리는 데 사용하려고 생각했던 그 대답이었던 모양이다.

마가는 바리새파의 율법교사가 아니라 서기관이 질문을 한 것으로 기록한다. 서기관이 질문한 이유는 마가복음에 나오지 않지만, 마기가 이 사건을 마무리하는 대목을 보면 서기관이 예수를 시험하고 있었음을 능히 알 수 있다. 마가는 그 뒤로 감히 예수에게 질문하는 사람이 없었다고 말한다. 마가의 기록에서 예수는 쉐

마, 곧 "이스라엘아, 들어라. 우리 하나님이신 주님은 오직 한 분이신 주님이시다"라는 말씀을 읊으며 첫 번째 계명을 꺼내신다. 그리고 서기관은 패배하여 물러나는 대신 예수의 대답이 옳다고 인정한다. 그는 이 두 계명이 "모든 번제와 희생제보다 더 낫습니다"라고 말한다. 이 말을 들으시고 예수는 "너는 하나님의 나라에서 멀리 있지 않다"라고 말씀하신다. 질문자의 부정적인 태도를 고려할 때, 이 답변은 반어적이라고 생각할 수 있다.

누가복음에서 예수에게 시험하는 질문을 던지는 인물은 역시 율법교사다. 하지만 누가복음의 질문은 마태가 기록한 질문과 다르다. 율법교사는 "내가 무엇을 해야 영생을 얻겠습니까?"라고 묻는다. 예수는 질문자에게 그 질문을 돌려주신다. "율법에 무엇이라고 기록되었으며, 너는 그것을 어떻게 읽고 있느냐?" 율법교사는 사랑의 이중계명을 읊었고, 예수는 그의 대답을 칭찬하신다. "네 대답이 옳다"고 하신 후에 "그대로 행하여라. 그리하면 살 것이다"라고 하신다. 율법교사는 자신이 졌음을 깨닫는다. 그러나 바로 물러서지 않는다. 누가의 표현에 따르면 "자기를 옳게 보이고 싶어서" 그는 또 다른 시도로 이렇게 묻는다. "내 이웃이 누구입니까?" 그러자 예수가 선한 사마리아인의 비유를 들려주신다. 비유의 결말에서 예수는 세 여행자 중에서 누가 강도 만난 사람에게 이웃이 되어 주었는지 율법교사에게 물어 그를 곤란하게 하신다. 율법교사는 "자비를 베푼 사람입니다"라고 대답한다. 예수는 "가서, 너도 이와 같이 하여라"고 말씀하신다.

우리의 목적상 이 사건을 전해 주는 세 기록의 그 어떤 차이점보다 두 가지 유사점이 더 중요하다. 첫째, 이중계명 자체만 놓고 본다면 어구의 차이는 미미하다는 점이다. 유일하게 큰 차이라면 예수가 두 번째 계명과 첫 번째 계명의 관계에 대해 말씀하신 것으로 마태가 기록한 대목이다. 여기서 예수는 두 번째 계명이 첫 번째 계명과 "같다"고 하신다. "'네 마음을 다하고, 네 목숨을 다하고, 네 뜻을 다하여, 주 너의 하나님을 사랑하여라' 하였으니, 이것이 가장 중요하고 으뜸가는 계명이다. 둘째 계명도 이것과 같은데, '네 이웃을 네 몸과 같이 사랑하여라' 한 것이다. 이 두 계명에 온 율법과 예언서의 본뜻이 달려 있다"(마태복음 22:37-40). 예수는 두 번째 계명이 어떤 식으로 첫 번째 계명과 같은지 설명하지 않으시지만, 대충 읽은 독자라도 사랑을 중심에 놓는다는 점에서 두 계명이 비슷하다는 것 정도는 알아볼 것이다.

둘째, 세 기록 모두에서 대화의 상대로 등장하는 인물들은 이 두 가지가 가장 큰 두 계명이라는 사실을 암묵적으로 혹은 명시적으로 인정하거나 긍정한다.

두 번째 사랑의 계명에서의 정의

예수와 그분의 대화 상대들은 사랑의 이중계명이 토라의 본질과 핵심을 포착한다고 분명히 생각한다. 두 계명은 토라 **안에서** 가장 크고 중요한 계명이기도 하다. 즉, 두 계명은 토라에서 **찾아볼** 수 있고, 토라에 **기록되어** 있다. 두 계명이 토라에 등장하는 문맥을 살펴보면 토라의 저자들 또는 편집자들이 그 계명들을 어떻게 이해했는지 이해하는 데 도움이 될 것이다.[4] 이것을 근거로 예수와 그분의 청중 또한 두 계명을 그렇게 이해했을 거라는 결론을 내릴 수는 없지만, 정반대의 증거가 나오지 않는 한 그들도 대체로 비슷한 방식으로 이해했을 거라고 가정해 판단하는 것이 합리적일 것이다. 그들이 그 계명들을 그렇게 이해하지 않고 오늘날 영어권의 우리처럼 문맥에서 뚝 떼어 놓고 이해했을 가능성은 높지 않다.

첫 번째 계명 및 토라에서 그 계명이 나오는 문맥에 대해서는 다른 장에서 다루게 될 것이다. 여기서는 두 번째 계명에 초점을 맞추어 보자. 이 계명의 출처는 레위기 19장이다. 모세가 이스라엘 백성에게 하나님의 법전을 전달하는 상황이다. 모세는 자신이 전달하는 명령에 따라 대우받게 될 사람들을 여러 가지 이름으로 부른다. 때로는 **동족**, 때로는 **이웃**, 때로는 **한 백성**이라 부른다. 원래의 히브리어에서는 각각 다소 다른 의미를 갖고 있을지 모르지만, 이 문맥에서 이 용어들은 **기능적으로 동등**하다. 모세는 이스라엘 백성에게 동포를 어떻게 대해야 하는지 가르친다. 조금 뒤에서는 거류 외국인들도 동포와 똑같이 대해야 한다고 덧붙인다. "외국 사람이 나그네가 되어 너희의 땅에서 너희와 함께 살 때에, 너희는 그를 억압해서는 안 된다. 너희와 함께 사는 그 외국인 나그네를 너희의 본토인처럼 여기고, 그를 너희의 몸과 같이 사랑하여라"(19:33-34).

네 이웃을 자신처럼 사랑하라는 명령으로 이어지는 몇 가지 명령들을 살펴보자.

---

4 참고. Lenn E. Goodman, *Love Thy Neighbor as Thyself* (Oxford: Oxford University Press, 2008), p. 18: "성경적으로, '네 이웃을 네 자신처럼 사랑하라'는 말씀은 그 의미를 알려 주는 일련의 계명들 안에 자리 잡고 있다."

밭에서 난 곡식을 거두어들일 때에는, 밭 구석구석까지 다 거두어들여서는 안 된다. 거두어들인 다음에, 떨어진 이삭을 주워서도 안 된다. 포도를 딸 때에도 모조리 따서는 안 된다. 포도밭에 떨어진 포도도 주워서는 안 된다. 가난한 사람들과 나그네 신세인 외국 사람들이 줍게, 그것들을 남겨 두어야 한다. 내가 주 너희의 하나님이다.

도둑질하지 못한다. 사기하지 못한다. 서로 이웃을 속이지 못한다. 나의 이름으로 거짓 맹세를 하여 너희 하나님의 이름을 더럽혀서는 안 된다. 나는 주다.

너는 이웃을 억누르거나 이웃의 것을 빼앗아서는 안 된다. 네가 품꾼을 쓰면, 그가 받을 품값을 다음날 아침까지, 밤새 네가 가지고 있어서는 안 된다. 듣지 못하는 사람을 저주해서는 안 된다. 눈이 먼 사람 앞에 걸려 넘어질 것을 놓아서는 안 된다. 너는 하나님 두려운 줄을 알아야 한다. 나는 주다.

재판할 때에는 공정하지 못한 재판을 해서는 안 된다. 가난한 사람이라고 하여 두둔하거나, 세력이 있는 사람이라고 하여 편들어서는 안 된다. 이웃을 재판할 때에는 오로지 공정하게 하여라. 이 사람 저 사람에게 남을 헐뜯는 말을 퍼뜨리고 다녀서는 안 된다. 너는 또 네 이웃의 생명을 위태롭게 하면서까지 이익을 보려 해서는 안 된다. 나는 주다.[5]

너는 동족을 미워하는 마음을 품어서는 안 된다. 이웃이 잘못을 하면, 너는 반드시 그를 타일러야 한다. 그래야만 너는 그 잘못 때문에 질 책임을 벗을 수 있다. 한 백성끼리 앙심을 품거나 원수 갚는 일

---

[5] HarperCollins Study Bible의 레위기 주석을 맡은 Jacob Milgrom은 이 마지막 구절을 "네 이웃이 위험에 처했을 때 수수방관하지 말라"는 뜻으로 해석한다.

이 없도록 하여라. 다만 너는 너의 이웃을 네 몸처럼 사랑하여라. 나는 주다. (9-18절)

이스라엘 백성은 동포를 정의롭게 대해야 한다. 그들을 억압하거나 비방해서는 안 된다. 이웃이 어려움에 처했을 때 수수방관해서는 안 된다. 이웃이 잘못을 범하면 나무라야 한다. 그러나 그에게 앙심을 품거나 미워하거나 복수해서는 안 된다. 모세는 이어서 "너의 이웃을 네 몸처럼 사랑하여라"라고 말한다.

이 마지막 명령과 이전 (및 이후의) 명령들의 관계를 어떻게 이해해야 할까? 조금 앞에 나오는 명령, "너는 동족을 미워하는 마음을 품어서는 안 된다"와의 대조에 귀를 기울여야 하는 것은 분명하다. 그러나 그 대조를 제외하면, 마지막 명령을 다른 명령들 사이에 있는 하나의 명령으로, 명령 모음에 속한 한 가지로만 이해해야 할까?

이전의 명령들의 구체성과 이 사랑 명령의 보편성이 보이는 대조를 생각할 때 그런 해석은 타당성이 떨어진다. 구체성과 보편성의 대조를 고려할 때 사랑 명령에는 암묵적으로 "요컨대"가 붙어 있다고 이해해야 한다. "요컨대, 네 이웃을 네 몸처럼 사랑하여라." 예수와 그분의 대화 상대들은 그 계명을 그렇게 이해했다. 그들은 그 명령을 여러 계명 중 하나로 이해하지 않았고 유대교 전통도 일반적으로 마찬가지였다. 이 두 계명은 토라에서 가장 큰 두 계명인데, 이 말은 두 계명이 수많은 독립적 계명들 가운데 가장 중요하다는 것 정도가 아니라 토라의 본질을 포착하고 있다는 뜻이다. 사랑의 이중계명은 토라를 요약한다.

하지만 사랑의 계명을 모세가 방금 전한 구체적 명령들의 근저에 놓인 일반 원리로 해석할 때, 뭔가 의외이며 놀라운 점을 보게 된다. 사랑을 중심에 놓는 일반 원리를 담은 계명이 있다는 말을 미리 듣는다면, 우리는 그 계명을 "네 이웃을 사랑하여라" 정도로 예상할 것이다. 그런데 모세는 그렇게 말하지 않는다. 모세는 사랑의 일반 원리를 요약하는 진술에다 자기애를 말하는 의외의 표현을 집어넣는다. "네 이웃을 네 몸처럼 사랑하여라." 다시 생각해 보면, 이 구절에 그리 놀랄 이유가 없다. 모세는 우리가 자신을 사랑하는 것을 당연하게 여겼다. 그다음 그는 우리가 자신만이 아니라 이웃도 사랑해야 한다고 말한 것이다. 이것이 모든 세부적 명령의 결론이다. 네 자신만 사랑하지 말고, 네 이웃도 사랑하여라.

렌 굿맨(Lenn Goodman)은 이 계명을 논하면서 우리가 이 계명 안에서 자신을 사랑할 뿐 아니라 이웃도 사랑해야 한다는 명령 이상의 것을 들어야 한다고 주장한다. 우리는 이 계명에서 이웃을 사랑하는 **방법**에 대한 명령을 들어야 한다. 자기 집착을 애완동물을 잔인하게 대하는 식으로 표출하는 누군가를 만난다면, 나는 그에게 "자신뿐 아니라 애완동물들에게도 사랑을 좀 베푸세요"라고 말할 것이다. "애완동물들을 자신**처럼** 사랑해야 합니다"라고 말하지는 않을 것이다. "처럼"이라는 짧은 단어가 독특한 분위기를 만들어 낸다. 굿맨의 말을 직접 들어 보자.

> 레위기는…우리에게 동료 인간들의 이익에 보탬이 되는 쪽으로 관심을 기울이고 행동하라고 촉구한다. 그들을 유용한 동지 또는 물리쳐야 할 잠재적 적수로만 대하지 말고, 우리의 모든 요구와 바람에 비례하는 관심을 받을 자격이 있는 도덕적으로 동등한 존재로 보라고 촉

구한다. 이것은 타산적 관심사를 훌쩍 넘어선다.…토라는 선택을 내리고 무언가를 소중히 여기는 각 사람의 신성함을 받아들이는 사랑을 명한다. 사람마다 목표는 다를 수 있다.…그러나 서로에 대한 우리의 첫 번째 의무는 서로의 주체성을 존중하는 것이다. (14)

인간 동료를 사랑하라는 명령은 더도 덜도 말고 그들이 받아야 할 응분의 몫을 인정하라는 촉구라고 나는 믿는다. 사람은 사람으로 대접받아야 한다는 것이다. '**네 이웃을 사랑하여라**'라는 명령은 다른 사람의 생명이 우리에게 제시하는 의무를 분명하게 드러낸다. '**네 몸처럼**'이라는 척도는 사람들의 실존적 평등성을 환하게 비춘다. 우리의 것으로 추정하는 존엄의 조각만 간신히 붙들고 있다가 혹시라도 다른 사람의 소중한 존엄을 시야에서 놓쳐 버리는 일이 없게 하려는 것이다. (26)

내가 볼 때 굿맨의 이 말은 옳고도 중요하다. 우리는 이웃을 우리와 도덕적으로 동등한 존재로 대해야 한다. 나는 이 논점을 이후 여러 장에 걸쳐 전개할 것이다.

모세는 '이웃이 잘못을 하면, 반드시 그를 타이르는' 것을 이웃을 사랑하는 사례로 제시한다. 이 부분에서 모세는 루이스에게 동의한다. 아니, 루이스가 모세에게 동의한 것이겠다. 이후의 내 목적에 더 중요한 것은, 모세가 이웃을 정의롭게 대하는 다양한 방법들을 이웃을 사랑하는 사례들로 제시하고 있다는 사실이다. 그는 이웃을 정의롭게 대하는 것과 이웃을 사랑하는 것이 양립할 수 없다고 보지 않고, 이웃을 정의롭게 대하는 것을 이웃을 사랑하는 것의 대안으로 여기지도 않는다. 이웃을 정의롭게 대하는 것은 이웃을 사랑하는 것의 **사례**, 그를 사랑하는 방법이다.[6] 사랑은 정의에 무관심한 자비가 아니다.

이 논점의 취지를 잘 기억하길 바란다. 정의를 행함은 사랑의 한 가지 사례다. 모세는 사랑과 정의를 대립시키지 않는다. 이웃을 사랑하되 정의의 요구는 무시하라고 말하지 않는다. 그것은 니그렌의 관점이다. 모세는 이웃을 사랑하는 것이 불의를 조장 또는 자행하지 않는 경우에만 이웃을 사랑해야 한다고 말하지 않는다. 그것은 니버의 관점이다. 모세는 이웃을 정의롭게 대하는 것에 더하여 이웃을 사랑해야 한다고 말하지도 않는다. 그것은 윌리엄 프랑케나가 내가 앞에서 언급한 그의 책 『윤리학』에서 전개하는 관점이다. 프랑케나는 아가페주의에 대한 여러 해석을 검토한 후에 이런 결론을 내린다. "가장 분명하고 가장 타당한 견해는…사랑의 법을…자비의 원리, 즉 선을 행하는 원리와 동일시하는 것이다." 이어서 그는, 그렇게 해석된 "사랑의 법은 윤리학의 기본 원리 중 하나이지만 유일한 원리는 아니다"라고 말한다. 그것은 "분배의 정의나 평등의 원리로 보완"되어야 한다(58). "순수한 아가페주의는 정의의 원리로 보완될 때만" 비로소 "적합한 도덕"이 된다(58).

나는 정의롭게 행하라는 명령이 사랑의 법과 충돌하지 않고 사랑의 법을 제약하지도 않고 그것을 보완하지도 않는 사랑의 이해를, 또한 정의를 행함이 사랑의 **한 가지 사례**가 되는 사랑의 이해를 찾아보자고 제안한다. 하지만 그에 앞서 내가 정의를 어떻게 생각하는지 먼저 설명해야겠다.

---

6 참고. Goodman, *Love Thy Neighbor*, p. 16: "랍비식으로 말하자면, 사랑은 정의와 같은 종류의 것이다."

7

정의란 무엇인가?

이웃을 정의롭게 대하는 것은 이웃을 사랑하는 것의 한 가지 사례다. 그럼 정의(justice)란 무엇인가?[1] 유스티니아누스 황제가 고대 로마법을 집대성한 『로마법대전』(The Digest)은 정의에 대한 가장 유명한 뜻매김으로 시작한다. 이 뜻매김은 3세기 로마의 법학자 울피아누스의 작품이다. 울피아누스는 정의(iustitia)를 일컬어 "각자에게 그의 이우스(ius)를 돌려주려는 항구적 의지"(suum ius cuique tribuere)라고 했다. 그는 정의의 덕을 두고 한 말이지만, 그의 뜻매김을 변용하면 정의의 사회적 조건을 규정할 수 있다. 구성원들이 각자의 이우스를 받는 사회는 정의롭다.

---

[1] 내가 이번 장에서 말하는 내용은 내 책 Justice: Rights and Wrongs에서 길게 전개한 논점들을 압축한 것이다. 단서를 달고 상술(詳述)한 대목들과 자세히 전개한 논증은 빠졌다. 서문에서 밝혔다시피, 이 책은 Justice: Rights and Wrongs의 자매편으로 봐야 한다. 이번 장의 몇몇 짧은 대목들은 그 책에서 가져왔다.

이우스를 어떻게 번역하는 것이 최선인지 살피기에 앞서 울피아누스의 뜻매김의 근저에 어떤 이우스를 소유하는 것과 그 이우스를 돌려받는 것의 구분이 자리 잡고 있다는 데 주목하면 좋겠다. 정의의 덕을 소유하는 것은 각 사람에게 그가 소유한 이우스, 그의 것인 이우스를 돌려주려는 항구적 의지를 갖는 것이다. 사회의 구성원들이 소유한 이우스, 자신들의 것인 이우스를 돌려받는 한 그 사회는 정의롭다. 울피아누스는 소유격 'suum'을 사용해 '그의 이우스'(suum ius)라고 말한다.

어떤 이우스를 소유함과 그 이우스를 돌려받음을 구분하는 것은 정의를 이해하는 데 필수불가결하다. 어떤 이우스를 소유하고 있지만 돌려받지 못하거나, 내가 자주 쓰게 될 표현으로 그 이우스를 **향유**(enjoying)하지 못할 수 있다. 예를 들어, 내가 어떤 상을 받을 당신의 이우스, 권리를 빼앗는다면, 당신은 여전히 그 상을 받을 권리를 갖고 있지만 그 권리를 향유하지 못하고 돌려받지 못한다. 따라서 내가 방금 말한 식으로 '그 상을 받을 당신의 권리를 **빼앗았다**'고 말하는 것은 엄밀히 말해 정확하지 않다. 정확하게 표현하자면 나는 그 상을 받을 당신의 권리를 빼앗은 것이 아니라 당신이 누릴 권리를 가진 그 선의 **향유**(enjoyment)를 박탈한 것이다.

바로 위에서 나는 이우스를 "권리"(right)로 번역했다. 해당 문맥에서는 그것이 정확한 번역이었다. 그러나 우리가 쓰는 권리라는 용어는 라틴어의 이우스와 딱 맞아떨어지는 동의어가 아니다. 범죄자의 처벌을, 그 처벌이 그에게 가져다줄 선의 관점이 아니라, 순전히 응보의 관점에서 생각한다고 해 보자. 그러면 처벌을 범죄자가 받을 **권리**를 가진 어떤 것으로가 아니라 그가 **받아 마땅한**(deserve) 것으로 말하게 될 것이다. 처벌은 그의 **응분의 몫**(just desert)이 된다. 라틴어 용어 이우스는 사람의 권리라고 부를 만한 것과 응분의 몫이라고 부를 것을 모두 가리켰다. 정의에 대한 울피아누스의 뜻매김은, 정의가 각 사람에게 그의 **권리나 몫**을 돌려주는 것이라는 의미였다.[2]

방금 소개한 권리와 응분의 몫의 구분은 정의의 질서 안에서 가장 근본적인 구분, 내가 **기본적** 정의와 **교정적** 정의라 4장에서 부른 것들 사이의 구분을 반영한다. 이번 장의 남은 부분에서 나는 기본적 정의에 전적으로 초점을 맞출 생각이다.

울피아누스의 뜻매김에 따르면, 사회구성원들이 받을 권리가 있는 것을 향유할 때 그 사회에는 기본적 정의가 있다고 할 수 있다. 권리는, 일단 소유한 뒤에 향유하거나 향유하지 못하는 괴상한 종류의 실체가 아니다. 우리는 **어떤** 것에 대한 권리를 소유하고, 우리에게 권리가 있는 **바로 그것**을 향유하거나 돌려받을 때 어떤 권리를 **향유**하는 것이다.

우리가 권리에 대해 말할 때 무엇에 대해 말하는 것인지 이해하기 위해서는 같은 말을 몇 가지로 달리 표현해 보는 것이 도움이 된다. '누군가가 나를 특정한 방식으로 대접하는' 선을 누릴 권리가 나에게 있다는 말은, 그들이 나를 그런 식으로 대하는 것이 곧 내가 그들에게 **받아야 할 것**이라고 달리 표현할 수 있다. 아니면 나

---

2   실제로는 'desert'와 'deserve' 모두가 권리와 응분의 몫을 가리키는 데 쓰일 수 있다. 따라서 울피아누스의 뜻매김에 대한 정확한 번역은 '정의는 각자에게 그의 몫을 돌리는 것', 바꿔 말하면 각자에게 그가 받아 마땅한 것을 돌려주는 것이 되겠다. 때로 이우스(*ius*)는 우리가 의무라고 부를 만한 것을 가리키는 데도 사용되었던 것 같다.

에겐 나를 그런 식으로 대하도록 그들에게 요구할 **적법한 청구권**이 있다고 말할 수 있다. 이때에는 특정한 방식의 대접을 요구할 적법한 청구권을 **소유한** 것과 그러한 대접을 요구하는 **청구권을 행사하는 것**을 주의 깊게 구분해야 한다. 경찰의 보호를 요구할 적법한 청구권을 가졌다고 해도, 시의회 회의장에 나타나 그 권리를 청구하는 것, 즉 경찰의 보호를 받을 권리를 가진 사람으로서 경찰의 보호를 요구하는 것은 별개의 문제다.

우리가 권리에 대해 말할 때, 그 권리가 무엇인지 이해하기 위해서, 권리를 그 이면에서부터 바라보는 것이 도움이 될 수 있다. 받을 권리가 자신에게 있는 것을 향유하지 못할 때의 상태라는 시각에서 바라보자는 말이다. 내가 당신을 상대로 '특정한 방식으로 대우받을' 권리가 있다면 당신이 나를 그런 식으로 대우하지 않을 때 나는 **부당한 대우를 받은** 것이 된다. 당신을 상대로 한 나의 권리는 여전하며 달라지지 않지만, 나는 그 권리를 향유하지 못하고 있고, 바로 그 점에서 당신에게 부당한 대우를 당했다고 말할 수 있다. 부당 대우는 권리의 이면이다. 의무의 이면이 죄책인 것과 같다. 내가 누군가를 마땅히 대해야 할 방식으로 대하지 않는다면 나에게는 죄책이 있다.

그러면 어떤 것을 누릴 권리가 있다는 것은 무슨 뜻일까? 그것은 상대와 어떤 규범적 사회관계를 맺고 서 있다는 뜻이다. 사회성이 권리의 본질에 들어 있는 것이다. 좀더 구체적으로 말하면, 어떤 것을 받을 권리가 있다 함은 누군가에 **관하여**(with respect), 누군가를 **상대로**(against) 권리를 지닌다는 뜻이다. 간혹 그 '누군가'가 자신일 경우도 있다. 자신이 스스로에게 타자가 되는 것이다. 그러나 대개 그 타자는 본인이 아닌 다른 사람이다. 권리는 본인과 타자 사이의 규범적 유대(normative bond)다. 본인과 타자의 그 규범적 유대는 어느 한쪽이 의지를 발휘해서 만들어지는 것이 대체로 아니다. 그 유대는 의지에 앞서 이미 거기 존재하면서 자신과 타자를 묶어 준다. 타자는 나와 서로에 대해 이런 규범적 유대를 갖춘 채로 내 앞에 나타난다. 그는 나에게 모욕을 받지 않을 권리를 이미 갖고 있다.

나는 타자를 상대로 특정한 방식, 내 삶에 선이 될 방식으로 대우받을 권리를 갖고 있다. **나를 특정한 방식으로 대우한다**고 할 때는 내게 어떤 일을 하지 않는 것도 포함된다. 권리는 타인에게, 드물게는 자신에게 특정한 방식으로 대우받을 삶의 권리에 대한 적법한 청구권이다.

하지만 타인들에게서 자신의 삶에 선이 될 만한 모든 방식으로 대우받을 권리가 있는 것은 결코 아니다. 내가 렘브란트의 판화를 한 점 소유한다면 내 삶에 선이 될 것 같지만 내게는 그 선을 누릴 권리가 없다. 현대 정치적 자유주의의 흔한 경우가 "권리가 선보다 우선한다"는 말이다. 그 경우의 의미가 무엇이건 간에, 개념의 순서로 보면 위치가 바뀌었다. 선이 권리보다 우선한다. 사람은 타자에게서 받을 수 있는 모든 좋은 대우 방식의 부분집합에 대해서만 권리를 가진다.

지금까지의 논의가 전혀 논란의 여지가 없는 것은 아니지만, 복잡한 것도 아니었다. 그러나 이제부터는 어려운 부분으로 진입하게 된다. 우리가 다른 사람들에게서 특정한 좋은 방식들로 대우받을 권리는 있지만 그 외의 다른 방식들로 대우받을 권리는 없는 이유가 무엇인가? 같은 문제를 조금 다른 각도에서 접근해 보자. 나는 권리가 늘 누군가에게 특정한 방식으로 대우받는 삶-선을 누릴 권리라고 말했다. 누군가를 상대로 특정 방식으로 대우받는 삶-선을 누릴 권리가 있다는 것은 나와 그 사람 사이에 **규범적 유대**가 있다는 뜻이라는 말도 했다. 규범적 유대는 종류가 다양하다. 타자에 관하여 특정한 방식으로 대우받는 삶-선을 누릴 권리가 있다는 것은 어떤 종류의 규범적 유대를 말하는가?

우선, 그 규범적 유대는 '의무'라는 규범적 유대와 긴밀히 연결되어 있다. 어떤 종류의 실체들은 더 나아지거나 나빠질 수 있는 생명을 갖고 있지 않기 때문에 권리도 갖고 있지 않다. 예를 들면 산(山)이 그렇다. 그런 실체들은 옆으로 치워 놓자. 그렇게 되면, 나는 다음과 같은 원리가 존재한다고 생각한다.

상관성 원리 B가 A에 대해 X를 행할 의무가 있는 경우에 한하여, A는 B를 상대로 'B가 X를 행함'을 받을 권리가 있다.

예를 들어, 메리에 대해 내가 그를 모욕해선 안 될 의무가 있는 경우에 한해, 메리는 나를 상대로 모욕을 받지 않을 권리를 갖고 있다.

일부 저자들은 이 상관성 원리(Principle of Correlatives)가 분석적으로 옳다고 여긴다. 즉, A가 B를 상대로 'B가 X를 행함'을 받을 권리를 가진다는 말은, B가 A에 대해 X할 의무가 있다는 말과 같은 주장이라고 생각한다. 같은 주장인데 표현만 다르다는 것이다. 이는 B가 A의 북쪽에 있을 경우에 한해 A가 B의 남쪽에 있다는 말과 같다. 같은 주장인데 표현만 다르다. 누군가 이 북쪽과 남쪽에 대한 원리를 부정한다면, 우리는 그가 지독히 우둔하거나 '무엇의 남쪽' 혹은 '무엇의 북쪽'이라는 말의 의미를 모른다고 결론 내릴 것이다.

그런가 하면 일부 저자들은 상관성 원리를 부인한다. 그들은 권리를 가질 수 있는 어떤 종류의 실체가 있고 누군가 그 실체에 대해 의무를 지니는 경우라 해도, 그 실체는 그와 상관된 권리를 갖지 못할 수 있다고 생각한다. 그 저자들은 우둔하지도 않고, '권리'와 '의무' 같은 단어의 의미를 모르는 것도 아니다. 그러니까 상관성 원리가 옳다면 분석적으로 옳은 것이 아니라는 말이 되겠다. 단어의 의미와 모순율에 의해 옳은 것이 아니라는 말이다.[3] (지금 우리는 줄곧 **도덕적** 권리와 **도덕적** 의무에 대해 말하고 있음을 분명히 해 두어야겠다.) 적절한 비교 대상은 'B가 A의 남쪽에 있을 경우에만 A는 B의 북쪽에 있다'가 아니라 '삼각형이 등각일 경우에만 등변이다'일 것이다. 등변성과 등각성은 필연적으로 연결되어 있지만, 이 둘은 같은 것을 가리키는 다른 표현이 아니다.

이제 전부는 아니라도 대부분의 저자들이 동의하는, 권리의 대단히 중요한 특성 하나를 살펴보자. 권리는, 어떤 이들이 **최상의** (trumping) 힘이라고, 다른 이들은 그와 동일한 생각을 따라 **절대적**(peremptory) 힘이라 부르는 힘을 소유한다. 설명해 보겠다. 당신

---

[3] *Justice: Rights and Wrongs*의 도입부에서 나는 상관성 원리가 분석적 진리가 아니라고 주장하면서 그 논거로, 누군가 다른 사람을 부당하게 대우한 죄책을 벗는다 해도 상대방의 도덕적 상태는 여전히 부당 대우를 당한 상태라는 사실을 지적했다. 그러나 이는 내가 혼동한 것이다. 내 생각대로 상관성 원리가 필연적으로 옳다면, 한쪽의 도덕적 상태에 조금이라도 변화가 생기면 다른 쪽의 도덕적 상태에도 변화가 있어야 한다. 그러나 부당 대우를 당한 쪽의 도덕적 상태는 바뀔 수가 없는 듯 보이므로, 이것은 죄책의 사면은 불가능하다는 결론을 지지하는 논증이다. 소위 사면이 무엇이건 간에, 죄책의 제거는 아니다.

에게서 특정한 방식으로 대우받는 삶-선을 누릴 권리가 내게 있다면, 그것도 잠정적 권리가 아니라 최종적 권리가 있다면, 내게서 그 선을 빼앗음으로써 내 삶과 다른 사람들의 삶에 아무리 많은 선이 찾아온다 해도 당신은 내게서 그것을 빼앗아서는 안 된다. 상관성 원리에 의해, 당신은 그렇게 하지 말아야 할 **의무가 있다**. 나는 당신에게 그런 식으로 대우받는 삶-선을 누릴 권리가 있기 때문에, 그 삶-선은 다른 모든 삶-선보다 우선한다. 내가 당신에게 고문을 받지 않을 최종적 권리를 갖고 있다면, 나를 고문함으로써 내 삶과 다른 이들의 삶에 아무리 많은 선이 생겨난다 해도 당신은 나를 고문해서는 안 된다.

다시 우리의 질문으로 돌아가자. 우리가 자신의 삶에 선이 될 특정한 방식들로 대우받을 권리는 있지만 그 외의 다른 방식들로 대우받을 권리는 없는 이유가 무엇인가? 방금 밝힌 '최상'의 원리를 놓고 볼 때, 권리를 설명하기 위해서는 '특정한 방식으로 대우받는 선'과 구별되는 다른 것에 대한 고려가 있어야 한다. 당신의 행동이 아무리 많은 삶-선을 이룰 것으로 예상이 되어도, 그 선들을 가져오기 위해 누군가로부터 그의 최종적 권리를 박탈해야 한다면, 그래서 그를 향한 당신의 최종적 의무를 어겨야 한다면, 당신은 그 일을 해서는 안 된다.

고려해야 할 다른 것은 무엇일까? 나는 이 질문에 가능한 답변이 하나뿐이라고 본다. 그 추가적 고려 사항은 **인간의 가치**다. 이 주장의 취지를 이해한다면 한 인간의 삶을 그 인간과 동일시해서는 안 되며, 그의 삶의 상대적 탁월함이나 열등함을 그의 가치의 크고 작음과 동일시해서도 안 된다는 사실에 각별히 주의해야 한다. 존경할 만한 사람들이 비참한 삶을 살기도 하고, 경멸스러운 사람들이 꽤 잘 살기도 한다. 나는 권리 개념의 토대에는 어떤 사람의 삶의 상대적 탁월함과 그 사람 자신의 상대적 탁월함에 대한 이런 구분이 놓여 있다고 말하고 싶다.

권리 개념의 근저에는 다음 두 가지 현상이 자리 잡고 있다. 한편으로, 우리 모두는 각자가 소유한 특성들, 이루어 낸 성취들, 맺은 관계들 등으로 인해 가치를 지닌다. 어떤 사람은 뛰어난 소설을 쓰고, 어떤 사람은 빈곤 퇴치에 용감하게 헌신하고, 또 어떤 사람은 올림픽 100미터 달리기에서 우승한다. 다른 한편으로, 사람을 대하는 방식에는 그 사람의 가치에 걸맞은 것도 있고 걸맞지 않는 것도 있다. 올림픽 조직위원회가 100미터 달리기에서 우승한 사람에게 금메달 지급을 거부한다면, 그것은 그를 그의 가치에 걸맞게 대하지 않은 것이다. 그를 그의 가치에 합당하게 존중하지 않은 것이다. 함부로 대하는 일이 된다.

한 사람이 특정한 방식으로 대우받는 삶-선을 누릴 권리가 있다는 것이 무슨 의미인지 이제는 말할 수 있다. 어떤 이가 사람들을 상대로 특정한 방식으로 대접받는 삶-선을 누릴 권리가 있다면, 사람들이 그 사람의 삶-선을 박탈할 경우 그것이 그의 가치에 걸맞은 존중에 못 미치게 그를 대우하는 일이 될 것이다. 그를 낮게 보고 대우하는 일이 될 것이다. 그를 함부로 대하는 일이 될 것이다. 사람의 권리는 가치에 대한 존중이 요구하는 바로 그것이다. 같은 말을 부정적으로 이렇게 표현할 수 있다. 누군가를 부당하게 대우하는 것은 그의 가치에 걸맞은 존중에 못 미치게 그를 대우하는 것이다. 그를 낮게 보고 대우하는 것이고, 그보다 가치가 덜한 사람에게 걸맞은 방식으로 그를 대하는 것이다.

따라서 삶-선만을 제시하고 인간의 가치를 고려하지 않는 윤리 체계는 권리를 설명할 수 없다는 결론이 나온다. 그리고 권리를 설명할 수 없다면, 정의도 설명할 수 없다. 앞에서 봤다시피, 사람들이 각 사람에게 그가 누릴 권리가 있는 것을 돌려줄 때에만 인간관계에서 정의가 확고해지기 때문이다.

니버가 어긋난 지점

정의에 대한 니버의 생각이 어느 부분에서 크게 잘못되었는지 이제 쉽게 알아볼 수 있다. 그는 정의가 갈등 상황에 적절하다고 생각했다. 그에게 정의는, 갈등 상황에서 정당한 판단을 내리는 것과 그 상황에서 정의가 위반되었을 때 정의를 집행하는 것으로 구성된다. 그때나 지금이나, 정의가 **정당한 판단을 내리는 것**과 **정의를 집행하는 것**으로 구성된다고 생각하는 사람은 니버만이 아니다.

그러나 이런 생각이 옳을 리가 없다. 갈등 상황에서 정당한 판단을 내리는 것과 기본적 정의가 위반되었을 때 교정적 정의를 집행하는 것은 물론 정의의 일부분이다. 그러나 이것은 정의의 전부일 수 없다. 우리 둘 사이에 아무 갈등이 없고 우리 중 누구도 상대방을 부당하게 대우하지 않았어도 나는 당신을 정의롭게 대할 수 있다. '마찰 없이 조화로운' 상황에서도 나는 당신을 정의롭게 대할 수 있다. 내가 당신의 가치에 걸맞은 방식으로 당신을 대한다면 그것이 바로 당신을 정의롭게 대하는 것이다.

권리 담론 옹호하기

권리 담론은 많은 사람들에게 안 좋은 평가를 받고 있다. 비난의 이유는 여러 가지이나 한 가지 혐의가 단연 두드러진다. 권리 담론은 현대 사회에 널리 퍼진 악성 질환 중 하나인 소유적 개인주의(possessive individualism)를 표출하며 방조한다는 것이다. 권리 담론을 쓸 때 사람은 도덕적 우주의 중심에 자신을 놓고, 타인을 향한 의무 및 함께 사는 공동체의 번영에 꼭 필요한 타자지향적 덕의 함양은 도외시하고 자신의 권리에만 초점을 맞춘다. 권리 담론이 횡행하면 무엇보다 중요한 사랑, 보살핌, 우정 등이 우리 눈에 잘 들어오지 않게 된다. 권리 담론은 주는 자아를 깎아내리고 움켜쥐는 자아는 추켜세운다. 겸손한 자아는 깎아내리고 거만한 자아를 추켜세운다. 자본주의 경제 및 자유주의 정치체제의 소유적 원자주의(atomism)를 부추기고 그로부터 부추김을 받는다. 권리 담론은 우리 자신을 주권적 개인으로 생각하라고 초청한다.

다음 혐의로, 권리 담론이 **내가 나의 소유**를 청구하고, **당신은 당신의 소유**를 청구하며, **그는 그의 소유**를 청구하게 하는 것을 목적으로 한다는 점이다. 자신의 소유를 청구하고 각자가 서로에 대한 소유욕을 표출하는 것, 이것이 바로 권리 담론의 존재 이유라는 것이다. 소유적 개인주의자들은 자신들의 악의적 목적에 맞추어 중립적 언어를 비틀어 오용하는 것이 아니다. 그들은 그것을 원래 용도에 맞게 쓰고 있다. 권리 담론은 본질적으로 개인주의적이고 소유지향적이다.

이 혐의는 흔히 권리 개념 중에서도 자연권 개념의 기원에 대한 이야기로 뒷받침된다. 자연권 개념은 14세기의 유명론(nominalist) 철학자들이나 17세기 말과 18세기 계몽주의(enlightenment) 철학자들의 발명품이라는 것이다. 어느 쪽이건, 여기서 끌어내야 할 교훈은 동일하다. 소유적 개인주의의 사고방식이 자연권 개념을 낳았고 그런 사고방식 안에서만 자연권 개념이 든든하게 자리 잡는다는 것이다.

그러나 만약 권리가 내가 말한 것과 같이 특정한 종류의 규범적 사회 유대라면, 권리 담론이 소유적 개인주의를 표현하고 방조한다고 비난할 이유가 어디 있겠는가? 나와 타인 사이에는 규범적 사회 유대가 있고, 그로 인해 타자는 내게 그를 합당한 방식으로 대접하도록 요구할 적법한 청구권을 갖게 된다. 한편으로는 소유적 개인주의와, 다른 한편으로는 그런 사회 유대에 대해 말하고 그 유대를 표현하는 것 사이에 도대체 어떤 연관이 있을 수 있는가?

그 실마리가 있는 곳은, 권리 자체가 아니라 이론가들이 권리를 이해한 너무 흔한 방식이다. 그들은 권리를 가치에 대한 존중에 따라오는 요구 사항으로 보지 않고 개인의 자율성을 보호하는 수단으로 이해했다. 권리 자체와 권리에 대한 존중과 무시, 그리고 권리 청구를 혼동한 데 실마리가 있다. 앞서 지적한 대로, 나를 상대로 타자가 적법한 청구권을 가지는 것과 내가 그 적법한 청구권을 **존중**하는 것은 다른 문제이며, 타자가 그 적법한 청구권을 **행사**하는 것, 즉 그것을 존중하라고 내게 요구하는 것은 또 다른 문제다. 이제 소유적 개인주의자들이 모여 사는 사회를 상상해 보라. 그들은 어떻게 행동할까? 각 사람이 자신의 권리를 청구하면서 다른 이들의 권리는 존중하지 않거나 무시할 것이다. 그런다고 해도 권리의 구조는 전혀 달라지지 않는다. 그 구조는 온전하고 대칭적인 모습으로 남는다. 타자는 나를 상대로 하는 적법한 청구권을 가지고 내게 다가오고, 나도 그를 상대로 하는 적법한 청구권을 가지고 그에게 다가간다. 왜곡된 것은 권리를 **존중하는** 실천과 권리를 **청구하는** 실천이다.

이론상의 오해와 실천상의 오용이 있으니 권리 담론을 폐기해야 한다는 결론으로 성급히 달려들기 전에, 지적하고 싶은 점이 있다. 사랑·섬김·책임 등의 언어도 오해받고 오용되었으며, 한쪽이 지배하고 다른 쪽에서는 굴종하는 양극단의 끔찍한 태도를 표현하는 데 쓰였다는 사실이다. 개인주의라는 주제가 나온 김에 말하자면, 자기 집착에 빠진 개인들이 권리 담론의 언어만 선택하는 것이 아니라는 데 주목해야 한다. 우리 모두 권리의 관점에서는 전혀 생각하거나 말하지 않고 오로지 박애나 의무의 관점에서만 생각하고 말하는, 자기 집착에 빠진 사람들을 알고 있다. 그들의 영혼은 자신의 덕과 올곧음에 대한 자부심, 또는 자신의 실패와 잘못에 대한 죄책감으로 차고 넘친다. 자기 집착은 여러 형태로 나타난다. 권리의 언어를 사용하기도 하고, 의무의 언어를 쓰는가 하면, 사랑·박애·자비의 언어를 사용하기도 한다.

그럼 자연권 개념이 14세기나 17세기의 개인주의적 사고 습관에서 나왔고 그 DNA에 소유적 개인주의가 들어있다는 이야기는 어떤가? 그 이야기는 현재 결정적으로 반박되었는데, 가장 유명한 반론으로는 저명한 중세연구가 브라이언 티어니(Brian Tierney)의 『자연권의 개념』(*The Idea of Natural Rights*)[4]을 꼽을 수 있다. 티어니는

---

[4] (Atlanta: Scholars Press, 1997).

12세기 교회법학자들이 명확하게 규정된 자연권 개념을 가지고 연구를 진행했다는 사실을 의심의 여지없이 보여 주었다. 또한 누구도 교회법학자들이 소유적 개인주의자들이었다고 비난하지 않을 것이다. 내 책 『정의』의 2장에서 나는 그보다 훨씬 이전으로 거슬러 올라간다. 자연권 개념을 가지고 체계적이며 명시적으로 처음 연구를 진행한 사람들은 12세기 교회법학자들인 듯 보이지만, 교부들 및 그보다 앞선 구약성경/히브리성서의 저자들은 자연권의 존재를 당연한 것으로 받아들였음이 분명하다. 자연권의 인정은 히브리성서가 모든 인류에게 선사한 귀중한 선물이다.

8
사랑을 다시 생각하다

정의를 포함하는 사랑

정의를 이런 식으로 이해하게 되었으니, 사랑에 대해 다시 생각해 볼 준비가 되었다. 지금까지 계속 우리는 누군가의 삶에 있는 선 자체를 목적으로 여기고 증진을 추구하는 것이 그 사람을 사랑하는 것이라는 점을 당연하게 생각했다. 그러나 이제는 사랑이 목적으로 삼고 추구하는 다른 것이 있음을 볼 수 있는 위치에 섰다. 다른 사람에 대한 사랑은 그 사람이 본인과 타인에게 정의로운 대우를 받는 것, 즉 그의 권리가 존중받고 그가 그의 가치에 걸맞은 방식으로 대우받는 것을 추구한다. 아가페주의가 윤리 체계로서 타당하려면, 사랑이 한 사람의 삶에서의 선의 증진과 그가 자신의 가치에 걸맞게 대접받는 상황을 모두 추구한다는 사랑의 이해가 필요하다. 정의가 요구하는 바에 따라 누군가를 대하는 것은 그를 사랑하는 것이다. 물론, 자신이 누릴 권리가 있는 대상은 그 자체가 삶-선이지 덤으로 주어진 것이 아니며, 자신의 가치에 걸맞은 대우도 마찬가지다. 따라서 요점을 보다 정확하게 표현하자면, 누군가에게 그의 가치에 걸맞게 대우받는 선을 보장해 주려는 추구가 그를 향한 사랑의 사례가 되도록 사랑을 이해할 필요가 있다.

예수가 염두에 두신 것, 그 이전에 모세가 말한 것도 바로 이런 종류의 사랑이다. 신약의 아가페는 상대의 선의 증진과 그의 가치에 합당한 존중 확보를 동시에 추구한다. 두 가지 다 그 자체를 목적으로 추구한다.

이런 사랑은 에로스, 또는 그와 아주 유사한 것을 포함한다. 에로스는 끌림의 사랑, 어떤 것의 가치 때문에 그것에 이끌리는 사랑, 때로는 매료되기까지 하는 사랑이다. 이처럼 에로스는 가치를 인정하는 상태다. 무언가의 가치를 인정하는 모든 사례가 현대 관용 영어에서 'love'로 표현되지는 않겠지만, 에로스의 모든 사례는 가치를 인정하는 사례다. 누군가를 정의의 요구에 따라 특정한 방식으로 대하는 것은 그의 가치를 인정하는 하나의 방법이다. 따라서 그것은 에로스이거나 에로스의 가까운 친척이다. 니그렌은 아가페와 에로스를 상극으로 보았다. 그러나 아가페는 에로스를 포함한다.

자기애는 적법한가?

이런 논의들이 가리키는 방향으로 사랑을 다시 생각해 보기에 앞서, 도입에서 내가 이기주의, 행복주의, 공리주의를 거부하고 옹호할 수 있는 형태의 아가페주의를 찾아 나설 때 열린 문제로 남겨 두었던 사안을 다뤄야 한다. 이제까지 나는, 우리가 때로는 자신의 선 자체를 목적으로 추구해도 되는지 혹은 추구해야 하는지 여부를 열린 질문으로 남겨 두었다. 이기주의자는 오직 자신의 선 자체를 목적으로 추구해야 한다고 생각한다. 이것을 오류로 본다는 점에서 나는 행복주의자와 공리주의자에게 동의한다. 사람은 때로는 다른 이의 선 자체를 목적으로 **추구해도 될** 뿐 아니라, 종종 그렇게 **해야 한다**. 그러면 자기 자신의 선은 어떤가? 가끔은 자신의 선 자체를 목적으로 추구해도 되거나 추구해야 하는 것인가? 때로는 사람이 자신의 가치에 합당한 존중을 받는 것 자체를 목적으로 추구해도 되거나 추구해야 하는 것인가?

현대 아가페주의를 논하는 과정에서 우리는 자기애의 적법성을 놓고 니그렌과 키에르케고어의 견해가 날카롭게 나뉘는 것을 발견했다. 니그렌은 온갖 형태의 자기애를 모두 철저히 거부했고, 키에르케고어는 두 가지 형태의 자기애를 허용했다. 아가페 사랑의 적용 규칙의 범위에는 자신이 포함되고, 우리 각자는 자신에게 이웃이다. 자연적 형태의 자기애는, 자신을 향한 아가페 사랑의 표현이자 발현이 되도록 형성되고 빚어진 경우 적법하다. 나는 현대의 아가페주의를 논하면서 이 부분에 대한 소견을 정하지 않았는데, 이제는 정해야 할 때가 되었다.

기독교 전통 안팎의 많은 이들은 기독교성서가 자기애를 적법하지 않은 것으로 가르친다고 믿는다. 기독교성서의 권위를 받아들이지 않는 이들 중에도 나름의 이유로 자기애가 잘못되었다고 생각하는 사람들이 있다. 해리 프랭크퍼트(Harry G. Frankfurt)의 훌륭한 책 『사랑의 이유』(The Reasons of Love, CIR 역간)에서 그가 이 문제를 다룬 대목을 인용한다.

> 사람이 자기를 사랑하는 것은 너무나 자연스러운 일이어서 어느 정도는 불가피하다는 생각이 널리 퍼져 있다. 그러나 자기애가 그리 좋지 않다는 생각 또한 널리 퍼져 있다. 특히 자기애의 성향이 어디에나 있고 본질적으로 없앨 수 없는 것이라고 생각할 때면, 많은 사람들은 자신을 사랑하는 우리 대부분의 이런 저돌적 경향이 인간 본성의 지독히 해로운 결점이라고 믿는다. 그들의 견해에 따르면, 우리가 사랑하는 다른 대상 혹은 사랑하면 좋을 다른 대상에 충분히 적합한 방식으로, 즉 사심 없이 전념하지 못하게 막는 것이 바로 자기애다. 그들은 자신을 사랑함이 도덕성의 요구뿐 아니라 도덕성 외의 중요한 선과 이상들에도 적절히 관심을 갖지 못하게 막는 심각하고 강력한 장애물이라고 여긴다. 우리가 자기애에 너무 깊이 빠져 있다는 사실이 우리가 제대로 된 삶을 살 수 없게 가로막는 넘기 힘든 장애물로 자주 지목된다.[1]

프랭크퍼트는 자기애를 거부하는 이런 흔한 현상을 논하면서, '자기애'라는 것을 공격하는 사람들이 자기애와는 전혀 상관없는 것을 염두에 두는 경우가 있다고 주장한다. 그들이 생각하는 것은 방종(self-indulgence)이다. 예를 들어, 칸트는 스스로를 사랑하는 이들을 "주로 자신의 성향과 욕망을 채우는 일에 이끌려 사는 사람

---

[1] (Princeton: Princeton University Press, 2004), p. 71.

들이자, 언제나 그 성향과 욕망 중에서 그 순간에 가장 강하게 다가오는 것에 자연스럽게 이끌려 행동할 사람들"이라고 묘사한다(『사랑의 이유』, 78). 프랭크퍼트에 따르면, 이것은 자기애가 아니라 방종이다. 방종과 자기애는 다를 뿐 아니라, 종종 상반된다. "분별력 있는 부모는 자식을 사랑하지만 자식의 응석을 받아 주지 않으려고 대단히 조심한다. 그들은 자녀에 대한 사랑에 휘둘려 자녀가 원하는 모든 것을 다 주지 않는다. 그들은 자녀에게 진정으로 중요한 것에 관심을 가짐으로, 다시 말해 자녀들의 참된 이익을 보호하고 증진함으로 그들에 대한 사랑을 보여 준다.…정확히는 그들이 자녀를 사랑하기 때문에, 부모가 해 주기를 자녀가 간절히 바라는 많은 일을 거절한다"(78-79). "사람은 자신에 대한 사랑을 이와 똑같은 방식으로 보여 준다. 즉, 자신의 참된 이익이라 여기는 것을 보호하고 증진함으로 자기 사랑을 드러낸다. 그렇게 하기 위해 정말 하고 싶은 마음이 강하게 들더라도 그 목표에 방해가 될 만한 욕망을 접어야 한다면 그렇게 한다.…사람은 방종으로…자기애를 드러내지 않는다. 자녀에 대한 진정한 사랑과 마찬가지로, 진정한 자기 사랑은 다른 종류의 세심한 관심을 요구한다"(79).

　자기애와 방종의 이 중요한 구분을 생각하면서, 자신을 전혀 사랑하지 않는 사람을 한번 상상해 보라. 그 사람은 다른 사람의 선을 증진하는 수단이나 그들의 가치에 합당한 존중을 확보하기 위한 수단으로서만 자신의 선의 증진을 추구한다. 그의 사랑은 속속들이 자기희생적이다. 다른 사람을 위해 자신을 바친다. 전적으로 자기를 내주며 전적으로 이타적이다. 만약 그렇게 되지 못하고 그런 자신의 모습을 깨닫게 되면, 자책하고 더 잘해야 한다며 다짐하고 자기애의 암덩이가 여전히 자신의 내면을 갉아먹고 있다며 탄식한다. 그 사람은 자신을 내준다는 데서 자신의 본질적 가치를 찾지 않는다. 자신에겐 본질적 가치가 없다고 생각한다.

우리 모두 그 사람과 같아져야 할까? 아마 우리 대부분은 그래선 안 된다고 말할 것이다. 대부분의 사람들은 그 누구도 그와 같아져서는 안 된다고 말할 것이다. 그런 사람은 도덕적으로 방향 감각을 상실했고 기형적 모습이 되었으며, 그 도덕적 기형의 근원은 그가 자신의 가치에 대해 도덕적으로 둔감하다는 사실에 있다.

나는 7장에서, 자신의 가치에 합당한 존중을 받지 못하는 것은 부당한 대우를 받는 것이고 자신에게 누릴 권리가 있는 것을 빼앗기는 것이며 불의하게 대우받는 것이라고 주장했다. 이제 여기에, 누군가가 부당한 대우를 받는 것에 무관심한 것 자체가 그를 부당하게 대하는 것이고 그의 가치에 합당하게 그를 존중하지 않은 것이라는 말을 덧붙이자. 누군가가 모욕을 당하는 상황에 무관심한 것 자체가 그 사람을 모욕하는 한 방식이다. 그리고 상대가 타인이건 본인이건 그런 일은 절대로 해서는 안 된다. 앞에서 상상해 보았던 자기희생적인 사람은 본인의 본질적 가치를 사람들이 합당하게 존중하지 않는 것에 무심하다. 자신에게 그런 가치가 전혀 없다고 생각하기 때문이다. 남들로부터 부당한 대우를 받는 상황에 그렇게 무심한 것은 자신을 부당하게 대하는 것이다. 그렇게 행동해서는 안 된다.

게다가, 부당한 대우를 받는 데 무관심한 사람이라면, 당연히 그 부당한 대우를 멈추거나 예방하는 조치를 취하지 않을 것이다. 상관성 원리에 의해서, 누군가가 다른 사람에게 부당한 대우를 받는다면 그를 부당하게 대우한 사람은 해서는 안 되는 방식으로 그를 대우한 것이다. 그 사람은 자신의 도덕적 의무를 다하지 않았다. 여기에, 피해자가 부당 행위자의 잘못을 멈추거나 예방하려는 조치를 취하지 않음으로써, 필연적으로 부당 행위자의 도덕적 개혁을 촉구할 조치를 포기한다는 결론이 따라온다. 그러나 6장에서 소개한 루이스의 인용문에서 나타난 바와 같이, 부당 행위자의 도덕적 개혁을 촉구할 적절한 조치를 취하지 않는 것은 때로, 혹은 어쩌면 대개 사랑의 실패에 해당한다. 전적인 이타성은 다른 이들에 대한 사랑의 실패로 드러난다. 전적으로 이타적인 사람은 존경이 아니라 애정 어린 책망을 받아야 한다. 옹호가 가능한 아가페주의는 우리가 다른 이들뿐 아니라 우리 자신도 사랑해야 한다고 말해야 할 것이다.

이 문제를 다른 각도에서 접근해 보자. 내 이웃들이 나를 사랑해도 되고 사랑해야 한다면 동일한 사람, 즉 나 자신을 내가 사랑하는 일은 왜 원칙적으로 용납할 수 없는 일이 되는가? 나의 선 그 자체를 목적으로 여기고 증진을 추구하는 사람이 내 이웃이든지 나든지, 결국 같은 일을 하게 된다. 나의 선 자체를 목적으로 여기고 증진을 추구하는 것이다. 그러니까 다른 이들은 나의 선 그 자체를 목적으로 여기고 증진을 추구할 수 있고 추구해야 하지만 나는 그러면 안 되는 이유는, 그들이 해도 되고 해야 하는 일과 내가 해서는 안 되는 일이 달라서가 아니다. 두 경우 모두, 나의 선 자체를 목적으로 여기고 증진하려 추구하는 일이기 때문이다. 그 이유는 한쪽은 그 일을 하는 사람이 그들이고 다른 쪽에서는 그 일을 하는 사람이 나라는 사실에 있음이 분명하다. 하지만 그들과 내가 어떤 차이가 있기에 나는 결코 해서는 안 되는 일을 그들은 때때로 해도 되고 해야 한다는 것일까? 나는 이 질문에 대한 설득력 있는 답을 찾을 수 없었다. 물론 자기애에는 특유의 함정들이 따른다. 하지만 여기서 필요한 것은 모든 자기애의 근절이 아니라 그런 함정들을 피하는 일이다.

『사랑의 이유』에서 프랭크퍼트는 한 가지 고려 사항을 덧붙인다. "사람이 무엇인가를 사랑하는 한…자신을 사랑하는 것을 피할 수 없다. 사람이 무엇인가를 사랑하면, 필연적으로 자신을 사랑한다"라는 논증이다(86). 나는 이 논증이 설득력 있다고 본다. 그러나 그 내용이 다소 복잡하여, 이해할 만하고 설득력 있게 상세히 소개하려면 시간이 많이 필요하기에 여기서는 다루지 않겠다.[2] 이 책이 다루는 주제는 사랑 일반이 아니라 사랑과 정의의 관계라는 점을 기억해 주기 바란다.

예수와 자기애

자기애를 금하는 것은 체계적 입장으로서도 타당성이 없지만 아가페주의의 근본 문헌들에 대한 해석으로서도 설득력이 없다. 모세는 자신만 사랑하지 말고 네 이웃도 사랑하라고 말했다. 네 이웃을 자신과 도덕적으로 동등한 존재로 대하라. 이 계명은 우리에게 자신을 사랑하라고 명령하지 않고, 우리가 자기를 사랑하는 것을 당연한 것으로 전제한다. 모세나 예수가 자기애를 적법하지 않은 것으

---

[2] 또한 Frankfurt는 내가 자신을 사랑하지 않으면 다른 이들도 나를 사랑할 수 없다고 논증한다(pp. 88-89). 나는 이 논증 역시 타당하다고 본다. 하지만 너무 복잡해서 여기서 다루다가는 우리의 논의가 흐트러질 것 같다.

로 생각했다면, 그들은 자신을 사랑하는 **대신** 이웃을 사랑하라고 말했을 것이다. 그러나 그들은 그렇게 말하지 않았다. 그들은 우리가 우리 자신을 사랑하는 **것처럼** 이웃을 사랑하라고 말했다. 자기애의 적법성은 전제되어 있다.[3]

니그렌이 기독교가 모든 형태의 자기애를 반대한다는 자신의 주장이 두 번째 사랑의 계명과 어떻게 조화를 이루는지 설명하는 구절을 나는 본 적이 없다. 어쩌면 그는, 예수가 두 번째 사랑의 계명을 말씀하실 때 우리가 자신을 사랑한다는 사실에 주목하셨을 뿐, 자기애의 허용 여부에 대해서는 아무것도 전제하시지 않았다고 생각했을 수도 있다. 그러나 복음서의 다른 대목들을 보면 예수가 자기애의 근절을 명하셨다는 것을 알게 된다고 니그렌의 생각은 이어진다.[4]

예수가 행하신 치유 사건들을 고려하면, 예수가 자기애를 근절되어야 하는 것으로 보셨다는 생각에 전혀 타당성이 없다는 것을 알 수 있다. 여기, 예수의 치유 사건 중에서 눈먼 사람 바디매오의 치유를 소개하는 마가복음 10장 46-52절의 이야기를 임의로 뽑아 보았다.

---

[3] 아우구스티누스는 여기서 내가 제안하는 성서 본문에 대한 해석, 즉 자기애가 허용된다고 전제하고 있다는 해석과 달리, 우리가 자신을 사랑하라는 암묵적 **명령을 받고 있다**는 더 강한 견해를 갖고 있었던 것 같다. *City of God* 19.14에서 그는 이렇게 말한다. "이제 우리의 주인이신 하나님은 하나님에 대한 사랑과 이웃에 대한 사랑이라는 두 가지 주된 교훈을 가르치신다. 이 두 교훈에서 사람이 사랑해야 할 세 가지 대상을 보게 된다. 하나님, 자신, 이웃이다. 하나님을 사랑하는 사람이 자기를 사랑하는 것은 잘못이 아니기 때문이다." R. W. Dyson의 번역문(Cambridge: Cambridge University Press, 1998), p. 941에서 인용했다.

[4] Chris Eberle은 Nygren이 이런 식으로 생각했을 거라고 내게 제안했다.

그들은 여리고에 갔다. 예수께서 제자들과 큰 무리와 함께 여리고를 떠나실 때에, 디매오의 아들 바디매오라는 눈먼 거지가 길 가에 앉아 있다가 나사렛 사람 예수가 지나가신다는 말을 듣고 "다윗의 자손 예수님, 나를 불쌍히 여겨 주십시오" 하고 외치며 말하기 시작하였다. 그래서 많은 사람이 조용히 하라고 그를 꾸짖었으나, 그는 더욱더 큰소리로 외쳤다. "다윗의 자손님, 나를 불쌍히 여겨 주십시오." 예수께서 걸음을 멈추시고, 그를 불러오라고 말씀하셨다. 그리하여 그들은 그 눈먼 사람을 불러서 그에게 말하였다. "용기를 내어 일어나시오. 예수께서 당신을 부르시오." 그는 자기의 겉옷을 벗어 던지고, 벌떡 일어나서 예수께로 왔다. 예수께서 그에게 말씀하셨다. "내가 너에게 무엇을 하여 주기를 바라느냐?" 그 눈먼 사람이 예수께 말하였다. "선생님, 내가 다시 볼 수 있게 하여 주십시오." 예수께서 그에게 말씀하셨다. "가거라. 네 믿음이 너를 구원하였다." 그러자 그 눈먼 사람은 곧 다시 보게 되었다. 그리고 그는 예수가 가시는 길을 따라 나섰다.

바디매오기 원한 것은 자신의 안녕이었다. 그는 눈먼 상태가 치료되기를 간절히 원했다. 예수는 자기를 사랑하는 그를 나무라지 않으시고 그가 원하는 바를 허락해 주셨다.

사랑의 계명과 황금률

아리스토텔레스 전통은 인간이 다른 모든 생물과 마찬가지로 자기에게 좋은 것, 자신의 안녕을 추구하는 지향과 성향을 본성으로 타고난다고 본다. 우리가 이 명제도 받아들이되, 거기다 자신의 안녕을 추구하는 이 지향과 성향은 다양한 방식으로 심각하게 기형(malformed)이 될 수 있다는 중요한 단서를 붙인다고 해 보자. 자기애를 언급한 맥락에서 사랑의 계명, 자신의 안녕을 추구하는 이 지향과 성향이 인간에게서는 자기를 사랑하는 재귀적 형태를 띤다고 전제하고 있다. 사람은 단순히 자신의 안녕을 구성하고 거기에 보탬이 될 다양한 삶-선들에 초점을 맞추고 추구하지 않는다. 자신에 대한 특정한 태도, 즉 자신을 사랑하는 태도를 가지고 상황 속으로 들어간다. 삶-선들을 사랑하는 것이 아니다. **자신을** 사랑한다.

자아에는 이중성이 있다. 우리 각 사람은 자신에 대해 '너'(Thou)이다. 우리는 다른 이들뿐 아니라, 우리 자신에 대해서도 생각한다. 다른 이들에 대해서만 말하지 않고, 우리 자신에 대해서도 말한다. 다른 이들의 실패로 슬퍼하고 다른 이들의 성공에 기뻐할 뿐 아니라, 우리 자신의 실패로 슬퍼하고 우리의 성공에 기뻐한다. 다른 이들만 사랑하거나 미워하는 것이 아니라, 우리 자신도 사랑하고 미워한다. 놀랍고 신비롭게도, 사람은 사람임으로써 자신에게 '너'가 되는 능력을 갖고 있다. 다른 '너'들 사이에서 또 하나의 '너'가 된다. '나-너' 관계는 자아의 내면에도 존재한다.

두 번째 사랑의 명령은 자신이 자신을 '너'로 대하는 이 재귀적 능력을 가정하고는 자신이라는 '너'를 향한 특정한 태도, 즉 '너'를 사랑하는 태도를 포착하고 이웃에 해당하는 모든 '너'를 대할 때도 그런 태도를 취해야 한다고 말한다.

이 계명은 자기를 사랑하는 이 태도가 유아기를 벗어나 제 기능을 하는 인간이 된다는 것의 부수적 측면이 아닌 근본적 측면이라고 전제하는 듯하다. 제 기능을 하는 사람이 되려면 자신이라는 '너'를 사랑해야 한다. 알츠하이머 환자는 자신을 사랑하지 않는다. 그에겐 더 이상 인간으로서 기능할 능력이 없다. 자살을 하는 이들 중 상당수는 자신을 사랑하지 않는다. 그들은 심각하게 망가졌다.

누가가 덧붙이기를, 예수는 팔복을 전한 후, 그분을 따르는 자들이 이후 '황금률'이라 부르게 된 것을 명하셨다. "너희는 남에게 대접을 받고자 하는 대로 남을 대접하여라"(누가복음 6:31). 황금률을 적용하기 위해서는 먼저 다른 사람들이 나를 어떻게 대우하기를 바라는지 스스로에게 물어야 한다. 그 질문에 대한 답을 찾고 나서, 다른 사람들을 그렇게 대우하면 된다.

이 두 계명, 두 번째 사랑의 계명과 황금률의 차이점에 주목하라. 황금률과 달리, 두 번째 사랑의 계명은 자신에게 '너'가 되는 인간의 신비로운 능력을 전제하고 있다. 그다음, 이 계명은 다른 사람이 우리를 대우하는 방식에 따라 그들을 대우하라고 말하는 것이 아니라, 우리가 스스로를 대우하는 방식에 따라 다른 사람을 대우하라고 말한다. 황금률은 다른 사람이 우리를 어떻게 대우하기를 바라는지 알아내는 과정을 우리 몫으로 남겨 둔다는 점에서 어느 정도 형식적이라고 할 수 있다. 그러나 두 번째 사랑의 계명은 결코 형식적이지 않다. 우리가 다른 사람을 대우할 때 흉내 내야 할 우리 자신에 대한 우리의 대우는 우리 자신을 **사랑하는** 대우다. 하지만 자신을 사랑하는 것에는 다른 사람들이 자신을 특정한 방식으로 대우해 주기를 바라는 마음도 포함된다는 점을 주목하라. 사랑의 계명은 황금률을 **포함한다**.

예수는 사랑의 계명을 폐기하셨는가?

요한복음에 기록된 고별 설교 도중에 예수는 제자들에게 이렇게 말씀하셨다. "이제 나는 너희에게 새 계명을 준다. 서로 사랑하여라. 내가 너희를 사랑한 것같이, 너희도 서로 사랑하여라"(13:34).[5] 이 말씀에다 같은 설교 도중에 나오는 다음 말씀을 덧붙여야 한다. "너희가 나를 사랑하면, 내 계명을 지킬 것이다"(요한복 14:15).[6]

몇몇 사람들은 예수가 이것을 "새" 계명이라 부르신 사실을 들어 이 계명으로 토라의 가장 큰 두 계명 중 두 번째 것을 대신하려 하셨다는 의미로 해석한다. 옛 계명이 새 계명으로 대체되었다는 것이다. 만약 이 해석이 옳다면, 이번 장에서 내린 우리의 결론에 커다란 물음표가 찍히게 될 것이다.

예수가 이것을 "새" 계명이라 부르심으로써 토라의 가장 큰 두 계명 중 두 번째 것을 대신하려 하셨을 가능성은 희박하다. 긴 고별 설교의 그 어디에서도 그분은 두 계명을 언급조차 하지 않으신다. 그분이 하신 말씀 어디에서도 이 계명을 '새'것이라 부른 것이 '옛'것에 해당하는 다른 두 계명과 이 계명을 대조할 의도였다는 암시는 찾아볼 수 없다. 설령 그런 대조를 염두에 두셨다 해도, 그중 어느 하나가 새것으로 대체되었다는 의미로 해석할 수는 없을 것이다. 오히려 이 '새' 계명을 '옛' 계명 혹은 계명들에 더해야 한다

---

5 이 계명은 15장 12절에서 반복된다. "내 계명은 이것이다. 내가 너희를 사랑한 것과 같이 너희도 서로 사랑하여라." 15장 17절에도 같은 계명이 단축된 형태로 나온다. "내가 너희에게 명하는 것은 이것이다. 너희는 서로 사랑하여라."
6 참고. 요한복음 14장 21절: "내 계명을 받아서 지키는 사람은 나를 사랑하는 사람이요." 14장 23절: "누구든지 나를 사랑하는 사람은 내 말을 지킬 것이다."

는 뜻으로 보는 것이 적절할 것이다.

예수가 '새'라는 말로 염두에 두신 것이 무엇인가에 대한 실마리는 같은 설교의 뒷부분에 나오는 대목에 있다. "내가 이 말을 처음에 하지 않은 것은, 내가 너희와 함께 있었기 때문이다"(요한복음 16:4). 여기서 이 계명과 암묵적 대조를 이루는 대상은 토라에 나오는 다른 계명이 아니라, 이전에 예수가 제자들에게 하신 말씀이다. 예수는 고별 설교 내내 자신이 떠난 후에 제자들이 그분의 제자로서 어떻게 살아야 하는지를 가르치신다. 그 도중에 이전에는 말씀하시지 않았던 내용, 혹은 다른 방식으로 말씀하셨던 내용을 꺼내드신 것이다. 새 계명은 그분이 떠나신 후 제자들이 살아갈 삶에 대한 가장 근본적이고 포괄적인 가르침이다.

두 번째 사랑의 계명을 자기 사랑이 이웃 사랑의 본이 되어야 한다는 뜻으로 보는 해석은 전혀 설득력을 얻지 못할 것이다. 나는 이런 해석을 고려해 본 적도 없다. 우리의 자기 사랑은 본이 되기에는 너무나 결함이 많기 때문이다. 그러나 새 계명은 다르다. 제자들은 예수가 그들을 사랑하셨던 것과 **같은 방식으로** 서로를 사랑해야 한다. 그들에 대한 예수의 사랑이 그들이 서로를 사랑하는 본이 되어야 한다. 반대로, 그들은 그분을 사랑하기 때문에 자신들을 향한 그분의 사랑을 서로에 대한 사랑의 본으로 삼아야 한다. 이 새 계명과 토라의 두 번째 계명 사이에는 그 어떤 충돌도 없다. 예수의 제자들은 이 새 계명을 순종하는 동시에 옛 계명도 순종할 수 있다.

9

배려로서의 사랑

배려로서의 사랑이라는 개념 소개

가끔 우리는 누군가를 두고 그가 자신을 사랑하지 않는다고 말한다. 때로 사람들은 자기 자신에 대해서도 그런 말을 한다. 그 말은 그 사람이 자신의 안녕에 무관심해졌다는 뜻일 수도 있지만, 흔히 자신에게 어떤 본질적인 가치도 없다고 생각하는 탓에 스스로의 가치에 합당한 대우를 받는지의 여부에 무관심하다는 뜻일 때가 훨씬 많다.

현대 관용 영어에서, 'love' 외에 누군가의 안녕이나 번영의 향상을 추구하는 사랑과 누군가의 권리가 존중받고 그의 가치에 걸맞은 대우를 받게 하려는 사랑, 이 두 종류의 사랑을 아우르는 용어가 있을까? 나는 있다고 생각한다. 'care'라는 용어다. 도움이나 지원이 필요한 사람에 대한 보살핌(caring *for* someone)이 아니라 누군가를 배려함(caring *about* someone)을 뜻하는 'care' 말이다.¹ 프랭크퍼트는 이렇게 말한다. "다른 모든 유형의 사랑이 그렇듯, [자기애의] 핵심은 사랑하는 사람이 사랑받는 대상의 선을 **배려**하는 것이다. 그는 사랑하는 사람의 진정한 유익을 보호하고 추구하는 데 사심 없이 관심을 갖는다"(『사랑의 이유』, 85, 강조 추가). 옳은 말이다. 그러나 사랑하는 사람의 배려는 사랑받는 대상의 **가치**가 존중받도록, 그가 무시당하지 않고 부당 대우를 받지 않고 불의하게 대접받지 않도록 조치를 취하는 형태로도 나타날 수 있다. 배려는 누군가의 번영의 증진을 추구하는 일과 그에게 정당한 대우를 보장해 주려는 추구를 아우른다.²

이 둘을 아우르는 탓에, 배려가 누군가의 삶에서 어떤 선을 불러오려고 시도하는 과정에서 그 사람 및 다른 사람을 불의하게 대할 가능성이 생겨난다. 불의한 온정적 간섭주의의 사례들이 떠오른다. 그런 사례들에 대해서는 뭐라고 말해야 하는가? 불의한 온정적 간섭주의는 배려인가, 아닌가?

누군가의 선의 증진을 추구하는 과정에서 누군가를 부당하게 대우하게 된다면 그 배려가 이상에 미치지 못한 것이라고 선언하는 것도 한 가지 방안이 될 것이다. 하지만 올바른 방식 같지는 않다.

---

1 우리에게 필요한 용어는 '자비'가 아니냐고 말할 독자들도 있을 듯하다. 그들은 자신의 권리에 걸맞은 대우를 받는 것이 그 사람의 삶에 있는 선이라는 점을 떠올려 보면 충분할 거라고 말할 것이다. 나는 이런 생각이 오류라고 본다. 현대 관용 영어에서 'benevolence'(자비)는, 어떤 사람이 누군가를 자비롭게 대한다고 할 때 정의가 요구하는 바에 주의를 기울이지 않는다는 의미를 강하게 함축하고 있다.
2 엄격히 말해, 어떤 사람이 자신의 가치에 합당한 대접을 받게 하는 것은 그의 삶에 있는 선을 증진하려는 시도의 특별한 사례다. 하지만 나의 목적상, 이 특별한 사례에 특별한 관심을 기울이는 일은 중요하다.

누군가를 불의하게 대우했다는 사실은 이상에 도달하지 못한 유감스러운 상황이 아니다. 해서는 안 될 일을 저지른 사례다. 그러니 그것을 **기형적**(malformed) 배려라고 묘사하는 쪽이 낫다. 다른 사람의 선의 증진을 추구했다면 그 행위는 배려의 사례가 된다. 그러나 그 행위를 총체적으로 바라보면, 그 배려가 기형적이라는 것을 알게 된다. 제대로 된 형태의 배려는 누군가의 선의 증진을 추구하는 과정에서 그를 부당하게 대우하지 않는다. 제대로 된 배려는 배려의 대상에 대한 존경과 존중을 포함한다.[3]

또한 온전한(well-formed) 배려는 다른 어느 누구도 부당하게 대우하지 않는다. 사랑이나 배려에 대해 생각하고 말할 때는 그 대상에게만 오롯이 관심을 집중하기 쉽다. 그러나 그것은 잘못이다. 누군가의 선을 증진하고 그의 권리가 존중받도록 보장하는 것을 추구할 때는, 그 대상뿐 아니라 다른 사람들도 특정한 방식으로 대해야 한다. 누군가에 대한 배려는 그 사람을 부당하게 대우하지 않더라도 다른 누구를 부당하게 대한다면 기형적인 것이다.

배려가 온전하게 되기 위해, 자신의 행동에 영향을 받을 모든 사람을 염두에 두고 그들을 부당하게 대우하지 않는 것을 의식적 목표로 삼아야 하는 것은 아니다. 그것은 불가능하다. 그들을 실제로 부당하게 대우하지 않는 것이면 족하다. 배려의 대상에 대해서도 마찬가지다. 제대로 된 배려가 배려의 대상을 부당하게 대우하지

---

3 *The Purpose of the Church and Its Ministry* (New York: Harper & Brothers, 1956)에서 H. Richard Niebuhr는 "사랑은 존경이다"라고 말한다. 그것은 "사랑을 받는 대상의 타자성에 대한 깊은 존중과 그의 온전함을 침해하기를 극히 꺼리는 마음"을 포함한다(p. 35). 정말 그렇다. (이것을 지적해 준 Jack Roeda에게 감사를 전한다.)

9 배려로서의 사랑

않는 것을 의식적 목표로 삼을 필요는 없다. 누군가의 선의 증진을 추구하는 배려는 그 사람을 정의롭게 대하려는 추구와 결합될 수도 있고 안 될 수도 있다. 그러나 제대로 된 배려라면 배려의 대상 및 다른 모든 사람을 실제로 정의롭게 대할 것이다.

누군가의 삶-선을 증진하는 것을 목표로 하는 배려는 그의 삶에서 실제로 어떤 상태와 사건, 행위와 활동이 선인가에 대한 믿음을 전제한다. 누군가가 자신의 가치에 걸맞게 대우받도록 보장하는 것을 목표로 하는 배려도 그 사람의 가치에 대한 믿음 및 어떤 행동이 그의 가치에 걸맞고 걸맞지 않은지에 대한 믿음을 전제한다. 두 형태의 배려 모두 어떤 행동을 해야 자신이 추구하는 바가 성취될지에 대한 믿음을 전제한다.

온전히 책임 있는 배려가 되려면 이런 문제들에 대한 근거 있는 믿음이 필요하다.[4] 어떤 믿음에 근거가 있다고 해서 그 믿음이 반드시 옳은 것은 아니다. 근거 있는 믿음들 사이에는 거짓 믿음들이 흩뿌려져 있기 마련이다. 근거 있는 믿음과 진실 사이에 불일치가 있을 수 있기 때문에, 근거 있는 믿음에 의기힌다 해도 누군가의 선을 증진하거나 그들이 정당한 대접을 받게 해 주려는 시도가 실패로 돌아갈 수 있다. 누군가는 자신의 의도와 정반대로 상대의 선을 증진하지 못하고 오히려 훼손하거나, 상대를 그 가치에 걸맞게 대우하지 못하고 오히려 모욕하게 될 수도 있다. 그러나 그는 기대받은 바대로 정당하게 최선을 다했다.

---

[4] 나는 믿음의 근거에 대한 해석을 다음 에세이에서 발전시켰다. "Entitlement to Believe and Practices of Inquiry", in Nicholas Wolterstorff, *Practices of Belief*, ed. Terence Cuneo (Cambridge: Cambridge University Press, 2010).

사람의 시도는 두 가지 방식 중 하나 혹은 둘 모두에서 실패할 수도 있다. 어떤 것이 상대의 선이나 권리라고 믿고 증진하는 데 성공했으나 실은 그것이 상대의 선이나 권리가 아닐 수 있고, 어떤 것이 그들의 선이나 권리라는 생각은 옳았는데 그것을 불러오려는 시도에서는 실패할 수도 있다. 내가 지금껏 쓰고 있고 앞으로도 쓰게 될 '배려'라는 용어는 성공을 가리키는 용어가 아니다. 누군가의 선이나 권리라고 믿는 바의 증진을 추구한다면, 그것이 실제로 상대의 선이나 권리이건 아니건, 그리고 그것을 성취하는 데 성공하건 실패하건 그 사람을 배려하는 것이다. 배려는 누군가를 부당하게 대우하여 기형적인 모습이 될 수도 있고, 근거 없는 믿음을 붙드는 바람에 온전한 책임을 다하지 못할 수도 있고, 목표한 바를 이루지 못하여 실패할 수도 있다. 하지만 누군가의 선이라 믿는 바를 증진시키거나 그들의 권리라고 믿는 바를 보장하려고 시도한다면, 상대를 배려하고 있는 것이다.

반면, 어떤 사람이 하는 일이라고는 누군가의 선이 증진되기를 **바라거나** 그의 가치가 존중받기를 **바라는** 것이 전부라면, 그는 그 사람을 배려하고 있다고 말할 수 없다. 배려는 그 사람이 선이나 권리라고 믿는 바의 **증진을 추구**하는 것이다. 누군가의 선이나 권리라 믿는 바의 증진을 추구하는 일은 여러 형태로 이루어진다. 하지만 어떤 식으로든 실제로 그의 선을 **추구**하거나 그의 권리를 **추구**하는 한, 그는 그 사람을 배려하고 있는 것이다. 지금 나는 영어의 관용어법에서 벗어나고 있다. 관용적 영어 표현을 쓰면 누군가의 선이나 권리를 바라는 것만으로도 그 사람을 배려한다고 말할 수 있다.

아가페주의를 따르기 위해서는 사랑을 배려로 이해해야 한다는 나의 주장이 현재 유행하는 **배려의 윤리**(ethics of care)[5]의 영향을 반영하는 것 아니냐고 생각할 독자들이 있을 것이다. 그렇게 될 수도 있었겠지만 실상은 그렇지 않다. 우리의 목적에 필요한 사랑 개념이 자비로서의 사랑이 아니라 배려로서의 사랑이라는 나의 제안은 배려의 윤리를 다룬 최근의 문헌들을 읽어서 생겨난 것이 아니다. 이 제안은 아가페주의 전통과 그 전통의 토대가 되는 문서들을 검토하는 데서, 또한 정의를 아가페주의의 틀 속으로 합치시키는 방식에 대한 만족스러운 설명을 현대 아가페주의가 제시하지 못한다는 점을 발견한 데서 생겨났다. 다음 장에서 보게 되겠지만, 내가 제안하는 아가페주의는 공감에 중심적인 역할을 부여하지 않는다. 이런 점에서 나의 아가페주의는 최근 제시되는 배려의 윤리의 여러 형태와는 다른 것이다. 둘 사이의 추가적 차이점과 유사점을 밝히는 일은 다른 사람의 몫으로 남겨 두겠다.

배려로서의 사랑이 해석학적 근거에서 받아들여지기 위한 조건

사랑을 배려로 이해하면 체계적으로 옹호 가능한 형태의 아가페주의를 전개할 수 있는 가능성이 열린다. 그 가능성의 실현 여부는 배려에 대해 체계적으로 옹호 가능한 적용 규칙을 만들어 낼 수 있

---

[5] 내가 보기에, 배려의 윤리를 가장 잘 표현한 책은 다음 두 권이다. Virginia Held, *The Ethics of Care: Personal, Political, Global* (Oxford University Press, 2006); Michael Slote, *The Ethics of Care and Empathy* (London and New York: Routledge, 2007).

는지의 여부에 크게 달려있다. 이 주제는 11장에서 다룰 것이다. 이번 장 나머지 부분에서는 사랑을 배려로 이해하는 것이 신약의 아가페의 의미에 대한 해석으로서 옹호 가능한지 검토하려 한다. 지난 장의 논의로 배려로서의 사랑이 예수와 모세가 말한, 이웃을 네 자신처럼 사랑하라는 말의 의미에 대한 해석으로서 옹호 가능한 것임이 분명히 드러났다. 그러나 예수는 하나님이 우리에게 베푸시는 사랑을 말할 때도, 하나님을 사랑하라고 명할 때도 아가페라는 용어를 사용하셨다. 이런 사랑들도 배려로 이해할 수 있을까?

앞서 살펴본 것처럼, 예수가 하나님을 사랑하라고 명했을 때 사용하신 단어 아가페는 이웃을 사랑하라고 명했을 때 사용하신 아가페와 의미가 다르다는 것이 니그렌의 견해였다. 그러나 그것은 두 번째 계명이 첫 번째 계명과 **같다**고 예수가 말씀하셨다는 마태의 기록을 무시한 주장이다. 그런 입장은 다른 모든 대안이 잘못된 것으로 밝혀지지 않는 한 받아들일 수 없다. 예수가 두 번째 계명이 첫 번째 계명과 같다고 선언하셨으니, 두 번째 계명에 쓰인 아가페가 첫 번째 계명의 아가페와 의미가 다르다고 주장하는 사람들에게는 그 주장을 입증할 책임이 있다. 그들이 주장을 입증해 낼 수도 있다. 그러나 다른 모든 조건이 동일하다면, 우리가 하나님에 대해 가져야 할 사랑과 이웃에 대해 가져야 할 사랑을 통합적으로 이해하게 해 주는 해석을 선호해야 한다.

"네 이웃을 네 몸같이 사랑하라"는 두 번째 계명의 구조를 놓고 보면, 우리가 보통 자신에 대해 갖는 사랑과 이웃에 대해 가져야 할 사랑도 통합적으로 이해하는 것이 바람직하다. 그런 통합적 이해는 지금까지 한 말 속에 암시되어 있다. 두 경우 모두에 해당하는 사랑이 배려로서의 사랑이다.

끝으로, 하나님이 우리를 사랑하신 것처럼 우리가 서로를 사랑해야 한다는 신약성경 여러 곳의 선언은,[6] 다른 조건들이 동일하다면 사랑을 이해할 때 우리에 대한 하나님의 사랑과 우리가 이웃에 대해 가져야 할 사랑을 통합적으로 이해하는 쪽을 선호해야 함을 암시한다.

간단히 말해, 신약의 아가페에 대한 이상적 해석은 다음 두 조건을 만족시킬 것이다. 첫째, 정의의 요구에 따라 누군가를 특정한 방식으로 대하는 것이 사랑의 한 가지 사례가 되도록 사랑을 이해할 것이다. 둘째, 우리에 대한 하나님의 사랑, 일반적으로 우리가 하나님에 대해 가져야 할 사랑, 우리가 흔히 자신에 대해 갖는 사랑, 우리가 이웃에 대해 가져야 할 사랑을 통합적으로 이해하게 해 줄 것이다. 이 조건들 만족시키는 사랑의 이해가 불가능하다고 결론지을 만한 충분한 이유들이 나타날 수도 있다. 하지만 다른 조건들이 동일하다면, 이 조건들을 만족시키는 해석을 선호해야 한다.

우리는 그런 통합적 이해에 이르는 길로 이미 상당히 나아갔다. 배려로서의 사랑은 정의가 요구하는 바를 행하는 것을 아우른다. 우리가 자신에 대해 갖는 사랑과 이웃에 대해 가져야 할 사랑은 배려로서의 사랑이다. 그럼 이제 우리가 하나님에 대해 가져야 할 사랑을 배려로 이해할 수 있는지, 하나님이 우리에게 베푸시는 사랑도 그렇게 이해할 수 있는지 살펴보는 일이 남았다.

---

6 예를 들어 요한일서 4장.

우리는 하나님을 배려할 수 있는가?

첫 번째 질문부터 시작해 보자. 우리는 하나님을 배려할 수 있는가? 기독교 전통과 이슬람 전통에 속한 많은 이들은 그럴 수 없다고 말할 것이다. 우리가 하나님을 배려하는 것이 가능하다고 말하는 사람들 중에서도 상당수는 그것이 매우 부적절한 일이라고, 부적절한 정도를 넘어서 잘못된 일이라고 말할 것이다.

누군가를 배려하는 것은 배려의 대상이 손상될 수 있다고 전제한다. 우리 인간들은 자신의 번영을 추구하거나 권리를 존중받는 데 있어서 손상될 가능성이 있다. 플라톤의 『향연』(Symposium)에서 사랑하는 자는 시공간에 있는 아름다운 것들에 대한 사랑에서 그 형상, 아름다움(the Beautiful) 자체에 대한 사랑으로 나아간다. 아름다움 자체는 손상될 수 없는데, 플라톤이 말하는 형상들이 다 그렇다. 그것들은 생명이 없기 때문에 삶-선도 없고, 삶-선이 없으니 그것들의 삶-선을 추구할 수도 없다. 그것들은 손상될 수 없기에 우리가 그것들을 배려할 수 없다. 아름다움 자체에 대한 사랑은 배려로서의 사랑이 아니라 에로스로서의 사랑이다.

유대교 전통에서는 덜하지만 기독교와 이슬람 전통에서는 하나님이 손상되실 수 없다는 교리가 두드러진다. 우리가 하나님을 배려할 수 있다는 말에 거부감을 느끼는 것은 거의 항상, 배려는 손상 가능성(vulnerability)을 전제한다는 느낌과 하나님은 손상되실 수 없다는 믿음이 만난 결과인 듯싶다. 그러나 하나님은 정말 유의미한 방식으로 손상을 입으실 수 없을까? 우리 인간은 하나님의 삶에서 선을 증가시킬 수도 감소시킬 수도 없다는 것이 사실인가?

손상될 수 없다는 점에서 하나님은 플라톤의 형상들과 같으신가?

이곳은 이에 대한 신학적·철학적 전통을 살펴보는 자리가 아니다. 나는 이 작업을 다른 곳에서 이미 진행했다.[7] 지금은 히브리성서와 기독교성서가 하나님도 손상되는 존재임을 분명히 제시하고 있다는 점만 지적하고 넘어가기로 하자. 하나님이 손상을 받지 않으신다고 누군가가 생각한다면, 그가 호소하는 근거는 해석학적 고려 사항이 아니라 조직신학적 고려 사항이어야 할 것이다.

앞에서 우리는 사랑의 계명들 중 두 번째 계명이 등장하는 토라의 문맥을 살펴보았다. 이제 첫 번째 계명이 등장하는 문맥을 살펴보자. 이 계명은 신명기 6장 5절에서 볼 수 있다. 상황은 레위기와 동일하다. 모세는 하나님이 전하라 하신 계명들을 이스라엘 백성에게 전달하고 있다. "곧 너와 네 아들과 네 손자들이 평생에 네 하나님 여호와를 경외하며 내가 너희에게 명한 그 모든 규례와 명령을 지키게 하기 위한 것이며 또 네 날을 장구하게 하기 위한 것이라…그리하면…네가 크게 번성하리라"(6:2-3, 개역개정). 모세는 이 계명을 선포하시는 분이 "이집트 땅 종살이하던 집에서 당신들을 이끌어 내신" 하나님이라고 말하고 "주 당신들의 하나님을 경외하며, 그를 섬기며, 그의 이름으로만 맹세"하라고 말한다(6:12-13). 그의 다음 말도 같은 문맥을 염두에 두고 이해해야 한다. "이스라엘

---

[7] 나는 "Suffering God"(고통받으시는 하나님)과 "Is God Disturbed by What Transpires in Human Affairs?"(하나님은 인간사에서 벌어지는 일에 동요하시는가?)라는 에세이에서 하나님이 부당 대우를 당하실 수 있음을 조목조목 제시했다. 이 에세이들은 다음 책에서 볼 수 있다. Nicholas Wolterstorff, *Inquiring about God: Essays in Philosophy of Religion*, ed. Terrence Cuneo (Cambridge: Cambridge University Press, 2009), pp. 182-222, 223-238.

은 들으십시오. 주님은 우리 하나님이시오, 주님은 오직 한 분뿐이십니다. 당신들은 마음을 다하고 뜻을 다하고 힘을 다하여, 주 당신들의 하나님을 사랑하십시오"(6:4-5).

문맥을 고려하지 않고 읽으면, 이 계명의 총체성에 혼란과 의문이 생긴다. 이스라엘 백성은 **온 마음과 온 뜻과 온 힘**을 다하여 야훼를 사랑해야 한다. 그럼 그들은 야훼 이외의 누구나 무엇도 사랑해서는 안 되는가? 이웃을 사랑하는 일은 어떻게 되는가? 하지만 문맥 안에서 읽어 보면 이 총체성의 취지는 분명해진다. 이집트에서 노예로 있던 이스라엘을 구해 내신 분이 이스라엘의 **유일한 하나님**이 되어야 한다. 이스라엘의 종교적 헌신은 전적으로 배타적으로 야훼께 집중되어야 한다. 모세는 "다른 신들…을 따르지 말라"(개역개정)고 말한다. "주 당신들의 하나님은 질투하는 하나님"이시기 때문이다(6:14-15). 야훼를 온 마음과 뜻과 힘을 다해 사랑하는 것은 이웃을 사랑하는 일과 온전히 양립할 수 있다.

우리는 이 구절에서 하나님을 사랑하는 것에 대해 무엇을 배울 수 있을까? 이 구절의 구조를 보면, 하나님의 계명을 순종함은 하나님을 사랑함 **외의 다른** 무엇이 아니다. 하나님을 사랑함의 한 가지 **사례**다. 하나님께 순종함은 부분적으로, 하나님을 사랑함을 구성한다.

그럼 이스라엘은 왜 이 하나님에게 순종하고 그로써 사랑해야 할까? 왜 이 하나님에게 무관심하거나 다른 신들을 사랑해서는 안 되는 것일까? NRSV 역본은 이스라엘이 하나님을 '두려워해야'(fear) 한다고 말한다. 내 생각에는 '경외'(revere)가 더 나은 번역어 같다. '두려움'이라는 단어는 이스라엘 백성이 야훼께 순종하지 않으면 큰 어려움에 처하기 때문에 순종해야 하며, 이 하나님을 두려워해야만 함을 암시한다. 그러나 모세는 이렇게 말하지 않고 이런 내용을 암시하지도 않는다. 그가 암시한 것은 그들을 노예 상태에서 건져 주시고 비옥한 땅으로 데려가신 야훼께서 이제 그들이 번영할 수 있게 해 줄 율법을 그들에게 주셨으니 야훼께 순종하고 그로써 그분을 사랑해야 한다는 것이었다. 여기서 모세는 야훼 하나님을 이스라엘에게 순응을 강요하는 **권력**을 가진 분이 아니라, 이스라엘에게 명령을 내릴 **권리**를 보장하는 규범적 자격을 가진 분으로 제시한다. 사람들이 그럴 권한도 없이 명령을 내리거나 그러려 드는 일은 늘 있다. 그러나 야훼께서는 이스라엘을 위해서 그분이 하신 일 때문에 이스라엘에게 명령을 내릴 권리가 있다.

야훼께서 이스라엘에게 계명을 줄 상시적 권리를 갖고 계시므로, 실제로 명령을 내리실 때 이스라엘에겐 그분의 계명에 순종해야 할 의무가 있다. 상호적으로, 야훼는 그들의 순종을 받을 권리를 가지신다. 순종은 야훼께 바쳐야 할 합당한 몫이다. 순종이 따라 나오지 않으면 하나님은 부당 대우와 불의한 대접을 받게 되신다. 일반직으로, 누군가 적법한 계명을 선언하게 되면 그 사람은 상대가 그 계명에 불순종함으로써 언제라도 부당한 대우를 받을 수 있는 처지에 놓인다. 하나님은 사람들의 불순종으로 인해 부당한 대우를 받으실 수 있다. 하나님은 어떤 식으로도 손상을 받으실 수 없기 때문에 우리도 하나님을 배려할 수 없다는 주장은 성서 본문에 대한 해석으로 지지하기 어렵다.

현대 아가페주의에 대한 우리의 논의에서 나온 고려 사항을 하나 덧붙여야겠다. 3장에서 우리는, 누군가를 용서한다는 것은 그 사람에게 부당한 대우를 받았음을 전제한다는 사실에 주목했다.

대접받을 권리대로 대접받지 못했다는 것이다. 하나님이 용서하는 분이시라는 선언이 성서가 제시하는 하나님의 모습의 근간이다. 그 선언은 하나님이 우리에게 부당한 대우를 받으실 수 있음을, 부당한 대우를 받을 **가능성**만 있는 것이 아니라 실제로 그런 대우를 받고 계심을 전제한다.

하나님은 우리를 배려하실 수 있는가?

이제 남은 고려 사항은 우리에 대한 하나님의 사랑이다. 성서 기자들은 하나님이 우리를 사랑하신다고 선언하는데, 이 사랑을 배려로 이해하는 것이 타당할까? 히브리성서와 기독교성서는 인간과 하나님의 관계를 말할 때 곳곳에서 가족의 언어를 사용한다. 하나님은 우리의 부모, 즉 아버지나 어머니시고 우리는 하나님의 자녀다. 예수는 제자들에게 알려 주신 기도 지침에서 하나님을 '아버지'로 부르라고 가르치셨다. 우리를 향한 하나님의 사랑이 우리를 배려하는 형태를 띤다는 것은 분명하다. 바리새파의 일원이었던 니고데모와 나눈 대화에서 예수는 "하나님께서 세상을 이처럼 사랑하셔서 외아들을 주셨"다고 말씀하셨고, 이 일은 요한복음에 기록되어 있다. 세상을 사랑하는 것은 분명히 세상을 배려하는 일이다!

니그렌이 뭐라고 대답할지는 예측 가능하다. 이 점에서 그는 기독교 전통에 속한 많은 이들의 확신을 대변하고 있다고 볼 수 있다. 우리를 향한 하나님의 사랑에는 정의의 요구에 따라 우리를 대하신다는 기미가 전혀 없다. 정의가 하나님에게 요구하는 바가 전혀 없기 때문이다. 하나님은 순전히 은혜로 우리의 선을 증진하신다. 우리를 향한 하나님의 사랑은 순전한 자비이며 영영 이유 없는 관대함이다. 그래서 하나님이 우리를 배려하신다는 말에는 잘못까지는 아니어도 심각한 오해의 소지가 있는 것이다. 그러나 오늘날 영어권에서 쓰이고 이 책에서 채택한 용어 배려(care)는 그 대상이 정의롭게 대우받도록 조치한다는 의미를 내포한다. 누군가를 불의하게 대하는 배려는 기형적 배려다. 따라서 하나님이 우리를 배려하신다는 말은 우리가 정의로운 대접을 받도록 하신다는 것을 암시한다. 반론하는 이는 이것이 틀렸다고 말한다. 하나님이 죄인을 용서하심은 모든 하나님의 사랑의 전형이다. 용서는 정의의 요구를 받지 않는다. 용서는 순전한 은혜다.

이에 대한 나의 답변은 두 가지다. 모세가 이스라엘에게 전한 하나님의 율법은 이스라엘 백성이 서로를 정의롭게 대해야 한다고 거듭거듭 강조한다.[8] 우리는 이웃을 자신처럼 사랑하라는 명령이 나오는 레위기의 문맥을 살피면서 그 몇 가지 사례를 보았다. 인간들에 대한 하나님의 배려가 우리로 하여금 정의로운 대우를 받게 하려는 하나님의 관심을 아우르지 않는다는 주장은 해당 본문에 대한 해석으로 명백히 틀린 것이다.[9]

둘째, 이 책의 마지막 두 장에서 나는, 하나님이 인간에게 베푸시

---

8 나는 *Justice: Rights and Wrongs* 3장에서 이 요점을 전개한다.
9 다들 알다시피, 구약성경/히브리성서에는 명백히 불의한 것으로 보이는 일을 하나님이 사람들에게 명하시는 다른 여러 구절이 있다. 나는 "Reading Joshua"라는 에세이에서 가장 지독한 사례들 몇몇을 논의했다. 이 에세이는 다음 책에 실려 출간되었다. *Divine Evil? The Moral Character of the God of Abraham*, ed. Michael Bermann, Michael Murray, and Michael Rea (New York: Oxford University Press, 2011), pp. 236-256.

는 칭의(justification)에는 차별이 없고 하나님의 관대하심은 정의롭다는 것이 바울이 로마서에서 펼치는 주된 논증이라는 명제를 내세우고 옹호할 것이다. 하나님은 우리가 서로를 정의롭게 대하는 데 마음을 쓰실 뿐 아니라, 우리에 대한 그분의 배려 자체가 정의롭다.

결론

배려로서의 사랑은 신약의 아가페에 대한 적절한 이해로 제안된 기준들을 만족시킨다. 배려는 사랑의 대상이 정의롭게 대접받도록 추구하는 것을 포함한다. 배려는 전형적 자기 사랑, 예수가 가르치신 우리를 향한 하나님의 사랑, 그리고 예수가 우리에게 명하신 하나님과 이웃에 대한 사랑을 아우르는 종류의 사랑이다. 사랑을 배려로 이해할 때 우리는 사랑의 이 네 가지 발현을 통합적으로 이해할 수 있다.

    내 주장의 결론에 대한 오해를 미연에 방지하고자 한다. 나의 주장은 하나님이 우리에게 배려로서의 사랑만 갖고 계시다거나, 우리가 스스로를 흔히 그렇게만 사랑한다거나 그렇게만 사랑해야 한다는 것이 아니다. 하나님과 이웃을 대할 때 배려로서의 사랑만 가져야 한다는 것도 아니다. 우리를 향한 하나님의 사랑은 배려로서의 사랑일 뿐 아니라 에로스로서의 사랑, 끌림의 사랑이기도 하다. 우리가 하나님에 대해 가져야 할 사랑, 자기와 이웃에 대해 가져야 할 적절한 사랑도 배려로서의 사랑이자 에로스로서의 사랑이기도 하다. 가치가 있는 곳에 마음이 가고 끌리는 것은 합당한 일이다.

배려의 동기는 중요한가?

 우리는 다양한 이유와 동기로 다른 사람들을 배려한다. 적어도 그렇게 보인다. 누군가에게 애착과 유대감을 느껴서 배려하기도 한다. 때로는 누군가에게 끌리기 때문에 배려하기도 한다. 때로는 공감이 배려로 이어지기도 한다. 다른 사람의 곤경에 마음이 움직이는 것이다. 연대 의식에서 배려가 생기기도 한다. 처음 만난 사람이 같은 대학 동문에 같은 소도시 출신이고 같은 교회 교인이라는 사실을 알게 되면 특별한 친밀감이 생겨 상대를 배려하게 된다.

 어떤 동기로 배려하게 되는지가 중요할까? 우리의 논의는 배려의 적용 규칙을 만들 수 있는 단계까지 왔다. 그 적용 규칙은 일부 이유와 동기들을 본질적으로 용납할 수 없다고 선언해야 할까? 앞서 언급한 종류의 이유와 동기들은 종종 이런저런 식으로 용납할 수 없는 배려를 낳기도 한다. 누군가에 대한 애착 때문에 생겨난 배려가 안 좋은 결과를 만들 수도 있다. 그러나 그런 종류의 이유와 동기들이 원칙적으로 용납할 수 없는 것인가?

현대 아가페주의의 두드러진 특징은, 예수가 두 번째 사랑의 계명을 통해 각 이웃을 이런저런 형태의 사랑으로 사랑하라고 명하신다는 주장이 아니다. 특별한 형태의 사랑으로만 이웃을 사랑하라고 명하신다는 것이다. 대부분의 현대 아가페주의자들은 이 특별한 형태의 사랑을 **이웃-사랑**이라 불렀고, 키에르케고어는 **기독교적 사랑**이라 불렀으며, 나는 **아가페 사랑**이라 부르고 있다. 이웃-사랑은 누군가가 자신의 이웃이기 **때문에** 그를 사랑하는 일종의 자비다.

물론 누군가를 이웃으로 인정한다고 해서 그것만으로 그에 대한 사랑이 저절로 생겨나는 것은 아니다. 누군가를 (예수가 말씀하시는 의미에서) 이웃으로 인정하고도 아무 일도 하지 않을 수 있다. 키에르케고어는 누군가를 이웃으로 인정하는 것에 의무에 대한 인정을 더해야 한다고 생각했다. 예수의 두 번째 사랑의 계명에 따르면, 이웃에 해당하는 모든 사람을 이웃이기 때문에 사랑하는 것이 의무라는 것이다. 니그렌은 여기에 하나님의 사랑이 우리 안에 주입되는 것을 더해야 한다고, 그래서 그 사랑이 이웃에 해당하는 모든 사람에게로 흘러 나가야 한다고 생각했다.

신약의 아가페는 누군가를 오로지 이웃이라는 이유로 사랑하는 것이라는 현대 아가페주의들의 주장 또는 가정은 과연 옳은가? 만약 그렇다면, 내가 이번 장 첫 번째 단락에서 언급한 배려의 사례들 중에는 신약의 아가페의 사례가 없다고 해야겠다. 그 어느 것도 올바른 종류의 동기에서 나온 배려라고 할 수 없다.

아가페 사랑을 제외한 모든 사랑이 자기애라는 키에르케고어의 주장

현대 아가페주의 운동원들은 왜 그런 특이한 관점을 채택했을까? 왜 그들은 예수가 이런저런 동기가 아닌 이웃-사랑으로만 모든 이웃을 사랑하라고 명하신다고 해석했을까? 이 부분에 대해서는 다른 어떤 현대 아가페주의자들보다 키에르케고어가 분명하게 말하고 있으니 그의 말을 살펴보자.

키에르케고어는 자비의 사랑의 여러 동력을 깊이 생각해 보면 예수의 두 번째 사랑의 계명이 함축하는 바, 즉 모든 이웃을 **의무감에서** 사랑하는 것이 우리의 의무임이 드러난다고 생각했다. 구체적으로, 모든 이웃을 이웃이라는 이유만으로 사랑하는 것 말이다. 그는 왜 이런 주장을 했을까? 의무를 제외한 자비의 모든 동기는 인간의 본성에 속한 동력이며, 그 본성적 동력은 이웃들 사이에서 편파적으로 작용하고, 모든 편애는 모든 이웃을 사랑하라는 명령과 양립할 수 없을 뿐만 아니라 근본적으로는 자기애의 한 형태라고 확신했기 때문이다. "자기애와 열정적 편애는 본질적으로 같은 것이다"(『사랑의 역사』, 53).

"에로스 사랑과 우정 **그 자체**는 증대되고 강화된 자기애일 뿐"(『사랑의 역사』, 267)이라는 키에르케고어의 말을, 제이미 페레이라는 『기꺼운 사랑의 수고』(*Love's Grateful Striving*)에서 이렇게 설명했다. "그는 딱히 새로운 이야기를 한 것이 아니다. 아리스토텔레스는 『니코마코스 윤리학』에서 우정을 논하면서 '우정의 근거는 자기애'라고 단언했다. 왜? 친구는 우리에게 있어 선이기 때문이다"(44). 나는 반대로, 키에르케고어가 완전히 새로운 이야기를 했다고 본다. 아리스토텔레스의 주장은, 우정이 자신에 대한 사랑과 타인에 대한 사랑의 혼합이라는 것이다(후자에 대해서는 1156b 6-11; 1159a 7-10을 보라). 그는 어디서도 자연적 동기의 사랑이 사실은 자신에 대한 사랑이라고 말하지 않았다. 그 급진적인 주장은 키에르케고어의 것이다.

2장에서 보았지만, 키에르케고어의 시각에서 자기애의 발현이 모두 잘못된 것은 아니었다. 이 점에서 그는 니그렌과 관점이 다르다. 키에르케고어는 "에로스 사랑과 우정 그 **자체**는 향상되고 강화된 자기애일 뿐이다"라고 밝힌 후,[1] 즉시 이렇게 덧붙였다. "에로스 사랑은 부인할 수 없이 삶의 가장 아름다운 안녕이고, 우정은 가장 큰 세속의 선이다"(『사랑의 역사』, 267). 자연적 동기에서 나온 모든 형태의 사랑이 편파적이고 모든 편애는 자기애의 일종이라는 주장에서, 그는 모든 자연적 형태의 사랑은 잘못된 것이므로 뿌리 뽑아야 한다는 결론을 도출하지 않는다. 그가 도출하는 결론은 자연적 동기에서 나온 모든 형태의 편애가 그리스도가 명하신 사랑, **기독교적 사랑**이 아니라는 것이다. 예수는 우리에게 자신을 사랑하라고 명하시지 않았다. 우리는 이미 자신을 사랑하고 있다. "기독교의 본질이 있는 곳에는 자기 부인(self-denial)도 있다. 자기 부인은 기독교의 본질적 형식이다. 본질적으로 그리스도인이 되려면 무엇보다 먼저 분별력이 생겨야 하는데, 사람은 자기 부인이라는 변화를 통해서만 영원의 관점에서 분별력을 갖추게 된다"(56).

우리는 앞선 논의를 통해 이런 대목을 어떻게 해석해야 하는지

---

[1] "향상되고 강화된" 자기애로 그가 뜻하는 바는, 최고의 우정에서는 사물이 더 이상 **내 것**과 **네 것**으로 나뉘지 않고 **우리 것**이 된다는 것이다.

알게 되었다. 지금 논의하는 주제는 자기애가 허용 가능한지 여부가 아니라 "본질적으로 기독교적인" 형태의 사랑의 본성이다. 본질적으로 기독교적인 형태의 사랑은 자기애의 한 형태가 아니다. 자신을 위해서가 아니라 이웃을 위해 이웃을 사랑한다. 그리고 순전히 상대가 이웃이기 때문에 사랑해야 한다는 의무감에서 사랑한다. 그러나 또한 키에르케고어의 견해에 따르면 사람은 누구나 자신에게 이웃이 된다는 점도 잊지 말자.

키에르케고어는 자연적 동기에서 우러난 모든 형태의 사랑은 실상 자기애의 한 형태라는 주장을 활용해, 예수가 우리에게 모든 이웃에 대해 자연적 동기에서 우러난 온갖 형태의 사랑과 구별되는 사랑을 명하셨다고 주장했다. 즉, 의무감에서 이웃을 사랑하라고 명하셨다는 것이다. 이 주장은 해석학적으로뿐 아니라 조직신학적으로도 중요하다.

타자에 대한 진정한 배려는 그의 선을 증진하는 것과 그가 정의로운 대우를 받도록 보장하는 것 **자체를 목적으로** 추구한다. 그럼 키에르케고어의 주장대로, 내가 이번 장의 서두에서 언급한 배려의 모든 동기가 타자에 대한 배려가 아닌, 자신에 대한 배려만 불러일으킨다고 가정해 보자. 그러면 그 동기들은 **다른 이**의 선이나 권리 **자체를 목적으로** 추구하는 동기가 되지 못할 테고, 그것들이 자체 목적으로 불러일으키는 배려는 오롯이 **자신**에 대한 배려일 것이다. 오직 의무감에서 누군가의 선을 추구하는 사랑만이 자기애의 일종이 아니라는 키에르케고어의 주장 또한 옳다고 가정해 보자. 그러면 배려에 대한 우리의 적용 규칙은 타자에 대한 배려를 의무감으로 행해야 한다는 내용을 명시해야 할 것이다. 그렇지 않으면 실은 그것이 타자에 대한 배려가 아니라 자신에 대한 배려가 될 테니 말이다.

자신의 관점을 옹호하는 키에르케고어의 논증

이번 장의 앞부분에서 나는 키에르케고어가 말하는 '이웃'의 용례에 따르면 사람은 누구나 자기 자신에게 이웃이 된다는 것을 기억해 두자고 말했다. 이런 색다른 용법의 당연한 귀결로, 이번 장의 나머지에서는 본인의 선을 추구하는 것도 '자비의 사랑' 아래에 포함하자.

본성적 사랑에 대해 말할 때 흔히 키에르케고어는 애착의 사랑이나 끌림의 사랑, 또는 이 두 형태의 사랑이 불러일으킨 자비의 사랑을 염두에 둔다. 그의 견해를 논할 때 나는 이 부분을 존중하여 공감이나 연대에 근거한 자비의 사랑은 다루지 않겠다. 그가 애착의 사랑이나 끌림의 사랑에 대해 하는 말은 그 외 다른 부류의 사랑에도 쉽사리 적용할 수 있다.

나는 방금 제시한 구분, 즉 한편에 누군가에 대한 애착이나 끌림을 두고 다른 한편에 누군가에게 애착을 느끼거나 끌리기 **때문에** 느끼는 자비의 사랑을 둔 구분을 강조하고 싶다. 전자를 애착의 사랑 또는 끌림의 사랑이라 부르고, 후자는 애착**에 근거한** 자비의 사랑 또는 끌림**에 근거한** 자비의 사랑이라 부르자. 애착의 사랑과 끌림의 사랑 자체는 누군가의 선의 증진을 추구하는 사랑이 아니다. 누군가 또는 무언가에 느끼는 애착으로 **구성된** 사랑과 누군가 또는 무언가에 끌리는 상태로 **구성된** 사랑이다. 그러나 이 둘은 흔히 애착이나 끌림의 대상을 향한 자비의 사랑을 불러일으키거나 그런 사랑의 동기가 된다.

애착과 끌림은 편파적이라는 키에르케고어의 주장은 옳다. 그리고 그 둘로 인해 생겨나는 자비의 사랑도 편파적이다. 우리는 몇몇 사람들에 대해서만 애착을 느끼고, 몇몇 사람들에게만 끌린다. 그런데 왜 그는 그렇게 생겨난 자비의 사랑이 사실은 모두 자기애의 한 형태라고 보는 것인가?

키에르케고어는 "열정적 편애 또는 열렬한 선호는 실제로 또 다른 형태의 자기애"라고 선언한 후, 사실이 그렇다는 것을 "이제 보여 주겠다"고 말한다(53). 그다음, 이런 논증이 이어진다.

> 자기애가 유일한 **자아**를 이기적으로 품어 자기애가 되는 것처럼, 에로스 사랑의 열렬한 선호는 유일한 연인을 이기적으로 둘러싸고, 우정의 열렬한 선호는 유일한 친구를 둘러싼다. 그래서 놀랍고 심오하게도 그 연인과 친구는 **다른 자신**, **다른 나**라고 불린다.…그러나 자기애는 어디에 존재하는가? 나, **자아** 안에 있다.…그러면 자기애는 다른 나, 다른 자기도 사랑하게 되지 않을까?[2] (53)

키에르케고어는 애착과 끌림이 편파적이므로 그 둘로 인해 생겨나는 자비의 사랑도 편파적이고 근본적으로 이기적이며, 이기적인 사랑은 곧 자기애라고 주장한다. 누군가의 사랑이 이기성을 띠게 되면 그 안에 자기애가 있는 것이라고 해 보자. 하지만 어떤 형태

---

[2] 친구가 '다른 나', '다른 자기'라는 생각은 아리스토텔레스에게서 비롯했다. *Nicomachean Ethics*, 1166a 32, 1169b 6, 1170b 6-7을 보라.

의 자비의 사랑의 범위가 제한적이라는 사실이 어떻게 그 사랑이 이기적이라는 결론을 뒷받침하는가? 내가 내 몫으로 가장 큰 파이 조각을 챙긴다면 그것은 이기적인 행동일 것이다. 그러나 내가 친구들에게는 파이 한 조각씩을 주고 그 외의 사람들에게는 주지 않는다고 해서 이기적이라고 할 수 있을까? 내가 관대함을 베풀어 친구들 각각에게 한 조각씩 주고 **나는 하나도 먹지 않는다**고 해 보자. 키에르케고어의 논증에 따르면, 그 행동은 여전히 편파적이고 그러므로 이기적이다. 어째서 그런 것인가?

키에르케고어는 자신의 주장이 설득력을 얻으려면 보충 설명이 필요하다는 사실을 깨닫고 이렇게 덧붙인다.

> 열렬한 선호는 나는 이기성(selfishness)을 갖고 있지 않나 해도, 의식적으로나 무의식적으로 자기주장성(self-willfulness)을 띠게 된다는 점에서 이기적이라고 봐야 한다. 본성적 기질의 영향을 받을 때는 무의식적으로 자기주장성을 띠게 되고, 그 성향에 완전히 자신을 내어 주고 동의할 때는 의식적으로 그렇게 된다. 자기주장성이 제아무리 숨겨져 있고 무의식적이라 해도, '유일한 대상'에 자신을 열렬히 내어 주는 일에는 여전히 자의성이 남아 있다. 그 유일한 대상은 "사랑하여라" 하시는 왕의 명령에 순종하여 찾게 된 것이 아니라, 한 개인을 선택함으로, 즉 무조건적으로 고름으로써 찾아낸 것이다.…연인이나 친구가 온 세상에서 단 한 사람만 사랑할 수 있을 때…그 엄청난 헌신 안에는 엄청난 자기주장성이 있고, 사랑하는 이는 그 격렬하고 무한한 헌신 안에서 사실은 자기애로 자신과 자신을 이어 주고 있는 것이다. 자기 부인은 영원의 명령 '하여라'에 순종하여 이 자기애와 자기주

장성을 뿌리 뽑고 싶어 한다. (55)

이 대목은 원래 설명하고자 했던 '편애는 자기주장성으로 인해 이기적인 행동이 되고 자기애의 한 형태가 된다'는 말 못지않게 이해하기가 쉽지 않다. 키에르케고어가 어떤 식으로 생각을 펼쳐 갔는지 추측해 보겠다.

애착에 근거한 자비를 베풀 때, 내 본성적 자아는 의무감에서 자비를 베풀 때와는 다른 역할을 한다. 나의 애착은 내 인간적 본성의 작용이 외부로 드러난 것이다. 인간이 애착을 형성하는 것은 자연스러운 일이다. 애착 자체가 내 성격의 일부, 나라는 존재의 일부를 구성한다. 그래서 내가 누군가에게 애착을 느껴서 자비의 사랑을 베풀 때는, 내 성격의 이 측면에 드러난 내 본성에서 자비의 사랑이 우러나도록 허용하게 된다. 그러나 내 자비의 사랑이 의무감에서 생겨난다면, 그 사랑을 형성하는 것은 의무에 대한 인정이지 내 본성적 동력이나 그것이 만들어 낸 나의 성격이 아니다. 어쩌면 키에르케고어는 이런 식으로 생각했을지도 모른다. 만약 그렇다면, 이 사고방식은 대단히 칸트학파적(Kantian)이다.

여기다 한 가지를 덧붙여 보라. 내 본성적 동력과 그것이 만들어 낸 성격이 누군가를 향한 자비의 사랑을 불러일으킨다면, 그것은 키에르케고어의 표현대로 내가 그 일에 '동의했기' 때문이다. 그리고 이것을 보면 내가 나의 애착과 그것을 만들어 내는 본성적 동력을 **선하게** 여긴다는 사실을 알 수 있다. 그렇지 않았다면 나는 그것들을 없애 버리려고 애썼을 것이다. 나는 자신의 이런 측면을 **좋아하고**, 이것을 인정하고, 가치 있게 여기고, 이 부분에서 내 자신에게 끌리는 것이 분명하다. 나는 이 부분에서 자신을 **사랑하는** 것이 분명한데, 이 사랑의 형태는 끌림의 사랑이다. 키에르케고어의 결론은 모든 본성적 사랑이 본질상 자기애의 한 형태라는 것이다.

키에르케고어가 정말 이런 식으로 생각했다면, 나는 이 분석의 요점이 예리하고 중요한 것이라고 본다. 사람들은 때로 누군가에게 애착을 느껴서 상대를 자비롭게 대하지만 동시에 그 애착을 떨쳐 버리고 싶어 하기도 한다. 그들의 사랑은 깊은 갈등에 빠져 있는 것이다. 하지만 애착에 근거한 사랑은 흔히 그 애착에 대한 인정을 내포하며, 그 애착은 자신에 대한 사랑을 내포한다. 8장에서 자기애를 논하며 밝혔지만, 이것은 해리 프랭크퍼트가 『사랑의 이유』에서 펼친 주장이다.[3]

하지만 여기서 두 가지를 주목해야 한다. 첫째, 키에르케고어가 사람의 애착이 내포한다고 주장하는 자기애는 자비의 사랑이 아니라 끌림의 사랑이다. 누군가의 가치를 인정하는 사례이지, 누군가의 선이나 권리의 증진을 추구하는 사례가 아니다. 애착에 근거한 타인에 대한 자비의 사랑이 동상 그 애착에 대한 인정을 수반한다는 말과 애착이 불러일으키는 **자비의 사랑 자체**가 실은 타인을 향한 자비가 아니라 자신을 향한 자비라는 말은 전혀 다르다. 내가 재구성한 바에 따르면, 키에르케고어의 논증은 전자가 그렇다는 결론을 내릴 근거는 되지만, 후자가 그렇다는 결론을 내릴 근거는 되지 못한다. 그의 논증은, '누군가에 대한 애착이 내 안에 불러일으

---

[3] 그는 이렇게 말한다. "사람이 무엇인가를 사랑하는 한, 자신을 사랑하는 일을 피할 수가 없다. 사람이 무엇인가를 사랑하면, 필연적으로 자신을 사랑하게 된다" (p. 86).

키는 자비의 사랑 속에 그 애착에 대한 나의 인정이 들어 있다 해도 그것이 여전히 **그를 향한** 자비임을 전혀 반박하지 못한다.

둘째, 키에르케고어의 이 논증이 타당하다면 이것은 오히려 그의 주장을 약화시킬 것이다. 타인의 선을 추구하는 것이 나의 의무임을 굳게 믿으며 타인의 선을 추구한다고 해 보자. 누군가의 선을 추구하는 것을 의무로 여기지 않기를 강하게 바라면서도 그것이 자신의 의무라는 생각을 떨칠 수가 없는 갈등 상황이 있을 것이다. 상대의 선을 추구하지 않는 자신의 모습을 상상하면 죄책감이 든다. 하지만 통상 누군가의 선을 추구하는 것이 자신의 의무라는 확신에서 상대의 선을 추구한다면 그 확신에 대한 인정이 수반된다. 그런 점에서 그는 자신을 인정한다. 가치를 인정하는 방식의 사랑으로 자신을 사랑하고 있는 것이다. 그러나 이런 논리로, 의무감에서 행한 타인에 대한 자비의 사랑으로 보이는 것이 실은 자기애에 불과하다는 사실이 충분히 입증된다면, 키에르케고어가 말하는 기독교적 사랑도 자기애의 한 형태라는 결론을 피할 수 없다.

키에르케고어가 그리 비중 있게 다루지는 않았지만, 애착이나 끌림에 근거한 자비는 예수가 우리에게 요구한 사랑의 사례가 아니라는 그의 주장에는 해석학적 근거도 있었다. "신약성경 전체에서 시인들이 찬미하는 방식대로 우정을 다룬 구절이 하나도 없다는 것이 주목할 만하지 않은가?…시인에게 그가 만족할 만한 우정에 대한 단어를 신약성경에서 찾아보게 하라. 시인은 헛된 탐색 끝에 절망에 빠질 것이다"(45-46). 키에르케고어처럼 신약성경을 잘 아는 사람의 입에서 이런 주장이 나오다니 놀랍다. 신약성경에 에로스나 필리아를 칭송하는 대목이 없는 것은 사실이다. 사도 바울이 고린

도전서 13장에서 사랑에 바친 송가는 아가페에 대한 것이다. 하지만 복음서에는 예수의 우정에 대한 이야기들이 가득하다. 요한복음에 기록된 고별사에서 예수는 제자들을 분명하게 친구라 부르는데, 친구를 나타내는 표준적 헬라어 단어 '필로스'(philos)가 여기 등장한다(요한복음 15:14-15).

예수는 사랑의 동기에 대해 침묵하신다

현대 아가페주의자들의 글을 먼저 읽고 나서 예수가 사랑의 이중계명을 밝히시는 사건을 세 공관복음으로 접한 사람은 당장 이런 느낌을 맞닥뜨린다. 예수는 이웃 사랑의 이유나 동기에 대해 아무 말도 하지 않으신다는 느낌, 그분이 하시는 말은 이웃을 자기 자신처럼 사랑하라는 말뿐이라는 느낌이다. 예수는 누군가에게 애착을 느껴서 갖는 배려이건, 공감으로 인한 배려이건, 끌림에 의한 배려이건 모두 거부하지 않으신다. 이 모든 경우에 우리는 예수의 명령을 따라 타인을 배려하고, 타인의 선을 증진하고, 타인의 권리 자체를 목적으로 여기고 보장하는 것을 추구한다.

우리 주위에는 애착, 끌림, 공감, 동일시 등등 우리의 본성적 동력이 불러일으키는 배려의 범위에 들지 못하는 '이웃들'이 있다. 우리의 본성적 동력만 따라가다 보면 그들의 선에 무관심해진다. 그런 경우, 우리는 의무감을 발휘하여 그들을 배려해야 할 것이다. 의무는 후방의 보완책이다. 예수는 키에르케고어가 해석한 것처럼 '네 이웃을 의무감에서 사랑하라'고 말씀하시지 않는다. 그분은 단순하게 '네 이웃을 사랑하라'고 말씀하신다. 내 안의 어떤 본성적 동력도 이웃을 배려할 동기를 제공하지 않는다면, 의무감에 의지해서라도 그를 배려하라. 그러나 모든 이웃을 의무감으로 배려하는 것이 의무는 아니다.

이 부분을 이해하는 데 선한 사마리아인 비유가 도움이 된다. 문맥을 떠올려 보라. 사랑의 이중계명에 대한 누가의 기록(누가복음 10장)에서 한 율법교사가 예수를 시험하려고 이렇게 묻는다. "선생님, 내가 무엇을 해야 영생을 얻겠습니까?" 예수는 질문을 그대로 되돌려 주신다. "율법에 무엇이라 기록되었느냐?" 그러자 율법교사는 토라의 두 계명을 인용한다. 예수는 "네 대답이 옳다. 그대로 행하여라. 그리하면 살 것이다"라고 대답하신다. 누가의 표현에 따르면 율법교사는 자기를 옳게 보이려고 "그러면, 내 이웃이 누구입니까?"라고 묻는다. 이 질문에 대한 답변으로 예수는 사마리아인 비유를 들려주신다.

NRSV(New Revised Standard Version)에는 비유 속의 사마리아인이 길가에 쓰러진 강도 만난 사람을 보고 "측은한 마음이 들어서"(moved with pity) 행동에 나섰다고 나온다. 이 구절에 나오는 헬라어를 현대 영어로 옮길 때 'pity'는 최선의 단어가 아니다. 'pity'는 불쌍히 여기는 사람 쪽의 우월감을 함축하는 단어다. 그러나 사마리아인 쪽에서는 어떤 우월 의식도 없었다. 강도 만난 사람을 도운 것은 그의 곤경이 공감(compassion)을 불러일으켰기 때문이다. 사마리아인이 그 일을 의무로 여겨서 행한 것이 아니라는 데 주목하라.

히브리성서와 기독교성서에는, 인간에게 공감, 감정이입, 연민, 동료 의식으로 끌리는 성향이 있어서, 기뻐하는 자와 함께 기뻐하고 슬퍼하는 자와 함께 슬퍼하도록 이끈다는 생각이 면면히 흐른다. 이것은 18세기 스코틀랜드의 도덕 이론가들이 **도덕 감정**(moral sentiments)이라 부른 경향들 중 하나이다. 타인의 고통은 신비한 과정을 거쳐 내 고통이 되며, 타인의 안녕은 신비한 과정을 거쳐 내 안녕이 된다. 이 경향은 애착, 끌림, 사회적 연대 의식 등과 독립적으로 작용한다. 사마리아인은 강도 만난 사람에게 애착을 느낀 것도 아니고, 사회적 연대 의식을 느낀 것도 아니다. 그가 강도 만난 사람에게서 뭔가 끌리는 점을 발견했다고 생각할 만한 근거도 없다. 하지만 공감이 그의 마음을 움직였다. 이웃을 배려하게 하는 많은 요인 가운데, 공감은 매우 중요하다.[4]

성서에는 "너희 마음을 완고하게 하지 말라"는 명령이 자주 나온다. 우리는 공감에 끌리는 경향을 쉽사리 억제하는데, 일부 외집단 구성원들에 대해 만들어 내는 이야기들 같은 것이 아주 강력한 억제책으로 작용하기도 한다. 그들은 짐승만도 못하고 우리의 생활 양식을 훼손하며 하나같이 사악하다는 식의 이야기다. 이런 이야기를 듣고 사람의 마음이 완고해지면, 타인의 고통에 공감할 수 없다. 우리는 그렇게 마음을 완고하게 만든 이야기에 맞서 싸워야 한다.

예수는 공감에 근거한 타인에 대한 배려가 그분이 요구하시는 정도에 못 미친다고 무시하지 않으시고, 그 배려를 그분이 요구하시는 배려의 사례로 제시하신다. 타인을 배려하도록 이끄는 본성적 동력은 실제로 작용하는 중에 기형적으로 변하는 경우가 종종 있

---

4 Michael Slote은 *Ethics of Care and Empathy*에서 감정이입(empathy)에 근거한 윤리 체계의 가능성을 모색한다. 그 과정에서 그는 자신이 18세기 스코틀랜드 도덕 이론가들의 전통에 서 있음을 인정한다.

다. 그러나 그런 경우만 아니라면, 우리가 타인을 배려하는 이유가 그에게 애착을 느껴서건, 마음이 끌려서건, 연대 의식을 느껴서건, 공감 때문에 마음이 움직여서건, 배려가 의무라고 생각해서건 아무 상관이 없다. 자신만이 아니라 이웃도 배려하라.

배려의 적용 규칙

지금까지의 논의에는 배려의 두 가지 적용 규칙이 내포되어 있다. 이제 그 둘을 분명하게 드러내 보려 한다. 세 번째 규칙을 제시할 수 있는 지점에 이르려면 작업이 좀더 필요한데, 세 규칙을 모두 더하면 행복주의의 주체-안녕 원리와 공리주의의 극대화 원리를 대체할 수 있을 것이다.

 이 적용 규칙들을 만들고 평가할 때, 기억해야 할 한 가지 중요한 사실이 있다. 그러려는 추구나 의도 없이, 다른 것을 의도하는 과정에서 누군가의 선을 증진하거나 감소시킬 수 있다는 점이다. 자기가 그렇게 하고 있다는 인식도 없이 말이다. 마찬가지로, 그러려는 추구나 의도 없이, 다른 것을 의도하는 과정에서 누군가를 정의롭게 대하거나 불의하게 대할 수 있나. 자기가 그 일을 하고 있다는 인식 없이도 말이다.

두 가지 적용 규칙

누군가 우리가 7장에서 제시한 권리와 의무 사이의 상관성 원리를 받아들인다고 해 보자. 그리고 어떤 일을 하려 할 때 해서는 안 되는 방식으로 누군가를 대하게 된다면 그것만으로도 그 일을 하지 않아야 할 결정적 이유가 된다는 원리도 받아들인다고 하자. 그러면 첫 번째 적용 규칙이 분명해진다.

> 규칙 1 누군가의 선의 증진이나 권리의 보장 자체를 목적으로 추구하는 일이라 해도, 그 사람을 부당하게 대우하는 대가를 치르고 실행되어서는 결코 안 된다.

이 규칙은 앞서 도입한 기형적 배려라는 개념에 따라, 배려가 결코 기형적인 것이 되어서는 안 된다고 선언한다.

현대 아가페주의 운동에서, 신약의 아가페는 자기희생적이라는 주장이 두드러지는 것을 고려하면, 나처럼 아가페주의 전통에 있다고 자처하는 사람이 제시하는 다음 두 번째 규칙에 놀랄 수도 있겠다. 그러나 우리의 이전 논의는 이 규칙도 내포하고 있었다.

> 규칙 2 우리는 자신의 선의 증진과 정의 확보 자체를 목적으로 추구해야 하지만, 그 일을 위해 누군가를 부당하게 대해서는 결코 안 된다.

이 두 번째 규칙은 자신을 배려하는 일이 용납될 수 있다고 말하는 선에서 그치지 않는다. 사람이 자신을 배려**해야 한다**고 말한다. 우리는 8장에서 자기애에 대해 논의하며, 자신을 배려하지 않는 사람은 그로 인해 자신을 부당하게 대하게 된다는 것을 보았다.

배려에 대한 이 두 가지 적용 규칙에 앞의 논의에서 드러난 인식론적 원리를 하나 추가할 수 있다.

인식론적 원리 누군가를 배려할때, 그의 '삶-선'과 권리에 대한 믿음과 그 증진을 위한 자신의 시도가 가져올 결과에 대한 믿음은 충분한 근거가 있어야 한다.

이 규칙은 내가 앞서 도입한 책임 있는 배려의 개념을 포함하며, 사람의 배려가 책임 있는 것이 되어야 한다고 선언한다.

예수의 산상설교

이제 배려의 세 번째 적용 규칙을 제시해 볼 수 있는 지점에 이르렀다. 그러기 위해 다시 한번 아가페 전통의 토대가 되는 문헌들을 검토하고 예수의 가르침 중에서 지금까지 내가 언급하지 않은 중요한 부분을 살펴보려 한다.

나는 이기주의, 행복주의, 공리주의와 비교하고 대조해 가면서 내 나름의 아가페주의를 제시했다. 예수가 사랑의 윤리를 제시하신 맥락은 이와 달랐다. 예수는 행복주의와 공리주의를 전혀 알지 못하셨다. 두 번째 사랑의 계명은 이기주의를 거부하는 내용이지만, 예수는 자신이 이기주의에 반대하신다는 선언을 체계화하신 적이 없다. 두 번째 사랑의 계명은 내가 **상호주의 원칙**(reciprocity code)이라 칭하는 개념을 예수가 강하게 거부하시는 논쟁의 맥락에서 등장했다. 소위 산상설교에서 예수는 사랑의 윤리와 상호주의 원칙을 매우 날카롭게 대조하신다. 그러니 그분이 어떻게 이 대조를 체계화하시는지 살펴보자. 산상설교에서 이와 관련한 부분은 마태복음 5장 17-48절과 누가복음 6장 27-36절에 기록되어 있다.

이 두 본문은 신약성경 중에서도 가장 도발적이고 논쟁적인 대목에 속한다. 예수의 요점이 상호주의 원칙을 거부하고 사랑의 윤리를 채택하는 것이라는 주장조차도 도전받는다. 그러나 입맛에 맞는 교훈 몇 개만 챙겨 서둘러 벗어나지 말고 주의 깊게 전체를 읽어 보면, 그것이 바로 예수가 하신 일이라는 것, 즉 그분이 상호주의 원칙을 매섭게 공격하면서 사랑의 윤리를 권하셨다는 결론을 내릴 수밖에 없으리라 본다.

마태의 기록에서 예수는 이렇게 말씀하신다. "악한 사람에게 맞서지 말아라. 누가 네 오른쪽 뺨을 치거든, 왼쪽 뺨마저 돌려 대어라"(마태복음 5:39). 평화주의자들이 비폭력 저항이라는 자신들의 태도를 옹호할 때 종종 인용하는 구절이다. 그러나 이것은 악한 자들에게 저항할 때 폭력을 쓰지 말라고 말하는 문장이 아니다. 이 문장은 악한 자들에게 저항하지 말라고 말한다. 이렇게까지 말하는 평화주의자는 드물다. 이어지는 구절에서 예수는 이렇게 말씀하신다. "네게 달라는 사람에게는 주고, 네게 꾸려고 하는 사람을 물리치지 말아라"(5:42). 내가 아는 사람 중에 이 문장이 지시하는 만큼의 관대함을 가진 사람은 없다. 그리고 내가 아는 한, 이 대목에서 예수가 제시하신 바를 그대로 실천한 사람도 없다. "네 오른눈이 너로 하여금 죄를 짓게 하거든, 빼서 내버려라.…또 네 오른손이 너로 하여금 죄를 짓게 하거든, 찍어서 내버려라"(5:29-30).

지금까지 나는 **문장들이 말하는 바**, 또는 다른 표현으로 **문장들이 의미하는 바**에 대해 말해 왔다. 그러나 이 두 대목을 해석하는 데 있어 적절한 질문은, 해당 문장들이 말하거나 의미하는 바가 무엇인가가 아니다. 이 경우 그것은 명백하다. 여기서 적절한 질문은 이 문장들을 가지고 **예수가 무엇을 말씀하시는가**다. 화자나 필자가 어떤 문장을 써서 말하는 내용은 그 문장이 말하거나 의미하는 바와 같을 수도 있고 다를 수도 있다. 누군가가 반어적으로 말할 때, 그가 하는 말의 의미는 문장의 표면적인 내용과 (거의) 정반대다.

예수는 마태와 누가의 기록에서 내가 인용한 문장들 및 그와 유사한 다른 문장들을 사용해서 자신의 사랑의 윤리와 상호주의 원칙을 대조하셨다. 마태의 기록에서는 사랑의 윤리와 이스라엘 율법의 요구를 먼저 대조한 후, 이 대조를 사랑의 윤리와 상호주의 원칙의 대조로 물 흐르듯 이어가신다. 그러니 먼저 마태복음에서 사랑의 윤리와 율법의 요구 조건을 대조한 것을 살펴본 다음, 사랑의 윤리와 상호주의 원칙을 대조하는 지점에서 누가의 기록도 함께 살피기로 하자.

예수는 이렇게 말씀하신다. "내가 율법이나 예언자들의 말을 폐하러 온 줄로 생각하지 말아라. 폐하러 온 것이 아니라, 완성하러 왔다"(5:17). 그다음에 이어지는 다섯 단락은 각각 이런 문구로 시작된다. "…하고 말한 것을 너희는 들었다. 그러나 나는 너희에게 말한다." 율법과 예언서의 요구는 사랑의 윤리가 요구하는 것의 최소한이라는 것이 각 단락의 요점이다. 사랑의 윤리는 율법과 예언서의 요구를 거부하지 않고, 그것을 보다 도전적인 이상(理想)으로까지 끌어올린다. 사랑이 율법의 근간을 이루지만, 율법의 표현은 최소한의 내용만 규정하는 경우가 많다.

"옛 사람들에게 말하기를 '살인하지 말아라. 누구든지 살인하는 사람은 재판을 받아야 할 것이다' 한 것을 너희는 들었다. 그러나 나는 너희에게 말한다. 자기 형제나 자매에게 성내는 사람은, 누구나 심판을 받는다. 자기 형제나 자매에게 얼간이라고 말하는 사람은, 누구나 공의회에 불려갈 것이다"(5:21-22). 물론 살인하면 안 된다. 그러나 살인하지 말라는 명령 근저에 사랑하라는 계명이 있음을 알게 되면, 살인은 물론이고 동료들에게 성을 내도 안 되고 그들을 모욕해서도 안 된다는 사실을 깨닫게 될 것이다.

"'간음하지 말라' 하고 말한 것을 너희는 들었다. 그러나 나는 너희에게 말한다. 여자를 보고 음욕을 품는 사람은 이미 마음으로 그 여자를 범하였다. 네 오른 눈이 너로 하여금 죄를 짓게 하거든, 빼서 내버려라. 신체의 한 부분을 잃는 것이, 온 몸이 지옥에 던져지는 것보다 더 낫다"(5:27-29). 물론 간음해서는 안 된다. 하지만 간음하지 말라는 명령 근저에 사랑하라는 계명이 있음을 알게 되면, 간음뿐 아니라 음욕을 품어서도 안 된다는 사실을 깨닫게 될 것이다. 음욕을 제거하라. 빼서 내버려라.[1]

"옛 사람들에게 말하기를 '너는 거짓 맹세를 하지 말아야 하고,

---

1 세 번째 단락은 건너뛴다. "'누구든지 아내를 버리려는 사람은 그에게 이혼 증서를 써 주어라' 하고 말하였다. 그러나 나는 너희에게 말한다. 음행을 한 경우를 제외하고 아내를 버리는 사람은 그 여자를 간음하게 하는 것이요, 또 버림받은 여자와 결혼하는 사람은 누구든지 간음하는 것이다."

네가 맹세한 것은 그대로 주님께 지켜야 한다' 한 것을 너희는 또한 들었다. 그러나 나는 너희에게 말한다. 아예 맹세하지 말아라.… 너희는 '예' 할 때에는 '예'라는 말만 하고, '아니오' 할 때에는 '아니오'라는 말만 하여라"(5:33-37). 물론 위증해서는 안 되고 거짓으로 맹세해서도 안 된다. 그러나 이 명령들 근저에 놓인 것을 알아채면, 위증과 거짓 맹세뿐 아니라 선서 또는 맹세를 했건 안 했건 늘 진실만을 말해야 한다는 사실을 깨닫게 될 것이다.

"'눈은 눈으로, 이는 이로 갚아라' 하고 말한 것을 너희는 들었다. 그러나 나는 너희에게 말한다. 악한 사람에게 맞서지 말아라"(5:38-39). 여기서부터는 상호주의 원칙을 거부하는 대목이다.

많은 주석가들은 "눈은 눈으로, 이는 이로"를, 맹목적 복수를 거부하고 상호주의 원칙을 인정한 것으로 봐야 한다고 말한다. 그들은 이스라엘 율법의 요점이 눈에는 눈만큼만, 이에는 이만큼만 갚아 주는 것이라고 주장한다. 옳을 수도 있다. 예수가 '눈은 눈으로' 규칙의 효력을 이렇게 이해하셨을 수도 있다. 만약 그렇다면 예수의 말씀은 맹목적 복수를 금하는 의미일 것이다. 그러나 맹목적 복수의 금지 근저에 사랑하라는 계명이 자리 잡고 있음을 알게 되면, 맹목적 복수는 물론이고 악을 그에 상응하는 악으로 갚아서도 안 된다는 사실을 깨닫게 될 것이다. 우리는 악을 선으로 갚아야 한다. 맹목적 복수뿐 아니라 상호주의도 거부해야 한다.

이제 예수가 율법에 대한 더 깊은 이해를 촉구하는 데서 상호주의 원칙 거부로 넘어가시는 구절 전체를 마태복음에서 가져와 보자.

"눈은 눈으로, 이는 이로 갚아라" 하고 말한 것을 너희는 들었다. 그러나 나는 너희에게 말한다. 악한 사람에게 맞서지 말아라. 누가 네 오른쪽 뺨을 치거든, 왼쪽 뺨마저 돌려 대어라. 너를 걸어 고소하여 네 속옷을 가지려는 사람에게는, 겉옷까지도 내주어라. 누가 너더러 억지로 오 리를 가자고 하거든, 십 리를 같이 가 주어라. 네게 달라는 사람에게는 주고, 네게 꾸려고 하는 사람을 물리치지 말아라.

"네 이웃을 사랑하고, 네 원수를 미워하여라" 하고 말한 것을 너희는 들었다. 그러나 나는 너희에게 말한다. 너희 원수를 사랑하고, 너희를 박해하는 사람을 위하여 기도하여라. 그래야만 너희가 하늘에 계신 너희 아버지의 자녀가 될 것이다. 아버지께서는, 악한 사람에게나 선한 사람에게나 똑같이 해를 떠오르게 하시고, [정의로운] 사람에게나 불의한 사람에게나 똑같이 비를 내려 주신다.[2] 너희를 사랑하는 사람만 너희가 사랑하면, 무슨 상을 받겠느냐? 세리도 그만큼은 하지 않느냐? 또 너희가 너희 형제자매들에게만 인사를 하면서 지내면, 남보다 나을 것이 무엇이냐? 이방 사람들도 그만큼은 하지 않느냐? 그러므로 하늘에 계신 너희 아버지께서 완전하신 것 같이, 너희도 완전하여라. (마태복음 5.38-48)

이에 대응하는 누가복음의 구절을 살펴보자.

그러나 너희 듣는 자에게 내가 이르노니 너희 원수를 사랑하며 너희를 미워하는 자를 선대하며 너희를 저주하는 자를 위하여 축복하며

---

[2] 내가 사용하는 번역본 NRSV는 내가 '정의로운'(just), '불의한'(unjust)이라고 쓴 대목을 '의로운'(righteous), '의롭지 않은'(unrighteous)이라고 번역했다. 헬라어 단어는 디카이오스(*dikaios*), 아디코스(*adikos*)다.

너희를 모욕하는 자를 위하여 기도하라. 너의 이 뺨을 치는 자에게 저 뺨도 돌려대며 네 겉옷을 빼앗는 자에게 속옷도 거절하지 말라. 네게 구하는 자에게 주며 네 것을 가져가는 자에게 다시 달라 하지 말며 남에게 대접을 받고자 하는 대로 너희도 남을 대접하라.

너희가 만일 너희를 사랑하는 자만을 사랑하면 칭찬 받을 것이 무엇이냐? 죄인들도 사랑하는 자는 사랑하느니라. 너희가 만일 선대하는 자만을 선대하면 칭찬 받을 것이 무엇이냐? 죄인들도 이렇게 하느니라. 너희가 받기를 바라고 사람들에게 꾸어 주면 칭찬 받을 것이 무엇이냐? 죄인들도 그만큼 받고자 하여 죄인에게 꾸어 주느니라. 오직 너희는 원수를 사랑하고 선대하며 아무 것도 바라지 말고 꾸어 주라. 그리하면 너희 상이 클 것이요 또 지극히 높으신 이의 아들이 되리니 그는 은혜를 모르는 자와 악한 자에게도 인자하시니라. 너희 아버지의 자비로우심 같이 너희도 자비로운 자가 되라. (누가복음 6:27-36)

상호주의 원칙에는 두 가지 측면이 있다. 누군가가 내게 호의를 베풀면, 똑같은 호의로 갚아야 할 빚이 생긴다. 누군가가 내게 악을 행하면, 똑같은 악으로 갚아야 마땅하다.[3] '악'은 어떤 삶-선의 박탈로 이해해야 한다. 긍정적이고 부정적인 두 경우 모두, 상호주의 원칙은 그 일이 발생하기 전의 평형 상태를 회복해야 한다고 규정한다. 균형을 맞추어야 한다는 것이다. 예수의 말씀로 미루어 이 원

---

3 Jean-Luc Marion은 "Evil in Person"이라는 논고에서 상호주의 원칙의 부정적인 면을 '악의 논리'라고 부른다. 그는 이것이 그 규칙 전체의 한 측면일 뿐이라는 사실에 주목하지 않는다. 악의 논리의 뒷면에는 호의나 선물의 논리가 있다. 이 논고는 그의 책 *Prolegomena to Charity*, trans. Stephen E. Lewis (New York: Fordham University Press, 2002)에서 볼 수 있다.

칙이 당시 유대 사회에 널리 퍼져 있었음을 알 수 있다. 고대 그리스와 로마 사회에서도 이 원칙이 우세했다는 기록이 고대 이교 사회의 문헌들에 남아 있다.

예수는 누군가가 호의를 베풀면 그 호의를 그대로 갚아 줘야 한다는 상호주의 원칙의 긍정적 측면을 최소한으로만 수용하신다. 일반적으로 선을 선으로 갚아야 한다는 의무감에 붙들릴 필요는 없지만 대부분의 경우, 특히 친구 사이에서 선을 선으로 갚는 것은 나쁜 일이 아니다. 친구 사이에서 관대함이 한 방향으로만 흐르는 것은 그리 좋지 않다. 그러나 이 문제에 별다른 훈계를 할 필요는 없다고 예수는 말씀하신다. 죄인, 세리, 이방인 할 것 없이 모두가 이 원칙을 받아들이고 모두가 호의를 호의로 갚기 때문이다. "너희가 만일 선대하는 자를 선대하면 칭찬 받을 것이 무엇이냐? 죄인들도 이렇게 하느니라."

반면, 누군가 내게 악을 행하면 똑같은 악으로 갚아 줘야 한다는 상호주의 원칙의 부정적 측면은 딱 부러지게 거부하신다. 악을 악으로 돌려주는 일, 위해를 위해로 갚아 주는 일, 상해를 상해로 앙갚음하는 일은 허용되지 않는다. 모든 경우에 선을 행해야 하며, 타인을 사랑해야 한다. 상대가 원수이고 나를 악한 방식으로 대했다 해도 마찬가지다. "너희 원수를 사랑하며 너희를 미워하는 자를 선대하라." 이렇게 행하면 은혜를 모르는 자와 악한 자들에게도 친절을 베푸시는 하나님을 닮게 된다.

수 세기에 걸쳐 수많은 독자들에게 당혹감을 안겨 준 예수의 이 명령은, 생생한 비유와 과장을 동원해 상호주의 원칙의 부정적 측면을 거부하고, 그 자리에 사랑의 윤리를 놓으라고 명하고 있다. 상상력 없이 문자에만 매여 이 명령을 해석하면 요점을 놓치게 된다. 누가 네 뺨을 치거든 앙갚음하지 말고 반대쪽 뺨을 돌려 대라. 누가 네 겉옷을 훔치거든 보복하지 말고 속옷까지 주어라. 누가 너를 징발해 그의 짐을 1마일 들고 나르게 시킨다면, 당한 대로 복수하지 말고 그 짐을 지고 1마일 더 가겠다고 말하라. 이 모든 사례는 악을 악으로 되갚는 규칙을 거부하고, 우리에게 악을 행하는 자들의 선까지도 추구해야 한다는 요점을 비유와 과장을 동원해 생생하게 전달하고 있다.

같은 요점을 잇는 비유적이고 과장된 현대의 사례를 쉽게 만들어 낼 수 있다. 누가 네 자전거를 훔치거든 앙갚음하려 하지 말고 네 차까지 내주겠다고 하라. 누가 네 주민등록번호를 알아내거든 보복하지 말고 신용카드까지 건네주어라. 누가 네 CD 플레이어를 훔치거든 그에게 컴퓨터까지 내밀어라.

"악한 자에게 맞서지 말라"는 문장이 문자적으로 의미하는 바는 악에 저항하지 말라는 것이지만, 이 구절을 통해 예수가 명하시는 바는 그것이 아니다. 저항은 허용되지만 비폭력적으로 해야 한다는 의미 또한 아니다. 이 대목의 모든 말을 문자적으로 해석하는 사람은 없다. 그러나 누가 "악한 자에게 맞서지 말라"는 문장만 콕 집어 문자적으로 해석해야겠다고 주장한다면, 이렇게 말할 수밖에 없다. 예수는 악한 자에게 **폭력으로** 맞서지 말라고 하시는 것이 아니라 **악한 자에게 맞서지 말라**고 말씀하신다. **명백하다!**[4]

---

4 Glen Stassen은 "The Fourteen Triads of the Sermon on the Mount (Matthew 5:21-7:12)", *Journal of Biblical Literature* 122.2 (2003): pp. 267-308에서 "악한 자에게 맞서지 말라"를 "악한 수단으로 보복하지 말라"는 뜻으로 해석한다.

나는 다른 저서에서,[5] 리처드 헤이스(Richard Hays)가 저술한 『신약의 윤리적 비전』(The Moral Vision of the New Testament, IVP 역간)[6]에 찬사를 보냈다. 그러나 이 부분에서 헤이스는 그의 뛰어난 해석학적 능력을 발휘하지 못했다. 내가 인용한 마태복음의 구절에 적힌 예수의 말을 그는 이렇게 묘사한다. "예수의 가르침이 전하는 평화를 사랑하며 관대한 성품을 묘사하는 사례들이다. 예수의 제자들은 '탈리오 법칙'(lex talionis)의 대갚음(tit-for-tat)을 포기해야 한다" (326). 이것은 옳은 말이지만 오해의 여지가 있는 불완전한 진술이다. 예수는 탈리오 법칙만 거부하시는 것이 아니라, 탈리오 법칙을 그 부정적 측면으로 지니는 상호주의 원칙도 거부하신다. 그러나 더 나아가 마태복음 5장 38-48절이 "비폭력적 원수 사랑"을 가르치고 (323) "마태복음 5장 38절은 비폭력을 가르친다"고 말하면서(326), 그는 평화주의적 확신에 사로잡혀 왜곡된 해석을 내놓고 있다.

헤이스는 마태복음 5장 39절을 "악한 자에게 폭력으로 맞서지 말라"는 뜻으로 해석한다. 그러나 반복해 말하지만, 텍스트가 말하는 바는 "악한 자에게 맞서지 말라"다. 헤이스는 이 말의 문자적 해

그러나 "…하고 말한 것을 너희는 들었다. 그러나 나는 너희에게 말한다"라는 해당 구절의 구조에 비추어 보면 이런 해석은 타당성이 없다. 우리가 악한 수단으로 보복해도 된다거나 그렇게 해야 한다고 말하는 사람은 아무도 없으니 말이다. Stassen은 마태복음 5장에서 7장에 걸쳐 나오는 산상설교에 대해 지적이고 상상력 넘치는 통합적 해석을 제시했고 그 외의 다른 다양한 해석들도 잘 요약해 놓았다. 그러나, 율법을 폐하러 온 것이 아니라 완성하러 왔다는 예수의 서론적 진술은 Stassen의 해석에서 어떤 역할도 하지 않는다. 그는 예수가 상호주의 원칙을 거부하셨다는 것도 충분히 인정하지 않는데, 이것은 비유와 과장으로 해석되어야 할 구절들을 문자적으로 해석하는 그의 경향과 관련이 있는 듯 보인다.

5 *Justice: Rights and Wrongs.*
6 (San Francisco: Harper Collins, 1996).

석을 받아들이지 않는다. 그는 예수가 형성하신 새로운 공동체의 자세가 "무기력한 수동성이 되어서는 안 된다"고 말한다(326). 그러나 이 말씀을 문자적으로 받아들여서는 안 된다는 생각을 수용한다면, 예수가 무슨 말씀을 하시는 것인지 판단할 때 그 말씀을 둘러싼 더 큰 문맥을 고려해야 한다. 그리고 더 큰 문맥에 해당하는 것은 평화주의에 대한 인정이 아니라 상호주의 원칙에 대한 거부다.

다른 평화주의자들과 마찬가지로, 헤이스는 자신의 평화주의적 해석의 근거로 예수가 붙잡히시며 보이신 행동을 언급한다(322). 그러나 예수가 잡히실 때 취하신 행동을 해당 텍스트에 대한 해석을 지지하는 근거로 쓴다면, 예수의 행동이 지지하는 것은 평화주의적 해석이 아니라 무저항이라는 문자적 해석이다. 예수가 체포되실 때 보이신 행동에서 두드러진 부분은 비폭력 저항이 아니라 무저항이기 때문이다.

악에 대한 폭력적 저항과 비폭력 저항, 무력을 쓰는 저항과 무력을 쓰지 않는 저항의 도덕성을 놓고 조언을 구하는 사람은 다른 곳에서 답을 찾아야 한다. 악한 자에게 무력을 쓰는 것이 그를 가장 사랑하는 방식인 경우도 있지 않을까? 예수는 여기서 어느 방식의 저항에도 손들어 주지 않으신다. 그저, 악을 악으로 갚지 말라고 말씀하실 뿐이다. 악한 자의 선에 보탬이 될 경우에만 그자의 안녕을 어느 정도 감소시키라. 복수를 거부하라. 앙갚음하지 말라. 상호주의 원칙을 거부하라.

예수가 사랑의 윤리를 받아들이시고 상호주의 원칙을 광범위하고 분명하게 거부하신 부분은 마태복음과 누가복음의 해당 두 본문에서 찾아볼 수 있지만, 예수는 그 외 여러 곳에서도 그 원칙을 거부하셨다. 어느 안식일에 예수는 한 바리새파 지도자의 집으로 초대를 받으셨다. 이내 그분은 본인을 제외한 초대 손님들이 모두 집주인의 친구와 친척들이라는 사실을 알게 되셨다. 그리고 집주인에게 이렇게 말씀하셨다.

> 네가 점심이나 만찬을 베풀 때에, 네 친구나 네 형제나 네 친척이나 부유한 이웃 사람들을 부르지 말아라. 그렇게 하면 그들도 너를 도로 초대하여 네게 되갚아, 네 은공이 없어질 것이다. 잔치를 베풀 때에는, 가난한 사람들과 지체에 장애가 있는 사람들과 다리 저는 사람들과 눈먼 사람들을 불러라. 그리하면 네가 복될 것이다. 그들이 네게 갚을 수 없기 때문이다. 의인들(the just)이 부활할 때에, 하나님께서 네게 갚아 주실 것이다.[7] (누가복음 14:12-14)

상호주의 원칙에서 호의를 호의로 갚아야 한다는 측면에 대한 가시 돋친 거부다.

신약성경의 서신서들은 상호주의 원칙에 대한 예수의 관점을 그대로 전달한다. 베드로전서 3장 9절은 "악을 악으로 갚거나 모욕을 모욕으로 갚지 말고, 복을 빌어 주십시오"라고 권한다. 바울은 데살로니가 교회에 보내는 첫 번째 편지에서 이렇게 말한다. "아무도 악으로 악을 갚지 말고, 도리어 서로에게, 모든 사람에게, 항상 좋은 일을 하려고 애쓰십시오"(데살로니가전서 5:15). 로마 교인들에게 보낸 편지에서 바울은 이렇게 말한다. "아무에게도 악을 악으로 갚지 말

---

[7] 여기서 'just'를 NRSV는 'righteous'라고 옮겼다. 헬라어 단어는 디카이오이(*dikaioi*)다.

고, 모든 사람이 선하다고 생각하는 일을 하려고 애쓰십시오.…여러분은 스스로 원수를 갚지 말고, 그 일은 하나님의 진노하심에 맡기십시오. 성경에도 기록하기를 '"원수 갚는 것(ekdikēsis)은 내가 할 일이니, 내가 갚겠다"고 주님께서 말씀하신다' 하였습니다"(로마서 12:17-19).[8]

모든 사람을 위한 윤리

기독교 저술가들은 흔히 예수의 산상설교를 그리스도인들을 위한 윤리로 설명한다.[9] 마태가 산상설교를 묘사하는 대목만 보면 그럴 듯한 해석 같다. "예수께서 무리를 보시고, 산에 올라가 앉으시니, 제자들이 그에게 나아왔다. 예수께서 입을 열어서 그들을 가르치셨다"(5:1-2). 제자들에게 전하는 설교가 이어진다. 그러나 여기서 우리는 이 설교의 원래 청중이 제자들뿐이었는지가 아니라, 예수가 단지 제자들만을 위해 이 설교의 내용을 의도하신 것이었는지 물어야 한다. 두 질문은 다르다.

설교가 전해진 상황을 누가는 마태와 다르게 설명한다. "예수께서 그들과 함께 산에서 내려오셔서, 평지에 서셨다. 거기에 그의 제자들이 큰 무리를 이루고, 또…많은 백성이 큰 무리를 이루었다.…예수께서 눈을 들어 제자들을 보시고 말씀하셨다"(6:17-20).[10] 그 다음

---

8 인용된 구절은 신명기 32장 35절이다.
9 Richard Hays는 *The Moral Vision of the New Testament*에서 그렇게 말했다.
10 누가의 기록을 보면 예수는 산상설교가 아니라 평지설교를 하신 것처럼 보인다.

에 설교가 이어지는데, 제자들을 상대로 한 설교였을지는 몰라도 분명 군중 전체를 위한 것이었다. 누가의 기록에서 예수가 선포하신 윤리는 모든 사람을 위한 것이다.

예수의 사랑의 윤리가 제자들만이 아니라 모든 사람을 위한 것이었음을 분명하게 보여 주는 복음서의 다른 구절들이 있는지 물을 수 있다. 또, 예수가 사랑의 윤리를 제자들만을 위한 것으로 의도했고 군중은 받아들이든지 말든지 그들의 재량에 맡겼다고 보는 해석이 말이 되는지도 물을 수 있다. 그러나 누가의 기록에 담긴 사랑의 윤리가 모든 사람을 위한 것이라는 사실과 이 기록이 마태의 기록과 양립할 수 있다는 사실만으로도, 사랑의 윤리가 모두를 위한 것이라는 방향으로 해석할 근거는 충분하다. 모두가 상호주의 원칙을 거부해야 한다. 그 원칙의 긍정적 측면에 누구도 매여서는 안 되고, 부정적 측면은 모두가 거부해야 한다. 그것을 의무로 여기지 않는다는 약한 의미의 거부가 아니라, 그 부정적 측면을 받아들여서는 **안 된다**는, 또는 **절대 안 된다**는 강한 의미의 거부 말이다.

우리는 악을 악으로, 해를 해로, 손상을 손상으로 갚아서는 안 된다. 위해와 손상을 당했다면 선의 추구로 대응해야 한다. 누군가의 삶에서 더 큰 선을 불러오는 수단이 되는 경우에도 번영의 감소로서의 '악'을 절대 사용해서는 안 된다는 뜻으로 이 가르침을 해석하는 것은 타당하지 않다. 예수가 의미하시는 바는 더 큰 선의 수단이나 구성 요소로서만 누군가에게 악(해, 손상)을 가할 수 있다는 것이다.

응보의 거부

응보(retribution) 개념은 부당 행위자가 저지른 해(harm)를 그에게 똑같이 가하여 피해자가 받은 해를 바로잡는다는 개념이다. 우리는 예수의 말씀에서, 당시 유대인 사회가 응보를 허용했으며, 해야 할 일, 어쩌면 마땅히 해야 하는 일로 널리 받아들였다고 추론해 볼 수 있다. 고대 이교 사회에서도 이런 분위기가 흔한 것이었음을 여러 자료가 말해 준다.

예수가 상호주의 원칙의 부정적 측면을 거부하셨다는 것은 응보의 거부를 암시한다. 예수는 해를 해로, 손상을 손상으로, 악을 악으로 바로잡을 의무를 거부하실 뿐 아니라 금하신다. 부당 행위자에게 손상을 부과하는 일은 그것이 더 큰 선을 만들어 내는 경우에만 정당하다. 그 부당 행위자가 누군가에게 손상을 가했다는 사실만으로는 정당화될 수 없다. 손상(해, 악)을 바로잡는 일이 도덕 질서 유지에 꼭 필요하다면, 하나님이 친히 하실 것이다. 그 일은 하나님께 맡겨야 한다. 대개 우리는 손상을 바로잡는 일이 어떤 방향으로 진행될지 상상조차 하지 못한다. 홀로코스트의 해악을 바로잡는 것은 어떤 일이 될까?[11] 어떤 일일지 상상할 수 있다 해도,

---

11 "'원수를 갚는 것은 내가 할 일'[이라고] 주님께서 말씀하신다"는 문장에 대해, Jeffrie Murphy는 우리 인간들이 상황을 바로잡는 일을 맡을 만큼 선하지 않고 사람들의 마음을 충분히 알지도 못한다고 덧붙인다. ["Hatred: A Qualified Defense" in Jeffrie Murphy and Jean Hampton, *Forgiveness and Mercy* (Cambridge: Cambridge University Press, 1988), pp. 98-102]. Murphy의 주장은 옳다. 그러나 어떤 사람이 히틀러의 마음을 충분히 이해하며 아주 선한 성품을 가졌다 해도, 나는 여전히 그 사람이 어떻게 히틀러의 사례를 바로잡을 수 있는지 모르겠다.

대개는 우리가 행할 수 없는 일이다.

예수의 말씀을 이런 식으로 해석하는 것은 많은 이들 사이에서 논란을 일으킬 것이다. 응보는 의무라는 생각이 기독교 전통의 다수 견해였다고 추측할 수 있기 때문이다. 그러나 상호주의 원칙의 부정적 측면을 거부하신 예수가 응보를 거부하신 것이 아니라면 무슨 일을 하신 것이란 말인가? 이 질문에 대한 타당한 답변은 보이지 않는다.

몇 가지 우려를 달래기 위해, 형벌(punishment)은 응보와 다르다는 말을 덧붙이고 싶다. 응보는 단지 형벌의 근거 중 하나일 뿐이다. 바울은 로마서 12장에서 악을 악으로 갚지 말라고 가르치고, 13장에서는 통치자를 하나님의 일꾼이라고 부른다. 통치자는 선을 행하는 자를 격려하며, 부당 행위자에게 형벌을 내려서 악행에 대한 진노(orgē)를 표현하고 그 자들에게 공포의 대상(phobos)이 된다. 응보, 앙갚음, 악을 악으로 갚음, 바로잡음, 복수에 대한 말은 한마디도 나오지 않는다. 부당 행위자를 정죄하는 형벌은 그 사람의 삶-선이고,[12] 악행을 억제하는 사회적 선에 기여하는 일이다. 이런 형벌 이해에 대해서는 17장에서 좀더 다룰 것이다.

부당 행위자가 회개할 때 용서하라는 예수의 명령은 응보를 거부하는 것과 궤적을 같이한다. 누군가가 내게 저지른 부당 행위를 용서하는 것은 그 때문에 그 사람을 나쁘게 생각하지 않음으로 선

---

[12] 모세가 레위기에서 사랑의 계명을 전하기에 앞서 하는 말을 기억하라. "이웃이 잘못을 하면, 너는 반드시 그를 타일러야 한다. 그래야만 너는 그 잘못 때문에 질책임을 벗을 수 있다. 한 백성끼리 앙심을 품거나 원수 갚는 일이 없도록 하여라"(19:17-18).

을 베푸는 일이다. 이 책의 15장과 16장에서 이야기할 내용이 바로 이것이다. 누군가 내게 저지른 부당 행위에 대해 그 사람을 나쁘게 생각하지 않는다면, 나는 그 악행을 바로잡으려 하지 않을 것이다. 반대로, 내가 그 사람의 부당 행위를 바로잡으려는 마음이 있다면, 나는 그 일로 상대를 나쁘게 생각한다는 말이 된다. 잘못한 사람이 회개할 때 용서하라는 예수의 명령은 회개하는 부당 행위자에게 응보적 형벌을 내리는 것을 반대한다는 의미다. 상호주의 원칙의 부정적 측면을 거부하는 것은 응보적 형벌 일반을 반대한다는 것을 함축한다.

배려의 세 번째 적용 규칙을 제시하기에 앞서, 나는 누구도 사람들의 선의 증진과 정의 확보 외에는 무엇도 그 자체를 목적으로 추구해서는 안 된다고 전제하겠다. 우리는 우리의 친구뿐 아니라 원수도 배려해야 한다.

세 번째 적용 규칙

당신의 삶에 보다 큰 선을 증진하는 데 필요할 경우, 때로는 당신에게 어떤 악(해, 손상)을 가하는 것이 용납되기도 한다. 그러나 다른 누군가의 더더욱 큰 선을 증진하기 위해 당신에게 악을 부과하는 것은 어떤가? 과연 용납할 수 있는 일인가?

내가 아는 바로는, 현대 아가페주의자들 중 누구의 글에서도 이 문제를 직접 다룬 대목이 없다. 그러나 내가 그들 사상의 핵심을 제대로 이해하고 있다면, 그들 모두는 그런 일이 용납될 수 없다고 생각했다. 그들은 **평등한 시선과 편애 금지**에 대해 이야기했다.

그들이 평등한 시선과 편애 금지라는 말로 의도한 바는 이웃에 해당하는 모든 사람의 번영의 **증진**을 균일하게 헌신적으로 추구해야 한다는 것일 수도 있다. 그러나 우리에게 주어진 시간과 자원이 희소함을 고려할 때, 이 일을 이루기란 분명히 불가능하다. 그런 일을 시도한다면 잘못일 테다. 나는 다섯 블록 떨어진 곳에 사는 아이들의 번영보다 내 아이들의 번영에 더 주의를 기울여야 마땅하다.

그런가 하면, 그들이 의도한 평등한 시선과 편애 금지는 타인의 번영을 증진하기 위해 누군가의 번영을 **감소시키려** 해서는 결코 안 된다는 뜻일 수도 있다. 이 해석에 근거해 차별 금지 원리를 따르는 것이 가능하다고 생각할지 모르지만, 그것 또한 우리가 따라가려 해서는 안 되는 원칙이다. 누군가가 다른 사람에게 심각한 악을 끼치려고 하고 내가 그것을 막아야 할 위치에 있다면, 그 사람의 번영을 감소시키더라도 그자를 막는 것이 용납될 뿐 아니라 때로는 도덕적으로 요구된다.

이로써 우리는 배려의 세 번째 적용 규칙에 이르렀다.

규칙 3 누군가에게 악을 부과하는 (즉, 그 사람의 번영을 감소시키는) 것 자체를 목적으로 추구해서는 안 된다. 그 일이 그 사람 및/또는 다른 사람들의 삶에서 더 큰 선을 증진시키는 필수 수단인 경우, 더 큰 삶-선을 증진시켜야 하는 경우에만 그 사람에게 어떤 악을 가할 수 있다. 그러나 그 일을 위해 그 사람을 부당하게 대우해서는 결코 안 된다.

행복주의자는 이 규칙을 거부할 수도 있다. 행복주의와 상호주의 원칙의 결합에는 모순이 없다. 규칙 3과 공리주의자의 극대화 원리의 관계는 좀더 복잡하다 이 규칙이 더 큰 삶-선을 증진**해야 하는** 경우에만 삶의 악과 더 큰 삶-선을 교환할 수 있다고 말한다는 데 주목하라. 그 선을 증진하는 것이 **허용된다**는 사실만으로는 충분하지 않다. 그러나 공리주의자는 어떻게든 삶-선을 전반적으로 극대화하기만 한다면 누구의 선도 감소시킬 수 있다고 말한다. 내가 전반적 삶-선을 구체적 복합체로 구성해 내놓**아야 할** 필요는 없다. 그렇게 하는 것이 허용되는 것으로 충분하다. 하지만 나는 누군가에게 악을 가하려면 이보다 더 확실한 정당화가 필요하다고 본다. 누군가에게 악을 부과하는 행위는 그 사람이 증진**해야 하는** 삶-선에 필수불가결해야 한다. 어떤 대안적 행위가 **전반적 삶-선**을 더 많이 이뤄 낼 듯 보이는 일이 있어도, 때로는 **특정한** 사람들의 **특정한 삶**-선을 증진해야 하거나 마땅히 증진해야 한다. 예를 들어 그 특정한 사람이 자녀인 경우가 있다.

규칙 3에 따라 행동하면서도 누군가에게 악(번영의 감소)을 가하는 일을 즐기는 경우도 가능할 것 같다. 자신이 증진해야 할 어떤 삶-선을 성취하는 데 필요한 일이라서 누군가에게 악을 가하는 일을 하면서도 그 일을 즐겁게 감당하는 경우다. 만약 그렇다면, 우리는 아가페주의의 '정신'에 따라 다음과 같은 취지의 필연적으로 요구되는 태도를 규칙 3에 덧붙여야 한다.

필연적으로 요구되는 태도 누군가에게 악(민영외 감소)을 부과하는 일을 즐겨서는 안 된다. 불가피하게 악을 부과해야 할 경우, 유감스러운 마음을 가져야 한다.

세 가지 규칙 안에 있는 보편성

배려의 세 가지 적용 규칙 모두 "그 일을 위해 누군가를 불의하게 대우하는 대가를 치러서는 결코 안 된다"는 마지막 조항에 보편성을 담고 있다. 내가 어떤 삶-선을 특정한 방식으로 증진해서 누군가가 부당한 대우를 받게 된다면, 나는 그 일을 해서는 안 된다.

이 규칙을 적용하려면 내 행동이 동료 인간들의 권리에 어떤 영향을 주는지 주의를 기울여야 한다. 니그렌이 주장한 정의에 눈먼 상태는 설 자리가 없다! 우리는 이런 방식으로 모두를 배려해야 한다. 누구도 배려의 범위 밖으로 밀려나서는 안 된다. 모든 사람의 번영의 증진을 적극적으로 추구하는 것은 불가능하다. 때로는 누군가의 선을 증진하기 위해 다른 사람의 선을 감소시키는 일을 추구해야 한다. 하지만 언제나 가능하며, 언제나 해야 하는 일은 누구도 불의하게 대하는 경우가 없게 하는 방식으로 모든 사람을 배려하는 것이다. 사랑을 자비가 아닌 배려로 이해하면 예수의 두 번째 사랑의 계명에 내포된 보편성을 받들 수 있게 된다.

누구의 번영을 배려해야 하는가?

내가 제안한 배려의 적용 규칙들은 자신의 번영 외에 누구의 번영을 배려해야 하는지 말해 주지 않는다. 그저 누군가를 배려할 때 해서는 **안 될** 일만 말해 줄 뿐이다. 이 부분은 이 규칙들의 결함으로 보일 수 있다. 행동하기 위해서는, 하면 **안 될** 일뿐 아니라 **해야**

할 일을 알아야 하지 않겠는가.

그러나 나는 이 점이 이 규칙들의 결함이 아니라는 의견을 전한다. 우리 각자가 해야 할 일, 엄밀히 말해 우리 각자가 해야 마땅한 일은 결정적으로 우리의 능력과 자원, 우리의 환경과 기회, 우리의 확신에 달려 있다. 그렇기 때문에, 모든 사람이 모든 상황에서 해야 할 일을 알려 주는 일반적 규칙을 제시하는 일은 불가능하다. 그와 같이 인간이 해야 할 일에 대한 규칙을 만들어 내려는 시도는 도덕적 삶의 본질을 심각하게 오해했음을 드러낼 뿐이다. 지혜와 의무의 윤곽이 보여 주는 구체화된 특징을 파악하지 못한 것이다.

그러나 이것으로 문제가 사라지지는 않는다. 예수의 선한 사마리아인 비유로 다시 돌아가 보자. 예수는 "그러면, 내 이웃이 누구입니까?"라는 바리새파 율법교사의 질문을 받고 그 답변으로 이 비유를 들려주셨다. 율법교사의 질문은 예수가 "네 이웃을 네 자신처럼 사랑하라"는 모세의 계명을 분명하게 가르치신 직후에 나온 것이었다. 율법교사는 특정한 사람들, 예를 들면 로마 점령군이나 사마리아인 같은 사람들은 사랑의 대상에서 배제해도 된다는 말을 듣고 싶었으리라고 추측할 수 있다.

강도 만난 사람, 제사장, 레위인, 사마리아인에 대한 이야기를 마치며 예수는 율법교사에게 물으셨다. 그 물음은 율법교사의 질문을 앞의 이야기에 비추어 바꾸어 표현한 것이 아니었다. 예수는 "강도 만난 사람은 이 세 사람 가운데서 누구에게 이웃이었느냐?"라고 묻지 않으셨다. 그분의 물음은 "이 세 사람 가운데서 누가 강도 만난 사람에게 이웃이 되어 주었[느냐]?"였다. 예수는 율법교사가 사용한 **누군가의 이웃임**(being a neighbor of)이라는 전통적 범주 대신에 그와 연관되지만 엄연히 다른, **누군가에게 이웃이 됨**(being a neighbor to)이라는 범주를 사용하셨다.

분명 당대의 유대인들은 사마리아인들을 멸시했다. 그래서 강도 만난 사람이 사마리아인이었다면, 율법교사는 그 사마리아인을 도우러 온 사람이 그에게 이웃이 되었다고 인정하기 어려웠을 것이다. 그러나 예수가 들려주신 비유는 그보다 훨씬 거북했다. 우리는 강도 만난 사람이 유대인이었다고 생각할 수 있다. "예루살렘에서 여리고로 내려가"는 길에는 유대인이 외국인보다 훨씬 많았을 테니까. 유대인 동포들이 강도 만난 유대인을 못 본 체하고 지나간 후 그를 도우러 온 사람은 사마리아인이었다. 율법교사는 덫에 걸렸다. 그는 다친 사람에게 이웃이 되어 준 사람이 사마리아인이라고 차마 대놓고 말할 수 없었다. 그래서 이렇게 답한다. "자비를 베푼 사람입니다."[13]

이것을 어떻게 이해해야 할까? 예수는 모세가 레위기에서 썼던 '이웃'의 뜻매김과 다른, 자신의 동포뿐 아니라 모든 인류를 포괄하는 이웃의 뜻매김을 암묵적으로 제시하시는 것인가? 이 비유는 대개 그런 방식으로 해석되었다. 그러나 예수는 '이웃'의 뜻매김을 제시하지 않으신다. 이웃에 대한 확장된 개념을 제시하는 방식으로 율법교사의 질문에 대답하지 않으신다. 대신에 이야기를 하나 들려주시고 이렇게 물으신다. "이 세 사람 가운데서 누가 강도 만난 사람의 이웃이 되어 주었다고 생각하느냐?" 다시, 이것을 어떻게 이

---

[13] 제사장과 레위인에게는 다친 사람을 모른 체하고 지나간 것이 경건한 행위였을 수도 있다. 성결 규정이 시체 접촉을 금하고 있었기 때문이다. 이 부분이 반영된 것이라면, 이 이야기의 거북함은 배가 된다.

해해야 할까?

나는 예수가 우리에게, 누구든지 우리가 만나게 되는 사람의 필요에 따라 우리에게 부과되는 의무에 주목하고, 어려움에 처한 사람이 멸시받는 외집단 또는 우리를 멸시하는 외집단에 속해 있는지 여부는 전혀 고려하지 말라고 명하신 것으로 본다. 어느 사회나 이런저런 외집단의 구성원을 지칭하는 경멸적 표현이 있다. wop, dago, Hun, Jap, nigger, "Dutchman belly full o' straw"(각각 이탈리아인, 이탈리아·스페인·포르투갈인, 독일인, 일본인, 흑인, 네덜란드인 비하 표현—역주) 등이다. 우리가 쓰는 입장이건 듣는 입장이건 간에, 이런 표현들은 어려움에 처한 사람들을 도울 의무를 인식하지 못하게 막는다. 예수는 이것들을 내버리라고 말씀하신다. 이런 표현들 때문에 도움을 청하는 외침에 귀를 막거나 마음을 완고하게 하는 일이 없어야 한다.

제러미 월드런(Jeremy Waldron)에 따르면 이 비유가 지시하는 바는 "어떤 형태로건 사람이 어려움에 처한 모습을 마주하면 마음을 열고 반응하는 것이며, 이 비유가 금지하는 것은 어려움에 처한 사람을 보고도 그냥 지나쳐 버린 사람들(제사장과 레위인)처럼 행동하는 것이다."[14] "민족, 공동체, 전통적인 이웃의 범주 따위는 신경 쓸 필요가 없다.…어려움에 처한 사람을 바로 앞에서 보고도 모른 체하고 지나치는 것은 명백한 잘못이다. 그 율법교사조차"도 이 사실

---

[14] Jeremy Waldron, "Who Is My Neighbor?: Humanity and Proximity", *The Monist* 86.3 (2003): pp. 333-355, 인용 부분은 p. 343. 나는 Chris Eberle 덕분에 이 글에 주목하게 되었다.

을 인정했다.[15]

한마디로, 누구를 어떤 방식으로 어느 정도 배려해야 하는지 명시하는 일반적 적용 규칙은 없지만, 선한 사마리아인 비유는 세 가지 적용 규칙 안에 필연적으로 요구되는 윤리를 가르친다.

필연적으로 요구되는 윤리 타인의 어려움이 우리에게 부과하는 의무를 기꺼이 인정하고, 내집단/외집단 분류에 사로잡혀 귀를 막거나 마음을 완고하게 하지 말라.

하지만 이 비유에서 우리가 바로 앞에 있는 이들의 어려움에만 반응하도록 부름을 받았다는 결론을 끌어내지 않는 것이 중요하다. 우리는 생존에 필요한 식량과 약품이 부족하여 어려움을 겪는 이들이 수백만 명도 더 된다는 것을 알지만 그들 대부분의 곤경은 우리에게 잘 보이지 않는다. 피터 엉어(Peter Unger)는 『고결한 삶과 죽음의 방관』(*Living High and Letting Die: Our Illusion of Innocence*)에서 그것이 도덕적으로 무의미하다고 주장한다.[16] 그는 도움이 필요한 이들에게 식량과 약품을 잘 전달하고 있는 공신력 있는 단체들이 많다고 밝히고, 부자들은 보통 사람들보다 이런 단체들을 재정적으로 후원해야 할 도덕적 의무가 훨씬 더 크다고 강력하게 주장한다. 그리고 우리가 이 의무를 무시하거나 거부하게 만드는 몇몇 심리적 요인들을 주목하여 살피게 한다.

---

15 Waldron, "Who Is My Neighbor?" p. 348.
16 (Oxford: Oxford University Press, 1996).

두 가지 인상 바로잡기

개인주의라는 인상 바로잡기

이제까지 진행해 온 나의 논의에는 개인주의적 경향이 있다. 나는 권리가 규범적 사회관계임을 강조했다. 권리는 누군가에게 특정한 방식으로 대접받는 선을 요구할 적법한 청구권이고, 제한적이긴 하지만 그 '누군가'가 본인일 때도 있다. 그리고 우리는 본인뿐 아니라 이웃도 배려해야 한다. 그러다 보니 우리의 논의에 비사회적(a-social) 경향은 없었다. 그러나 내가 제시한 사례에서 배려의 대상은 모두 개별적 인격체와 인간이었다는 점에서 우리의 논의가 개인주의적 경향을 띠었다고 할 수 있다. 내 나름의 아가페주의를 제시하면서 배려의 대상으로 인격체와 인간을 다루는 편이 가장 쉬울 것 같았다. 그러나 그 작업을 마쳤으니 이제는 시야를 넓힐 때가 되었다.

동료 인간들의 번영을 추구하려면 그 개개인이 구성원으로 있거나 영향을 받는 다양한 사회적 실체(social entities), 즉 가족·친족·동네·도시·교회·회당·클럽·집단·민족·주·단체·기관·기업·조직의 번영을 증진하는 것도 함께 추구해야 한다. 사회적 실체의 가치와 번영이 훼손되면 개인의 번영도 훼손된다. 구약의 예언자 예레미야가 바빌론으로 끌려간 동포들에게 보낸 편지에는 뇌리에서 떠나지 않을 도발적인 구절이 있다. 하나님의 이름으로 예언자는 편지의 수신자들에게 "그 성읍이 평안(welfare, *shalom*)을 누리도록 노력하고, 그 성읍이 번영하도록 나 주에게 기도하여라. 그 성읍이 평안해야, 너희도 평안할 것이기 때문이다"라고 전한다(예레미야 29:4-7). 당신과 나와 우리 도시의 경우도 마찬가지다. 우리의 번영은 우리 도시의 번영, 그리고 우리의 사회 환경을 구성하는 다른 여러 사회적 실체들의 번영과 긴밀히 이어져 있다. 이웃에 대한 배려는 시민적·정치적 함의를 피할 수 없다. 이웃에 대한 배려는 시민적·정치적 책무를 맡으라고 이웃을 격려하는 것도 포함하지만, 지금은 그 의미로 이야기하는 것이 아니다. 이웃을 배려한다고 하려면 자신 주변의 여러 사회적 실체들의 가치와 번영을 배려해야 한다는 뜻이다.

앞서 여러 쪽에 걸쳐 전개한 배려에 대한 이론은, 만약 가능하다면 사회적 실체에 대해 어느 정도나 적용할 수 있을까? 앞에서 언급한 사회적 실체는 허구에 불과하며 실재하지 않는다고 말하는 이들이 있다. 허구에 불과하다면 그 대상을 배려할 수 없을 것이다. 그러나 이는 이상한 말이다. 내가 거래하는 은행이 지점 하나를 폐쇄한다고 통보하는 편지를 보냈을 때, 그 편지가 전한 것은 지어낸 이야기가 아니고 짤막한 (상상력이 빈곤한) 소설 작품도 아니다. 그것은 참 아니면 거짓인 주장을 하고 있다. 은행 자체가 '허구에 불과'

하다면 있을 수 없는 일이다.

　이보다 더 자주 듣는 표현은 사회적 실체가 그 구성원들 '이상의 무엇도 아니다'라는 말이다. 이 말은 우리가 사회적 실체를 언급하고 이에 대해 논한다고 여길 때, 실상은 여러 개인을 언급하고 개인에 대해 논한다는 뜻이다. 이 말대로라면 우리는 사회적 실체를 언급하거나 그것에 대해 이야기할 수가 없다. 그런 실체는 없기 때문이다. 그러나 내가 아는 한, 대부분의 철학자들은 이런 환원주의적 견해를 펼치려는 시도를 포기했고, 나도 그렇다.

　그러니 사회적 실체들이 존재한다는 사실을 인정하자. 사회적 실체의 존재론적 지위를 논리학자들이 말하는 **집합**(sets) 정도로 이해한다면, 그것에 관심을 가질 수도 없고 그 번영을 증진시킬 수도 없다고 생각하게 될 것이다. 집합은 분명 안녕이나 번영이 증가하거나 줄이들 수 있는 실체가 아니기 때문이다. 집합에는 안녕이 없다. 그러나 나는 사회적 실체들이 집합이 아니라는 것이 너무나 분명하다고 생각한다. 본질적으로 집합의 원소들은 정해져 있다. 집합의 원소는 그보다 늘어나거나 줄어들거나 달라질 수 없다. 그러나 도시는 주민이 줄거나 늘거나 바뀌어도 여전히 그 도시다.

　우리는 실제로 사회적 실체의 안녕과 번영을 이야기하는데, 이는 철학자들의 전문용어를 구사할 때뿐만 아니라 평범한 대화 중에도 그렇다. 그런 말들이 부정확하다거나 비유적이라고 생각할 이유는 없다. 예레미야가 그 성읍의 샬롬에 대해 한 말은 문자적이었다. 성읍에서 벌어지는 일 중에는 그 성읍에 좋은 일도 있고 나쁜 일도 있다. 가족 안에서 벌어지는 일 중에는 가족에게 좋은 일도 있고 나쁜 일도 있다. 사람의 삶에 그 사람의 안녕에 어떤 영향도 주지 않는 선과 악, 그 사람에게 있어 선이 아닌 선과 그 사람에게 있어 악이 아닌 악이 존재하듯이, 사회적 실체의 내력에도 이와 같이 그 실체에게 있어 선이 아닌 선과 그 실체에게 있어 악이 아닌 악이 있다. 반유대주의는 특정한 상황에서 유대 민족의 안녕에 악영향을 끼치지 않는다고 해도 유대 민족의 내력에서 악이다.

일부 독자들은 내가 사회적 실체에 대해 이야기하면서 '내력'(career)이라는 단어를 쓰는 것에 주목했을 것이다. 앞에서 아가페주의에 대한 내 해석을 제시할 때, 나는 누군가의 번영 정도를 결정하는 것이 그 사람이 수행하는 행동 및 활동의 가치와 그 사람의 삶의 상태와 사건들의 가치라고 말했다. 지금 문맥에서 그 설명을 떠올려 보면 이런 질문을 하게 된다. 사회적 실체들에도 삶이 있는가? 삶이 없다면, 우리가 제시한 배려에 대한 해석을 사회적 실체에 곧장 적용할 수 없다는 결론이 따라 나오지 않는가?

사회적 실체들은 생물학적으로 살아 있지 않다는 점에서 인산들과는 다르다. 그러나 그런 면에서는 신(神)도 마찬가지이다. 신은 생물학적으로 살아 있지 않다. 하지만 나는 논의를 진행하면서 줄곧 하나님에게 삶이 있다고 가정해 왔다. 그리고 우리는 가끔 사회적 실체들에 대해서도 조직의 생애나 기관의 생애 등을 이야기한다. 그럴 때 우리는 그저 비유적으로만 말하는 것인가? 아니면 우리가 **삶**이라는 유개념(generic concept)을 쓰고 있는 것인가? 생물학적 생명(life)과 하나님의 삶(life)과 사회적 실체들의 생애(life)는 각각 그 종개념(species)에 해당하는 것인가?

이 질문에 어떻게 답하든지 크게 달라지는 것은 없다고 본다. 사회적 실체들에 대해 문자적으로 분명한 사실은 그것들에 **내력** 또는 **역사**가 있다는 것과 그 내력과 역사에 선과 악이 있다는 것이다. 어떤 사회적 실체의 내력을 그것의 삶으로 거론하는 경우, 그 표현이 문자적이건 비유적이건 달라지는 것은 없다.

한 사회적 실체의 내력에 있는 선과 악은 그 내력에 있는 상태와 사건들을 포함할 것이다. 그러면 그 실체가 수행하는 행위와 활동들도 포함하는가? 이 점에서 사회적 실체는 사람과 같은가? 많은 사회적 실체들, 어쩌면 모든 사회적 실체가 이 점에서 참으로 사람과 같다. 내가 사는 도시는 여러 일들을 수행한다. 미국 의회도 그렇고, 내가 거래하는 은행과 내가 속한 대학도 마찬가지다. 물론 한 명 또는 여러 사람들이 모여 어떤 일을 진행해야만 사회적 실체가 일을 할 수 있다. 미 의회는 하원의원이나 상원의원 다수가 찬성표를 던지는 방식으로만 법안을 통과시킬 수 있다. 그러나 법안을 통과시키는 주체는 의회이며, 법안이 담고 있는 법률을 제정하는 주체도 의회다.

그리고 사회적 실체는 권리를 가지고 있으며, 부당한 대우를 받기도 한다. 이 권리 중 상당수는 법적 권리인데, 미국 법률제도에서 눈에 띄는 특징은 범죄 일반을 법적 목적에서 정부(state)에 대한 범법 행위로 해석한다는 것이다. 그러나 사회적 실체들의 권리가 모두 법적 권리인 것은 아니다. 그중 일부는 자연권이다. 법적 권리의 상당수는 법의 창조물이 아니라 자연권에 대한 법적 인정이다. 현대 서구인들은 어떤 시대, 어떤 장소의 인류보다 더 사회적 실체의 자연권에 대해 둔감한 듯하다. 여러 세기에 걸쳐 사람들은 그들의 도시가 모욕당하고, 가족이 상처입고, 민족의 위신이 격하당한다고 여겼고, 대체로 그들의 판단이 옳았다. 우리 사회에서는 단체와 기관들이 종종 부당한 대우를 받는다고 여긴다.

 이것을 보면, 우리가 한 인격체 또는 사람이 갖는 가치, 그 사람의 삶이 갖는 질 또는 가치를 구분할 수 있고 때로는 구분해야 하듯, 한 사회적 실체의 가치와 그 번영의 정도를 구분할 수 있고 때로는 구분해야 한다는 결론에 이른다. 훌륭한 도시가 가뭄이나 적군의 공격이나 경기 침체 등으로 어려운 시기를 겪을 수 있다. 평범한 도시가 호황을 누릴 수도 있다. 한 도시, 가족, 민족이 그 가치를 인정받지 못하고 가치보다 못한 대접을 받게 되면 모욕을 당했다고 느낀다.

 여기서 마지막 요점을 밝히려 한다. 사회적 실체의 상대적 가치와 번영의 정도는 전적으로 그것이 각 인간의 번영에 기여하는 바에 따라 결정된다. 도시는 과거에 사람들의 번영을 증진했고 지금도 그렇다는 전제하에서만 훌륭한 도시이며 그 내력의 상태와 사건들, 수행하는 행위와 활동이 사람들의 번영을 증진시키는 정도만큼만 번영한다. 따라서 자신의 도시─여기서 도시는 사회적 실체들 일반을 가리키는 제유(提喩, synecdoche)다─에 대한 배려는 언제나 우리 행동의 구조에서 중요한 자리를 차지해야 한다. 도시의 선은 본질적이지 않기 때문에 그 선 자체를 목적으로 여기고 증진하려 해서는 안 된다.

 사회적 실체는 거듭 노예의 지위에서 벗어난다. 그것들이 우리를 섬기는 대신 우리가 그것들을 섬긴다. 우리는 그것들이 본질적 가치를 지녔다고 생각한다. 우리는 정복의 범위와 눈부신 재화가 제국의 위대함에 기여한다고 판단할 뿐, 그 정복과 부가 사람들의 번영과 사람들 사이의 정의가 향상하는 데 과연 기여했는지는 묻지 않는다. 우리가 어떤 사회적 실체에 본질적 가치를 부여하면 그 실체의 번영 또는 우리가 그 실체의 번영이라 여기는 무엇 자체가 우리 행동의 구조에서 목적이 되어 버린다. 우리가 국가·단체·클럽을 섬기게 되어 버린다. J. F. 케네디는 대통령 취임연설에서 이 유명한 선언을 했다. "여러분의 나라가 여러분을 위해 무엇을 할 수 있는지 묻지 마시고, 여러분이 나라를 위해 무엇을 할 수 있는지 물어보십시오." 이것은 엉터리 구분이다. 물론 나는 이 나라가 나를 위해 무엇을 해 줄 수 있는지만 물어서는 안 된다. 그러나 그 대안은 '아무것도 묻지 않고' 자신을 나라에 바치는 것이 아니다. 자신의 나라가 국내외에서 사람들의 번영과 그들 사이의 정의에 봉사하는 상황이 조성되도록 내가 할 수 있는 일을 하는 것이다.

그러나 이런 생각에서 가족·나라·대학·기업에 대한 애착과 충성이 그릇된 것이라는 결론을 도출해서는 안 된다. 정반대로, 어떤 사회적 실체에 대해서도 전혀 애착과 충성을 보이지 않는 사람이라면 그 사람의 삶에 심각한 결손이 있는 것이다. 일반적 애착과 충성과 마찬가지로, 우리가 어떤 사회적 실체에 애착을 갖고 충성하는 이유 또한 그것이 최고의 조직이라는 판단 때문이 아니다. 우리가 가족에게 애착을 갖고 충실하려는 것은 그 안에서 우리가 자랐기 때문이다. 자기 나라에 애착을 갖고 충성하는 이유는 우리가 그 나라에서 태어났고 그 나라의 시민이기 때문이다. 내가 가족에게 애착을 갖는다고 해서 내 가족이 다른 가족보다 탁월히 낫다고 극찬하고 무슨 일을 하건 다 용인하게 되는 것은 아니다. 가족의 번영에 가장 보탬이 되는 것은 분별력 있는 애착이다. 나라에 대한 애착과 충성의 경우도 마찬가지다. 나라가 그릇된 일을 할 때 이를 개탄하고 치열한 비판자가 되는 것은 국가에 대한 충성과 전혀 상충하지 않는다. 실로, 충성은 바로 그것을 요구한다.

인간중심주의라는 인상 바로잡기

지금까지 나의 논의에는 인간중심주의적(anthropocentric) 경향도 있었는데, 이제는 그것도 바로잡아야 한다. 지금까지 내가 전개한 배려 이론은 동물과 식물에도 당연히 적용할 수 있다고 보기 때문에, 여기에 대해서는 아주 간략히만 말하겠다. 동물과 식물은 생물학적 생명을 가지고 있다는 점에서 우리와 같고, 그 생명에 있는 상태와 사건, 행동과 활동 중에는 그것들에게 좋은 것도 있고 나쁜 것도 있다. 그것들이 보유한 안녕에는 정도의 차이가 있다. 그것들은 부당한 대우를 받을 수도 있다. 그것들을 어떻게 대하는 것이 부당하게 대하는 것인지에 대해서는 많은 논란이 있지만, 동물학대가 동물에 대한 부당 행위라는 점에서는 이견이 있을 수 없다. 우리가 자신의 쾌락을 위해 동물에게 고통을 줄 때 그것들을 부당하게 대우하는 것이다. 우리의 즐거움을 위해 닭싸움이나 개싸움판을 벌여 닭이나 개가 서로 물어뜯게 만드는 경우, 그것들은 부당한 대우를 받는 것이다.[1]

---

1 *Justice: Rights and Wrongs*의 17장에서 사회적 실체와 인간이 아닌 생물학적 실체들의 권리에 대해서 보다 자세하게 설명해 두었다.

13

배려-아가페주의는 너무 쉬운가?

현대 아가페주의 운동의 고전적 구성원들이 지지하는 아가페주의에 따라 사는 것은 힘든 일이었다. 아니, 불가능한 일이었다. 그에 비해, 우리의 논의를 통해 정리한 아가페주의는 너무 쉬워 보일 수 있다. 우리는 가족 구성원들에 대한 애착을 유지할 수 있다. 동료 시민들에 대한 연대 의식을 유지할 수 있고, 시야에 들어오는 고통받는 사람들에 대한 공감을 유지할 수 있다. 이런 '특별한 관계들'로 인해 생겨나는 배려를 그대로 유지할 수 있다. 그것을 다 뿌리 뽑고 더럽혀지지 않은 순수한 '이웃 사랑'의 의무만 발휘해야 할 필요가 없다. 우리는 자신을 계속 배려할 수 있다. 자신의 선과 가치에는 등을 돌리고 다른 사람만 배려하며 언제나 자신을 희생하는 동네북이 될 필요가 없다. 우리는 원수도 배려해야 한다. 그러나 어떤 경우에는 그들의 가치가 존중받도록 조치하는 정도면 족하다. 그 이상은 넘어가지 않아도 된다. 재소자들을 방문해 달라는 요청을 받을 수는 있으나, 그들 모두의 석방을 위해 일하도록 요청받지는 않을 것이다. 형벌이 본질적으로 잘못된 것은 아니다. 배려-아가페주의는 다소 쉬운 윤리로 보일 수 있다. 대개 선택되는 참으로 엄격한 형태의 자비-아가페주의에 비하면 분명히 쉬워 보인다.[1]

그러나 쉽지 않다. 이기주의와 행복주의는 주체지향적(agent-oriented)이다. 이기주의자는 자신의 선 자체만을 목적으로 여기고 그 증진을 추구해야 한다고 말한다. 행복주의자는 자신의 선의 구성 요소가 될 것 같으면 자신의 선뿐만 아니라 다른 사람의 선까지도 그 자체를 목적으로 여기고 증진을 추구할 수 있다고 말한다. 그런데 내가 그동안 언급하지 않은 윤리가 하나 있다. 이론가들 사이에서는 평이 별로지만[2] 비전문가들에게 인기를 얻고 있는 이 견해에 따르면, 사람은 무엇이든 자신의 역할이 요구하는 바를 수행해야 한다. 군인은 용사의 신조를 따라 주어진 상황에서 좋은 용사가 할 만한 일을 해야 한다. 사업가는 사업가의 신조를 따라 주어진 상황에서 좋은 사업가가 할 만한 일을 해야 한다는 등이다.

배려-아가페주의는 자아를 중심에서 몰아낸다는 점에서 이런 모든 윤리와 근본적으로 다르다. 배려-아가페주의자는 타인이 함

---

1 쉬운 것이건 어려운 것이건, 이것은 아우구스티누스가 *City of God*, 19. 14에 요약해 놓은 윤리와 상당히 유사하다. 아우구스티누스는 하나님이 인간에게 명하시는 화합의 질서를 이렇게 요약한다. "첫째, 사람은 누구에게도 해를 가해서는 안 된다. 둘째, 그는 모든 사람에게 할 수 있는 데까지 선을 행해야 한다. 그러므로 우선 그는 자신의 가족을 돌봐야 한다. 사람의 본성과 인간 사회의 질서상 가족에게 다가가기가 더 쉽고 그들을 보살필 기회가 더 많기 때문이다." Dyson의 번역, pp. 941-942.
2 그래도, Francis Herbert Bradley, "My Station and Its Duties", Essay 5 in *Ethical Studies* (London: H. S. King, 1876; repr. Charleston, S: Nabu, 2010)를 보라.

당하게 대우받을 권리를 가진다고 믿기에, 자신이 열중하던 일을 잠시 미뤄 두고 타인의 권리가 무엇인지 알아내려 한다. 그것이 무엇인지 알아낸 후에는 타인의 권리가 존중받도록 노력한다. 또한 타인의 선이 경우에 따라 고유한 형태를 갖는다고 믿기에, 자신이 열중하던 일을 잠시 미뤄 놓고 그 형태가 무엇인지 생각한다. 그 형태를 알게 되면 자신이 증진해야 할 그 삶-선을 추구한다. 이런 식으로 자신을 중심에서 몰아내는 일은 결코 쉽지 않다. 자신에게서 충분히 벗어나 타자의 권리와 선이 무엇인지 상상하고 생각한 후 그것을 증진하고 존중하는 일은 결코 쉽지 않다.

도덕법에 따라 살려고 노력하는 사람의 자아도 중심에서 밀려나 있다. 그러나 그는 자신에게서 벗어나 타인의 선과 권리를 찾아내고 증진하는 대신, 도덕법의 요구를 알아내고 거기에 순종하여 행한다. 그에게 있어 도덕의 심층구조에서 근간을 이루는 것은 법과 법에 대한 순종이지 사람과 인격체의 선과 권리가 아니다. 그러나 배려-아가페주의는 타인의 외침에 관심을 갖고 거기에 귀를 기울인다.

배려-아가페주의자는 타인의 선과 권리를 찾아내기 위해 노력하고 자신이 증진해야 할 선을 증진하며 마땅히 보장해야 할 권리를 보장하는 것을 추구하는 가운데, 타인이 외집단에 속했다는 사실 때문에 판단이 흐려지거나 반응이 억제되는 경우가 없도록 노력해야 한다. 인류의 역사는 이것이 얼마나 어려운 일인지 보여 준다. 이 일은 과거에도 쉽지 않았고 오늘날에도 쉽지 않다. 우리는 타자가 적국의 전투원, 테러리스트, 공산주의자, 자본주의자라고 말한다. 그렇게 우리의 판단을 흐려 놓고 마음을 완고하게 만든다.

배려-아가페주의자는 가족이나 친구나 동료나 이웃에 대한 애착 때문이건, 자신에 대한 애착 때문이건 판단이 흐려지거나 반응이 억제되는 일이 없도록 노력한다. 우리는 가난하고 비참하게 사는 이들의 상황을 완화시키기 위해 약간의 재정적 희생을 감수하려고만 해도 이런 애착의 억센 손아귀에서 벗어나기가 얼마나 어려운지 금방 깨닫게 된다. 피터 엉어의 책 『고결한 삶과 죽음의 방관』을 다시 한 번 추천한다.

그러나 배려-아가페주의자에게 가장 어려운 가르침은 응보를 금한다는 것일 테다. 악을 악으로 돌려주거나, 앙갚음하거나, 복수를 꾀해서는 안 된다. 심지어 당한 만큼만 갚아 주는 것도 안 된다. 오히려 원수를 배려해야 한다. 고대의 상호주의 원칙을 이론적으로 옹호하는 현대의 이론가는 그리 많지 않다. 그러나 상호주의 원칙의 부정적 측면은 우리 모두의 심리 구조 안에 깊숙이 박혀 있다.

감옥을 교도소와 교화원으로 바꿔 보려는 개혁가들의 두 세기에 걸친 노력에도 불구하고, 미국의 감옥들은 그 점에서 여전히 전혀 성공하지 못했다. 무엇보다 대다수 미국인들이 감옥을 교도와 교화의 관점에서 생각하지 않기 때문이다. 그들은 감옥을 범죄자에게 그의 잘못대로 갚아 주는 곳, 그가 한 일에 대해 응분의 대가를 치르게 하는 곳이라 생각한다. 이것은 악의 존재 가운데 있을 때 복수를 꾀하지 않고 미워하지 않는 것이 얼마나 어려운 일인지 잘 보여 준다. 여기에 해당하는 두 가지 사례가 있다.[3]

반란군이 장애인 소녀의 몸에 폭탄을 묶어 검문소로 보냈다. 군인들

---

[3] Chris Eberle이 편지에서 소개해 준 사례다.

은 소녀를 쏘는 것을 주저했다. 소녀가 검문소에 가까이 가자 반란군은 폭탄을 터뜨렸다. 군인 세 명이 죽고 두 명은 살았다. 살아남은 두 군인은 훗날 이 추악한 일을 획책한 반란군을 체포하는 작전에 참여했다.

군사호송대가 작은 마을을 통과하던 중, 군인들이 가득 탄 차량 아래에서 급조폭발물이 터졌다. 여럿이 죽고 몇 사람은 만신창이가 되었다. 차량 주위로 주민들이 모여 "점령군에게 죽음을"이라는 구호를 외치며 큰 기쁨을 표현했다. 그러자 총을 든 한 군인이 군중을 향해 총구를 겨누고 민간인이 분명한 그들에게 발포하려 했다. 지휘관은 그에게 총을 내려놓으라고 명령했고, 그 군인은 분노에 몸을 떨었다.

첫 번째 사례의 두 군인과 두 번째 사례의 총 든 군인이 복수를 하지 않기란 쉽지 않다. 결코 쉽지 않다. 군인들이 체포된 반란군의 가치를 존중하는 것, 총 든 군인이 환호하는 주민들의 가치를 존중하는 것은 참으로 어려운 일이다.

 배려-아가페주의는 우리가 자신만이 아니라 타자도 배려하여 자아를 중심에서 몰아내라고 요구한다. 인간의 선과 가치에 대한 우리의 판단을 흐려 놓고 우리의 마음을 완고하게 만드는 동료 인간들에 대한 온갖 범주화 방식을 내버리라고 요구한다. 복수하고 싶은 우리의 충동에 저항하라고 요구한다. 배려-아가페주의는 쉽지 않다. 결코 쉽지 않다.

14

사랑, 정의, 선

지금까지 논의를 진행하며 우리는 다양한 종류의 사랑을 구별했다. 우리의 목적상 배려의 사랑과 자비의 사랑의 차이를 부각하는 작업이 특히 중요했다. 배려의 사랑은 누군가의 선을 증진하는 동시에 그의 가치를 존중하려고 노력하고, 타인뿐 아니라 자신도 그 대상으로 삼을 수 있다. 이 과정에서 우리는 끌림의 사랑, 애착의 사랑, 이득의 사랑(자기애) 등 구별된 사랑의 방식을 찾아내 논의에 활용할 수 있었다. 필요했다면 우정으로서의 사랑 같은 다른 형태의 사랑도 구별할 수 있었을 것이다.

사랑에 대한 논의가 모호하고 혼란스러웠던 이유는 논의 대상이 어떤 종류의 사랑인지 명확히 파악하지 못했기 때문이다. 명확성을 위해 구분 짓기가 필요했다. 그러나 2부가 끝나 가는 지금은, 논의 과정을 뒤집어 그 구분 아래 깊숙이 놓인 현상들을 들여다보기로 하자. 이 현상들은 각 사랑의 사례나 발현에 해당한다.

선의 지향들

모든 형태의 사랑은 선의 세 가지 근본적 지향 중 하나 또는 둘 이상의 발현이다. 우선, 어떤 선을 **불러오려는** 지향부터 시작해 보자. 그 의도의 성공과 실패에 상관없이 이 지향을 **선행**(benefaction)이라 부르자.

선행은 가치 있는 어떤 것을 창조하려는 행위, 즉 선의 새로운 현장을 만들어 내려는 행위로 나타날 수도 있고, 이미 존재하는 어떤 것의 번영이나 가치 증진을 추구하는 것으로 나타날 수도 있다. 후자의 발현은 배려의 형태를 띨 수도 있고 이득의 사랑의 형태로 나타날 수도 있고 자비의 형태, 즉 정의의 요구가 있건 없건 개의치 않고 타인이 선 자체를 목적으로 여기고 증진을 추구하는 형태로 나타날 수도 있다.[1] 현대 아가페주의 운동은 바로 이 마지막 형태의 선행을 신약의 아가페와 동일시하는 오류를 범했다.[2]

배려(care)는 본인도 그 대상이 될 수 있다는 점에서 자비와 다르다.[3] 다른 사람을 배려할 수 있다는 점에서 이득의 사랑과도 다르다. 또 그것이 추구하는 선이 본인이나 타인의 번영뿐 아니라 본인이나 타인의 가치에 대한 합당한 존중을 포함한다는 점에서 자비와 이득의 사랑 모두와 다르다. 이 마지막 특성으로 배려는 정의 추

---

1 독자도 눈치 챘겠지만, 어원적으로 볼 때 자선(beneficence)이 더 정확한 용어가 될 대목에서 나는 줄곧 자비(benevolence)를 써 왔음을 밝힌다.
2 Kierkegaard는 예외였다. 그는 아가페가 본인에게까지 미쳐야 한다고 생각했으니, 아가페가 자비의 일종이라는 데는 동의하지 않았을 것이다.
3 10장에서 나는 Kierkegaard의 입장을 보다 쉽게 논하기 위해, '자비'를 자신의 선을 추구하는 경우도 포함하는 포괄적 의미로 사용했다. 10장을 제외한 나머지 부분에서는 **타인**의 선을 추구한다는 의미로 사용했다.

구를 포함한다.

인간의 선행은 하나님의 선행의 결과이자 모방이다. 하나님의 선행은 창조의 선행과 배려의 선행, 두 가지 형태로 나타난다. 현대 아가페주의를 논하면서 나는 그 주창자들의 사고방식을 이해하는 가장 중요한 실마리가 그들이 하나님의 사랑을 생각할 때 하나님의 용서를 본으로 삼은 점이라고 말했다. 현대 아가페주의자들은 하나님의 창조 활동에 대해서는 말하기를 꺼린다. 니그렌의 『아가페와 에로스』를 읽노라면 떠오르는 그림에는 아무 가치도 없는 존재로 등장해 잘못을 저지르는 인간과, 그들의 잘못을 용서하시고 용서의 방식으로 인간 안에 하나님께 사랑받는다는 가치를 창조하시는 하나님이 등장한다. 참으로 흥미로운 그림이다!

현대 아가페주의의 곤경과 역설에서 벗어나려면, 모든 신적 사랑을 하나님의 죄인 용서라는 모형에 의거해 이해해야 한다는 가정을 거부해야 한다. 하나님의 죄인 용서는 하나님의 배려의 한 가지 발현일 뿐이고, 하나님의 배려는 하나님의 선행의 발현일 뿐이며, 하나님의 선행은 하나님이 선을 지향하시는 한 가지 방식일 뿐이다.

하나님의 창조 활동을 말하니 창세기 첫 장에 여섯 번 나오는 반복구가 떠오른다. "하나님 보시기에 좋았다." 이 이야기는 하나님이 인간을 창조하신 후 "손수 만드신 모든 것을 보시니, 보시기에 참 좋았다"는 선포로 마무리된다.

이 부분에서 드러나는 것은 선행의 지향과 구분되는 선의 지향이다. 이 지향은 어떤 선을 불러오려고 추구하는 대신, 이미 존재하는 선을 **인정**한다. 3장에서 나는 끌림의 사랑을 거론했고 그것을 어떤 것의 가치 때문에 이끌림, 그것을 음미함, 기뻐함, 즐김, 누림,

그것에 사로잡힘으로 묘사했다. 나는 플라톤이 대화편 『향연』에서 이런 사랑을 에로스라고 불렀다고 언급한 바 있다. 끌림의 사랑은 내가 인정이라 부르는 선의 지향의 한 가지 발현이다. 다른 발현으로는 칭찬, 감사, 흠모가 있다.

정의의 요구에 따라 정의가 요구하는 바를 누군가에게 돌려주는 것은 선행에 해당하는 선의 지향의 발현이자 인정에 해당하는 선의 지향의 발현이기도 하다. 타인을 정의롭게 대하는 것은 어떤 면에서 그의 삶-선을 증진하는 것, 즉 선행이다. 그것은 상대의 가치가 요구하는 대로 그를 합당하게 존중하는 것, 즉 인정이기도 하다. 정의를 실천할 때 선행과 인정이 통합된다. 또한 배려는 정의롭게 행동하는 일과 통합되기 때문에 이로써 배려는 선행과 인정을 통합한다.

니그렌의 『아가페와 에로스』가 제시하는 가장 중요한 명제는, 아가페와 에로스와 노모스(*nomos*, 정의)라는 '동기'들(motifs)이 끊임없이 맞물려 싸우고 있으며 사람은 그중 하나의 편을 들어야 한다는 것이었다. 그러나 배려는 노모스를 포함하는 데 그치지 않는다. 정의를 통합함으로써, 배려는 인정에 해당하는 선의 지향의 발현인 에로스와 결합한다.

이제 애착의 사랑이 남았다. 우리가 포착한 두 가지 선의 지향, 즉 선의 생산과 선의 인정을 생각할 때, 세 번째 지향이 들어설 어떤 자리가 남아 있을까? 어떤 선의 지향이 더 있을 수 있는가?

해답의 실마리는, 애착의 사랑이 사람을 염려, 비통, 슬픔 같은 감정들에 취약하게 만든다는 사실에 있다. 선을 의도하는 사람은 자신이 불러오려고 추구한 선을 불러오지 못하여 실망과 유감을 겪을 수 있다. 선을 인정하는 사람은 자신이 인정한 선이 사라지는 것을 지켜보며 실망과 유감을 겪을 수 있다. 그러나 둘 중 어느 지향도 사람을 염려, 비통, 슬픔에 민감하게 만들지는 않는다. 비통이나 슬픔과 정반대인 고양된 감정에 대해서도 마찬가지다.

어떤 것에 애착을 갖는다는 것은 그것에 감정을 투입한다는 뜻이다. 구체적으로 말하면 그 대상이 존속하는 선과, 대상이 번영하고 그 가치에 합당하게 존중받는 선과, 대상과 관계를 맺는 선에 감정을 투입한다는 뜻이다. 어머니가 아이에게 애착을 느낀다는 것은 아이의 생명이 지속되는 선, 아이가 번영하고 그 가치에 합당한 존중을 받는 선, 아이와 누리는 관계의 선에 감정을 투입한다는 의미다. 아이가 봉제인형에 애착을 갖는다는 것은 그 인형이 망가지지 않는 선, 그것이 훼손되지 않는 선, 그것과 누리는 관계의 선에 감정을 투입한다는 의미다. 한마디로, 애착으로 발현된 선의 지향은 그 선에 대한 **감정의 투입**(emotional investment), 혹은 그냥 **투입**(investment)이다. 애착의 핵심에 자리 잡은 감정의 투입 때문에 우리는 염려와 슬픔, 비통을 겪기 쉽고, 반대로 큰 기쁨을 느끼기도 한다. 우리가 애착을 갖게 된 사람이 생명의 위협을 받을 때 우리는 염려하고, 그가 죽을 때 우리는 슬퍼한다.

우리는 각자 자신에게 애착을 느끼기에 자신의 생명이 위험하다 싶으면 염려하고 자신의 번영이 감소할 때 슬퍼하고 자신의 번영이 증진될 때 기뻐한다. 여기에는 특기할 만한 것이 없다. 특기할 만한 것은 우리가 자신에게서 벗어나 다른 사람에게 감정을 투입함으로 자아를 중심에서 몰아낼 수 있으며, 우리가 실제로 그렇게 한다는 것이다. 내 아이에게 애착을 갖게 되면서 나는 내 생명뿐 아니라 아이의 생명을 위협하는 요인도 염려하고, 내 번영뿐 아니라 아이의 번영이 훼손되는 일도 슬퍼하고, 내 자신에 대한 모욕뿐 아니라 아이에 대한 모욕에도 분개한다. 애착을 갖는 대상이 적거나 애착의 정도가 약한 사람을 두고 우리는 "움츠러들었다"(pinched), "편협하다"(narrow)고 말한다. 친구들이 모두 세상을 떠난 노인들을 두고는 "물러서고"(pulling back), "후퇴하고"(withdrawing), "자기 안으로 물러난다"(retreating into oneself)고 말한다.

투입으로 나타나는 선의 지향은 인생에서 대단히 보람찬 여러 일들을 경험하게 한다. 그러나 이것은 위험하다. 사랑을 주는 사람과 받는 사람 모두에게 그렇다. 사랑하는 사람은 감정이 다치기 쉽다는 면에서 위험하다. 사랑받는 사람은 억압적이고, 소유하려 들고, 질투에 사로잡힌 사랑에 숨이 막히는 경우가 너무 많다는 면에서 위험하다.

세 가지 근본적 선의 지향은 선행, 인정, 투입이다. 정의 시행은 선행과 인정을 연결시킨다. 정의를 통합함으로써, 배려도 선행과 인정을 결합시킨다. 애착으로 나타나는 투입은 흔히 배려의 방식으로 선행을 불러일으킨다.

하나님의 사랑과 인권

나는 내 책 『정의』에서 하나님이 모든 인간을 공평하게 영원히 사랑하신다는 확신을 내세우는 사람들에게는 그 확신 자체가 자연적 인권의 분명한 근거가 된다고 주장했다. 이 주장이 옳다면 사랑과 정의의 관계를 보여 주는 온전한 그림의 중요한 요소가 될 것이므로, 『정의』에서 펼친 논증의 요점을 다시 제시하고 그중 몇 가지를 다소 다른 각도에서 다루면서 논증 곳곳에 살을 붙여 보려 한다. 자연적 인권의 "근거가 된다"는 말은 우리에게 왜 그런 인권이 있는지를 설명해 준다는 뜻이다.

인권 개념에 대한 나의 이해는 보편적인 것이다. 인권은 인간이라는 자격만으로 충분히 가질 수 있는 권리다. **그리스** 인간이거나, **남자** 인간이거나, **교육받은** 인간이 아니어도 상관없다. 어떤 식으로건 특정한 부류의 인간이 되지 않아도 된다. 인간이라는 조건만으로 충분하다. 누군가가 인간이라면 그가 존재하는 한 인간이기를 멈출 수 없으므로, 인권 역시 사라지지 않는다. 권리 일반, 구체적으로는 인권에 대한 문헌들을 보면 **인권**(human rights)과 **인간이 가진 권리**(the rights human beings have)를 혼동하기 쉽다는 것을 알 수 있다. 그러나 전자는 후자의 종개념일 뿐이다. 우리는 인권 외에도 많은 권리를 갖고 있다.

내가 생각하는 것처럼 동물에게도 권리가 있다면, 인간 역시 동물의 일종이므로 우리의 자연적 인권 안에는 동물에게도 속한 권리도 일부 있을 것이다. 그렇지만, 인권을 다룬 문건을 읽다 보면 그 근저에 인권은 **인간만의** 것이라는 생각이 공통적으로 깔려 있음을 알 수 있다. 인권의 **총합**에는 인간 외의 어떤 동물도 갖지 못하는 권리가 있다는 것이다. 그저 권리의 종류가 다르다는 의미가 아니다. 다른 동물에게는 허용되지만 인간에게는 허용되지 않는 대우 방식이 있다는 점에서, 인권은 동물의 권리를 뛰어넘는다. 이런 소위 **종차별주의**(species-ism)가 인권 개념에 들어있기에, 종차별주의를 거부하는 이들은 인권도 거부한다. 인권의 근거가 인간이 인간으로서 갖는 가치에 있다면, 그 가치는 인간이 아닌 다른 동물이 가진 가치를 뛰어넘어야 한다는 결론이 따라온다.

모든 인권은 보편적이라는 생각이 널리 퍼져 있지만 내가 볼 때 그 생각은 틀렸다. 일부 인권의 경우, 특정한 상황에 처한 사람들은 그 권리를 누릴 수 없다. 그 사례 중 한 가지가 경찰의 보호를 받을 권리다. 경찰의 보호를 받을 권리에 필요한 자격은 인간이라는 것뿐이다. 어떤 특정한 부류의 인간이 될 필요는 없다. 그러나 과거의 많은 사회에서는 경찰력 자체가 존재하지 않았다. 따라서 그런 사회에서 사는 상황에 처한 사람들에겐 경찰에게 보호받을 권리가 없었다. 그들이 경찰의 보호를 받지 못함으로써 부당한 대우를 받은 것은 아니다. 이에 반해, 고문자의 즐거움을 위한 고문을 받지 않을 권리는 보편적 인권이다. 인간이라는 자격만으로 그 권리를 갖기에 충분할 뿐 아니라, 어떤 상황에 처하더라도 그 권리는 사라지지 않는다.

앞 단락에서 사용한, 사람의 **자격**(status)과 **상황**(circumstance)의 구분에는 모호한 부분이 있어서 그 묘사가 누군가의 자격, 즉 그가 어떤 존재인가에 대한 것인지 그의 상황에 대한 것인지 분명하지 않을 때가 있다. 이 두 개념에 대한 정확한 뜻매김을 내놓을 수 있다면 바람직하겠지만 나는 그러지 못한다. 그럼에도 불구하고, 우리에겐 이 구분이 필요하다. 인권을 인간이라는 이유만으로 보유하는 권리라고 말한다면, 인권은 그 수가 아주 적어서 보편적 인권만 인권으로 드러날 것이다. 경찰에게 보호받을 권리는 인권에 속하지 않을 것이다. 이 권리를 가지려면 인간이라는 조건만으로는 부족하고, 특정한 상황에 있기도 해야 할 것이다.

유엔의 다양한 인권선언은 모두 인권이 권리 보유자의 존엄에 근거한다고 선언하거나 가정한다. 인권의 근거를 제시하려는 대부분의 이론적 시도 역시 권리 보유자의 존엄을 근거로 삼으려 한다.[4] 권리 일반은 권리 보유자의 가치에 근거한다는 것이 내 견해이기 때문에, 존엄을 인권의 근거로 제시하는 이론을 찾아내야 한다는 데 나도 동의한다.

내가 아는 한, 존엄을 인권의 근거로 삼으려는 이들은 우리가 모두 인간으로서 동등하게 존엄하다고 가정한다. 각기 타고난 재능, 성취, 인맥 등으로 보면 각 인간의 가치는 크게 다르다. 그러나 우리가 인간이라는 사실은 우리에게 동등한 존엄을 부여하는 무언가를 가정하는데, 존엄은 그 어떤 동물의 가치보다 크며 인간이기를 그치지 않는 한 상실할 수 없는 것이다. 『정의』에서 자연적 인권에 대해 내가 제시한 논의는, 인격체로 온전히 기능할 수 있는 이들뿐 아니라 아직 그럴 능력이 없는 아기들, 그럴 능력을 상실한 알츠하이머병 환자들, 그럴 능력이 전에도 없었고 앞으로도 없을 정신적 손상을 입은 사람들에 이르기까지 모든 인간이 유일무이하고 소중한 존재라는 확신에 근거한 것이다.

각 사람이 사람으로서 갖는 동등하며 제거할 수 없고 동물을 초월하는 이 존엄 때문에, 어떤 사람도 스튜의 재료가 되도록 난도질당하거나, 총에 맞은 채로 쓰레기통에 버려져 쓰레기차에 실려 가거나, 산기슭에 방치되어 죽거나, 고문자의 복수나 쾌락 때문

4　중요한 예외가 Alan Gewirth이다. *Justice: Rights and Wrongs*의 15장에서 나는 Gewirth의 이론을 제시하고 그가 실패했다고 보는 이유를 설명했다.

에 고문당해서는 안 된다. 상대가 누가 되었건 이런 일을 하는 것은 그 사람을 비하하는 것이고 함부로 대하는 것이며 그의 가치에 걸맞지 않게 대하는 것이다. 우리 각자가 인간으로서 갖는 동등하며 제거할 수 없고 동물을 초월하는 존엄을 존중하려면 인권이 있어야 한다.

인권이 존재한다고 믿고 그것이 동등하며 제거할 수 없고 동물을 초월하는 존엄에 근거한다고 믿는 이론가들이 맞닥뜨리는 큰 어려움은 그 존엄의 발생 지점이라고 할 만한 사람들의 특징이나 관계를 찾아내는 일이다. 그 특징이나 관계를 찾아낸다면 인권의 근거를 확보할 수 있기 때문이다. 그런 특징이나 관계가 분명히 있을 것이다. 어떤 것의 가치, 존엄, 탁월함은 아무렇게나 생기지 않는다. 그것에는 가치를 부여하는 무엇, 그 가치를 해명해 주는 무엇, 그 가치의 토양이 되는 무엇이 있다. 누군가 작곡한 피아노 소나타가 훌륭한 작품이라면, 그 안에는 그 작품을 훌륭하게 만드는 무엇이 있을 것이다. 그 요인이 어떤 것인지 말로 표현하는 일이 불가능에 가까울 만큼 어려울 수는 있지만, 훌륭한 소나타여도 그것을 훌륭하게 만들어 주는 요인은 없다는 말은 앞뒤가 맞지 않는다.

인권의 근거가 되는 존엄을 해명하려는 거의 모든 세속적 시도는 인간이 보유한 특정한 능력에 호소하는 전략을 썼다. 대부분의 사람들은 칸트를 뒤따라 이성적 행위자가 될 수 있는 능력에 호소했다. 그러나 많은 이들과 달리 로널드 드워킨(Ronald Dworkin, 1931-2013, 미국의 법철학자—역주)은 문제의 존엄이 특정 능력의 보유가 아니라 우리 인간이 '창조된' 방식에서 생겨난다고 말한다. 드워킨에 따르면 인간은 자연적 창조(natural-creation)와 자기 창조(self-creation)가 낳은 걸작이다. 우리의 동등하며 제거할 수 없고 동물을 초월하는 존엄은 이 사실 위에서 생겨난다.

인간 존엄에 대한 능력 위주의 설명이 성립하지 않는 이유

나는 『정의』에서 이성적 행위 능력을 인권의 근거로 삼아 존엄을 해명하려는 시도는 성공할 수 없다고 주장했다. 여기서 그 결론의 두 가지 근거를 소개하겠다.

첫째, 이성적 행위 능력에는 정도차가 있으므로, 그 능력을 보유함으로 인간이 갖는 가치에도 정도차가 생긴다. 그것은 동등-가치 단서(equal-worth proviso)를 위반한다. 게다가 인간은 각기 소유한 구체적인 이성적 행위 능력을 잘 행사하기도 하고 못하기도 한다. 만약 인간이 이성적 행위자로서 가치를 갖는다면, 같은 능력을 가진 이들 중에서 그 능력을 더 잘 쓰는 사람이 더 가치 있을 것이다.

이성적 행위 능력에 상응하는 근거로 그 **능력을 어느 정도로든 소유하고 어느 능숙도로든 구사하는** 속성이 있다. 그 속성에는 정도의 차이가 없다. 있거나 없거나 둘 중 하나이지, 어느 정도로 가지고 있을 수는 없다. 그래서 우리가 인간으로서 갖는 동등하며 제거할 수 없고 동물을 뛰어넘는 존엄이 그 속성을 소유하는 데서 생겨난다고 말하는 사람도 있다.

그러나 이 속성을 소유하는 데서 존엄이 생겨난다는 생각이 이성적 행위 능력을 소유하고 행사하는 데서 존엄이 생겨난다는 앞의 확신에 기반하고 있음을 주목하라. 우리가 앞에서 지적한 것처럼, 사람이 소유한 이성적 행위 능력의 크기와 그 능력을 행사하는 능숙함의 정도는 각자 다르다. 그래서 그 능력을 어느 정도로든 소유하고 어느 능숙도로든 구사하는 속성에서 생겨나는 동등한 존엄은, 사람이 소유한 능력의 크기와 그것을 능숙하게 행사하는 정도에 따라 생기는 차등이 있는 존엄과 긴밀하게 이어져 있다. 우리 각 사람이 그 능력을 제각기 소유하고 행사함으로써 갖게 되는 것은 차등이 있는 존엄 가운데 최소치 정도다. 각 사람에게 약간의 존엄을 제공하는 바로 그 능력이 고도의 격차가 있는 존엄의 근거가 된다. 이것이 최선이라면, 우리는 이렇게 자문해야 한다. "그래서 그다음은?" 그러나 이 질문에 답하는 데 시간을 쓰는 대신, 보다 위협적인 두 번째 문제에 주목하기로 하자.

고등동물 중 일부는 이성적 행위 능력을 갖고 있는 듯하다. 이렇게 되면 그 능력을 소유했기에 발생하는 존엄은 동물을 뛰어넘는 것이 아니다. 이 사실에 대처하기 위해 우리는 이성적 행위 능력이 인간 이외의 어떤 동물도 보유할 수 없는 것이라는 확신이 들 때까지 그 요건을 '강화'할 수 있다. 여기에 해당하는 능력은 이성적 도덕 행위 능력이라고 말하거나, 인생 계획을 세우고 수정하고 실행에 옮기는 능력이라고도 말할 수 있다. 나는 인간 외의 어떤 동물도 이런 능력을 갖고 있지 않다고 생각한다. 아니면 조금 다른 노선을 택해서 인격체로 기능할 능력이라고 말할 수도 있다. 인격체로서의 기능은 이성적 행위 능력을 포함하지만 그보다 많은 것을 요구한다. 아마 인간 외의 어떤 동물도 인격체로 기능하지 못할 것이다.

그러나 인간 이외의 어떤 동물도 소유할 수 없는 능력이라는 확신을 얻기 위해 이성적 행위 능력의 요건을 강화할수록, 그 능력을 소유하지 못한 사람들의 수도 늘어난다. 요건을 강화하지 않은 상태에서도 그 능력을 소유하지 못한 사람들이 존재하는 것이 현실이다. 유아들은 아직 그 능력이 없고, 치매를 앓는 성인들은 그 능력을 잃어버렸고, 태어날 때부터 심각한 정신적 손상을 입은 사람들은 그 능력을 이전에도 갖지 못했고 앞으로도 갖지 못할 것이다.

『정의』에서 나는 인간과 이성적 행위 능력의 긴밀한 관계를 약화시켜 그 능력이 없는 사람들을 '존엄의 원'(circle of dignity) 안으로 끌어들일 가능성을 살펴보았다. 유아들은 이성적 행위 능력을 소유하지 못했지만, 그들 대부분은 **소유하게 될** 그 능력과 이어져 있다. 알츠하이머병 환자는 **소유한 적이 있는** 그 능력과 이어져 있다. 태어날 때 심각한 정신적 손상을 입은 사람들은 **그 능력을 소유하고 제 기능을 다하는 성인 동료들과 같은 종에 속한다는 점**에서 그 능력과 관계를 맺고 있다. 모든 인간은 이 마지막 관계의 방식으로 그 능력과 이어져 있다. 그러나 이 지점에서 우리는 두 가지를 생각해야 한다. 그 능력과 그런 식으로 관계를 맺고 있다는 것이 인권의 근거가 될 만큼 충분한 존엄을 보장하는가? 그들보다 더 많은 존엄을 실제로 이성적 행위 능력을 갖춘 잘 발달된 영장류들이 갖게 되는 것은 아닐까?

나 역시, 이성적 또는 도덕적 행위 능력이 그 능력을 소유한 사람들에게 큰 가치를, 그러나 능력의 정도에는 차이가 있으므로 차별적인 가치를 부여한다는 견해를 분명히 갖고 있다. 인생 계획을 수립하고 실행하고 수정하는 능력도 그것을 소유한 사람에게 큰 가치를 부여하며, 인격체로 기능하는 능력도 마찬가지다. 그러나 내가 하고 싶은 말은, 이런 능력이 결여된 사람들이 있다는 것이다.

우리가 인간으로서 지닌 어떤 동등하며 제거할 수 없고 동물을 초월하는 존엄을 특정한 능력에 호소하여 해명하려는 모든 시도는, 이성적 행위 능력에 의거하여 해명하려는 시도가 맞닥뜨리는 것과 정확히 동일한 문제를 마주칠 것이다. 그리고 능력을 배제하는 드워킨의 설명에 대해서는, 심각하게 손상된 인간의 경우 자연적 창조와 자기 창조가 낳은 걸작이라고 할 수 없다는 점을 지적해야겠다.

인간의 본성이나 이마고 데이는 인권의 근거가 되는가?

그러면 어떻게 할까? 어떤 이들은 자연적 인권이 존재함을 여전히 믿으면서도 그 근거를 알아내려는 시도는 포기할 것이다. 그들은 굳이 벽에 머리를 들이받을 이유가 없다고 말할 것이다. 자연적 인권이 존재한다고 믿는 것이 오류라는 결론을 내릴 이들도 있을 것이다. 그들은 다른 종류의, 예를 들면 인격체의 권리 같은 종류의 자연적 권리가 있다는 식으로 방향 전환을 모색할 수도 있다. 그런가 하면 자연권 개념 전체를 폐기할 수도 있다. 하지만 인권의 근거가 분명히 존엄이라고 제시하는 일을 포기하고 절망할 준비가 되지 않았다고 한다면, 어떤 방향으로 나아가는 것이 가장 유망한가?

누군가 또는 무언가와 맺는 어떤 관계가 우리에게 가치를 부여하기도 한다. 그래서 우리는 모든 인간과 모종의 관계로 이어져 있는 어떤 존재 또는 존재 유형이 있는지, 우리가 찾고 있는 가치를 인간에게 부여하는 그 존재 혹은 그 유형의 존재와의 어떤 관계가 있는지 찾아내려고 시도할 수 있다. 물론 그것은 인간 쪽의 어떤 능력도 전제하지 않는 관계여야 할 것이다.

나는 가장 그럴 듯한 후보가 하나님이라고 생각한다. 하나님의 존재를 믿지 않는 이들은 물론 하나님을 설득력 있는 후보로 보지 않을 것이다. 그러나 그들도 가정법 형식을 빌어서 유신론이 인권의 근거를 제시할 길이 되는지 물을 수 있다. 여기서 고려해야 할 핵심 질문은 이것이다. 가치를 부여하는 그 관계는 어떤 것인가?

흔히 신학자들은, 모든 인간이 이마고 데이(imago dei, 하나님의 형상—역주)를 지녔고 그 때문에 갖게 되는 존엄이 인권의 근거라는 답변을 내놓는다. 이 답변이 옳은지 판단하려면, 하나님의 형상을 구성하는 것이 무엇인지 알아야 한다. 기독교(와 유대교) 사상의 역사를 보면 이마고(imago)가 놀랄 만큼 다양하게 이해되어 왔음을 알 수 있다. 하지만 내가 아는 한, 그 모든 이해가 두 가지 분류 중 하나에 속한다. 어떤 저자들은 어떤 능력을 소유하고 행사하는 데서 하나님을 닮은 것이 이마고 데이라고 생각한다. 또 어떤 이들은 창조계 안에서 어떤 역할, 예를 들어 '다스리는' 역할을 맡아 하나님을 닮거나 대신하는 모습을 보이는 것이 이마고 데이라고 생각한다. 그러나 제안되는 역할들은 모두 어떤 능력을 발휘해야 감당할 수 있다. 따라서 인간의 여러 능력을 존엄의 근거로 삼으려던 세속의 시도들에 대해 제기했던 핵심 반론이 이 부분에도 그대로 적용된다. 어떤 능력을 거론하든, 그 능력을 갖지 못한 사람들이 있다는 사실 말이다. 어떤 이들은 그 능력을 아직 갖지 못했고, 어떤 이들은 그 능력을 잃었으며, 어떤 이들은 가져 본 적도 없고 앞으로도 갖지 못할 것이다. 어떤 인간이 그 능력을 소유하지 못한 경우, 능력이 없다는 면에서 물론 하나님을 닮지 않았고, 그 능력이 있어야 맡을 수 있는 창조계 안의 역할 면에서도 하나님을 닮거나 대신하지 못한다. 하나님의 형상을 어느 전통적 방식으로 이해하건, 하나님의 형상이 결여된 사람들이 존재한다.

내가 알기로 자신의 관점에 함축된 이런 결론을 명시적으로 주목하는 신학자는 없다. 혹시 있다 해도 이런 결론을 수용할 수 있다고 생각하는 사람은 거의 없을 것이다. 우리 안에 있는 하나님의 형상이 죄로 훼손되었다고 보는 오랜 신학적 전통이 있지만, 어떤 사람들에게는 그 형상이 완전히 결여되었다는 것을 받아들일 신학자는 거의 없을 것이다. 그러면 이런 결론이 따라오지 않도록 하나님의 형상을 이해할 길이 있는가?

『정의』에서 나는 이마고 데이를 능력의 닮음과 역할의 닮음으로 보는 표준적 해석 대신에 **본성의 닮음**(nature-resemblance)으로 보는 해석을 제안했다. 인간이 아무리 심각하게 훼손되었어도, 그는 여전히 인간 본성을 소유한다. 그리고 그 본성을 소유하고 있다는 면에서 그는 하나님을 닮았다. 성숙하고 제대로 기능하는 인간 본성의 표본들이 하나님을 닮은 여러 능력을 소유하고 하나님 같은 역할을 창조계에서 감당한다는 면에서, 인간의 본성은 하나님의 본성과 같다.

모든 인간은 이렇게 이해된 이마고 데이를 지닌다. 여기서 우리는 이렇게 이해된 하나님의 형상을 지닌 것이 우리에게 동등하며 제거할 수 없고 동물을 초월하는 존엄을 부여하는지 물어야 한다. 우리가 찾고 있는 존엄은 인간이 본성의 닮음으로 이해된 하나님의 형상을 지닌 존재로서 하나님과 맺는 관계에서 생겨나는가?

이 질문은 두 단계로 다룰 수 있다. 그저 인간 본성을 갖고 있다는 사실이 적절한 존엄을 부여하는 조건으로 충분한가? 그렇지 않다면, 인간 본성을 갖고 있다는 면에서 하나님을 닮았다는 사실 자체가 유의미한 존엄을 만들어 내는 것인가? 첫 번째 질문에 대한 답이 "그렇다"라면, 인간이 어떤 본성을 갖고 있다는 데 동의하는 세속 사상가들은 자연적 인권의 근거를 제시할 방법을 얻게 된다. 그들은 인간 존엄의 근거로 능력을 제시하는 표준적 해석 대신에 인간 본성을 근거로 제시하는 방법을 쓸 것이다.

나는 『정의』에서 이 두 질문 중 첫 번째에 대해 고찰할 한 가지 방법을 제안했다. 우리 본성을 일종의 설계로 여긴 다음, 설계대로 구현된 온전한 사례와 기형적 사례를 두고 우리가 뭐라 말할지 생각해 보는 것이다. 우리 집 동쪽에 사는 이웃과 서쪽에 사는 이웃이 같은 기종의 자동차, 편의상 "재규어"를 보유하고 있다고 해 보자. 동쪽 이웃이 보유한 차는 쌩쌩 잘 달린다. 나는 그것을 엄청 부러워한다. 서쪽 이웃이 보유한 차는 심각한 충돌사고를 당했다. 흔히 하는 말로 '폐차'되었다. 정비소마다 한목소리로 수리가 불가능하다고, 고철 값이나 받고 팔라고 한다.

나는 서쪽 이웃에게 정비업자의 말을 무시하고 자동차를 갖고 있으라고 조언할까? 그의 자동차가 얼마나 멋진 기종인지 정비업자들이 몰라보는 거라고 말할까? 멋진 기종이라는 사실만으로 감탄하며 그의 재규어를 귀하게 여겨야 한다고 말할까? 차고를 한 칸 더 늘리고 견인차를 불러 엉망이 된 재규어를 차고 안에 고이 모셔 놓고 먼지 덮개를 씌워 보호하라고 조언할까?

아니, 그런 조언을 하지 않을 것이다. 『정의』에서 나는 이 비유를 생각한 끝에 인간 본성을 소유하고 있다는 것 자체가 인권의 근거가 되지는 못한다는 결론을 내렸다.

　나와는 생각을 달리할 독자들도 있을 것이다. 그들은 서쪽 이웃의 재규어가 완전히 파손되었다 해도, 그 기종과 설계가 참으로 탁월하다면 차를 보관하고 소중히 여겨야 한다고 조언할 것이다. 그런 독자들이 있다면 나는 그들에게, 참으로 훌륭한 기종이지만 파손된 내 이웃의 재규어를 그보다 좀 떨어지는 기종이지만 무난하게 잘 달리는 멀쩡한 "토요타"와 비교해 보라고 권하고 싶다. 후자가 전자보다 더 나은 자동차 아닌가? 전자를 통해 예시한 종이 후자를 통해 예시한 종보다 더 뛰어난 것이라 치자. 그래도 우리가 지금 논하는 것은 자동차의 기종들이 아니라 자동차들이다. 내 판단으로는 후자가 전자보다 더 훌륭하다.

　어떤 적용을 해야 할지는 분명하다. 심각하게 손상된 인간이 인간 본성을 소유했다는 이유만으로 어떤 가치를 갖고 있을 수도 있다. 그러나 제 기능을 다하는 침팬지나 돌고래가 더 가치 있지 않을까? 지금 우리의 목적상 필요한 것은 동물을 초월하는 가치다.

　그러면 사람이 소유한 본성이라는 면에서 하나님을 **닮은 것**(resembling)은 어떨까? 사람이 하나님을 닮아서 소유한 본성은, 그것이 제 기능을 하는 사람들에게는 하나님 같은(God-like) 능력들을 갖게 해 주는데, 심신이 너무나 심하게 훼손되어 그런 능력을 갖지 못한 사람에게도 그런 닮음이 유의미한 존엄을 부여할까? 내가 보기엔 그렇지 않다. 인간 본성을 소유한 것만으로 그러한 존엄을 갖게 되는 게 아니라면, 그 본성을 소유했다는 면에서 하나님을 닮은 것이 어떻게 그런 존엄을 준다는 것인지 나는 이해되지 않는다.

인간의 존엄에 대한 유신론적 해석

하나님과 맺는 어떤 관계에 의해, 인권의 근거가 되는 동등하며 제거할 수 없고 동물을 초월하는 존엄을 모든 사람이 갖게 된다면, 그 관계는 사람 쪽의 어떤 능력도 전제하지 않아야 한다는 점을 나는 지금까지 여러 차례 밝혔다. 하나님의 형상에 대해 **본성의 닮음**이라 내가 이름 붙인 해석을 채택한다면, 하나님의 형상을 지님으로 하나님과 관계 맺는 것이 이 기준을 만족시킨다. 사람 쪽의 어떤 능력도 전제하지 않기 때문이다. 그러나 그 관계가 기준을 만족시킨다고 해도, 필요한 역할을 해내지 못한다는 것이 드러났다. 우리는 뭔가 다른 관계를 찾아야 한다.

『정의』에서 나는 하나님에게 사랑받음으로 맺어진 관계가 그 역할을 할 수 있다고 제안했다. 처음에는 이 생각이 그리 가망 있어 보이지 않는다. 끌림의 사랑은 그 일을 해낼 수 없다. 그런 사랑은 가치를 부여하는 것이 아니라 이미 존재하는 가치를 인정하는 것이기 때문이다. 자비의 사랑이나 선행의 사랑도 그리 나을 바 없다. 그런 사랑은 대상의 가치를 높여 주겠지만, 우리가 찾고 있는 것은 가치의 증진을 **일으키거나 발생시키는** 형태의 사랑이 아니라 **그 자체로** 대상에게 가치를 부여하는 사랑이다. 사랑이 만들어 내는 그 무엇이 아니라 **사랑받음**이 사람에게 가치를 부여한다. 알츠하이머병 환자가 가치를 부여하는 사랑을 받는다는 사실은 그가 여전히 알츠하이머병 환자라는 사실과 공존할 수 있다.

그럼 애착의 사랑은 어떤가? 여기서는 사랑의 대상에게 가치를 **부여하는** 사랑과, 그 대상을 대하는 특정한 대우 방식에 내가 '전이되는 도덕적 중요성'(transitive moral significance)이라고 부를 것을 담는 사랑, 이 둘의 차이를 분명히 해 두는 것이 중요하다. 장 칼뱅(John Calvin)의 창세기 주석에 나오는 한 대목이 이 부분을 이해하는 데 유용하다. 칼뱅이 주석하는 성서 본문은 창세기 9장 6절이다. "사람은 하나님의 형상대로 지음을 받았으니, 누구든지 사람을 죽인 자는 죽임을 당할 것이다." 주석은 이렇게 이어진다.

> 인간은 그 자신만 놓고 본다면 참으로 하나님의 돌보심을 받을 가치가 없다. 그러나 인간은 하나님의 형상이 새겨진 존재이기에, 하나님은 인간 안에서 자신이 모독당한다고 여기신다. 따라서 인간 안에는 하나님의 호의를 살 만한 요인이 하나도 없지만, 하나님은 그들 안에서 자신의 선물을 보시고 그로 인해 그들을 기꺼이 사랑하고 돌보신다. 인간에게 해를 끼치면 하나님에게도 상처를 입힐 수밖에 없다는 이 교리를 명심해야 할 것이다. 이 교리를 마음 깊이 새긴다면, 사람에게 해를 가하는 일을 훨씬 주저하게 될 것이다.

여기서 칼뱅은, 인간에게 해를 가하는 행위에 '전이되는 도덕적 중요성'이 있다고 말한다. 인간에게 해를 가함으로써 하나님을 부당하게 대한다('해를 끼친다' '모독한다')는 것이다. 이 대목을 처음 읽을 때는 인간에게 해를 가하는 행위에 '전이되는 도덕적 중요성'이 있는 것이, 인간이 지닌 하나님의 형상 때문이라는 것처럼 보인다. "인간은 하나님의 형상이 새겨진 존재이기에, 하나님은 인간 안에서 자신이 모독당한다고 여기신다." 하지만 더 자세히 읽어 보면 그것은 칼뱅이 말하려는 바가 아닌 것 같다. 칼뱅은 하나님이 인간에게 선물로 주신 그분의 형상을 알아보시고 "기꺼이 사랑하고 돌보신다"고 말한다. 그 형상을 알아보는 것으로 사랑이 생겨나지만, 하나님의 바로 그 사랑 때문에 인간에게 해를 가하는 행위에 '전이되는 도덕적 중요성'이 담긴다. 칼뱅은 이것을 "인간에게 해를 끼치면 하나님에게도 상처를 입힐 수밖에 없다"고 표현했다. 이 표현은 이런 내용을 함의하는 듯하다. 하나님의 인간 사랑은 그들에 대한 하나님의 애착이고, 그 애착은 인간이 하나님의 형상임을 그분이 '알아보심'으로 생겨난다. 인간에 대한 하나님의 애착은 그들을 향한 하나님의 배려를 불러일으킨다.

하나님이 인간에게 애착을 갖고 계시기 때문에, 인간에게 손상을 가하면 하나님을 부당하게 대하는 일이 된다. 인간에게 위해를 가하는 행위에 담긴 손상의 '전이되는 도덕적 중요성'은 칼뱅이 말한 것처럼 참으로 놀라우며, 이 전체 그림에서 중요한 역할을 한다. 그러나 인간에게 손상을 가하는 행위에 이런 '전이되는 도덕적 중요성'이 담겨 있다는 사실은, 인간의 가치가 인간에 대한 하나님의 애착으로 주어진 것이고 인간 **자체**가 원래 갖고 있는 것이 아님을 뜻하지는 않는다. 인간에게 손상을 가함으로써 **인간을** 부당하게 대우하게 된다는 뜻도 아니다. 인간에게 손상을 가해 하나님을 부당하게 대하는 것과 인간에게 손상을 가해 인간을 부당하게 대하는 것을 동일시해선 안 된다. 누군가가 만들어 뿌듯해하고 애착을 느끼는 가구를 내가 제멋대로 부순다면 그 사람을 부당하게 대우하는 일이 되지만, 그 가구를 부당하게 대한 것은 아니다. 하나님의 인간 사랑에서 인권의 근거가 되는 가치가 나온다면, 그 사랑은 인간들이 다른 식으로는 갖지 못했을 가치를 **그들에게** 부여해 주어야 한다. 그들에게 위해를 가하는 행위에 '전이되는 도덕적 중요성'을 부여하는 것만으로는 충분하지 않다.

그래서 다시 묻는다. 어떤 종류의 사랑이 답이 될 수 있는가? 자, 어떤 군주가 있다고 상상해 보자. 모든 백성의 사랑을 받는 선량한 군주다. 모든 백성의 공동선에 기여하는 정의로운 정치 질서를 제공하지만, 조금 외롭다. 그래서 모든 백성에게 시혜를 베푸는 데 더해, 백성 중 일부를 택하여 친구로 삼고 싶어 한다. 선택받은 사람들에게는 명예로운 일이다. 그들은 "저를 친구로 삼아 주시니 영광입니다"라고 말한다. 물론 시간이 지나면 군주의 친구라는 사실이 그들의 삶에 여러 선을 제공하겠지만, 왕이 친구로 삼고자 하는 사람으로 선택받은 것만도 명예로운 일이다. 선택받은 사람들은 이력서의 '명예' 칸에 그 사실을 적어 넣을 것이다. 선택받지 못한 사람들은 부러워할 것이다.

이제 핵심을 짚어 보자. 명예를 얻으면 가치를 부여받는다. 이것이 다소 신비로운 일인 것은 분명하다. 그러나 이런 일이 벌어진다는 사실을 보여 주는 증거가 있다. 명예를 얻으면 모욕을 당할 새로운 가능성, 부당한 대우를 받을 새로운 가능성, 존경받을 새로운 가능성이 열린다는 것이다. 이것은 사람의 가치에 어떤 변화가 생겼을 때만 가능한 일이다. 이제 그를 모욕할 수 있는 가장 확실한 방법은 그 명예를 하찮게 취급하는 것이다. 군주에게 친구 후보로 선택받지 못한 사람이 선택받은 사람에게 이렇게 냉소적으로 한마디 한다. "그게 무슨 대수라고!" 그 말을 들은 사람은 화를 낼 권리가 있다. 모욕을 받았기 때문이다. 상황에 따라 그것은 명예를 내린 군주까지 모욕하는 발언이 될 수 있다. 그 정도까지 가지 않더라도, 그것이 명예를 받은 사람을 모욕하는 발언인 것만은 분명하다. 명예의 수여는 가치를 부여한다.

명예의 수여는 가치를 인정하는 방법일 때도 있고, 그렇지 않을 때도 있다. 군주가 몇 사람을 선택해 친구로 삼고 싶다고 말하는 것은 그들이 백성 중 가장 훌륭하다고 선언하는 일이 아니다. 물론 군주는 자신이 선택한 사람들에게서 우정을 나눌 만한 잠재력을 발견했을 것이고, 잠재력의 실현을 가로막는 장애물이 있다면 그들과 협력하여 그것을 극복하려 힘쓸 것이다. 그러나 그것은 그들이 왕국에서 가장 훌륭한 사람들이어서 그 사실을 선포하는 방식으로 그들을 친구로 선택했다는 말과는 다르다.

이 비유를 어떻게 적용할지는 분명하다. 하나님이 누군가를 선택해 친구로 삼기 원하신다고 해 보자.[5] 그것은 하나님에게서 명예를 받는 일이다. 하나님이 주신 명예를 받는 일은 곧 가치를 부여받는 일이다. 여기에다 모든 인간이 하나님이 친구로 삼기 원하시는 존재로 선택받은 명예를 누리고 있다는 사실을 더해 보라. 그러면 그 명예를 누리는 모든 인간에게 가치가 부여되었다는 사실을 알 수 있다.

이제 물어야 할 질문은 이것이다. 하나님이 친구로 삼기 원하시는 피조물로 인간을 선택하신 일이 혹시 그분의 변덕스럽고 자의적인 처사가 아닌가 하는 것이다. 하나님은, 이를테면 악어를 선택하셨을 수도 있지 않을까? 아니다. 나는 군주가 친구로 삼고 싶은 사람들을 찾을 때는 왕국에서 가장 훌륭한 사람들을 찾지는 않을지

---

5   "사귐의 의지는 [하나님의] 존재 자체다." Karl Barth, *Church Dogmatics*, Vol. 2, Part 2, p. 26.

라도, 친구가 될 만한 잠재력이 보이는 사람들 중에서 친굿감을 찾는다고 말했다. 악어에겐 하나님과 친구가 될 잠재력이 없다. 그것은 악어의 본성과 양립할 수 없다. 하나님의 친구가 되려면 인격체의 본성을 갖고 있어야 한다. 아무리 뛰어난 악어라도 인격체일 수는 없다. 모든 동물 중에서 인격체로 기능할 수 있는 존재는 인간뿐이다.

왜 하나님이 악어를 친굿감으로 선택하지 않으셨는지 따져 보면 하나님이 인간을 선택하신 이유를 이해할 수 있다. 인격체가 되는 것이 우리의 본성이기 때문에, 우리에겐 하나님과 우정을 나눌 잠재력이 있다. 물론 그 잠재력을 발현하기 위해서는 하나님과 우리가 함께 극복해야 할 여러 장애물이 있다. 우리가 하나님을 부당하게 대접하여 생겨난 도덕적 단절이 회복되어야 하고, 현재 인격체로 기능하지 못하는 이들은 이생에서건 내세에서건 그 심각한 기형을 치료받아야 할 것이다.

앞에서 나는, 인간 본성을 소유하는 것 자체는 인권의 근거가 될 만한 충분한 가치를 우리에게 부여하지 못하며, 그런 본성을 소유했다는 점에서 하나님을 닮은 것도 필요한 가치를 우리에게 더해 주지 못한다고 말했다. 하지만 인간 본성과 하나님의 형상은 인간 존엄에 대한 온전한 설명으로 무의미하지 않다는 것을 확인했다. 이 둘을 보면 하나님이 인간이 아닌 다른 동물 대신 인간을 선택해 친구로 삼고자 하시는 이유를 알 수 있다. 본성을 볼 때, 우리는 하나님의 친구가 될 잠재력을 가진 반면 다른 동물에겐 그 잠재력이 없다.

다른 동물 대신 인간과 우정을 나누기 원하시는 하나님의 마음이 변덕스럽고 자의적인 것인지 묻는 질문에 내가 제시한 답변이, 하나님이 인간과 우정을 나누기 원하시는 마음을 설명해 주지 않는 것에 주목하라. 하나님과 우정을 나눌 잠재력은 인간 본성을 지니는 데서 온다. 인간 본성은 우정의 필요조건이지만, 그것은 설명이 아니다. 왜 하나님이 우리와 친구가 되고 싶어 하시는지에 대한 설명은 우리가 누군가를 친구로 삼고 싶은 이유에 대한 설명과 상당히 비슷할 것 같다. 우리가 누군가와 친구가 되고자 하는 것은 상대에게 그럴 만한 자격이 있어서가 아니다. 상대의 가치가 그 일을 요구해서도 아니다. 우리의 우정이 우리 두 사람 모두의 삶에 큰 선이 될 거라고 기대하기 때문이다. 우리와 친구가 되고 싶어 하시는 하나님의 마음도 마찬가지다.

물론 유신론자가 아닌 이들은 인간 가치에 대한 이런 유신론적 해석을 받아들이지 않을 것이다. 그러나 유신론자들 중에도 이런저런 이유로 이 해석을 받아들이지 않을 이들이 많다. 그래서 결론적으로 이렇게 묻는 것이 의미 있을 것 같다. '하나님이 각 사람을 친구로 삼고 싶은 존재로 선택하심으로 인간을 존귀하게 만드신다'는 주제를 유신론적 전통에서 과연 찾아볼 수 있는가? 아니면 이런 생각은 존엄으로 인권의 근거를 확보하고 싶은 마음에서 내가 만들어낸 임시변통의 개선책에 불과한가?

'하나님은 우리를 친구로 삼고 싶은 피조물로 선택하시고 우리와의 우정을 가로막는 여러 장애물을 극복하는 조치를 취하심으로 우리를 명예롭게 하셨다.' 이 주제는 실제로 기독교 전통에 널리 퍼져 있다. 이 주제를 다룬 최근의 글을 인용해 보겠다. 이 글은 메릴린 애덤스(Marilyn Adams)의 책 『참혹한 악과 하나님의 선』(*Hor-*

rendous Evils and the Goodness of God)에서 발췌한 것이다. 애덤스는 그 책 어디에서도 인권을 염두에 두고 있지 않으므로, '입맛에 맞는 것만 골라 뽑았다'고 비난받을 일은 없을 것이다. 애덤스에 따르면, 최후의 심판 때 "하나님이 이스라엘 족장들을 친구로 삼으심으로써 명예롭게 하신 일과, 이스라엘을 선택하시고 그들에게 율법을 주시고 그들의 온갖 시련 가운데 동행하셔서 그들을 하나의 민족으로 만드심으로써 명예롭게 하신 일이 드러날 것이다. 기독교의 관점에 따르면, 만물의 창조주께서 인류의 일원이 되심으로 인류를 존귀하게 하셨고, 수난과 죽음을 통해 참혹한 악을 겪는 사람들과 자신을 동일시하심으로 그들을 명예롭게 하셨다. 더욱 놀랍게도, 하나님이 경악스런 죄인들의 상태와 자신을 동일시하시고 나무에 달려 죽으심으로 세상 저주를 받으시고, 저주받은 자들의 자리를 대신하심으로 저주의 능력을 영원히 말소하심으로써 그들을 명예롭게 하신 일이 최후의 심판 때 드러날 것이다!"[6]

---

6 Marilyn McCord Adams, *Horrendous Evils and the Goodness of God* (Ithaca: Cornell University Press, 1999), p. 127.

3부 정의로운 사랑과 불의한 사랑

15

용서란 무엇인가?

서문에서 나는 사랑과 정의의 관계를 다룬 논의에 줄기차게 등장하는 주제가 '갈등'이라고 말했다. 대개 사랑은 불의하다, 혹은 불의해 보인다. 대개 정의는 무정하다, 혹은 무정해 보인다. 이제 그 주제를 이어받아 실제 또는 외관상 갈등의 사례들을 분석해 볼 시간이다. 지금까지 진행해 온 논의의 결과로 그런 사례들이 이전과는 다소 다르게 보인다. 이전에는 자비의 사랑과 정의 간의 실제 또는 외관상 갈등을 나타내는 사례로 보았던 일들을 이제는 실제 또는 외관상의 기형적 배려의 사례로도 봐야 한다.

전쟁에는 자비의 사랑과 정의 간의 실제 또는 외관상의 갈등에 해당하는 사례들이 가득하다. 우리는 공격과 위협에 맞서 이쪽 사람들을 보호해야 한다. 그렇게 하지 않는 것은 무책임한 일이 될 것이다. 그러나 저쪽 사람들을 부당하게 대우하지 않고 그렇게 할 수 있을까? 이 유형의 사례들을 분석하지는 않을 것이다. 중요하지 않아서가 아니라, 적절한 깊이를 유지하면서 그 사례들을 분석하는 일은 별도로 책 한 권을 써야 할 작업이기 때문이다. 이 자리에서는 사랑과 정의를 다룬 문헌에서 관심을 끌었던 세 가지 유형의 실제 또는 외관상의 긴장 사례들을 분석할 것이다. 부당 행위자를 용서하는 것은 정의를 침해하는 일이라는 말을 가끔 듣는데, 용서의 가까운 친척뻘 되는 일반사면, 특별사면 등에 대해서도 비슷한 말들이 나온다. 무상 지원이 정의를 침해하는 방식으로 분배되기도 한다. 사랑은 온정적 간섭주의(paternalism)로 불의하게 나타나기도 한다. 이 사례들을 순서대로 하나씩 살펴보자.

한나 아렌트, 용서의 발견에 대하여

한나 아렌트는 저서 『인간의 조건』(*The Human Condition*, 한길사 역간)에서 "인간사의 영역에서 용서의 역할을 처음 발견한 사람은 나사렛 예수였다"고 밝혔다.[1] 더 나아가 그는 이렇게 말했다. "[예수가] 이것을 종교적 맥락에서 발견했고 종교적 언어로 표현했다는 사실은, 이것을 엄격한 세속적 의미로는 진지하게 받아들이지 않을 이유가 되지 않는다"(215).

그에 따르면 용서는 "행동에서 생겨나는 불가피한 피해에 꼭 필요한 교정책"이다(215). 그것은 "비가역성(irreversibility), 즉 자신이 한 일을 무효로 만들 수 없는 곤경"에서 벗어나게 해 준다. 이에 반

---

1 (Garden City, NY: Doubleday Anchor Books, 1959), pp. 214-215.

해 예측 불능에 대한 교정책은 "약속을 하고 지키는 능력에 있다. [용서하고 약속하는] 두 능력은 서로 짝을 이룬다. 그중 하나인 용서는 과거의 행동을 원상태로 돌리는 역할을 한다. 과거의 '여러 죄'는 다모클레스의 칼처럼 모든 새로운 세대 위에 매달려 있다. 다른 하나인 약속으로 자신을 붙들어 매는 일은 미래의 본질이라 할 수 있는 불확실성의 바다에서 확실성의 섬들을 세우는 역할을 한다. 확실성의 섬 없이는, 사람들 사이에서 종류를 막론하고 그 어떤 영속성은 물론 연속성조차도 가능하지 않을 것이다"(212-213).

예수가 인간사에서 용서의 역할을 발견한 사람이라는 아렌트의 말이 옳다고 나는 생각한다. 하지만 예수의 '발견'에 대한 그의 설명은 그리 정확해 보이지 않는다. 예수가 인간사에서 용서의 역할을 발견한 사람이라는 아렌트의 주장에는 고대의 이교도 윤리저술가들이 용서의 중요성을 인식하지 못했다는 전제가 있다. 다음 장에서 나는 그의 주장을 옹호할 것이고 고대 이교도 저자들이 용서를 찬미하거나 촉구하지 않은 것이 그저 우발적 행위였는지 따져 볼 것이다. 그러나 아렌트의 주장은 히브리성서의 저자들도 이 문제에서 고대 이교의 윤리저술가들과 다르지 않았다고 전제하고 있다.

히브리성서 저자들은 엇나간 인간을 향한 하나님의 사랑이 하나님의 죄인 용서에서 드러난다고 거듭 선언한다. 앞서 우리가 여러 장에 걸쳐 살펴본 것처럼, 현대 아가페주의자들은 이 선언에 근거해, 하나님의 용서가 하나님 사랑의 여러 발현 중 하나가 아니라 하나님의 사랑 일반의 전형이자 우리가 가져야 할 사랑의 본보기가 된다고 추론했다. 하지만 히브리성서 저자들이 인간의 용서를 말하는 경우는 드물었고,[2] (내가 아는 한) 누군가에게 다른 사람을 용서하라고 명하지도 않는다. 예수가 나타나 사람들이 서로를 용서해야 한다고 힘주어 말씀하신 것은 정말 새로운 주장이었다.

누가는 예수가 이렇게 말씀하셨다고 기록한다. "믿음의 형제가 죄를 짓거든 꾸짖고, 회개하거든 용서하여 주어라. 그가 네게 하루에 일곱 번 죄를 짓고, 일곱 번 네게 돌아와서 '회개하오' 하면, 너는 용서해 주어야 한다"(누가복음 17:3-4). 이 명령을 놓고 서로 이러쿵저러쿵 이야기하며 받아들이기 어려워하는 제자들의 모습이 상상된다. 정말 **일곱** 번이나 용서해야 하는 것일까? 마태의 기록을 보면, 거듭해서 잘못을 저질러도 회개하면 용서해 주라는 말씀의 진의를 확인하고자 베드로가 예수에게 이렇게 묻는다. "주님 내 형제가 나에게 자꾸 죄를 지으면, 내가 몇 번이나 용서하여 주어야 합니까? 일곱 번까지 하여야 합니까?" 예수는 과장된 대답을 하신다. "일곱 번만이 아니라 일흔 번을 일곱 번이라도 하여야 한다"(마태복음 18:21-22). 그러고 나서 예수는 비유를 하나 들려주신다. 어떤 종이 엄청난 빚을 주인에게 탕감받았는데 자기가 남에게 빌려준 소액의 빚은 탕감해 주지 않았다. 그 소식을 전해 들은 주인은 종을 엄중한 벌로 다스렸다. 예수는 우리가 우리에게 잘못한 사람들을 불쌍히 여기고 용서하지 않으면, 하늘 아버지께서도 우리를 용서하시지 않을 거라고 비유의 요지를 설명하신다.

예수의 가르침과 실천이 용서의 역사에서 결정적으로 새로운 사건이었다는 아렌트의 주장은 옳았다. 그러나 그의 생각처럼 "끈끈

---

[2] 두 가지 사례가 있다. 창세기 33장에서 에서는 야곱을 용서한 듯 보이고, 창세기 45장에서는 요셉이 형들을 용서하는 듯 보인다.

하게 맺어진 작은 제자 공동체에서의 여러 경험"에 힘입어 예수가 그런 "발견"을 하게 되셨던 것인지는 분명하지 않다(215). 예수를 그런 "발견"으로 이끈 것은 우리에 대한 하나님의 용서와 서로에 대한 우리의 용서가 이어져 있다는 그분의 확신이었다. 우리는 하나님을 본받아 우리에게 잘못한 사람들을 용서해야 한다. 그리고 우리가 우리에게 잘못한 사람들을 용서하듯 하나님도 우리 잘못을 용서해 주시기를 구해야 한다.

용서는 정의를 침해하는가?

오랫동안 많은 이들이 용서가 정의를 침해하는 것으로 보았다. 그래서 용서의 동기가 사랑이라면, 용서는 정의와 사랑 사이의 실제 또는 외관상의 갈등이 벌어지는 자리가 된다. 안셀무스가 어떤 식으로 용서가 문제가 된다고 생각했는지 살펴보자. 그는 『프로슬로기온』(*Proslogion*, 아카넷 역간)[3]에서 하나님께 이렇게 여쭙는다.

> 주께서 온전히 정의롭고 더없이 정의로운 분이라면 어떻게 악인들을 살려두십니까? 온전히 정의롭고 더없이 정의로운 분이 어떻게 불의한 일을 하십니까? 영원한 죽음을 받아야 마땅한 자에게 영원한 생명을 주시다니, 그것이 무슨 정의입니까? 선인과 악인 모두에게 선을 베푸시는 선하신 하나님이여, 악인을 구원하는 것은 정의롭지 않고 주께서

---

[3] 나는 M. J. Charlesworth의 번역본(Notre Dame: University of Notre Dame Press, 1979)을 사용한다.

는 정의롭지 않은 일을 하지 않으시니 어떻게 악인을 구원하십니까? 아니면, 당신의 선하심은 우리가 이해할 수 없는 것이어서 당신이 거하시는 다가갈 수 없는 빛 안에 감추어져 있습니까?(『프로슬로기온』, 9)

안셀무스는 용서가 형벌의 포기를 요구한다고 생각한다. 그러나 정의의 요구는 잘못한 자가 벌을 받는 것이다. 정의에 관한 고대의 가르침은 "각자에게 그가 받아 마땅한 것을 돌려주는 것"이다. 잘못한 자가 받아 마땅한 것은 형벌이다. 따라서 그를 용서하는 것은 정의를 침해하는 일이다.

안셀무스의 해결책은, 그걸 해결책이라 부를 수 있는지 모르겠지만, 정말 도움이 되지 않는다. 그는 많은 잠정적 시도 끝에 다음과 같은 제안을 내놓는다. 하나님이 정의롭다고 말할 때는 우리에게 정의로우신 것과 하나님 자신에 대해 정의로우신 것을 구분해야 한다. 하나님이 우리에게 합당한 것을 주실 때, 그분은 우리에 대해 정의로우시다. 하나님이 궁극의 선으로서 하나님의 본성에 걸맞게 행하실 때, 그분은 하나님 자신에 대해 정의로우시다. 안셀무스는 하나님이 악인들을 살려 주시는 것을 두고 그분께 이렇게 말한다. "주는 의로우십니다. 주께서 우리에게 우리 몫을 주셔서가 아니라, 궁극의 선으로서 자신에게 걸맞은 일을 행하시기 때문입니다"(『프로슬로기온』, 10). "악인들을 살려 주실 때 주께서는 우리와의 관계에서가 아니라 자신과의 관계에서 의로우십니다"(10).

하나님이 잘못한 사람을 벌하실 때 뿐만 아니라 용서하실 때도 하나님 자신에 대해 정의로우시다는 안셀무스의 주장은 다음과 같이 이어진다. 하나님이 그분의 뜻에 맞게 행하시는 모든 일은 그분의 선하심에 걸맞다. 하나님의 뜻 자체가 선하기 때문이다. 따라서 "주께서 뜻하시는 바만이 홀로 정의롭고, 주께서 뜻하시지 않는 바는 불의합니다"(11). 그런데 하나님은 어떤 이들은 구원하고 어떤 이들은 구원하지 않기로 하신다. 따라서 전자의 구원과 후자의 정죄 모두가 하나님에 대해서는 정의롭다. "오, 정의롭고 자비하신 하나님, 주께 대해서는 벌하심도 용서하심도 정의롭습니다." 참으로, "주께서 벌하시고자 하는 이들이 구원받는 것은 정의[롭지 않을 것]이며, 주께서 사하시고자 하는 이들이 정죄 받는 것도 정의[롭지 않을 것]입니다"(11). 따라서 하나님의 긍휼과 하나님의 정의의 관계는 "주의 긍휼이 주의 정의로부터 비롯한다는 것입니다. 너무나 선하신 주님이시기에 용서하실 때도 선하시며 그것 자체가 정의로운 일이기 때문입니다"(11).

평소 그가 보여 준 수준에 못 미친다. 그는 하나님이 우리를 상대로 정의롭게 행하시는 것과 하나님 자신을 상대로 정의롭게 행하시는 것을 구분하라고 말한다. 전자를 우리에게 합당한 것을 돌려주심으로 이해하고, 두 가지 모두가 하나님이 그분의 선한 뜻에 일치하게 행하시는 것으로 이해해야 한다. 그다음, 그는 일부 범죄자들이 용서받는 것이 하나님의 뜻에 일치하는 일이라는 데 주목하라고 말한다. 하나님이 각 사람에게 합당한 몫을 돌려주지 않으신다는 점에서 그들을 상대로 정의롭지 않으시다 해도, 하나님이 어떤 악인들을 용서하심은 그들에 대한 처벌 못지않게 하나님의 선한 의지에 일치하는 일이기 때문에, 하나님이 그분 자신에 대해 정의로우시다고 결론 내리라 말한다.

이런 논리는 원래의 당혹스러움을 해결하는 데 전혀 도움이 안 된다. 안셀무스를 당혹스럽게 했던 것은 하나님이 죄인을 용서하심으로써 정의가 금하는 바를 행하시는 것처럼 보인다는 점이었다. 안셀무스의 대답은 '그렇지 않다'는 것이다. 하나님이 악인을 용서하시는 것은 **악인을 상대로** 불의하게 행하신 것이긴 해도, **하나님 자신을 상대로** 불의하게 행하신 것은 아니라는 말이다. 상대적 정의가 미심쩍어 보이지만 일관된 개념이라고 인정한다 해도, 안셀무스의 방식은 원래의 당혹스러움을 그와 진배없는 당혹스러움으로 대체하는 것에 불과하다. 안셀무스가 제안하는 개념을 받아들이면 우리는 다음과 같은 질문을 맞닥뜨리게 된다. 하나님이 잘못을 저지른 자를 용서하시는 일이 그들을 상대로 불의를 행하신 것이라면, 하나님이 그들을 용서하시는 것이 어떻게 선한 일일 수 있겠는가? 인간에게 불의를 행하시는 하나님을 어떻게 선하다고 할 수 있겠는가? 인간을 그렇게 대하시는 것이 하나님 자신을 상대로 불의하게 행하시는 일이 아니라고 선언하는 것은, 그들을 불의하게 대하시는 하나님이 어떻게 선하실 수 있는지 설명해 주지 못한다. 여전히 우리는 어느 때 못지않게 당혹스럽다.

안셀무스의 해결책에는 인간의 용서에 대한 어떤 적용점도 없다는 사실을 덧붙여야겠다. 용서가 처벌의 포기를 요구한다면, 그리고 악인의 처벌을 포기하는 것이 정의를 침해하는 일이라면, 예수가 우리에게 서로 용서하라고 명령하신다는 사실을 어떻게 설명해야 하는가?

용서란 무엇인가?

용서의 본질에 대한 합의가 있다면 좋을 것이다. 그러면 우리는 곧장, 용서가 정의의 침해라는 주장을 고려할 수 있을 것이다. 그러나 아직은 그런 합의가 없다. 용서에 대한 20세기의 철학, 신학 문헌을 대충 살펴보기만 해도 근본적 의견 불일치가 드러난다.[4] 제프리 머피(Jeffrie Murphy)는 이렇게 말한다. "용서는 주로 내가 당신에 대해 어떻게 **느끼는가**(당신을 어떻게 대하는가가 아니라)의 문제다. 따라서 나는 마음 깊은 곳에서 당신을 용서할 수 있고, 당신이 죽은 후라도 용서할 수 있다."[5] 리처드 스윈번(Richard Swinburne)은 이와 정반대인 주장을 말한다. 당신이 나를 용서한다는 것은 "앞으로 당신은, 당신을 부당하게 대우 한 행동의 원인으로 나를 대하지 않겠다고 약속하는 것이다." "감정이 개입할 필요는 없다."[6] 머피는 버틀러 주교(Joseph Butler)를 인용해, 용서는 분노와 분개의 감정을 극복하는 일이라고 말한다. 진 햄튼(Jean Hampton)은 여기에 한 가지 구분이 꼭 있어야 한다고 주장한다. 용서는 부당 행위자에 대한 증오를 극복하는 것이지만, 자신에게 가해진 일에 대한 분노와 분개의 감

---

[4] 관련 문헌에 대한 탁월한 개관을 보고 싶다면 다음 에세이를 권한다. Nigel Biggar, "Forgiveness in the Twentieth Century: A Review of the Literature, 1901-2001", in Alister McFadyen and Marcel Sarot, *Forgiveness and Truth* (Edinburgh and New York: T&T Clark, 2001). 다른 유용한 자료로는 Anthony Bash, *Forgiveness and Christian Ethics* (Cambridge: Cambridge University Press, 2007)가 있다.

[5] "Forgiveness and Resentment", in Murphy and Hampton, *Forgiveness and Mercy*, p. 21.

[6] *Responsibility and Atonement* (Oxford: Oxford University Press, 1989), p. 85과 p. 87주8.

정을 극복하는 것은 아니라는 것이다.[7]

이런저런 의견 차이를 고려하면, 용서의 본질을 이해하는 작업에 이번 장의 나머지 부분을 모두 할애할 수밖에 없다. 용서의 본질을 이해한 다음에야 용서가 정의를 침해하는지 여부를 다룰 수 있다.[8] 용서에 대해서는 내가 앞으로 말할 내용보다 훨씬 많은 말을 할 수 있지만, 나는 용서가 정의를 침해하는지의 여부를 고려할 수 있을 만큼만 이야기하려 한다.

용서는 여기저기에 무차별적으로 나눠 줄 수 없는 것이라는 사실부터 지적해야겠다. 4장에서 주장한 것처럼, 용서는 누군가가 부당한 대우를 당했고, 자신에게 정당한 권리가 있는 무엇인가를 빼앗긴 상황을 전제한다. 용서는 불의가 벌어진 상황을 전제한다. 더 나아가 용서는, 용서하는 사람이 누군가가 부당한 대우를 받았음을 **인식하고** 불의가 벌어졌다는 것을 **인식하는** 상황을 전제한다.

이 문제를 다룬 대부분의 저자들은, 용서를 피해자 본인만이 할 수 있다는 생각을 당연시한다. 그렇건 아니건 내겐 중요하지 않지만, 그 생각은 틀렸다고 본다. 우리는 이런 말을 한다. "아버지를 이용해 먹은 삼촌을 마침내 용서했다." "우리 필드하키 팀을 그렇게

---

[7] Murphy and Hampton, *Forgiveness and Mercy*에 실린 에세이들을 보라.
[8] 나는 다음 세 논문에서 용서를 다루었다. "Does Forgiveness Undermine Justice?" in *God and the Ethics of Belief*, ed. Andrew Dole and Andrew Chignell (Cambridge: Cambridge University Press, 2005), pp. 219-247; "The Place of Forgiveness in the Actions of the State", in *The Politics of Past Evil*, ed. Daniel Philpott (Notre Dame: University of Notre Dame Press, 2006), pp. 87-111; and "Jesus and Forgiveness", in *Jesus and Philosophy: New Essays*, ed. Paul Moser (Cambridge: Cambridge University Press, 2008). 이 논문들에서 밝힌 내용에 여전히 상당 부분 동의하지만, 그중에는 잘못되거나 부족한 부분도 있다고 생각한다. 이번 장 내용의 일부 대목을 이 논문들에서 발췌했다.

부당하게 대우한 대학 당국을 도저히 용서할 수 없어."

누군가는 이런 발언들이 의미하는 바가 '본인만 용서할 수 있다'는 명제를 폐기해야 한다는 뜻이 아니라 사람이 받을 수 있는 부당한 대우를 더 입체적으로 이해해야 한다는 뜻이라고 말할 것이다. 사람은 자신이 직접적으로 받는 대우뿐 아니라 자신이 동일시하는 이들이 받는 대우에 의해서도 부당한 일을 당한다. 내가 아버지와 자신을 동일시한다면, 삼촌이 아버지를 함부로 대하는 것은 나를 부당하게 대우하는 것이고 나는 삼촌을 용서할 위치에 놓인다. 내가 우리 대학 필드하키 팀과 자신을 동일시한다면, 대학 당국이 그 팀을 부당하게 대우할 때 나도 부당한 대우를 받게 되고 나는 대학 당국을 용서하거나 용서하지 않을 수 있는 위치에 선다.

확신은 없지만, 이 생각이 옳을 수도 있다. 그런데 만약 옳다면, 여기엔 동일시에 대한 대단히 포괄적인 이해가 깔려 있다. 나는 어떤 성직자가 어린 소년을 학대했다는 신문기사를 읽고 그 성직자에게 분개했다가 마침내 그를 용서하게 될 수도 있다. 그러나 나는 그 소년을 알지 못하고 그가 어떤 어른이 되었는지도 모른다고 해보자. 그런데도 내가 소년과 자신을 동일시하는 것이며, 그 때문에 나도 그 성직자에게 부당한 대우를 받은 것인가? 우리가 말하는 바가 그 소년과 자신을 동일시함으로써 나도 부당한 대우를 받았다는 것이라면 우리는 '동일시하다'(identify)라는 단어를 독특한 방식으로, 내가 누군가를 용서한다면 나는 직접 부당한 일을 당한 사람이거나 직접 부당한 일을 당한 사람과 나를 동일시함으로써 간접적으로 부당한 일을 당한 사람이라는 설명이 뜻매김상 옳은 말이 되어 버리는 방식으로 사용하는 것이다.

용서에 대한 나의 이론을 두 가지 단계로 제시하려 한다. 우선, 용서가 이루어지는 데 필요한 맥락을 묘사하겠다. 그 후에 그런 맥락 안에서 용서가 어떤 일을 하는지 말할 것이다. 부적절한 논란을 피하기 위해, 직접적 피해 당사자가 용서를 하는 경우만 한정해서 다룰 것이다.

용서의 전제 조건이 되는 맥락은 다섯 가지 요소로 이루어진다. 한 가지 예외 말고는 이것들이 용서 발생의 조건이라는 주장에는 논란의 여지가 없는 것 같다. 그 예외에 대해서는 곧 다루겠다. 나는 허버트가 내게 저지른 잘못에 대해 다음 조건이 갖추어져야만 그를 용서할 수 있다. (1) 허버트가 나를 부당하게 대우했다. (2) 나는 그의 부당 대우에 대해 그를 탓할 수 있다는 정당한 믿음이 있다.[9] (3) 나는 그 행위와 그것을 누가 저지른 것인지 계속 기억하며 그 행위를 계속 정죄한다. (4) 나는 그 행위에 대해 분노 또는 그와 유사한 부정적 감정을 느낀다. (5) 나는 그 일을 저지른 허버트에 대해 분노 또는 그와 유사한 부정적 감정을 느낀다. 이런 조건들이 채워질 때 비로소 나는 허버트가 내게 저지른 부당한 행위에 대해 그를 용서할 수 있다.

나는 이 중 첫 번째 요소를 용서의 전제 조건으로 여러 번 인용한 바 있다. 그럼 나머지 요소들이 용서의 전제 조건이 되는 이유를 간략히 설명해 보자. 내가 나를 부당하게 대우한 허버트를 용서할 수 있으려면 그가 한 일에 대해 그를 탓할 수 있다고 내가 믿어야 하며 그 믿음이 옳아야 한다. 내가 그를 탓할 수 없다고 믿을

---

9 나는 *Justice: Rights and Wrongs*에서, 누군가 다른 사람을 부당하게 대우하지만 이에 대해 그를 탓할 수 없는 경우도 있다고 말했다.

때, 즉 그가 강압에 못 이겨서나, 허물할 수 없는 무지 상태에서, 또는 뿌리 뽑을 수 없는 심한 의지박약 상태에서 행동했을 때 나는 그를 봐준다. 그를 탓하지 않는다.[10] 용서는 여러 중요한 면에서 봐주기(excusing)와 비슷하지만 봐주기와 분명히 구분된다. 그뿐 아니라, 봐주기는 용서의 발생을 막는다.

둘째, 나를 부당하게 대우한 허버트를 용서하려면 그가 한 일과 그 일을 한 사람이 허버트라는 사실을 계속 기억해야 하며, 그 일을 계속 나쁘게 여겨야 한다. 내가 그 기억을 떨치려고 적극적으로 노력해서 또는 기억이 서서히 희미해져서 내가 당한 일을 잊거나 허버트가 그 일을 했다는 사실을 잊는 것은 용서와 비슷해 보인다. 그러나 용서는 망각이 아니다. 망각은 오히려 용서의 발생을 막는다. 잊어버리면 용시할 수가 없다. 용서는 지난 일을 그냥 묻어 두는 것과 다르다. 지난 일을 묻어 두는 이유가 그 일의 진정한 배후가 따로 있다고 생각해서건, 그 일이나 그 일을 한 사람을 더 이상 적극적으로 기억하지 않아서건, 아니면 그 일이 잘못이라는 생각이 변해서건, 그것이 용서가 아니라는 사실은 변함이 없다.

셋째, 누군가에게 부당한 일을 당했다고 믿으면서도 그 일이나 그 일을 한 사람에 대해 안 좋은 감정을 갖지 않을 수 있다. 어떤 사람은 그 행위나 행위자가 일고의 가치도 없다고 여길 수 있다. "그런 쓰레기 같은 인간의 모욕 따윈 개의치 않아." 이런 식의 무심

---

10 대부분의 신약 영어 번역은 십자가에 달린 예수가 자신을 처형한 자들에 대해 드리시는 기도를 "아버지, 저 사람들을 용서하여 주십시오. 저 사람들은 자기가 무슨 일을 하는지 알지 못합니다"(Father, forgive them; for they do not know what they are doing)라고 옮긴다(누가복음 23:34). 나는 예수가 하나님에게 구하신 것이 그들을 너그러이 봐주시라는 것이라고 생각한다.

한 무시는 용서가 아니다. 이런 태도는 용서를 원천봉쇄한다. 용서를 하려면 그 행위나 행위자를 도덕적으로 심각하게 받아들여야 하는데, 그렇게 하지 않는 것이다.

그러면 허버트가 내게 저지른 잘못에 대해 그를 용서한다는 것은 과연 무엇일까? 현재 유효한 용서에 대한 철학적 이론 중에서는 찰스 그리스월드(Charles L. Griswold)가 『용서』(*Forgiveness: A Philosophical Exploration*)[11]에서 제시한 것이 가장 정교하고 자세하다. 그리스월드는 용서와 관련이 있는 부정적 감정은 부당 행위자를 향한 분노뿐이라는 관점을 전제하고 있다. 따라서 그는 내가 제시한 용서의 전제 조건 목록의 네 번째 항목, 즉 부당 행위자의 행위에 대해 갖는 분노 및 그와 유사한 부정적 감정의 존재를 암묵적으로 거부한다. 그리스월드는 용서가 다음 네 가지 요소를 포함하는 것으로 분석한다. 복수의 포기, 분노의 완화, 남아 있는 분노를 털어 버리겠다는 결심, 용서한다는 사실을 부당 행위자에게 전달함.

여기에 그리스월드가 용서의 구성 요소로 제시하는 두 추가적 요소는 용서의 구성 요소보다는 전제 조건으로 보는 편이 나아 보인다. 두 요소는 부당 행위자가 자신과 피해자를 재규정(re-framing)하는 것과 피해자가 자신과 부당 행위자를 재규정하는 것을 말한다. 그리스월드가 말하는 재규정이 무슨 뜻인지 그의 말을 인용해 보겠다.

가해자가 용서받을 자격을 얻으려면, 동감하는 마음으로 피해자의

---

[11] (Cambridge: Cambridge University Press, 2007).

처지에 자신을 대입해 보았다는 것과, 그 관점에서 피해자의 이야기를 이해한다는 것을 보여 주어야 할 것이다. 가해자는 자신이 잘못을 저지르게 된 경위와 자신에게는 그 잘못 외의 다른 면모도 있다는 점, 그리고 달라졌다는 인정을 받을 만한 사람이 되고 싶다는 바람도 제시해야 할 것이다. 용서를 청하는 가해자는 죄책감과 후회와 회한의 감정을 털어놓고, 자신이 어떻게 그런 일을 하게 되었는지 설명하고, 그로 인해 느꼈던 도덕적 감정들을 묘사하면서 앞으로 어떻게 달라질 것인지 신뢰를 주는 방식으로 제시한다.

피해자는 가해자를 바라보는 시각과 스스로를 바라보는 시각을 재규정해야 한다.…가해자에 대한 시각을 재규정하고 그로 인해 결국 자신을 바라보는 시각까지 재규정하려면 분노에 찬 '이야기들'을…수정해야 한다. 더욱이, 원수나 압제자들을 적대하던 마음이 자기 인식에 영향을 끼친 경우라면, 자신에 대한 견해까지도 재규정해야 한다. (183-184)

나는 이런 식의 재규정 같은 정교한 과정이 거의 일어나지 않는다고 본다. 이런 재규정이 용서의 전제 조건(또는 구성 요소)이라면 용서는 거의 일어나지 않을 것이다. 하지만 이 부분은 우리의 목적상 중요하지 않다. 주목해야 할 중요한 부분은 따로 있다. 그리스월드는 피해자가 가해 행위가 아니라 부당 행위자에 대해서만 부정적 감정을 느낀다고 생각하기 때문에, 그가 제시하는 용서는 가해 행위로 생겨난 **모든** 부정적 감정을 털어 버리겠다는 결심을 포함하며, 모든 부정적 감정이 실제로 사라졌을 때만 그 용서가 온전히 완성된다.

이 분석에는 다음과 같은 면에서 문제가 있다고 생각한다. 나와 마찬가지로 그리스월드도 용서가 망각이 아니라고 주장한다. 용서를 하려면 이와는 정반대로 자신이 당한 일과 그 일을 한 사람을 **기억해야 하고**, 계속해서 그 일을 그릇된 것으로 **생각해야 한다**. 그런데, 자신이 당한 일이 도덕적으로 심각한 문제가 있다고 받아들인다면, 그 일을 기억하고 계속 그릇되었다고 여기면서 그에 대해 부정적 감정을 조금이라도 느끼지 않는 일이 가능한가? 부정적 감정을 완전히 제거하는 유일한 방법은 자신이 당한 일을 잊어버리거나 더 이상 그 일을 그릇된 것으로 여기지 않는 것일 터이다. 하지만 다시 말하건대, 용서가 가능하려면 부당 행위자의 잘못을 기억해야 하고 그 일이 그릇된 것이라고 계속 생각해야 한다.

그러나 내가 이 부분에 대해 잘못 판단했다고 해 보자. 자신이 당한 일을 기억하고 여전히 그릇된 것으로 여기면서도 그 일에 대한 일체의 부정적 감정을 느끼지 않을 수 있다고 말이다. 물론 용서는 잘못된 행위에 대한 부정적 감정을 제거하기로 **결심해야** 가능한 것이 아니며, 철저하고 완전하게 용서하는 **동시에** 자신이 당한 일에 계속 분노할 수 있다. 용서하기 위해서는 **부당 행위자**에 대한 부정적 감정을 놓아 보내야 하지만, 그 행위에 대한 부정적 감정까지 놓아 보내야 하는 것은 아니다.

용서에 대한 만족스러운 이론은 그리스월드가 분명하게 거부하는 바와 달리, 자신이 당한 잘못에 대한 부정적 감정과 부당 행위자에 대한 부정적 감정을 구분해야 한다. 부당 행위자를 온전히 용서하면서도 그가 한 일에는 계속 분노할 수 있다. 만족스러운 용서의 이론이라면 이런 까다로운 균형을 어떻게 잡을 수 있는지 설명해야 하고, 이 균형잡기가 필요한(혹은 필요치 않은) 이유를 설명해야 한다.

이러한 균형잡기를 어떻게 해낼 수 있는지에 대한 실마리를 피해자가 부당 행위자를 바라보는 시각의 특정한 변화에서 찾아볼 수 있다는 그리스월드의 제안은 옳은 것 같다. 그러나 이 시각의 변화, 그의 표현대로라면 '재규정'[12]에 있어야 할 요소를 그는 분명하게 파악하지 못한다. 내가 생각하는 용서는 피해자가 자신이 당한 일로 부당 행위자를 더 이상 나쁘게 생각하지 않겠다는, 성경의 표현을 빌리자면 더 이상 그의 죄과를 따지지 않겠다[13]는 결심을 실행에 옮기는 것이다. 용서는 결심만으로는 충분하지 않다. 결심을 **실행에 옮겨** 그에 따라 행동해야 한다. 부당 행위자를 그가 저지른 잘못으로 인해 나쁘게 생각하지 않기로 피해자가 결심하더라도, 그 과정이 너무 어려운 나머지 혹은 곧 혼수상태에 빠진다거나 하여 그 결심을 실천에 옮기지 못한다면, 용서할 의향이 있더라도 실제로는 용서를 하지 않은 것이다.

여기에 보충 설명이 필요할 듯하다. 부당 행위자를 그의 잘못으로 인해 나쁘게 생각하지 않겠다는 결심은 어떤 부분에 대해서만 그를 나쁘게 생각하지 않겠다는 결심이라는 면에서 부분적인 것일 수 있다. 용서의 실행도 그 결심을 특정한 방식으로만 행동에 옮긴다는 면에서 부분적일 수 있다. 또, 그 결심의 **범위**는 시간이 갈수

---

[12] 가해자를 용서하기 위해 피해자에게 필요한 '재규정'에 대해 Griswold는 어딘가에서 이렇게 밝혔다. "그것은 그의 '전인'(全人)으로부터 손상의 책임이 있는 '부분'을 자아 중에서 구분하는 것과 같은 일에 관여해야 한다"(57). 이 말은 너무 모호해서 도움이 되지 않는다.

[13] 참고. 고린도후서 5장 19절: "곧 하나님께서 사람들의 죄과를 따지지 않으시고, 화해의 말씀을 우리에게 맡겨 주심으로써, 세상을 그리스도 안에서 자기와 화해하게 하신 것입니다."

록 넓어질 수 있고, 실행의 범위 역시 그렇다. 우리의 향후 논의를 위해, 용서는 대개 앞에서 말한 두 가지 방식으로 부분적이며, 그 결심이 즉석에서 온전하고 완전하게 실행되는 것이 아니라 점진적인 과정의 형태를 띤다는 것을 기억해 두자.

누군가를 그가 내게 저지른 일에 대해 더 이상 나쁘게 생각하지 않는다는 것, 더 이상 그의 죄과를 따지지 않는다는 것은 무엇일까? 결국 그는 그 일을 했고, 나는 그가 그 일을 했음을 기억하며, 여전히 그 일이 나쁜 일이라고 생각한다. 아렌트는 이미 일어난 일을 무효화할 수 없는 곤경에서 벗어나는 것에 대해 이야기했다. 엄격히 말해, 그 곤경에서 벗어날 수는 없다. 잘못을 무효로 만들 수도 없고, 죄책을 없애 버릴 수도 없다.

암묵적으로든 명시적으로든, 누군가를 그가 저지른 잘못으로 인해 나쁘게 생각하지 않는 것은 그 잘못을 일어나지 않은 일처럼 취급하는 것이라고 어떤 저자들은 주장한다.[14] 나는 이것이 맞지 않다고 본다. 누군가가 한 일에 대해 그를 봐줄 때도 그렇게 하지는 않는다. 용서는 그 **행위**를 없었던 것으로 취급하는 것이 아니라, **부당 행위자를 그 행위로 인해** 나쁘게 생각하지 않겠다는 결심을 실행에 옮기는 것이다.

어떻게 해야 허버트를 그가 내게 저지른 일로 인해 나쁘게 생각하지 않는 것인가? 그 일이 그의 도덕사(moral history)에 속하지 않는다고 생각하는 듯이 그를 대하는 것이다. 그 일은 분명히 그의 도덕사에 속한다. 나는 그 사실을 안다. 그 일을 기억하고, 그 일을 정

---

14 조금 뒤에 인용할 대목에서 Swinburne이 이렇게 말한다.

죄하고, 그 일로 허버트를 탓할 수 있다고 여긴다. 그러나 이제 그 일이 그의 개인사(personal history)일 뿐 그의 도덕사의 일부는 아니라고 믿는 양 그를 대하기로 결심하고 그 결심을 행동에 옮긴다.

개인의 **도덕사**라는 말로 내가 표현하고자 하는 것은 그의 도덕적 상태에 기여하는 일들의 총체다. 그가 한 일들 중에서, 그가 어떤 면에서 어느 정도나 도덕적으로 선한 사람이며 어떤 면에서 어느 정도나 도덕적으로 악한 사람인지 결정하는 데 기여하는 일들 말이다. 개인의 도덕사 개념을 도입한 이유는 한 사람이 행하는 모든 일을 그의 도덕사의 일부로 여길 필요가 없고, 그렇게 하지도 않는다는 것을 말하기 위해서다. 허버트가 나를 부당하게 대했어도 그것이 비난할 수 없는 무지 때문에 벌어진 일이라 그를 탓할 수 없게 되면, 그를 나쁘게 생각하는 대신 그를 봐주게 된다. 그를 봐준다는 것은 그 행동이 그의 도덕사의 일부가 아니라고 보는 것이다. 그것은 그의 개인사의 일부이다. 그는 그 일을 했다. 그러나 그 일이 그의 **도덕사**의 일부는 아니다. 그의 도덕적 상태에 오점을 남기지는 않는다.

봐주는 것을 허용하지 않는 사회를 상상해 볼 수 있다. 그들은 한 사람이 누군가에게 행한 모든 그릇된 일이 그의 도덕성에 부정적 영향을 끼친다고 생각한다. 허버트의 행동이 누군가를 부당하게 대우했다면, 그 일은 허버트의 도덕사에 속한다. 그의 도덕성에 오점을 남긴다. 봐주는 것은 허용되지 않는다. 하지만 우리 사회는 그런 사회가 아니다.[15]

---

[15] 동방정교회 사제가 사람을 죽이게 되면, 그 일이 우연히 발생했고 도덕적 과실이 없다 해도 사제로 봉사할 자격을 잃게 된다고 한다.

부당 행위자를 용서하는 것은 그를 봐주는 것과 다를뿐더러 봐주면 그를 용서할 수 없게 되지만, 용서와 봐주기에는 닮은 부분이 있다. 부당 행위자의 행위가 그의 도덕사에 부정적인 요소가 아니라 개인사에서 남에게 해를 끼친 요소일 뿐인 경우에 대할 만한 방식으로 그를 대하겠다는 결심을 실행에 옮긴다는 점이다. 부당 행위자를 봐주지 **않으면서도** 그를 봐준다고 할 때 기대할 법한 방식으로 그를 대한다는 결심을 실행에 옮기는 것인데, 물론 용서하는 사람은 실제로는 부당 행위자가 한 일에 대해 그를 봐주면 안 된다고 믿는다는 차이가 있다.[16] 철저하고 완전한 용서는 실제로는 그를 봐주지 않으면서도 봐줄 때 할 만한 방식으로 그를 대하는 일과 아주 비슷하다. 누군가를 봐주는 것은 그의 행동이 그의 도덕사에 속하지 않는다고 믿기 때문에 그를 나쁘게 생각하지 않는 것이다. 그러나 누군가를 용서하는 것은 그가 한 일이 그의 도덕사에 속한다고 생각할지라도 그 일로 그를 나쁘게 보지 않기로 결심하는 것이다.

　잘못을 저지른 부당 행위자를 나쁘게 생각하지 않는 것은 꾸며낸 행동인가? 허버트가 내게 잘못을 저질렀지만 그 일로 더 이상 그를 나쁘게 생각하지 않는다면, 나는 그 일이 그의 도덕사에 속하지 않는 척 **꾸미는** 것인가? 아니다. 사법부의 공무원들이 누군가가 법률을 위반했다고 생각하면서도 그 사람을 고발하지 않기로 한다고 해 보자. 그렇게 되면 국가는 그의 법률 위반을 문제 삼지 않겠지만, 그렇다고 국가나 국가의 권한을 행사하는 공무원들이 그가 법률을 위반하지 않은 것처럼 이후에 꾸미는 일도 없을 것이다. 아

---

[16] 나는 가해자를 봐주면 안 된다고 믿는 것이 용서하는 사람이 가해자를 대하는 한 가지 방식이라고 본다.

니면 어떤 국가원수가 법률 위반으로 유죄를 선고받은 누군가에 대해 사면을 결정한다고 해 보자. 해당 국가나 국가원수도 그가 유죄 판결을 받지 않았던 것처럼 이후에 꾸미지는 않는다.

회개가 불러일으키는 용서

허버트를 용서하는 것이 내가 말한 바와 같다면, 왜 그런 일을 하는가? 우리 사회는 허버트가 내게 저지른 잘못에 대해 그를 탓할 수 없다면 그를 나쁘게 생각하지 않아도 문제될 것이 없다고 본다. 그러나 내가 그를 탓할 수 있다고 믿을 경우라면, 왜 나는 그럼에도 불구하고 그를 봐줄 때 할 만한 방식으로 그를 대하려 하는 걸까? 나는 내가 당한 일을 기억하고, 계속해서 그 일을 나쁘게 여기고, 분하게 생각한다. 나는 그 일을 한 사람이 허버트임을 기억하고, 그가 한 일을 여전히 나쁘게 여기며, 그런 일을 한 그에게 화가 난다. 이런 상황에서 그를 대할 때, 그가 한 잘못 때문에 그를 나쁘게 생각하지 않겠다는 결심을 실행에 옮겨야 할 이유가 무엇인가? 왜 그를 용서한단 말인가?

통상, 내가 허버트를 용서하게 되는 것은 자신이 한 일과의 관계를 그가 도덕적으로 의미심장하게 바꾸었다고 믿게 되었기 때문이다. 그는 자신이 한 일로 인해 여전히 비난받을 수 있고, 그 일은 그의 도덕성의 오점으로 남아 있다. 그는 그 사실을 바꿀 수 없다. 그러나 이제 나는 그가 자신이 한 일을 잘못이라고 여겨 나와 생각을 같이함으로써, 그 일로부터 도덕적으로 거리를 두었다고 믿게 된다.

그는 자신이 한 일에 대해 미안하게 생각한다고 내게 진심으로 말했다. 그 잘못이 배상이 가능한 일이라면, 그는 자신의 잘못에 대해 배상하겠다고 했다. 허버트의 도덕적 상태 전반은 그가 회개하기 전과 크게 달라졌다. 그는 나를 부당하게 대우한 사람과 도덕적으로 다른 사람, 중요한 측면에서 더 나은 사람이 되었다. 그렇기 때문에 나는 그 일로 더 이상 그를 나쁘게 생각하지 않기로 결심한다.

부당 행위자의 잘못이 심각하지 않고 피해자가 너그러운 사람이라면, 부당 행위자가 뉘우친다는 사실을 알게 될 경우에 용서가 수월할 수도 있다. 하지만 앞에서 지적했다시피, 흔히 용서에는 수고가 필요하고, 많은 이들은 그 수고를 감당하지 못한다. 많은 피해자들이 부당 행위자가 뉘우친다는 사실을 인정하는 경우에도 도무지 용서하지 못한다. 마음 한 켠은 용서하고 싶어 하지만, 아무래도 용서하겠다는 결심을 할 수가 없다. 혹은 용서하기로 마음먹어 보지만 그 결심을 실행에 옮기기가 불가능한 경우도 있다. 용서는 종종, 어쩌면 대체로, 부분적이며 종종 느리고 어렵다.

뉘우치지 않는 부당 행위자를 용서할 수 있는가?

허버트가 뉘우치지 않는다고 생각해도 그를 용서할 수 있을까? 그가 자신이 한 일을 여전히 정당하다고 여기는 듯 보이는데도 그 일로 그를 나쁘게 생각하지 않기로 결심하고 그 결심을 실행에 옮길 수 있을까? 우리를 부당하게 대우한 사람이 뉘우치건 뉘우치지 않건 용서하라는 것이 예수의 명령이라고 내가 믿는다고 해 보자.[17]

나는 뉘우치지 않은 가해자를 그가 내게 한 일로 나쁘게 생각하지 않겠다는 결심을 그리스도인의 의무라고 믿는 바에 따라 품고, 그 결심대로 행동할 수 있을까?

나는 그럴 수 없다고 본다. 그를 용서하고 싶은 **의향**은 있을 수 있다. 하지만 그의 회개가 먼저 있어야 한다. 나는 그를 너그럽게 용서하고 싶은 마음을 가질 수 있다. 그러나 부당 행위자가 여전히 자신의 행동을 정당하게 여기는 듯 보이는 상황에서도 그가 저지른 잘못 때문에 그를 나쁘게 생각하지 않으려면 용서에 필요한 도덕적 진지함 없이 그 행동이나 그 사람을 대해야 한다. 하지만 그것은 상황을 가볍게 여기는 것이지 용서는 아니다. "나는 그가 나를 부당하게 대했다고 생각해. 하지만 요란을 떨 만큼 대단한 일은 아니라고 봐."[18]

그러나 이 문제에 대해 내가 틀렸다고 가정해 보자. 부당 행위자가 어떤 사람을 잘못 대하고도 여전히 자신의 행동이 정당하다고

---

17 예수가 그렇게 명하셨다는 기록은 신약성경 어디에서도 찾아볼 수 없다. 우리에게 원수를 사랑하고 그들에게 선을 베풀기를 추구하라고 명하시지만, 그 어디에서도 그들을 용서하라고 명하시지 않는다. 참고로 1986년에 남아공에서 발표된 The Kairos Document 는 이 문제를 이렇게 정리했다. "화해와 용서에 대한 성경의 가르침에 따르면, 인간은 자기가 저지른 죄를 회개하지 않으면 죄를 용서받고 하나님과 화해할 수 없는 것이 분명하다. **우리**에게도 회개하지 않는 죄인을 용서하도록 요구하시진 않는다. 그가 회개한다면 일흔 번을 일곱 번이라도 기꺼이 용서해야 한다. 그러나 그 전에는 우리에게나 다른 누구에게나 죄를 지은 사람에게 회개를 촉구해야 한다. 아파르트헤이트 정권이 진정한 회개의 조짐을 보일 때 비로소 화해와 용서와 협상이 우리 남아공 그리스도인의 의무가 될 것이다"(§3.1).
18 이 관점에 함축된 결론은, 부당 행위자가 뉘우친 적 없는 상태로 죽거나 치매에 걸린 경우에는 그를 용서할 수 없다는 것이다. 그런 경우에는 끝까지 용서가 불가능했다는 회한을 안고 살게 된다. 이생에서는 인간의 삶에 있을 수밖에 없는 이런 특성을 피할 길이 없다. 우리는 이를 되돌릴 힘이 있는 것처럼 가장할 것이 아니라 이 사실을 받아들여야 한다.

확고하게 믿고 있음을 잘 아는 경우에도, 그를 온전하고 완전히 용서하는 일이 가능하다고 해 보자. 첫째로 나는, 그런 행동이 받아들일 수 없을 만큼 자의적이라는 점을 지적할 것이다. 용서하는 이는 자신을 부당하게 대우한 어떤 사람들에 대해서는 여전히 나쁘게 생각하고 있을 것이다. 그는 자신이 당한 모든 부당한 대우를 다 모른 척할 만큼 도덕적으로 무력하진 않을 것이다. 그렇다면 왜 다른 부당 행위자들의 잘못에 대해서는 나쁘게 생각하면서 이 잘못의 경우에는 부당 행위자를 나쁘게 생각하지 않는가? 도덕적으로 유의미한 어떤 차이점이 있는가?

보다 중요한 두 번째로, 부당 행위자의 뉘우침이 없는 상태에서 그의 잘못에 대해 그를 나쁘게 생각하지 않겠다는 결심을 실행에 옮기는 것은 그를 모욕하고 자신을 비하하는 행위요, 그로써 자신과 부당 행위자 모두를 부당하게 대하는 것이다. 이런 상황을 생각해 보라. 허버트는 자신이 한 일이 자신의 도덕사에 속한다는 내 생각에 동의한다. 하지만 그는 나의 반대를 무릅쓰고 자신이 한 일이 잘못이 아니라고 주장한다. 나는 그에게 이렇게 말한다. "당신은 내게 한 일에 책임이 있다는 데는 동의하면서도 그 일에서 무엇이 잘못인지는 모르는군요. 난 동의할 수 없습니다. 당신이 내게 한 일은 잘못입니다. 하지만 그 일로 더 이상 당신을 나쁘게 생각하지 않기로 결심했습니다. 당신을 용서합니다. 이제부터 나는 내가 당신을 봐줄 경우에 할 만한 방식으로 당신을 대하겠습니다." 이것은 나 자신을 비하하는 행위이자 허버트를 모욕하는 처사다. 그와 그의 행위를 제대로, 도덕적으로 온전히 심각하게 다루기를 거부했기 때문이다. 그는 이렇게 받아친다. "용서는 아껴 두시죠. 난 잘못한

거 없으니까." 이 경우에는 허버트와 마찬가지로 그가 저지른 일을 그의 도덕사의 일부로 여기고서, 그가 한사코 부인한다 해도 그 일이 잘못되었다고 주장하는 편이 훨씬 낫다.

리처드 스윈번은 이 점을 잘 지적하고 있다. 사소한 잘못이 아닌 한, 피해자가 "하다 못해 사과의 형태를 띤 최소한의 보상마저도 없는 상태에서 그 [행위를] 없었던 일처럼 대하는 것은" 잘못이다.[19] 내가 당신의 아내를 살해했는데 당신이 내 범행을 모른 체하고 아무 일 없었던 것처럼 나와 어울린다면, 그 태도는 "인명을 경시하는 일이고 당신의 아내 사랑과 올바른 행동의 중요성을 하찮게 취급하는 일이다. 그것은 나를 진지하게 받아들이지 않는 일이며 내 행동으로 표현된 당신에 대한 나의 태도를 진지하게 받아들이지 않는 일이다. 그런 태도는 인간관계를 하찮은 것으로 취급한다. 서로를 진지하게 받아들이지 않을 때도 좋은 인간관계가 존재할 수 있다고 가정하기 때문이다"(86).

심리 치료 전통은 철학 및 신학 저술가들이 '용서'라는 말로 표현한 것과 사뭇 다른 과정 혹은 활동을 용서라고 명명함으로써 많은 혼란을 불러일으켰다. 나는 용서의 도덕적·사회적 차원을 강조해 왔다. 일반적으로, 용서란 부당 행위자 측의 회개 표현에 대한 피해자의 반응이다. 회개와 용서라는 짝은 도덕적이고 사회적인 관계 방식이다. 그에 반해, 심리 치료 문헌에서 '용서'라고 하는 것은 전적으로 피해자의 내면에서 이루어지는 비사회적이고 도덕과 무

---

[19] *Responsibility and Atonement* (Oxford: Oxford University Press, 1989), pp. 85-86. 몇 쪽 앞에서 나는 잘못을 저지른 부당 행위자를 나쁘게 생각하지 않는 것은 그 일이 없었던 것처럼 대하는 것과 다르다고 주장했다.

관한 과정이다. 심리치료사는, 피해자가 부당 행위자와 어떤 식으로도 관계를 맺지(engage) 않은 채 그와 그의 잘못에 대한 부정적 감정을 피해자가 극복하도록 도우려 한다. 피해자의 마음속에서 마침내 부당 행위자에 대한 부정적 감정들이 사라지게 되면, 심리치료사는 피해자가 용서했다고 말한다.[20]

부당 행위자에 대한 부정적 감정을 극복하는 것이 용서의 구성요소이긴 하지만, 이런 식으로 부정적 감정들을 극복하는 것은 용서가 아니다. 앤서니 배쉬(Anthony Bash)는 용서 치료를 다루면서 이렇게 말한 바 있다. "안도감과 내면의 평화, 변화되고 재배열된 관계는 용서 이외의 다른 방식으로도 생겨날 수 있다. 망각, 봐주기, 공모, 부인, 묵인도 같은 효과를 낼 수 있다. 기분이 좋아지는 것은 용서의 전부가 아니다. 용서의 본질은 용서를 못하게 하는 도덕적 문제들을 다루는 것이다. '용서'라는 용어가 그서 관계적이고 실존적일 뿐 아니라 사회적이기 위해서는, 도덕적으로 잘못된 행동들과 그 일을 함으로써 생겨나는 죄책을 다루어야 한다"(173).

용서 치료는 지난 일을 그냥 묻어 버리게 한다. 이것은 자신이 당한 일을 잊어버리는 것과 동일하지는 않지만 긴밀히 연관되어 있다. 용서가 불가능한 것으로 드러날 때는 지난 일을 묻어 버리거나 떠나보내는 것이 최선이다. 때로는 이런 차선책이 삶을 이어 가기 위한 필수 방편이 되기도 한다.[21] 그러나 내가 제기했던 도덕적 질

---

20 Anthony Bash는 *Forgiveness and Christian Ethics*의 3장에서 용서 치료를 논한다. Jeffrie Murphy는 *Getting Even* (Oxford: Oxford University Press, 2003)의 7장에서 용서 치료를 다룬다.

21 Doris Kearns의 책 *Team of Rivals: The Political Genius of Abraham Lincoln* (New York: Simon & Schuster, 2005)에 묘사된 바에 따르면, Abraham Lin-

문이 어김없이 나타난다. 그 일을 그저 지나간 일로 치부해 버리면 그 일과 그 일을 한 사람을 도덕적으로 진지하게 받아들인다고 할 수 있는가? 만약 그렇지 않다면, 그것은 자신을 비하하고 부당 행위자를 모욕하는 일이 아닌가?

부당 행위자의 회개를 용서의 조건으로 삼으면 계속 부당 행위자가 지배력을 행사하도록 허용하는 꼴이 된다고 흔히들 말한다. 분명히 그런 부분이 있다. 용서가 불가능한 경우, 부당 행위자의 행위를 지나간 일로 묻어 버리는 것으로 부당 행위자의 심리적 지배에서 벗어나려 시도할 수 있다. 그러나 그렇게 해서 부당 행위자의 심리적 영향력에서 벗어날 수 있을지는 몰라도, 그가 부당한 일을 당했으며 부당 행위자가 여전히 자신이 정당한 일을 했다고 생각한다는 사실에서 벗어날 수는 없다. 뉘우치지 않는 부당 행위자는 피해자에게 그런 종류의 도덕적 지배력을 여전히 행사한다. 피해자가 그 일을 잊어버릴 수는 있지만, 그렇다고 해도 뉘우칠 줄도 모르는 인간에게 부당한 일을 당했다는 도덕적 사실은 달라지지 않는다.

용서의 집중된 양상

용서에 대한 마지막 요점이다. 용서 및 그와 관련한 현상을 도발적이고 통찰력 있게 논한 진 햄튼은, 부당 행위자에 대한 분노 극복

---

coln은 각료의 특정 구성원들, 특히 Stanton에게 모욕을 받아 화가 치밀 때에도 그들과 어울리는 데 분노의 영향을 받지 않는 거의 초자연적 능력의 소유자였다. 『권력의 조건』(21세기북스).

은 엄밀히 말하면 용서의 구성 요소가 아니라 용서의 준비 과정이라고 주장한다. 그리고 부당 행위자의 잘못을 가지고 그를 나쁘게 생각하지 않는 것이 용서가 열어 주는 가능성이며 어쩌면 용서하는 사람이 바라는 것일지 몰라도, 용서 자체의 일부는 아니라고 주장한다. 그는 다음과 같은 종류의 "마음의 변화"가 용서 그 자체라고 말한다.

이전에 부당 행위자를 어느 정도 나쁜, 부패한, 도덕적으로 천박한 사람으로 보았던 피해자가, 상대에 대한 궁극의 도덕적 판단에서 부당 행위자의 부도덕한 행동이나 성격적 특성을 "씻어 버리"거나 무시하고 여전히 **흠없는**, 부패하지 **않은** 사람이자 우정을 회복할 수 있을 만한 사람으로 보게 될 때 용서, 즉 마음의 변화가 일어난 것이다.

더 나아가 햄튼은 이렇게 말한다. "부당 행위자에 대해 마음의 변화가 생길 때 그를 '다시 인정'하게 되고 그와의 새로운 관계를 고려할 수 있게 된다. 마음의 변화는 부당 행위자를 '적'이 아니라 '벗'이 될 수 있는 사람으로 새롭게 이해하는 것이다"(83). 이것은 이번 장 앞부분에서 그리스월드가 했던 말과 상당히 비슷하다.

의아스럽다. 용서와 통상 그에 대응하는 짝이 되는 회개는, 햄튼이 생각하는 것보다 훨씬 집중된 양상이 있다고 본다.[22] 누군가의

---

22 Murphy는 *Getting Even*에서 용서에 대한 Hampton의 설명처럼 회개를 산만하게 설명한다. "회개는 자신의 잘못되고 해로운 행동에 대한 책임을 후회하면서 받아들이는 것, 그런 행동을 이끌어 낸 자신의 성격 일부분을 거부하는 것, 성격의 그런 측면들을 최선을 다해 끊어 내기로 결심하는 것, 자신이 끼친 피해를 보상하거나 배상하기로 결심하는 것이다"(p. 41). Griswold도 내가 이해한 것에 비

부당 행위에 대해 그를 용서하는 것은 그 행위로 인해 더 이상 그를 나쁘게 생각하지 않겠다는 결심을 실행에 옮기는 것인데, 이 결심은 그가 한 일에 대해 그에게 품는 분노를 극복하겠다는 결심도 포함한다. 따라서 나는 나를 부당하게 대한 부당 행위자를 용서하면서도 여전히 그가 전체적으로 부패한 사람이라 여길 수 있다. 반대로 그가 내게 한 일에 대해 그를 용서한다는 것은 내가 한때 그를 "나쁜, 부패한, 도덕적으로 천박한 사람으로"(82) 여겼다는 것을 전제하지도 않으며 이제 그를 다르게, 더 좋게 본다는 의미도 아니다. 나는 그가 괜찮은 사람이라고, 그가 내게 한 일은 정말 그답지 않은 행동이라고 생각했을 수도 있고 앞으로도 그렇게 생각할 수 있다.[23]

용서(와 회개)에 대한 이런 집중된 이해가 암시하는 바는, 내가 허버트를 그가 내게 저지른 일에 대해 용서하고, 즉 그 일로 그를 나쁘게 생각하지 않겠다는 결심을 실행에 옮기고, 그러면서도 여전히 그와 상종하고 싶지 않을 수 있다는 것이다. 우리는 종종 화해를 바라면서, 때로는 화해를 기대하면서 용서를 베푼다. 그러나 우

해 회개와 용서를 느슨하게 이해한다. 예를 들어 그는 회개에 대해 이렇게 말한다. "범인은 손상을 가하지 않는 사람이 되려고 다짐해야 하고, 그 다짐은 말과 행동으로 드러나야 한다"(p. 50). 그리고 용서에 대해서는 Hampton과 한목소리로, 용서하려면 "부당 행위자를 그냥 어울려서는 안 될 '나쁜 사람'이라고 보는 피해자의 생각에 변화가 있어야 한다.…그런 변화 없이는 그에게 용서를 베풀 마음이 생기지 않을 것"이라고 말한다(p. 54).

[23] 아마도 Hampton이 나보다 용서를 덜 집중된 현상으로 이해하다 보니 그는 부당 행위자에 대한 증오(hatred)를 말하고 나는 부당 행위자에 대한 분노(anger)를 말하게 되는 것 같다. 누군가에 대한 분노는 언제나 상대가 한 말이나 행동에 대한 분노다. 증오도 이와 비슷할 수 있지만 반드시 그렇지는 않다. Hampton은 대개 부당 행위자에 대한 증오만 이야기하고 어떤 구체적인 부당 행위로 인해 부당 행위자에게 품는 증오는 말하지 않는다.

15 용서란 무엇인가?

리는 누군가가 우리에게 저지른 잘못에 대해 그의 사과를 받아들이고 그 잘못에 대해 그를 용서하면서도 화해의 희망을 거의 또는 전혀 품지 않을 수도 있다. 혹은 어쩌면, 화해는 때로 부당 행위자의 그 행위 하나에 대한 화해로 제한되어야 하리라는 말이 더 정확할 것이다. 회개와 용서에 대한 집중된 이해는 화해에 대한 집중된 이해로 보충될 필요가 있다.

16

용서에 대한 인식은 어떻게 생겨났으며 무슨 의미를 갖는가?

우리가 15장에서 17장까지 펼치는 논의의 목표는 용서가 정의를 침해하는지 여부를 판단하는 것이다. 그러나 이 문제를 다루기 전에, 앞 장에서 제기해 놓고 아직 답하지 않은 질문을 고려해야 한다. 한나 아렌트는 예수가 용서의 중요성을 발견하신 분이라고 주장했다. 이 주장이 옳다면 고대 이교 윤리학자들은 용서의 중요성을 인식하지 못했다는 말이 된다. 아렌트의 주장은 옳은가? 만약 옳다면, 그들은 왜 용서의 중요성을 인식하지 못했는가? 어쩌다 보니 놓친 것인가, 아니면 이 문제가 윤리적 사안들에 대한 그들의 사고방식에 대해 중요한 무언가를 시사하는 것인가?

이 마지막 질문을 다루면, 용서의 본질에 대한 논의에서 불가피하게 제기되는 질문에 자연스럽게 이를 것이다. '부당 행위자의 회개와 피해자의 용서로 구성된 이 도덕적·사회적 관계 맺음은 어떤 의미가 있는가?' 분노가 삶을 이어 가는 데 방해가 된다면, 해소하면 된다. 필요하다면 심리치료사의 도움을 받아 지난 일들을 흘려 보내면 된다. 그럼, 왜 용서를 하는가?

고대 이교도 저술가들이 말하는 용서

이 부분은 고대 이교도 저자들이 용서에 대해 말한 내용을 종합적으로 살펴보는 자리가 아니며, 나에겐 그런 개요를 제시할 역량도 없다.[1] 이 자리에서는 두 대표적 인물 아리스토텔레스와 세네카(Seneca)를 살펴보는 것으로 그 작업을 대신하려 한다. 아리스토텔레스는 고대 행복주의를 설파한 소요학파(the Peripatetic school)의 대표자이며 세네카는 스토아학파(the Stoic school)의 대표자다.

아리스토텔레스는 『니코마코스 윤리학』 4권 5장에서 분노의 윤리를 다룬다. 그는 덕(德)을 양극단의 중간 지점에 배치해 설명하는 평소의 전략을 따라, 여기서도 "온화는 분노의 중용"이라고 선언한다(1125b 27).[2] 그는 문제의 덕을 "온화"(good temper)라고 부른다. 일상 어법에서 "그 중간 상태에는 이름이 없고" 양극단의 상태에도 이름이 없다. 다만 "지나친 편의 상태는 성마름(irascibility) 따위로 부를 수 있다"(1125b 28-30).

더 나아가 아리스토텔레스는, 온화한 사람은 "당연히 화낼 일로,

---

[1] Charles L. Griswold는 *Forgiveness: A Philosophical Exploration*의 첫 열아홉 쪽에 걸쳐 간략한 개요를 제시한다.

[2] 나는 *The Complete Works of Aristotle*, ed. Jonathan Barnes (Princeton: Princeton University Press, 1984)에 실린, W. D. Ross가 옮기고 J. O. Urmson이 편집한 번역본을 사용한다.

당연히 화낼 사람에게, 마땅한 식으로, 마땅한 때에 마땅한 기간 동안 분노하는 사람"(1125b 31-32)이라고 말한다.

온화한 사람은 흔히 침착하여 감정에 휘둘리지 않고, 이성의 지시에 따라 당연히 화내야 할 일에 마땅한 식으로, 마땅한 기간 동안만 노여워하기 때문이다. 그러나 온화한 사람은 모자란 편으로 치우치는 오류를 범한다고 평가받는다. 온화한 사람은 보복하기보다 차라리 용서하는 경향이 있기 때문이다.

모자람은 그 실체가 무엇이든 비난받는다. 당연히 화내야 할 일에 화내지 않는 사람들은 바보 취급을 당하기 때문이다. 마땅한 방식으로, 마땅한 때에, 당연히 화를 내야 할 사람들에게 분노하지 않는 사람도 바보 취급을 받는다. 그런 사람은 감성이 결여되었거나 고통을 느끼지 못하는 것처럼 보이며, 화를 내지 않으니 자신을 지킬 능력도 없는 사람으로 보이기 때문이다. 자신이 모욕을 당해도 참고 친구들이 당하는 모욕도 감수하는 것은 노예 같은 태도이기 때문이다. (1125b 33-1126a 8)

자신에게 해를 끼친 사람에 대한 분노가 마땅한 기간 동안 마땅한 강도로 나타나는 것은 선한 일이고, 그런 상황에서 분노하지 않는 것은 "노예 같은" 일이다. 아리스토텔레스는 자신에게 해를 끼친 사람에 대한 분노를 극복하기 위한 노력이 선한 것이 되게 해 줄 조건을 전혀 제시하지 않는다. 그는 온화한 사람에겐 "용서하는 경향"이 있다고 말한다. 그러나 그가 말하는 용서하는 경향은 뉘우치는 부당 행위자를 나쁘게 생각하지 않는 경향이 아니다. 화내지 않는 경향을 뜻할 뿐이다. 그 온화한 사람의 이런 경향을 "비난"받을 만한 것으로 여긴다. 온화한 사람은 의당 화를 내야 하는 정도보다 화를 덜 내는 안 좋은 경향을 가지고 있다.[3] 한마디로, 아리스토텔레스의 글에는 우리가 이해하는 방식의 용서에 대한 인식이 없고, 따라서 용서를 칭찬하는 말도 없다.

고대 이교 저술가가 남긴 기록 중 "인간사 영역에서 용서의 역할"을 지지하는 말을 찾을 가능성이 가장 높은 글은 세네카의 『관용론』(de Clementia)[4]이다. 『관용론』은 세네카가 젊은 네로에게 전하는 조언이다. 원고가 대부분 보존된 1권은 통치자가 관대한 형벌을 내릴 때 바람직한 결과가 나타난다는 주장을 다각도로 많은 사례를 곁들여 내세운다. 일부분만 남아 있는 2권에서는 관용이 무엇인지 말한다.

관용은 죄인이 받을 형벌을 부과할 때의 관대함이다. 관용은 특정한 종류의 악행에 대해 법률이나 준(準)법체계가 정해 놓은 형벌의 테두리 안에서 좀더 관대한 형벌을 선택하는 것이다. 세네카는 이렇게 말한다. "관용을 다음과 같이 정의하는 데에 여러 반론이 있겠으나, 이런 정의(定義)는 진실에 대단히 가깝습니다. 우리는 자비[관용]를 '합당한 응분의 형벌을 일부 면제해 주는 경감 조치'라고 말할 수 있습니다. 각자에게 제 몫보다 적게 주는 것은 덕이 아니라고 외치는 이들이 있을 것입니다. 그러나 자비란 '마땅히 부과

---

[3] 아리스토텔레스는 *Nicomachean Ethics*의 7.6; 1149b 4-6에서 우리의 용서하는 경향에 대해 이와 꽤 비슷한 방식으로 말한다.

[4] 나는 *Seneca: Moral and Political Essays* (Cambridge: Cambridge University Press, 1995)에 실린, John M. Cooper와 J. F. Procopé가 옮긴 번역본을 사용한다.

해야 하는 것에 못 미치는' 어떤 것이라는 사실은 모두가 알고 있습니다."[5] 세네카는 다음과 같은 여러 사례를 제시해 자신의 분석을 설명한다.

> 어떤 경우, [관용을 베푸는 사람은] 잘못한 사람이 아직 교화가 가능한 나이라는 점을 참작해 형벌을 아예 내리지 않고, 말로만 꾸짖고 넘어갈 수 있습니다. 또 다른 경우, 끔찍한 혐의를 받고 있는 사람이 남의 말에 속아 넘어갔다거나 술에 취한 상태에서 그런 일을 저지른 것이라면 무죄로 방면해 줄 것입니다. 적군도 해치지 않고 그냥 풀어 주되, 그들의 참전 이유가 충성과 약조와 자유 등 명예로운 것이었다면 칭찬까지 더할 것입니다. 이 모두가 자비[관용]의 일입니다. (2.7; 164)

이와 같이 관용은 세네카가 "결의의 자유"라 부르는 것을 보여 준다. "그것은 법의 공식이 아니라 공정성과 선함에 따라 판단합니다. 그것은 피고에게 무죄를 선고할 수도 있고, 내키는 대로 큰 해를 가할 수도 있습니다. 관용은 정의로움에 못 미치는 일을 하는 것이 아니라 가장 정의로운 것이라 판단하는 일을 합니다." 한마디로, 관용은 그리스인들이 에피에이케이아(*epieikeia*)라고 불렀고 흔히 "공정성"(equity)으로 번역되는 것이며, 아리스토텔레스가 다음과 같이 설명한 것이다.[6]

---

[5] Seneca, *On Mercy*, 2.3, in *Seneca: Moral and Political Essays*, p. 160.
[6] Martha Nussbaum은 *Philosophy and Public Affairs* 22.2 (1993): pp. 83-125에 실린 에세이 "Equity and Mercy"에서 공정성과 에피케이아(*epikeia*)에 대해 대단히 흥미로운 논의를 펼친다.

공정성은 정의이지만 법을 따른다는 의미에서가 아니라 오히려 법적 정의를 바로잡는다는 의미에서 그렇다. 그 이유는, 모든 법은 보편적이지만 어떤 것들에 관해서는 보편적 규정을 올바로 세울 수 없는 데 있다. 보편적 규정을 세울 필요가 있지만 그럴 수 없는 영역들의 경우, 법은…흔히 일어나는 사례를 보편적인 것으로 받아들인다.…따라서 법이 말하는 보편적 진술이 담아내지 못하는 사례가 발생하면…부족한 점을 바로잡는 것이 옳다.…그러므로 공정성은 정의로운 것이다.…그리고 법의 보편성 때문에 결함이 생기는 부분을 바로잡는 것, 바로 이것이 공정성의 본성이다.…

이것으로부터 공정한 사람이 어떤 사람인지도 분명해졌다. 공정한 사람은 공정한 것들을 합리적으로 선택하여 실천에 옮기는 사람이다. 그는 열등한 방식으로 엄격하게 법의 판단에 집착하지 않으며, 법의 이점을 이용할 수 있음에도 자기 몫보다 덜 받고자 하는 사람이다. 이런 사람이 공정한 사람이고 이런 품성의 상태가 공정성이다. 공정성은 정의의 일종이며 정의와 별개인 품성 상태가 아니다. (『니코마코스 윤리학』 1137b 11-1138a 3)[7]

공정성을 이해하는 데 있어 아리스토텔레스와 세네카는 두 가지 작은 차이점을 보인다. 아리스토텔레스는 공정성이 해당 사례의 구체적 상황을 다 살핀 다음, 바로 그 사례에서 정의를 달성할 수 있도록 관련법의 적용을 **바로잡는** 것이라고 말한다. 세네카는 해당 사례의 구체적인 상황을 다 살핀 다음 그 사례에서 정의를 이루기

---

[7] 이 문단 마지막 단락의 번역문은 Nussbaum, "Equity and Mercy" p. 92에서 인용했다.

위해 법이 규정하는 형벌의 범위 안에서 좀더 가벼운 벌을 선택하는 것이 관용이라고 본다. 세네카의 관용이 언제나 상대적으로 가벼운 형벌로 나타나는 반면, 아리스토텔레스의 공정성은 원칙적으로 법이 규정하는 것보다 더 엄격한 형벌을 부과할 수도 있다.[8]

세네카는 관용이 용서도 사면도 아님을 애써 강조한다. "용서는…처벌해야 한다고 판단한 행위를 처벌하지 않는 것입니다. 사면은 마땅한 형벌을 감해 주는 것입니다"(2.7; 164). "지혜로운 사람은 해서는 안 될 일을 하지 않으며, 해야 할 일을 빠뜨리지 않습니다. 집행해야 할 형벌을 봐주지 않습니다"(164). 그는 "[상대를] 용서할 때 할 법한 일을 용서하지 않고서 합니다. 용서란 마땅히 했어야 할 일을 하지 않고 방치했다는 고백이기 때문입니다"(164).

관용의 근거는 연민이 아니라 가장 정의로운 형벌에 대한 도덕적 추론이라고 세네카는 힘주어 말한다. 연민은 덕이 아니라, 선한 사람이라면 모두가 피하는 악덕이다. "다른 사람들에게 영향을 끼치는 악의 광경에 마음이 약해지는 편협한 정신의 오류…는 가장 못난 사람들에게서 자주 볼 수 있는 특징입니다. 망령이 났거나 어리석어서, 악랄한 범죄자들의 눈물에 넘어가 할 수만 있다면 감옥 문도 기꺼이 열어 줄 여자들이 있습니다. 연민은 곤경의 원인은 못 보고 곤경 자체만 봅니다. 그러나 자비[관용]는 이성과 함께합니다"(2.7; 161).

한마디로, 세네카는 관용에 찬사를 보내지만 용서를 좋게 말하

---

[8] 하지만 Nussbaum은 "Equity and Mercy"에서, 아리스토텔레스의 공정성이 법적 정의보다 흔히 더 너그러운 모양새로 나타나리라고 보는 이유에 대해 몇 가지 흥미로운 생각을 제시한다.

지는 않는다. 주어진 특정 상황에 가장 걸맞기 때문에 법이 허용하는 가장 너그러운 형벌을 선택하는 것과, 잘못을 저지른 사람을 더 이상 나쁘게 생각하지 않는 것은 전혀 다른 일이다. 세네카의 관용을 실천하면 잘못에 대해 이를 저지른 부당 행위자를 나쁘게 생각하게 된다.

고대인들이 용서를 인식도 칭송도 하지 않은 이유에 대한 그리스월드의 설명

찰스 그리스월드는 『용서』에서, 고대의 도덕가들이 용서를 그와 유사한 다른 현상들과 명확히 구분하지 않고 높이 평가하지도 않았던 것은 그들의 '완전주의'(perfectionism) 때문이었다고 주장한다. 그가 고대의 윤리를 완전주의라고 묘사한 것은, 더없이 지혜롭고 덕스러운 사람, 즉 완전해진 사람이 어떻게 행동할지에 그 윤리가 관심을 집중했다고 보았기 때문이다.

플라톤과 스토아학파는 그들이 '현인'(sage)이라 부르는 그러한 사람은, 인생에서 유일하게 참된 선이 덕행의 선이며 그 보유 여부가 완전히 본인의 통제권 안에 있는 것임을 깨달은 자이기 때문에, 손상될 수 없다고 생각했다. 현인도 다른 모든 사람과 마찬가지로 스토아학파가 말하는 '선호할 만한 것들'(preferables)을 빼앗길 수 있지만, 삶에 이런저런 선호할 만한 것이 존재하는지 여부에 따라 덕을 행하는지 여부가 정해지는 것도 아니고 그의 삶이 얼마나 선한지 정해지는 것도 아니다. 그리스월드는 이렇게 말한다. "고전적 완전주의자의 시각에서 용서는 미덕이 아니다. 완전해진 영혼은 그 정의상 거의 또는 전적으로 손상을 당하지도 입히지도 않기 때문이다"(15).[9] 여기 나오는 "손상"이라는 단어는 애매하다. 스토아학파가 말하는 현인의 경우, 삶에서 선호할 만한 것들이 손상될 수는 있지만 에우다이모니아(*eudaimonia*), 즉 잘 살아가는 삶의 방식이 훼손되지는 않는다.

소요학파는 온전히 지혜롭고 덕스러운 사람의 손상불가성(invulnerability)에 대해 스토아학파와 비슷한 견해를 가졌지만, 둘은 다소 다른 경로로 그 결론에 도달했다. 스토아학파와 달리, 소요학파는 못된 삶을 사는 사람들 사이에서 자란 사람이 온전히 덕스럽게 되는 일은 거의 불가능하다고 생각했다. 그런 면에서 보면 덕을 갖추는 일은 본인에게만 달린 일이 아닌 셈이다. 하지만 온전한 지혜와 덕을 갖춘 사람은 안녕이 손상되지 않는다고 보았다는 점에서 그들은 스토아학파와 생각을 같이했다. 그들은 궁핍한 환경에서 사는 덕스러운 사람은 그 환경으로 인해 자신의 덕을 온전히 드러낼 기회를 박탈당하는 상황이 벌어진다고 보았다.

그리스월드는 그와 같은 완전주의자의 시각에서는 용서가 들어설 자리가 없다고 말한다.

[용서에] 적합한 시각은, 인간 본성이 하나같이 구제불능으로 유한하고 오류투성이라는 사실을 역설하고 화해도 하며 나아지기도 하지만 '완전'을 목표로 삼지는 않는 덕을 강조한다.…용서는, 불완전함을 우리의 운명(종교적 시각에서는 신의 은총을 잃은 우리의 운명, 세속적 견해로

---

9   이 문장은 Griswold가 Nietzsche를 논하는 대목에서 등장한다. 그는 Nietzsche가 고대인들과 같은 이유로 용서를 거부한다고 해석한다.

말하면 바꿀 수 없는 우리의 운명)으로 받아들이는 인간 본성과 그 열망에 대한 이야기를 배경으로 하는 덕이다. 공감하는 사회적 피조물로서 갖는 상호의존성, 몸을 갖춘 정서적 존재로서의 특성, 상호 간 취약함, 필멸성, 동등한 존엄을 지닌 존재에 걸맞은 존중을 서로에게 요구할 수 있는 지위, 서로에 대한 의무, 고통—대부분의 경우 부당하게 가해지는—과 아픔과 폭력과 불의의 범람. 이 모두가 그 불완전함의 핵심 요소다.…용서는 이런 세상의 요구에 대한 반응이고, 그것을 보유한 사람이 선한 삶을 살 수 있도록 돕는다. (14-15)

용서는 참으로 그리스월드가 묘사한 것과 같이 불완전한 세상의 요구에 대한 반응이다. 고대 윤리학자들이 온전한 지혜와 덕을 갖춘 사람이 어떻게 행동할지에 오롯이 집중하긴 했지만, 인간이 불완전한 세상에서 사는 불완전한 피조물임을 부인하거나 모른 체하지는 않았다. 그들은 동등한 존엄 운운하는 그리스월드의 말에 어리둥절했을 테고 '의무'라는 말도 다른 의미로 썼겠지만, 인간의 조건이 그가 묘사한 바와 같다는 사실을 인정했을 것이다. 고대 철학자들의 완전주의 윤리 역시 우리가 실천하는 회개와 용서처럼 불완전함에 대처하는 방식이었다. 그렇다면 올바른 질문은 이런 것이겠다. 그들은 왜 그런 식으로 대처하기로 선택했을까? 왜 회개와 용서의 길을 택하지 않았을까?

나는 고대 저술가들의 완전주의가 우발적이었다고 본다. 스토아학파는 그들의 사상을 상당 부분 수정하지 않고는 '이 세상에서 완전한 현인이 되는 것이 가능하다'는 확신을 포기할 수 없었을 것이다. 그러나 사상을 전혀 수정하지 않고도, 아직 현인이 아닌 사람에게 현인이 되도록 힘쓰라고 조언하고, 그렇게 될 때까지 어떻게 살아야 할지 조언할 수 있었을 것이다. 실제로 그들은 그런 조언을 어느 정도 남겼다. 그럼에도 용서를 권하지는 않았다. 소요학파는, 나쁜 사람들 사이에서나 궁핍한 환경에서 살아가는 사람의 곤경을 이야기한다. 주위의 나쁜 사람들은 덕을 갖추는 데 방해가 되고, 궁핍한 환경은 덕행의 범위를 제약한다. 그러나 소요학파 사람들도 용서를 권하지는 않았다.

한마디로, 고대 저술가들의 완전주의적 경향이 누그러들고, 완전한 지혜와 덕을 갖춘 사람에게만 초점을 맞추던 것에서 벗어나 지혜와 덕으로 가는 길에 있는 여행자들에게 조언을 하는 데 시간을 썼다 하여도, 그들은 여전히 용서를 권하지 않았을 것이다. 이는 그들의 완전주의 외의 것, 지혜와 덕이 완전하게 된 사람에게 초점을 맞추는 우연적 요소보다 좀더 그들의 사상 깊숙이 자리 잡은 요소 때문일 것이다. 그 요소는 그리스월드가 인간의 조건을 묘사할 때 사용한 '존엄'과 '의무'라는 용어에 나타나 있다.

그리스월드는 "인간의 본질적 존엄이라는 개념"이 고대 이교도의 윤리 사상에서 빠져 있다고 말한다(9). 그는 그 이유가 고대 윤리의 "귀족주의적" 가정 때문이라고 보는 것 같다. 고대인들은 모든 인간의 **동등한**(equal) 존엄을 믿지 않았다는 것이다. 이 부분에서는 그의 생각이 옳다. 그러나 더 근본적인 이유는, 동등성을 떠나 그들이 인간의 **본질적**(inherent) 존엄을 믿지 않았다는 데 있다. 일부 믿는 사람이 있었다 해도, 그 믿음은 실천이성의 구조에 대한 그들의 이해에 체계적으로 반영되지 않았다.

고대 행복주의자들은 삶-선의 관점에서만, 보다 구체적으로 말하면 안녕의 관점에서만 실천이성의 구조를 숙고했다. 그들이 인간의 가치와 그 가치에 대한 존중이 우리에게 요구하는 행동들에 주목한 것은 그야말로 우연에 불과했다. 그래서 그들은 권리 이론을 발전시키지 않았다. 인격체와 인간의 가치에 대한 존중이 요구하는 바가 권리의 핵심 내용을 구성한다고 보는 나의 권리 이론에 따르면, 그들은 인간의 가치를 체계적으로 인정하지 않았기에 권리 이론을 발전시킬 수 없었다. 그들은 피해를 입는 것, 즉 안녕이 손상되는 것에는 주목했지만, 부당한 대우를 받는 것, 함부로 취급받는 것에는 주목하지 않았다. 사람은 부당한 대우를 받지 않으면서 해를 당할 수 있고 해를 당하지 않으면서 부당한 대우를 받을 수 있다. 용서는 누군가가 부당한 대우를 받았다는 사실을 전제한다.

한마디로, 용서와 회개의 관행은 인간의 가치, 권리, 부당 대우, 의무, 죄책 등 연관된 현상에 대한 인식이 없는 곳에서는 절대 찾아볼 수 없다. 고대 행복주의자들은 이런 현상들을 어떤 체계적 방식으로도 인식하지 않았기 때문에 용서와 회개에 찬사를 보내기는커녕 그것들을 인식하지도 못한 것이다.[10] 한나 아렌트의 생각은 옳다.

---

10 그래서 그들은 덕(virtue)을 **도덕적** 덕으로 이해하지 않았고, 그럴 수도 없었다. Thomas Reid가 이 점을 지적하는 통찰력 있는 어떤 대목이 있는데, 내가 알기로 그는 이것을 지적한 유일한 철학자다. 자기에게 대체로 좋은 것이라고 판단해서 어떤 일을 하는 것과 자신의 의무라고 인식해서 그 일을 하는 것을 구분한 후, Reid는 이렇게 말한다. "우리가 하는 일이 옳다는 믿음 없이는 덕도 없다고 한다면, 덕이나 악덕을 행할 수 있는 모든 존재에게 도덕적 능력, 즉 인간의 행동에서 도덕적 선과 부도덕한 행위를 분별하는 능력이 절대적으로 필요하다는 결론이 따라온다. 눈먼 사람에게 색깔에 대한 아무 관념이 없는 것처럼, 도덕적 선과 비열함의 관념과 옳고 그름의 관념이 없는 사람은 그 관념을 고려해 행동할 수가 없고, 따라서 덕스럽거나 악할 수도 없다"[*Essays on the Active Powers* (1788; repr. Cambridge, MA: MIT Press, 1969), 5.4; p. 398]. Reid는 이 말이 "엄격하고 적절한 의미에서 덕을 논할 때" 옳다고 말한다. "덕은 사람 안에서 도덕적

고대 윤리학자들의 사상 체계 안에서는 용서가 발견될 수 없었다.

한나 아렌트는, 예수가 용서를 "종교적 맥락에서 발견했고 종교적 언어로 표현했다는 사실은, 엄격한 세속적 의미로는 진지하게 받아들이지 않을 이유가 되지 않는다"고 했다(214-215). 옳은 말이다. 그러나 우리가 보았다시피, 아무 윤리적 입장에나 용서를 그냥 밀어 넣을 수는 없다. 어떤 사상 체계에는 용서가 자리 잡을 수 없다. 용서는 신적·인간적 가치, 부당한 대우, 권리, 의무, 죄책에 대한 인식과 함께 세상에 들어왔다. 그런 것들에 대한 인식이 없는 곳에서는 용서가 생겨날 수 없다.[11]

용서의 사촌 상상하기

고대 저술가들이 용서와 비슷한 무엇을 인식했을 가능성이 있다. 사촌이라 부를 수 있겠다. 고대 윤리 사상의 완전주의적 초점에 대

승인을 받는 특성을 보이기 때문이다." 그러나 우리는 "때로 '덕'이라는 단어를 자유롭게 써서 알맞거나 유용한 특성들을 나타내기도 하는데, 식물의 덕에 대해 말하는 것이 그런 경우다"(p. 398). 고대 행복주의자들은 덕이라는 단어를 그런 의미로 썼다. 그들에게 덕이란 "[자신의] 이익을 신중하게 추진"하는(p. 399), 즉 자신에게 대체로 좋은 것을 신중하게 추진하는 습관이다.

11 흔히들, 기독교가 고대 이교 도덕가들의 사상에 기여한 가장 중요하고 혁신적인 요소가 '부패한 의지' 개념이라고 말한다. 아리스토텔레스는 '나약한 의지' 개념을 갖고 있었고, 그 누구도 부패한 의지 개념을 갖고 있지 않았다는 것이다. 이것이 참으로 중요하고 혁신적인 기여라는 점에는 나도 이의를 제기하지 않는다. 그러나 이보다 더욱 혁신적인 영향을 끼친 것은 윤리적 오류와 구분되는 도덕적 죄책, 지혜로운 사람과 구분되는 올바른 사람 개념의 도입이다. 부패한 의지 개념을 아우르는 형태의 행복주의를 만들어 내는 일은 가능할 것이다. 그러나 의무와 죄책 개념, 정당한 것과 부당한 것의 개념을 아우르는 행복주의를 만드는 일은 불가능하다.

해 말할 때는, 고대 저술가들이 어떤 종류의 완전을 염두에 두었는지 분명히 해야 한다. 그들이 염두에 둔 것은 도덕적으로 완전한 인간, 즉 '마땅히 해야 할'(ought to do) 일을 늘 행하고 누구도 절대 부당하게 대우하지 않는 인간이 아니었다. 그들이 염두에 둔 대상은 완전한 지혜와 덕을 갖춘 사람, '해야 할'(should do) 일을 늘 하는 사람, 자신과 타인들의 삶에 있는 선과 악에 대해, 그것이 자연적 선과 악이든 행동의 선과 악이든 잘못된 판단을 내리지 않는 사람이었다.[12]

어떤 삶-선, 또는 삶-악의 가치를 잘못 판단하는 바람에 했어야 하는 대로 행동하지 않았다는 인식이 들 때 찾아오는 자연스럽고 적절한 감정적 반응이 **후회**(regret)다. 우리는 자신이 한 일을 후회한다. 나의 오류가 남에게 해를 끼치는 결과를 낳았을 경우, 피해자에게 자신이 후회함을 표시하는 것이 적절한 일이다. 남에게 해를 끼친 데 대한 후회를 표시하는 것은 남을 부당하게 대우한 일을 뉘우치는 것과 비슷하지만, 같은 것은 아니다.

당신이 내게 해를 끼쳤지만 나를 부당하게 대우하지는 않았는데, 얼마 후 당신이 나를 찾아와 내게 한 행동을 후회한다고 말한

---

[12] 지금까지 내가 '**해야 한다**'(should)와 '**마땅히 해야 한다**'(ought)라는 단어를 어떻게 써왔는지 기억하기 바란다. 어떤 일을 누군가가 '해야 한다'고 말할 때는 그렇게 하는 것이 그에게 최선이라는 의미다. 어떤 일을 그가 '해야 마땅하다'고 말할 때는 그렇게 하는 것이 그의 의무라는 의미다. 하면 가장 좋겠지만 의무가 아닌 일이 있다. 예를 들어, 내가 가진 차를 팔고 새 차를 사는 것이 내게는 최선일 수 있지만 그렇게 하는 것은 대개 의무가 아닐 것이다. 해야 할 일을 하지 않으면 그저 지혜롭지 못한 것뿐이지만, 마땅히 해야 할 일을 하지 않으면 죄책을 지고 나무랄 만한 상태가 된다. 마땅히 하지 않아야 하는 일이라면 해서는 안 되는 일이다. 하지만 그 역은 성립하지 않는다.

다 가정해 보자. 당신은 그 행동 이후 좀더 지혜로워졌고, 자신이 실수했음을 깨달았다. 해서는 안 될 일을 했다. 이렇게 그 일로부터 거리를 두는 것은 나를 부당하게 대우한 것을 회개하는 사람이 그 일로부터 거리를 두는 것과 다를 바 없다.

당신이 표현한 이 후회에 내가 어떻게 반응하는 것이 적절한가? 그 일로 당신을 나쁘게 생각하지 않는 것은 적절한가? 문자 그대로 그 일로 당신을 나쁘게 생각하지 않는 것은 이 상황에 맞지 않는다. 그 일로 당신을 나쁘게 생각하지 않는 것은, 그 일이 실제로는 당신의 도덕사의 일부이고 그 사실을 알지만 그렇지 않다고 여길 경우에 했을 법한 방식으로 당신을 대하는 것이기 때문이다. 우리가 지금 고려하는 상황에서 그 일은 당신의 도덕사의 일부, 즉 하지 말았어야 마땅한 일이 아니다. 그저 하지 말았어야 하는 일일 뿐이다. 이 경우에 해당하는 것을 당신의 **지혜사**(sagacity-history)에 속하는 일, 따라서 당신의 **지혜로운** 특성이라고 부를 수 있다.

당신을 상대할 때 나는 이 행위가 당신의 지혜사의 일부가 아닌 것으로 취급할 수 있다. 나는 당신이 그 일을 했음을 알지만, 그 행위가 당신의 실천적 지혜를 반영하지 않는 것으로 여길 수 있다. 직접 그 일이 실수였다고 선언했기 때문이다. 그것은 당신이 더 이상 그 일을 지지하지 않는다는 뜻이다. 이것은 용서와는 다르지만 구조적으로 보면 용서의 사촌쯤 된다. 내가 아는 한, 우리에게는 이런 자세를 가리키는 명칭이 따로 없다.

다시 한번 짚어 보자. 당신이 나에게 자신이 한 일을 후회한다고 표현한다면 나는 이 이름 없는 용서의 사촌으로 반응하는 것이 적절한가? 당신의 실천적 지혜에 이런 문제가 없었던 것처럼 당신을 대하는 것이 적절한가? 내 생각엔 그러는 것이 적절하다.

고대의 행복주의 저술가들은 그들의 행복주의 사상 체계를 버리지 않고도 이름 없는 용서의 사촌에 주목하고 이를 권할 수 있었을 것이다. 그러나 그들은 그렇게 하지 않았다. 왜 그랬을까? 내가 내놓을 수 있는 최선의 추측은 이렇다. 그들은 이 이름 없는 용서의 사촌을 실천하려면, 해서는 안 되는 일을 한 사람에 대한 처벌을 포기해야 한다고 생각했을 것이다. 그리고 그들 모두 처벌을 포기하는 일은 정의를 침해하는 일이라고 생각했을 것이다. 이 추측이 옳다면 고대 행복주의 윤리학자들이 회개와 용서를 체계적으로 인식하지 못한 이유는 본질적 권리와 의무를 인식하지 못했기 때문만이 아니라 상호주의 원칙의 (최소한) 부정적 측면을 굳게 믿었기 때문이라는 결론을 내려야 할 것이다. 아리스토텔레스가 『니코마코스 윤리학』 5권에 제시한 '교정적' 정의의 이론을 생각해 보라. 한쪽이 "부당한 일을 행하고 다른 쪽이 부당한 대우를 당한 경우;…한쪽은 해를 입히고 다른 쪽을 해를 입은" 관계에서, 불의는 '동등하지 않음'의 특성을 지닌다. 그래서 "재판관은 상황을 동등하게 만들려 노력한다. 한쪽이 해를 입히고 다른 쪽은 해를 입거나, 한쪽은 죽였고 다른 쪽은 죽임을 당한 경우…당함과 가함이 동등하지 않게 분배된 것이다. 이때 판사는 부당 행위자의 이득을 삭감해서 손해와 동등하게 만들기 위해 노력한다"(1132a 4-10). 교정적 정의는 이득과 손해를 균등하게 나누는 것이다. 손상으로 생겨난 불균형을 바로잡는 것이다. 그런 균등화를 포기하는 것은 정의의 침해가 될 것이다.

왜 용서하는가?

왜 용서하는가? 허버트를 그가 내게 저지른 잘못에 대해 더 이상 나쁘게 생각하지 않는 것이 무슨 의미가 있는가? 그의 행위가 그의 도덕사의 일부가 아니고, 그의 도덕사에 오점으로 남지 않는다고 믿을 경우에 할 만한 방식으로 그를 대하는 것이 무슨 의미가 있을까? 그가 참회한다 해도, 그가 내게 저지른 잘못을 아예 잊어버리거나 그 일로 그를 계속 나쁘게 생각할 수도 있을 텐데 그렇게 하지 않는 이유가 무엇인가? 그가 내게 저지른 잘못은 기억하고 분하게 여기면서도, 그 사람은 나쁘게 생각하지 않고 더 이상 화도 내지 않는 외줄타기를 해야 할 이유가 무엇인가?

그리스월드는 용서가 참회하는 부당 행위자에게 **합당한 몫**이기 때문이라고 말한다. "용서가 칭찬할 만한 이유는 그것이 부당 행위자에게 합당한 몫이기 때문이다.…용서는 이것을 인정한다.…도덕적 공동체에 다시 합류하는 데 필요한 조치를 모두 취한 부당 행위자에게 용서를 베풀지 않는 것은 그를 모독하는 일이 된다"(69).

나는, 부당 행위자가 회개하면 피해자에게 용서해야 할 **의무**가 생기고, 용서하지 않는 것은 부당 행위자를 **부당하게 대우**하는 일이 되어 부당 행위자가 피해자가 되고 피해자가 부당 행위자가 된다는 주장에 타당성이 없다고 본다. 회개는 이런 식으로 의무를 발생시키는 행위가 아니다. 회개한다고 해서 상대방에게 용서를 요구할 수 있는 도덕적으로 적법한 청구권을 갖게 되는 것은 아니다. 다음과 같은 집안의 상황을 상상해 보라. 남편이 아내를 부당하게 대우했다. 그는 이제 진심 어린 참회를 한다. 그리고 이렇게 덧붙인다. "나를 용서해 주지 않으면, 나를 부당하게 대하는 거야." 이 말은 이 상황의 도덕적 진실을 표현해 주기는커녕, 도덕적으로 기괴하게만 보인다.[13]

이런 상황으로 보인다. 부당 행위자는 피해자가 자신을 새로운 도덕적 시각에서 바라보고 새로운 도덕적 정체성을 가진 사람으로 대해 줄 거라는 **희망**을 품고 피해자에게 회개를 **내놓는다**. 그러면 피해자는 용서를 제의하거나 시도하는 반응으로 그에 답례해야 한다. 그러나 이 '해야 한다'(should)는 도덕적 의무로서의 의미가 아니라, 최선의 방책이라는 의미다. 용서는 피해자 측에서 필요 이상의 은혜를 베푸는 행위다. 도무지 용서할 수 없는 경우에는, 죄책감이 아니라 애석함이 피해자의 반응으로 적절하다. 용서를 인식하고 권한 최초의 문서인 히브리·기독교성서는 참회하는 죄인에 대한 용서를, 의무가 아니라 과분한 사랑의 행위로 끊임없이 제시한다. 죄인이 회개한다고 해서 하나님이 그를 용서해야 할 의무가 생기는 것은 아니다.

아렌트는 용서가 "과거의 행위들을 무효화하는 역할을 한다"고 말한다. 물론 그는 문자적 의미에서 이 말을 한 것이 아니다. 그는 용서가 "인간 행위의 비가역성에 대한 해결책"이며 "이미 일어난 일을 무효화할 수 없는 비가역성의 곤경에서 벗어나게 해 줄 가능성"

---

[13] Griswold는 내가 앞서 인용한 말만 하는 것이 아니다. 그는 용서의 도덕적 가치가 "부분적으로 피해자의 마음을 변화시키고, 원한을 떨치고, 부당 행위자를 새로운 시각으로 바라보는 데 있다"고도 말한다. 그리고 이렇게 덧붙인다. "이 감정들은 개인의 의지에 전적으로 달려 있지 않기에, 원한의 포기는 의무가 될 수 없다"(p. 68). 이 문장들의 견해는 앞에 인용한 문장들과 상당히 달라 보인다. 올바른 의견이라는 말을 덧붙인다.

이라는 말도 하기 때문이다. 인간의 행위가 비가역적이기 때문에, 그 무엇도 부당 행위자가 저지른 부당 행위나 피해자가 당한 부당 행위를 무효로 만들 수 없다. 그 무엇도 부당 행위자의 죄책이나 피해자가 부당한 일을 당했다는 사실을 무효로 만들 수 없다. 그러나 아렌트의 말은 옳다. 용서는 과거의 악행에 대한 교정책이다. 우리의 질문은 이것이다. 이 교정책이 하는 일은 무엇인가? 용서가 가져오는, 혹은 가져오려고 하는 선은 무엇인가?

진 햄튼의 답변을 인용하겠다.

[용서는] 새로워진 관계에서 오는 유익을 가능하게 한다. 용서는 두 사람 모두를 부도덕한 행위의 영향으로부터 자유롭게 해 준다. 용서하는 사람은 자신을 변호하는 일에 더 이상 갇혀 있지 않아도 되고, 부당 행위자는 죄로 오염되고 피해자에게 빚진 죄인의 위치에서 벗어나게 된다. 그러나 용서가 가져올 수 있는 가장 큰 선은 부당 행위자가 피해자의 도덕적 증오의 영향에서 벗어나는 것이다. 부당 행위자를 악에 뒤덮인 존재, 도덕적 부패로 오염된 존재로 보는 피해자의 시선을 부당 행위자가 인정하고 두려워한다면, 이 두려움은 자신에 대한 도덕적 증오로 이어질 수 있기 때문이다.[14]

존 버나비(John Burnaby)는 『기독교 용어와 그 의미』(*Christian Words and Christian Meanings*)에서 이와 비슷하면서도 약간 다른 주장을 한다. "우리는 서로 이전과 같지만 한 가지 중요한 차이점이

---

14 Jean Hampton, "Forgiveness, Resentment, and Hatred", in *Forgiveness and Mercy*, p. 86.

있을 것이다. 이제 나는, 당신이 용서할 줄 아는 사람이라는 것을… 나를 친구로 두거나, 또는 나의 적이 되지 않는 일을 자신의 권리를 유지하는 일보다 더 중요하게 여긴다는 사실을 안다. 그리고 당신은 내가 자존심을 꺾고 잘못을 인정할 줄 아는 사람이고 내 명분을 유지하는 일보다 당신의 선의를 더 가치 있게 여긴다는 사실을 안다. 용서는 적대감을 방지하거나 제거할 뿐 아니라, 사랑을 강화시킨다."[15]

햄튼과 **달리** 나는 우리가 여기서 다루는 감정이 대개 **증오**가 아니라 **분노**라고 생각한다. 내가 명백히 부당한 대우를 받았을 때, 나는 부당 행위자가 한 일 때문에 그에게 분노하지만, 대체로 그를 증오하지는 않는다. 이 점만 바로잡는다면, 햄튼과 버나비의 언급엔 놀라운 통찰이 있는 듯하다. 회개와 용서는 피해자와 부당 행위자 모두를 악행의 지속적인 파괴력에서 해방하고 서로의 도덕성에 대한 새로운 이해를 제공할 잠재력을 갖고 있다. 그렇게 회개와 용서는 새로운 관계의 가능성을 열어 준다. 부당 행위자에 대한 처벌은 그 무엇도 이루지 못한다. 형벌은 부당 행위자와 피해자가 처한 도덕적 곤경에서 그들을 건져 주지도, 화해를 가능하게 하지도 못한다. 피해자의 망각이나 다른 어떤 형태의 "지난 일로 묻어 버림"도 이런 선을 달성하지 못하며, 피해자와 부당 행위자가 처한 도덕적 곤경에서 그들을 건져 주지도 못하고, 화해에 근거한 관계 회복의 가능성을 제시하지도 못한다.

---

[15] John Burnaby, *Christian Words and Christian Meanings* (New York: Harper & Brothers, 1955), p. 87. Vincent Brümmer가 내게 이 참고 도서를 알려 주었다.

그러나 용서와 그것이 불러일으키는 회개의 **집중된 양상**이라 내가 부른 것을 고려하면, 이런 유익을 기대하지 않고 실제로 이런 유익이 생기지 않더라도 용서를 베풀 수 있다. 나를 부당하게 대한 어떤 행동에 대해 내게 사과하고 용서를 받는 사람이 그 외에도 여러 방식으로도 나를 부당하게 대했고 거기에 대해서는 여전히 뉘우치지 않을 수 있다. 그는 앞으로도 다시 나를 부당하게 대할 것으로 예상되는 무뢰한일 수도 있다. 그럴 경우, 용서에는 햄튼과 버나비가 말한 선이 따라오지 않을 것이고, 용서하는 사람도 그것을 기대하지 않을 것이다.

그러므로 내가, 나를 부당하게 대우한 부당 행위자를 용서해도 이런 선이 실현되지 않을 것 같다고, 특히 그 행위를 용서해 봐야 그것 외의 다른 모든 면에서는 화해가 가능할 것 같지 않다고 판단한다고 가정해 보자. 부당 행위자가 그 행위를 뉘우쳐서 그 일에 대해 그를 용서할 수 있게 된다 해도, 그가 나를 부당하게 대했던 과거의 온갖 잘못들에 대해서는 전혀 회개하지 않았고 앞으로도 내가 우려하고 예상하는 온갖 방식으로 나를 부당하게 대우할 것만 같다. 이런 상황에서도 꿋꿋하게 이 한 가지 행동에 대해 그를 용서해야 할 이유가 있을까? 이 한 가지 행동에 대해 그를 용서해 봐도 햄튼과 버나비가 언급한 여러 선이 생겨날 가능성이 없다면, 왜 용서한단 말인가? 왜 예수는 참회하는 부당 행위자를 일흔 번을 일곱 번이나 용서하라고 명하시는가? 그 사람이 일흔 번의 여덟 번째에 또다시 나를 부당하게 대우할 거라고 충분히 예상한다면 용서할 필요가 없지 않은가?

용서가 피해자나 부당 행위자의 번영에 끼치는 유익을 찾아 더 멀리 내다본다고 해서 이 질문에 대한 답을 찾을 수는 없을 것이다. 이 경우에서조차 용서가 선이라면 그것은 용서가 부당 행위자의 삶에 본질적 선이라서, 피해자가 그것 자체를 목적으로 추구하는 일이 적절하기 때문일 것이다. 그렇게 하는 것은 피해자가 부당 행위자를 배려하는 행동이다.

당신이 참회하고 있음을 알고 내게 저지른 잘못에 대해 당신을 용서하는 것은, 당신의 과거의 이 부분이 이후 당신과 내가 관계하는 방식을 결정하는 요인이 될 부담에서 당신을 벗어나게 해 주는 일이다. 과거로부터의 이런 해방은 당신의 삶의 본질적 선인데, 뉘우치는 부당 행위자는 용서를 바란다는 사실에서 이것을 알 수 있다. 당신이 내게 한 일로 인해 내가 더 이상 당신을 나쁘게 생각하지 않는 것은 당신의 삶-선이고, 그 일로 내가 당신에게 더 이상 화내지 않는 것도 당신의 삶-선이다. 그 일로 내가 당신을 나쁘게 생각하는 것은 당신의 삶-악일 것이고, 그렇게 되면 당신의 번영이 훼손될 것이다. 온전히 번영하는 삶은 그렇게 취급받는 것을 포함하지 않는다. 사랑이 자신의 안녕이나 부당 행위자의 안녕을 증진시키는 인과적 효과를 기대할 수 없을 때조차도 용서하는 이유가 바로 여기에 있다.

타인을 배려하는 방식으로서의 용서는 해내기가 어렵다. 그것은 자연스러운 반응이 아니다. 자연스러운 반응은 분노를 품는 것, 복수를 갈구하는 것이다.

17

용서는 정의를 침해하는가?

안셀무스가 용서에 제기한 문제

이제 '용서가 정의를 침해하는가?'라는 물음을 다룰 준비가 되었다. 이 질문을 보다 정확하게 표현하면 이렇다. '**온전하고 완전한** 용서가 정의를 침해하는가?' 나를 부당하게 대우한 사람이 자신의 행동을 뉘우친다는 사실을 분명히 밝혔고, 그에 대한 반응으로 나는 더 이상 그 일로 그를 나쁘게 생각하지 않고 그가 한 일 때문에 그에게 더 이상 부정적 감정을 품지 않는다. 무슨 문제가 있단 말인가?

안셀무스는 한편으로 처벌과 용서의 관계도 문제이고, 다른 한편으로 처벌과 정의의 관계도 문제라고 말한다. 용서는 부당 행위자가 처벌을 면하게 해 줄 것을 요구하기 때문이다. 용서의 이런 측면이 그의 생각에서 워낙 두드러졌기 때문에 그는 『프로슬로기온』의 9장과, 11장에서 용서를 거의 언급하지 않았다. 그 대신 처벌을 면하게 해 주고, 피하게 해 주는 것에 대해 말했다. 그러나 부당 행위자가 악행의 대가로 받아야 할 형벌을 면하게 하는 것은 정의를 침해한다. "선인이 선한 것을 받고 악인이 악한 것을 받는 것보다 더 정의로운 일이 무엇입니까?"(『프로슬로기온』, 10) 이렇게 되면 부당 행위자를 용서하는 일은 곧 정의를 침해하는 것이라는 결론이 따라온다. 내가 아는 한, 용서가 정의를 침해한다고 생각하는 사람은 모두 안셀무스의 문제 인식에 동의한다.

왜 안셀무스는 정의가 부당 행위자의 처벌을 요구한다고 생각할까? "선인이 선한 것을 받고 악인이 악한 것을 받는 것보다 더 정의로운 일이 무엇입니까?" 안셀무스의 이 질문에 단서가 있다. 안셀무스는 상호주의 원칙을 받아들였고 형벌을 응보로 이해했다. 형벌은 부당 행위자에게 동일한 손상을 가함으로써 피해자가 받은 손상을 바로잡는다. 형벌 그 자체로 상호주의 원칙의 부정적 측면을 실행하는 것이다.

예수는 형벌이 필요하지 않다고 가르치시지 않는가?

용서하려면 부당 행위자의 처벌을 포기해야 하는가? 처벌의 포기는 정의의 침해인가? 우리가 마주한 이 의문들에 답하기 위해서는, 현재 유효한 것 중 가장 뛰어난 형벌론을 살펴볼 필요가 있다. 하지만 그 이론을 다루기에 앞서, 안셀무스가 상호주의 원칙 및 이에 동반되는 응보적 형벌론을 주저 없이 받아들였다는 사실이 내게는 매우 당혹스럽다는 말을 하고 싶다.

안셀무스는 성서를 잘 알았고 그 권위를 인정했다. 그는 예수가 상호주의 원칙을 거부하라고 명하셨다는 것을 알았을 것이다. 악을 악으로 갚지 말고 언제나 자신과 이웃의 선을, 심지어 원수에 해당하는 이웃의 선까지도 추구해야 한다고 가르치셨음을 알았을 것이다. 그는 신약성경 서신서 저자들 역시 이와 동일하게 가르쳤다는 사실도 알았을 것이다. 우리는 회개하는 부당 행위자뿐 아니라 회개하지 않는 부당 행위자에 대해서도 처벌의 응보적 근거를 거부해야 한다. 물론 예수를 비롯한 신약성경의 어떤 저자도, **회개하지 않**는 부당 행위자를 **용서**해야 한다고 말하지는 않는다. 처벌은 삶-선을 가져올 경우에만 실행되어야 한다.

정의가 잘못에 대한 응보적 형벌을 요구한다고 가정한다는 점에서 안셀무스는 기독교 전통의 다수 의견과 관점이 같다. 그런데 내가 당혹스러운 것이 바로 그 다수 의견이다. 기독교 신학의 공통 가정은 "하나님의 정의가 만족되어야 한다"는 것이었다. 이 가정은 무엇보다 여러 대속론으로 이어졌는데, 그에 따르면 그리스도가 십자가에 못 박히심으로 우리 대신 고난을 받으셨고 그 결과로 응보적 정의의 요구 조건이 만족되었다는 것이다. 처벌받을 대상은 그리스도가 아니라 우리지만, 하나님이 우리의 형벌로 정하신 모진 대우를 받으신 이는 그리스도다. 이로 인해 이제 우리는 용서받은 자가 되었다고 한다.

그리스도의 고난이 어떤 면에서 **우리를 위한** 것이었다는 점은 분명한 신약성경의 가르침이다. 그러나 하나님이 우리의 잘못에 대해 우리를 용서하신다면, 우리의 형벌이 그리스도가 우리 대신 고난을 당하는 형태로 치러졌다는 생각은 **우리를 위한** 그리스도의 고난에 대한 올바른 해석일 수가 없다. 당신이 어떤 잘못에 대해 유죄 판결을 받고 형을 선고받았는데 내가 당신이 받아야 할 형벌(벌금이건 징역이건)을 대신 감당한다면, 그 상황은 당신이 용서를 받는 것도 아니고 당신의 잘못에 대해 부과된 형벌이 철회된 것도 아니다. 내가 기꺼이 감당한 모진 대우가 당신이 받는 형벌로 **간주되**는 상황이다. **내가** 모진 대우를 받음으로 **당신이** 형벌을 받은 것이다.[1] 여기서 벌어지는 일은 용서가 아니라 대리적 형벌이다.

분명히 예수는 악을 악으로 갚아서는 안 된다고, 되갚음과 앙갚음과 상황을 바로잡음과 손상에는 손상으로 해에는 해로 악에는 악으로 균형을 맞춘다는 생각을 중단해야 한다고 가르친다. 그런데 왜 수많은 기독교 신학자들과 윤리학자들은 정의가 행악자에 대한 응보의 처벌을 요구한다고 생각했을까? 하나님이 회개하는 죄인을 벌하지 않으신다는 선언과 우리도 그와 같이 해야 한다는 명령이 있음에도 왜 기독교 신학자들과 윤리학자들은 정의는 처벌을 요구하지 않는다는 결론으로 돌아서지 않았을까? 그 대신에 왜 그들은

---

1 앞의 본문에 제시된 대속론에 따르면, 처벌받는 자는 그리스도가 아니라 우리다. 그리스도에게 내려진 가혹한 대우가 우리의 잘못으로 우리에게 내려진 형벌로 간주된다. 그리스도는 죄가 없으시기에 형벌을 받으실 이유가 없다. 다소 다른 대속론에 따르면, 한때 우리는 죄가 있었지만 그리스도가 우리 죄를 몸소 떠맡으시기에 이제 더 이상 죄가 없게 되었다. 이제는 죄가 그리스도에게 있다. 이렇게 되면 그리스도가 겪으시는 고난은 그분의 잘못에 대해 그분이 받는 형벌이 된다. 그러나 이 이론은 우리가 용서받지 못한다는 점에서 앞의 이론과 유사하다. 우리에겐 죄책이 없고 그리스도에게 죄가 있다. 우리는 용서받아야 할 것이 없다.

나는 20장에서 바울의 칭의(稱義, justification)를 논할 것인데, 바울이 로마서에서 가르친 것은 이런 대속론이 아니며 어쨌거나 존재론적으로 가능하지도 않음을 거기서 보일 것이다. 내가 어느 시점에 누군가를 부당하게 대우했다면 그 시점에 내가 그를 부당하게 대우했고 그때 그렇게 한 죄가 내게 있다는 사실은 언제까지나 변함이 없다.

행악자에 대한 대리적 처벌을 행악자에 대한 **용서**라고 부르게 된 것일까?

   모르겠다. 이 문제에 대한 예수의 가르침이 내가 생각하는 것보다 분명하지 않아서일 수도 있다. 그러나 내가 볼 때 더 가능성이 높은 답은 따로 있다. 상호주의 원칙 및 이에 동반되는 응보적 형벌 개념이 사람의 생각과 상상력을 너무나 강력하게 장악해 버린 나머지, 예수가 상호주의 원칙을 거부하시면서 죄인을 벌하는 대신에 용서하라고 명령하신 것도 그 장악력을 풀기에 충분하지 않았던 것이다. 심지어 그분의 말씀을 권위 있는 것으로 받아들이는 이들의 경우에도 상황은 다르지 않았다. 주위에서 사람들이 하는 말을 들어 보라. 앙갚음해야 한다고, 악인들에게 그들이 자초한 것을 돌려줘야 한다고 다들 말한다. 그런 생각은 거부하기 힘들다. 미국의 형사법 제도를 조금이나마 접해 본 결과, 나는 대중의 생각 속에 자리 잡은 형사 처분의 근본적 근거는 응보이며, 범죄 억제와 사회 보호라는 근거가 이것에 덧씌워져 있을 뿐임을 알게 되었다.

질책적 형벌론

그럼, 형벌이란 무엇인가? 각 저자마다 다른 답을 한다. 그래서 우리가 용서에 대해 나름의 견해를 제시해야 하듯, 형벌에 대해서도 나름의 견해를 제시해야 할 듯하다.

   "형벌의 표현적 기능"(The Expressive Function of Punishment)이라는 중요한 논문에서 조엘 파인버그(Joel Feinberg)는 형벌의 매력적

인 근거를 하나 명확하게 제시했다.[2] 그는 이 근거를 형벌의 전통적 근거였던 응보론의 대안으로 제시한다. 그래서 파인버그의 이 형벌론을 살펴보기에 앞서, 응보론의 구조를 상기해 보자.

응보 개념은 부당 행위자에게 동등한 손상을 부과함으로써 피해자가 받은 손상에 균형을 맞춘다는 개념이다.[3] 형벌의 응보적 근거를 옹호하는 사람들은 이로써 가해 행위로 만들어진 불균형이 바로잡힌다고 본다. 그러나 응보론은 이런 불균형의 교정이 피해자나 부당 행위자의 삶의 본질적 선이라고 주장하지도, 이것이 피해자나 부당 행위자의 삶에서 도구적 선으로 늘 입증된다고 주장하지도 않는다. 그로 인해 도덕 질서가 지켜진다고 말할 따름이다. 많은 응보론 이론가들은 이런 도덕 질서의 옹호가 우리의 (자명한) 의무라고 가정하거나 주장한다. 그 외의 사정이 같다면 이것이 우리가 **해야 할** 일이라는 온건한 견해를 내세우는 응보론 이론가는 소수에 불과하다.

불균형을 바로잡는 형벌의 개념은 고대부터 있었다. 진 햄튼은

---

[2] Joel Feinberg, *Doing and Deserving* (Princeton: Princeton University Press, 1970)을 보라.
[3] 일부 저자들은 '응보론'(retributive theory)이라는 용어를 더 폭넓게 이해하여, 누군가의 죄책 때문에 부여되는 가혹한 대우는 그 사람이 **받아 마땅한** 것이어야 한다는 개념을 갖고 있는 모든 형벌론을 응보론이라 부른다. 여기서 '받아 마땅하다'(deserve)라는 용어가 정확히 무엇을 말하는지는 분명하지 않지만, Feinberg의 형벌론은 처벌받는 사람이 가혹한 대우를 **받아 마땅해야** 한다고 말하는 것이 옳을 것 같다. Merriam-Webster's Collegiate Dictionary 최신판을 보면 응보(retribution)의 첫 번째 의미가 '**갚다**'(to pay back)라고 나와 있다. 물론 이것은 라틴어 *re-tribuere*가 의미하는 바다. 이런 이유로, 나는 **부당 행위자에게 동등한 손상을 부과함으로써 피해자가 받은 손상에 균형을 맞춘다**는 것을 형벌의 근거로 삼는 형벌론만을 '응보론'으로 봐야 한다고 생각한다.

"응보 개념"(The Retributive Idea)이라는 에세이에서,[4] 응보 개념에 대한 흥미로운 현대적 해석을 제시한다. 그에 따르면, 남들을 부당하게 대우하는 이들은 "그들을 객관적으로 모욕한다. 타인의 가치를 고려하면 그들을 그런 식으로 대우해선 안 된다는 사실을 깨닫지 못하거나 믿지 않는 오류를 범하고, 타인을 그런 식으로 대해도 될 만큼 자신의 가치가 높다고 믿거나 암묵적으로 가정하는 잘못을 저지른다. 그래서 부당 행위자의 부당 행위에는 피해자의 가치보다 자신의 가치를 높이 평가하는 메시지가 함축되어 있다"(124). 형벌은 부당 행위자가 모진 대우를 받게 함으로써 부당 행위자의 행동에 함축된 본인과 타인의 가치에 대한 메시지가 잘못되었다는 취지의 반대 메시지를 전달한다. 따라서 형벌은

> 도덕적 진리가 부정되는 상황에서 그 진리를 [주장한다.] 내가 부당 행위자와 동일한 가치를 갖고 있다면, 내가 피해를 당한 이후에 그 사실을 명백히 드러내야 한다. 부당 행위자는 내게 해를 끼침으로써 나보다 자신의 지위가 높다고 선언했고, 자기 뜻대로 나를 이용해도 되는 우월한 존재로서 처신했다. 엉터리 도덕적 주장을 한 것이다. 도덕적 현실을 부인한 것이다. 응보주의자는 이런 거짓 주장을 바로잡아야 한다고 요구한다. 피해자의 주인 행세를 한 부당 행위자는 사실이 그렇지 않다는 것이 드러나는 굴욕을 겪어야 한다. 내가 부당 행위자의 손에 의해 겪었던 고통에 비례하는 고통을 그에게 가할 때, 나보다 자신을 높였던 그의 거짓 주장이 거부되고 도덕적 현실이 재차

---

[4] 이 에세이는, Hampton이 Jeffrie Murphy와 공저한 *Forgiveness and Mercy*의 4장이다. Murphy는 1장, 3장, 5장을 썼고 Hampton은 2장, 4장을 썼다.

확인된다. 나는 주인 행세를 하는 자를 제어해 그가 나와 동등한 사람이라는 것을 증명한다.(125)

간단히 말해, "응보적 형벌은 피해자에 의한 (직접적으로건 피해자의 대리자인 국가를 통해 간접적으로건) 부당 행위자의 패배인데, 이는 부당 행위자와 피해자의 대등한 가치를 상징한다. 그리고 개념적으로, 가치를 위협받은 피해자가 자신이 부당 행위자와 동등한 가치가 있음을 확인하는 데 필요한 상징이다.…[이것의] 목적(*telos*)은 선을 만들어 내는 것이라기보다는 선함을 입증하는 데 있다"(125-126). 형벌은 "도덕을 위한 일격"을 가하고, "도덕의 깃발을 꽂는다"(130).[5]

파인버그는 형벌 근거의 대안을 설명하면서 먼저 형벌(punishment)과 벌칙(penalty)의 차이를 살핀다. 벌칙의 사례로는 주차 위반 딱지, 도서관 연체료, 축구 경기의 오프사이드 벌칙, 신청서를 제대로 작성하지 않아 대회 참가 자격을 얻지 못하는 경우 등이 있다. 벌칙과 형벌 모두 어떤 면에서 이전에 "실패(흔히 어떤 규칙이나 명령의 위반)를 저지른 누군가에게 당국자가 모진 대우를 가함"이라는 유형에 속한다. 문제는, 이 유형 안에서 형벌과 벌칙을 어떻게 구분하는가다.

---

[5] Hampton의 이론은 부당 행위자가 개인적 이득을 얻기 위해 피해자를 부당하게 대우하는 많은 사례를 통찰력 있게 분석한다. 그러나 부당 행위 중에는 이와는 종류가 다른 사례도 많다. 사람들은 선하고 고상한 이유로 다른 이들을 부당하게 대우하기도 한다. 동료들을 위해 어떤 큰 선을 도모하면서 그 일을 위해 누군가를 속이고, 추방하고, 죽여야만 한다고 생각하는 경우도 있다. 그런 경우, 부당 행위자 측이 피해자를 상대로 자신의 가치를 높이려고 시도하는 것은 아니다. 자신이 추구하는 큰 선에 눈이 멀어, 피해를 당하는 사람들의 가치를 고려하면 그들을 그런 식으로 대해서는 안 된다는 사실을 보지 못할 따름이다.

형벌에는 벌칙 부과에 없는 상징적 중요성이 있다고 파인버그는 대답한다. 좀더 구체적으로 설명하면, "형벌은 분개하고 분노하는 태도와 비난하고 질책하는 판단을 표현하는 관습적 장치이고, 그 주체는 형벌을 주관하는 이들이나 '자신의 이름으로' 형벌에 권위를 싣는 이들이다. 한마디로, 형벌은 **상징적 중요성**을 갖고 있다"(98).

이 내용을 조금 풀어 보자. 파인버그는 "질책"이라는 말에 "비난을 품은 엄격한 판단"(101), 즉 **도덕적** 비난이란 의미를 담았다. 대개, 한편으로는 누군가가 저지른 일에 대한 모진 대우와, 다른 한편으로 그에 대한 도덕적 질책과 분개가 각각 별개로 일어난다. 도서관 책을 늦게 반납할 때 부과되는 연체료는 다소 모진 대우가 될 수 있다. 그러나 연체료 부과는 연체 행위나 연체자를 도덕적으로 비난하는 판단을 전달하거나 분개나 분노를 표현하는 상징적 중요성을 갖고 있지 않다. 물론 도덕주의자인 사서가 연체료를 매기면서 그런 판단을 하는 것까지야 어쩔 수 없겠지만, 연체료는 상징적 중요성이라 할 만한 것을 전혀 갖고 있지 않다. 그것은 이용자들이 대출한 책을 제때 반납하도록 독려하기 위한 장치일 뿐이다. 반대로, 비난하는 말은 질책적 판단이고 분개나 분노의 감정을 표현하는 일이지만, 모진 대우를 부과하는 것은 아니다.

파인버그의 견해에 따르면, 형벌의 독특한 점은 모진 대우가 해당 행위와 행위자를 도덕적으로 비난하는 판단 및 격앙, 분개, 분노의 감정과 이어져 있다는 데 있다. 발화행위이론[speech-act theory: 서로에게 말을 할 때 발생하는 현상을 설명하려는 이론. 언어철학자 오스틴(J. L. Austin)은, 사람들이 흔히 생각하는 언어의 발화 자체를 뜻하는 발화행위(locutionary act), 그 발화와 함께 수행되는 통보·동의·명령·사과 등의 기능인 발화수반행위(illocutionary act), 그 기능이 작용해 상대에게서 나타나는 효과인 발화효과행위(perlocutionary act)의 세 가지로 언어행위를 구분해 설명했다─역주]의 언어를 빌려 말하자면, 범죄자가 모진 대우를 받도록 하는 행위는 그와 그의 행동을 비난하는 발화수반행위에 **속한다**. 범죄자에게 모진 대우를 받게 하는 행위를 수행함**으로써** 그와 그가 한 일을 비난하는 발화수반행위를 수행한다. 결국, 그와 그의 행위를 비난하는 발화수반행위를 수행함으로써 그가 한 일에 대한 격앙과 분개의 감정과 그 일을 한 그에 대한 분노를 표현한다. 이 부분에서 파인버그의 말을 인용해 보자. "물리적 대우 자체가 비난을 표현한다는 말은, 특정 형태의 모진 대우가 공적 질책의 관습적 상징이 되었다는 뜻이다. 이것은 우리 언어에서 어떤 단어들이 특정한 태도를 표현하는 관습적 수단이 되었다고 하거나, 샴페인을 가리켜 중요한 행사를 기념하는 데 전통적으로 쓰이는 알코올 음료라고 말하는 것, 검은색이 애도의 색상이라고 말하는 것과 마찬가지로 역설적이다"(100).[6]

이 이론에서는 형벌의 초점이 전적으로 범죄자와 그의 행위에 놓여 있다는 점에 주목한다. 그에게 모진 대우를 부과하는 일은 **그의 행위에 대해 그를** 비난하는 것으로 간주되며, **벌어진 행위**에 대한 분개와 그 일을 저지른 그에 대한 분노를 표현하는 **방법이다.**[7]

---

[6] 아리스토텔레스는 범죄자에게 부과되는 가혹한 대우를 비난의 방식으로 생각하지 않았다. 그것을 '동등하지 않음'을 바로잡는 방법이라고 보았다.

[7] 나는 국가와 같은 기관이 발화수반행위를 수행할 수는 있지만 분개와 분노의 감정을 품을 수는 없으니 그런 감정을 표현할 수도 없다고 생각한다. 따라서 사람들이 수행하는 처벌에는 Feinberg 이론의 두 측면, 즉 발화수반행위의 측면과 감정 표현의 측면이 모두 적용되지만, 기관이 수행하는 처벌에는 첫 번째 측면만 적용된다. 그러나 이러한 단서를 굳이 밝혀서 본문 내용을 복잡하게 만들 생각은 없다.

파인버그는 흔히 거론되는 범죄자 갱생, 다른 이들이 저지를 수 있는 동일한 범죄 억제, 범죄자로부터 대중 보호 등 특정한 형벌의 유익이, 비난의 판단과 행위와 행위자에 대한 부정적 감정의 표현이라는 본질과는 그 연결고리가 긴밀하지 않다고 밝힌다. 형벌이 늘 그런 삶-선들을 이루는 것은 아니고, 종종 형벌 외에도 이런 선들을 달성하는 다른 방법들이 있다. 하지만 형벌의 본질과 긴밀히 연결된 형벌의 사회적 유익이 하나 있는데, 파인버그는 그것을 "상징적 묵인 거부"라고 부른다(102).

형벌은 부당한 일이 벌어질 때 사회가 그냥 묵과하지 않는다는 사실을 들을 귀 있는 자들에게 전달한다. 파인버그는 상당히 최근까지 텍사스에서 허용되던 '배우자 정부 살인'(paramour killings)을 거론하며, 그런 일을 처벌하라는 요구는, 무엇보다, "국가가 '배우자 정부 살인'에 반대하는 **분명한 태도를 표명**하고 그 일이 명백한 잘못임을 법으로 **인정한다는 것을 증명해 보이라**는…요구"라고 주장한다. 그는 "물론 형벌은 살인자들을 억제하는 데도 도움이 될 것"이고 "이것 또한 바람직한 일"이라고 평가한다. 그러나 억제력을 "질책과 같은 것으로 여겨서는 안 된다. 범죄 억제는 단순한 벌칙이나 몰수, 훈계와 선전에 이르는 열 가지도 넘는 다른 방법들로도 달성할 수 있기 때문이다." 그에 반해, "효과적인 공적 비난 및 그로 인해 나타나는 범죄에 대한 상징적 묵인 거부가 작동하려면 형벌이 꼭 필요한 듯하다"(103).

앞에서 나는 형벌의 **응보적** 근거에 대해 이야기했다. 파인버그가 명확하게 제시한 형벌의 근거를 무엇이라 부르며, 그런 이유로 부과되는 형벌을 무엇이라 불러야 할까? 파인버그는 자신의 형벌론을 '**표현** 이론'(the expressive theory)이라 부르지만, 이 이론이 논리적으로 뒷받침하는 형벌에 대해서는 이름을 붙이지 않았다. 이를 '표현적 형벌'이라 부르면 어색할 것이다. 나는 그가 제시하는 형벌의 근거를, 형벌의 발화수반행위 측면을 부각해 **질책적 근거**(the reprobative rationale)라 부르고 그 이유로 부과되는 형벌을 **질책적 형벌** 또는 **질책으로서의 형벌**이라고 부를 것을 제안한다.

질책적 형벌이 제대로 시행될 때, 그것은 벌하는 자와 범죄자의 삶에서 본질적인 선이며, 사회 일반은 물론 어쩌면 범죄자에게도 중요한 도구적 선이다. 물론 질책적 형벌의 구성 요소인 모진 대우 자체는 범죄자의 안녕을 감소시킨다. 그러나 질책적 형벌 전체는 그의 삶에 있는 선이지, 악을 교정하기 위해 부과되는 악이 아니다. 모세가 이웃의 잘못을 꾸짖는 것을 이웃 사랑의 사례로 제시한 일을 기억하라(레위기 19:17).

파인버그는 논의를 시작하면서, **당국자가 이전에 저지른 잘못으로 인해 누군가에게 모진 대우를 가하는 것을** 두 가지 종류로 구분하는데, 하나는 벌칙의 유형들이고 다른 하나는 형벌의 유형들이다. 그는 논의를 전개하는 여러 지점에서 이 유형에 세 번째 종류도 있다고 가정하지만, 내가 아는 바로는 이 세 번째 종류를 이루는 것들엔 공통된 이름이 없다. 그래도 그중 가장 두드러진 몇 가지를 언급하면 감을 잡을 수 있을 것이다. 범죄자의 갱생을 목적으로 그에게 부과하는 모진 대우, 다른 사람들이 그와 같은 일을 하지 못하도록 억제할 목적으로 범죄자에게 부과하는 모진 대우, 범죄자의 추가적인 부당 행위로부터 사회를 보호할 목적으로 그에게 부과하는 투옥, 가택연금, 추방 등의 모진 대우.

이런 이유로 부과되는 모진 대우를 흔히 '형벌'이라 부른다. 파인버그는 엄격히 말하면 그것이 형벌이 아니라고 보는데, 나는 그의 견해가 옳다고 생각한다. 형벌은 회고적이다. 누군가가 저지른 일에 대해 그를 처벌한다. 형벌의 응보적 근거와 질책적 근거 모두 이런 회고적 특성을 보인다. 그러나 갱생, 억제, 보호를 목적으로 부과되는 모진 대우에서는 이런 회고적 특성을 찾아볼 수 없다. 그것은 미래에 어떤 선을 불러오는 일에만 초점을 맞춘다.

한 가지만 더 지적하고 다음 논의로 넘어가기로 하자. 파인버그의 형벌론을 염두에 두면서 바울이 정부의 권세를 묘사한 로마서 13장을 보면, 정부는 "나쁜 일을 하는 자에게…진노(*orgē*, 분노)를 집행"하는 하나님의 일꾼이다. 바울은 억제력을 정부 형벌의 유익한 효과로 제시하시만, 악을 행하는 자에게 분노를 집행하는 것이 정부 형벌의 본질이며, 반드시 그렇게 **되어야 한다**. 적절한 취지에서 이루어지는 형벌은 범죄자에 대한 분노를 표현하고 그가 저지른 일에 대해 그를 책망하는 방법이 된다. 바울은 어디에서도 정부의 임무가 앙갚음, 대갚음, 상황을 바로잡음, 악을 악으로 갚고 손상을 손상으로 대응해 균형을 맞추는 것이라고 말하지 않는다. 그는 어디에서도 응보적 형벌이 정부의 적법한 기능이라고 말하지 않는다. 로마서 12장 끝에서 그는, 복수 또는 악을 악으로 갚는 일이 있어야 한다면 그것은 하나님이 하실 몫이라고 말했다. 하나님이 정부에게 맡긴 과제는 응보적 형벌이 아니라 질책적 형벌이다.

용서는 형벌의 포기를 요구하는가?

이제 안셀무스의 두 가지 가정을 다룰 준비가 되었다. 이렇게 시작해 보자. 부당 행위자를 용서한다면, 그가 한 일에 대해 그를 벌하는 것을 포기하고 다른 사람들이 그에게 형벌을 부과하는 것도 반대해야 하는가? 용서에 대해 글을 쓴 많은 이들이 그렇지 않다고 주장했다. 여기서 부분적 용서와 온전하고 완전한 용서 간의 구분이 필요하다. 부분적 용서는 부당 행위자를 처벌하는 것 또는 형벌 부과를 지지하는 것과 양립할 수 있지만, 온전하고 완전한 용서는 그렇지 않다.

문제의 형벌이 정의로운 것이라고 가정해 보자. 용서는, 부당 행위자를 그가 한 일이 그의 개인사의 일부이지만 도덕사의 일부는 아니라고 여길 때 대할 만한 방식으로 대하는 것이다. 이는 그가 한 일을 봐줄 때 대할 만한 방식으로 그를 대하는 것으로, 그가 한 일에 대해 실은 여전히 그를 탓할 수 있다고 믿는다는 점만 다르다. 그러나 형벌은 응보적인 것이건 질책적인 것이건 그가 저지른 부당 행위**에 대한** 것이다. 형벌을 부과하는 것이나 형벌 부과를 지지하는 것은 그 사람을 **부당 행위자**로 대하는 일이다. 그를 봐주는 경우에 할 만한 방식으로 그를 대하는 사람이라면 형벌 부과를 반대할 것이다. 그의 부당한 행위를 봐준다면 그를 벌하지 않는 것이 정의로운 일이다. 부분적 용서는 형벌 부과 및 그에 대한 지지와 양립할 수 있다. 형벌 부과를 지지하면서도 다른 여러 방식으로 부당 행위자를 봐준다면 그를 대할 만한 방식으로 그를 대할 수 있을 것이다. 그러나 온전하고 완전한 용서는 형벌 부과와 양립할 수 없다.

따라서 피해자는 선택의 기로에 선다. 그는 형벌을 부과하거나 형벌 부과를 지지할 수 있지만, 그러면 필연적으로 그의 용서는 부분적인 수준에 머무를 것이다. 아니면 온전하고 완전한 용서를 선택할 수 있지만, 그렇게 되면 형벌 부과에 반대해야 할 것이다. 그렇다면 우리가 고려해야 할 문제는 이것이다. 온전하고 완전한 용서를 선택하는 일이 정의를 침해하는가? 안셀무스를 포함한 많은 이들은 그렇다고 생각했다. 이 부분에 대한 그들의 생각이 옳다면, 온전하고 완전한 용서를 선택하지 않아야 마땅하다. 그런 선택을 하지 않아야 마땅하다면, 부당 행위자에게 온전하고 완전한 용서를 베풀지 않는 것이 마땅하다. 이 문제를 곧 다루게 될 것이다.

용서한다면 갱생, 보호, 억제를 목적으로 부과하는 모진 대우를 포기해야 하는가?

갱생, 보호, 억제는 어떨까? 온전하고 완전한 용서는 이런 목적으로 가해자에게 모진 대우를 부과하는 것을 반대해야 한다고 요구할까? 나는 나를 부당하게 대우한 사람이 내게 한 일을 진심으로 뉘우친다고 믿어도 되며, 그가 나 또는 타인에게 똑같은 일을 되풀이할 수 있다고 생각하면서도 그 일에 대해 그를 용서해도 된다고 했던 것을 기억하라. 따라서 이 행동에 대해 그를 온전하고 완전히 용서하면서도 나는 그에게 갱생이 필요하고 그때까지 사회가 보호받아야 한다고 생각할 수 있다. 만약 내가 이런 선을 불러오는 최선의 방법이 어떤 모진 대우를 그에게 부과하는 것, 또는 그 부과를 지지하는 것이라고 믿는다면, 나는 이를 찬성할 것이다.

억제력의 경우는 상황이 다르다. 시행 중인 법률이나 규칙을 위반하면 제재가 따른다. 해당 법이나 규칙이 정의롭고, 제재도 정의로우며 제재가 부과되는 과정도 정의롭다고 가정해 보자. 누군가에 대한 제재 부과는 모진 대우다. 바로 이 제재 부과의 위협이 억제력으로 기능하는 것이다.

이때 제재가 정당하게 부과된다면 실제로 그 규칙이나 법을 어긴 사람들만 제재를 받을 것이다. 누구도 '누명을 쓰지' 않을 것이다. 규칙이나 법을 어긴 것이 분명한 사람들, 변명의 여지가 없는 사람들만 제재를 받을 것이다. 따라서 부당 행위자에게 제재를 부과하거나 제재 부과를 지지하는 것은 필연적으로, 그를 봐줄 때 할 만한 방식으로 그를 대하지 않는 것이 된다. 온전하고 완전하게 용서한다면 억제를 목적으로 부당 행위자에게 모진 대우를 정의롭게 부과하거나 그것을 지지할 수 없다.

여기서도 피해자는 선택의 기로에 선다. 그가 억제-제재를 부과하거나 부과를 지지한다면, 그의 용서는 기껏해야 부분적일 것이고, 온전하고 완전하게 용서한다면 억제-제재의 부과를 반대해야 할 것이다. 여기서 검토해야 할 것은, 억제-제재의 부과를 반대하기로 하는 것이 어떻게든 정의를 침해하는가 그렇지 않은가 하는 문제다. 만약 정의를 침해한다면, 그것을 선택하지 않아야 마땅하다. 그런 선택을 내리지 않아야 마땅하다면, 부당 행위자를 온전하고 완전하게 용서하지 않아야 마땅하다. 피해자는 오직 어떤 부분적 용서만 할 수 있을 것이다.

질책적 형벌을 포기하는 것이 정의를 침해하는가?

지금까지 우리가 살펴본 바에 따르면, 누군가를 온전하고 완전하게 용서하려 하면 질책적 형벌과 억제-제재의 정의로운 부과까지 포기해야 한다. 이제 그런 포기가 정의를 침해하거나 훼손하는가 하는 물음이 남아 있다.

형벌에서부터 시작하자. **응보적** 형벌의 가치를 믿고, 할 수 있다면 모든 잘못된 행동에 대해 응보적 형벌을 부과해야 마땅하다고 생각하는 사람이라면, 내가 보기엔 터무니 없는 관점이며 그런 삶은 끔찍하겠지만, 형벌을 포기하는 일이 정의를 침해한다고 생각할 것이다. 그러나 형벌의 응보적 근거를 거부하고 파인버그의 질책적 근거를 받아들인다고 해 보자. 이 근거에 따르면 형벌을 포기하는 것이 반드시 정의를 침해하는 것인가?

그렇다고 생각할 만한 이유가 있는가? 자, 칸트의 『법이론』(*Metaphysical Elements of Justice*, 이학사 역간)에 나오는 유명한 (또는 악명 높은) 대목을 살펴보자.

> 모든 구성원의 합의를 따랐다고 해도 하나의 시민사회가 해체될 때는 (예를 들어 한 섬에 살던 사람들이 갈라서서 전 세계로 흩어지기로 할 때는), 우선 감옥에 남아 있는 마지막 살인자를 처형해야 한다. 그래야 모든 사람이 자기의 행동에 걸맞은 합당한 대우를 정당하게 받게 되고, 피 흘린 살인의 책임이 형벌을 집행하지 않은 사람들에게 돌아가지 않을 것이다. 그들이 살인자를 처형하지 못하면, 법적 정의를 공적으로 훼손하는 데에 참여한 공범 취급을 받을 것이다.[8]

칸트는 본인이 말한 바가 뉘우치지 않는 살인범들에게만 해당한다고 어디서도 밝히지 않는다. 그러므로 그가 뉘우치는 살인범과 뉘우치지 않는 살인범 모두에게 적용되는 말을 했다고 봐야 한다. 이 대목의 마지막 문장에서 그는 살인범들을 풀어 주는 일이 **법적 정의**를 훼손한다고 말한다. 이 대목 전체를 놓고 보면 그가 이런 법적 정의의 훼손을 도덕적 정의의 훼손으로도 보는 것이 분명하다.

칸트는 부당 행위자를 처벌하지 않는 것이 정의를 이중으로 훼손한다고 주장한다. 첫째, 부당 행위자의 몫은 그 부당 행위의 심각성에 걸맞은 형벌을 받는 것이다. 칸트의 표현을 빌리면 부당 행위자는 "정당하게 자기의 행동에 걸맞은 대우를 받는다." 그에게 합당한 형벌을 내리지 않는 것은 정의를 침해하는 일이고, 정의는 각 사람에게 합당한 몫을 돌려줄 것을 요구한다. 물론, 지금 우리는 이것이 옳은지 여부를 고려하고 있다. 그러니 칸트의 두 번째 이유로 넘어가자. 이는 부당 행위자를 처벌하지 않을 경우 그 부당 행위의 공범이 된다는 것이다. 피 흘린 살인의 책임이 살인자뿐 아니라 우리의 손에도 묻는 것이다. "공범"이라는 말은 물론 비유적 표현이다. 칸트가 의미하는 바는 부당 행위자에 대한 처벌 포기는 그의 범죄를 묵인하는 처사라는 말임이 분명하다. 그의 잘못을 묵인하면 그 부당 행위에 연루된다는 뜻이다.

부당 행위자에 대한 형벌을 포기하는 것은 정말 그가 한 일을 묵인하는 것에 해당하는가? 묵인의 메시지를 전달하는 데 더해 어쩌면 그의 공범이 된다는 것이 사실인가? 이 질문은 '처벌하는 것

---

8 Immanuel Kant, *Metaphysical Elements of Justice*, trans. John Ladd (Indianapolis: Bobbs-Merrill, 1965), p. 102.

은 벌어진 잘못을 비난하고 그 일을 묵인하지 않겠다는 신호를 보내는 것'이라는, 파인버그의 질책적 형벌론과 바로 잇닿아 있다. 이런 주장 일반을 고려하기보다 용서에 의해 형벌을 포기하거나 포기를 촉구하게 되는 경우에 초점을 맞춰 보자. 범죄자를 온전하고 완전하게 용서했기 때문에 그에 대한 형벌을 포기하거나 포기하라고 촉구하는 것은 그의 잘못을 묵인하는 행위, 그런 취지의 메시지를 전달하는 행위인가?

햄튼은 앞에서 언급한 칸트의 글을 인용하면서 이렇게 평한다. "우리가 범인을 벌하지 않는 경우 그 범죄의 공범이 된다는 칸트의 말에 동의한다. 그렇게 되면 피해자와 가해자의 상대적 가치에 대해 그 범행이 증언하는 바를 묵인하는 꼴이 되기 때문이다. 다시 말해, 그런 범행이 전달하는 '피해자가 열등하다'라는 메시지를 묵과하게 되기 때문이다. 칸트는, 도덕에 충실한 태도란 어떤 결과가 따라오더라도 충실하게 도덕을 주장하고 옹호하는 것이라는 관점을 근본적 가치로 받아들인다. 따라서 범죄 이후에는 피해자의 가치가 적절한 보호를 받을 수 있도록 범죄의 메시지를 무효화하는 메시지를 보내는 것이 도덕적으로 필요하다"(131).

햄튼은 긍휼이 필요할 때도 있다는 점을 대놓고 인정하는데, 그가 이해하는 긍휼은 "그것이 없다면 응분의 대가로 받아 마땅할 형벌의 보류 내지는 약화로서…부당 행위자에 대한 연민과 동정에서 나온다"(158). 그는 "부당 행위자의 부도덕한 메시지를 무효화할"(158) 의무가 때로는 더 중요한 다른 의무들, "특히 한 인간으로서의 부당 행위자에 대한 의무"(159)와 충돌할 수 있다고 본다. 그러나 그의 관심은 긍휼의 필요성을 인정하는 데 있지 않다. 그 대목은 분량도 짧고 긍휼의 가치를 확인하는 대신 그에 대한 경고로 마무리된다. 긍휼은 "억제력 있는 메시지와 부당 행위자가 침해한 가치의 표현을 훼손할 위험이 있다"(159).

이제 우리 앞에 놓인 논증의 구조를 살펴보자. 파인버그의 질책적 형벌론에 따르면, 내가 누군가를 처벌하면 그가 한 일을 비난하고 묵인 거부의 메시지를 보내는 것이 된다. 칸트와 햄튼은 내가 처벌을 포기하면 부당 행위자의 잘못된 행동을 묵인하고 그런 취지의 메시지를 보내는 것이 된다고 생각한다. 칸트-햄튼의 조건명제는 파인버그의 조건명제의 전건(과 후건)을 부정한다. 파인버그의 조건명제는 칸트-햄튼의 조건명제를 함축하지 않는데, 달리 생각하는 것은 전건 부정의 오류를 저지르는 일이 될 것이다. 그러나 두 조건명제는 양립할 수 있다. 그러니 우리는 칸트-햄튼의 조건명제를 그 자체의 장단을 가지고 따져 봐야 한다.

어떤 부당한 행위를 대놓고 비난하거나 비난을 촉구하지 않는 것을 필연적으로 그 행위를 묵인하거나 그런 취지의 메시지를 보내는 일이라고 생각하는 것은 설득력이 부족하다고 본다. 자신이 묵인하지 않는 모든 일을 일일이 비난해야 한다면, 우선 시간이 너무 많이 들 것이고 모든 인간관계가 망가질 것이다. 주어진 상황에서 어떤 부당한 일을 대놓고 비난하거나 비난을 촉구하지 않는 것이 그 일을 묵인하고 그런 취지의 메시지를 보내는 일이 되는지 여부는 전적으로 각 상황에 달려 있다.

여기에, 누군가가 한 일에 대해 그에게 질책적 형벌을 내리는 것은 그 행위와 행위자를 비난하는 방법이긴 하지만, 비난을 표현하는 데 쓸 수 있는 유일한 방법은 아니라는 사실을 더해 보라. 그런

데도 왜 처벌하지 않는 것이 필연적으로 그 행위를 묵인하는 일이라고 주장하는 것일까? 만약 어떤 권위자가 연설을 통해 직접 어떤 행위를 확고하게 비난하고 그 일을 한 사람을 분명하게 탓하고는, 더 나아가 그 사람이 뉘우쳤기 때문에 긍휼을 베풀어 그에 대한 형벌을 포기한다고 선언한다면, 그것이 정말 그 행위를 묵인하는 일이나 묵인의 메시지를 보내는 일이 되는가? 어떤 범죄자에 대한 처벌을 묵묵히 거부하는 것이 그가 한 일을 묵인하는 것으로 쉽사리 해석될 수 있는 것은 사실이다. 그러나 범죄자에게 죄가 있다고 선언한 다음 그가 뉘우쳤기 때문에 어떤 선을 위해 그를 처벌하지 않겠다고 선언한다고 해 보자. 그런 맥락에서 형벌을 포기하는 것은 타당하게도 범죄자가 한 일을 묵인하는 일이나 묵인의 메시지를 보내는 행위로 해석되지 않는다.

그럼 이제까지, 우리는 범죄자에 대한 질책적 형벌을 포기하는 일 자체가 그가 한 일을 묵인하거나 그런 취지의 메시지를 보내는 것이라는 결론을 내릴 이유가 없음을 알게 되었다. 그러나 다음의 경우를 한번 생각해 보자. 파인버그는 전통적으로 교정적 정의에 요구되어 온 '범죄의 강도에 형벌의 강도를 맞추는 것'을 표현적 형벌론에 따라 다음과 같은 방식으로 이해할 수 있다고 말한다. 비난이란 다양한 강도로 수행되는 발화행위라고 전제하고, 여기다 일반적으로 비난의 강도는 심각한 범죄일수록 더욱 높아져야 한다는 명제를 더하자. 비난이 형벌의 형태를 취할 때, 이 일반적 원리는 심각한 범죄일수록 범죄자에게 더욱 모진 대우를 가하는 방식으로 실행된다.

이제 어떤 권력자가 잘못을 저지른 사람에게 강도 높은 형벌을 선고한 후에, 범죄자가 죄를 뉘우친다는 이유로 또는 범죄자와 그의 가족을 가엾게 여겨서 또는 단순히 사회적 평화를 위해, 이미 선고한 형벌을 내리지 않겠다고 선언한다고 해 보자. 앞에서 우리가 얻은 결론을 인정한다면, 권력자의 이 결정은 범죄자가 한 일을 묵인하는 것도, 묵인의 메시지를 보내는 것도 아님을 알 수 있다. 그렇지만 이 결정은 같은 범죄를 저지르고 예컨대 징역 20년형을 선고받은 다른 사람에 비하면 형벌에 담긴 비난의 정도가 너무 약해 보일 것이다. 그렇다면 이 결정은 이 사람의 잘못이 다른 사람의 잘못보다 덜 끔찍하다는 메시지를 보내는 것은 아닌가? 만약 그렇다면, 사실 두 범죄의 크기는 같은 것이므로 그것은 정의를 침해하는 일이 아닌가? 만약 범죄의 상대적 심각성에 따라 판결을 다르게 하여 몹쓸 범죄일수록 더 가혹하게 대우하는 체계가 있는데, 그것을 인정하지 않고 어떤 범죄에 대해 그 체계가 규정하는 것보다 덜 모진 대우를 하거나 아예 모진 대우를 배제하는 일은 잘못된 메시지를 전하는 꼴이 되지 않는가? 말로 제아무리 요란을 떨어도, 권력자의 결정은 그 범죄가 그리 나쁜 범죄가 아니라는 메시지를 전하게 되지 않겠는가?

내 생각은 다르다. 형사법에 범죄의 심각성을 나타내는 다양한 표현들이 있다고 가정하자. 미국의 형사법은 실제로 1급살인, 2급살인, 과실치사 등의 표현을 쓰고 있다. 배심원단이 피고의 2급살인 혐의를 유죄로 평결하고 판사가 범죄의 극악함에 대해 밝힌 후 형사법에 따라 형을 언도한다. 그런데 이때 대통령이 개입하더니, 범죄자가 뉘우쳤기 때문에 혹은 그와 그의 가족이 처한 곤경을 가엾게 여겨서 형을 감해 준다고 해 보자. 이성적인 사람이라면 이런 상황을 그가 저지른 일이 그리 심각한 범죄가 아니라는 메시지로 해석하겠는가? 이성적인 사람이라면 누구나, 배심원과 재판관이 그가 엄중한 형벌을 받아 마땅한 끔찍한 범죄를 저질렀다고 판단했지만 자신의 잘못을 뉘우치는 부당 행위자를 가엽게 여긴 대통령이 그의 형벌을 감면해 주기로 결정한 것이라 결론짓지 않겠는가?

한마디로, 나는 질책적 형벌을 내리지 않는 것이 필연적으로 정의 침해라는 결론을 내려야 할 이유를 못 찾겠다. 물론, 범죄자가 백인이거나 남성이거나 부자거나 사회 지도층이거나 특정 종교나 국적의 소유자여서 대통령이 그를 사면한다면, 그것은 도덕적으로 잘못된 메시지를 전달할 것이다. 그러나 표면적으로는 같아 보일지 몰라도, 그런 요소들에 근거한 사면은 뉘우치는 범죄자를 사면하는 경우와 크게 다르다.

억제적 제재의 포기가 정의를 침해하는가?

우리는 부당 행위자에 대한 온전하고 완전한 용서가 질책적 형벌의 부과 또는 부과 지지를 거부할 것임을 함축할 뿐 아니라, 그에 대한 억제적 제재의 부과 또는 부과 지지를 거절할 것임을 함축한다는 것을 보았다. 그렇다면 이것이 어떤 식으로건 정의를 침해하는지 여부를 묻지 않을 수 없다. 만약 정의를 침해한다면, 온전하고 완전한 용서를 베푸는 것은 잘못일 것이다.

지금은 제재 시행의 조건이 되는 규칙이나 법이 정의롭고, 제재 자체가 정의롭고, 제재가 정의롭게 시행되는 상황에 대해서만 논의를 한정하기로 하자. 앞에서 밝혔다시피, 제재가 누군가에게 정의롭게 부과되려면 그가 법을 어겼고 과실 책임이 그에게 있어야 한다는 조건이 채워져야 한다. 여기다가 특정한 행동들을 억제할 제도가 있어야 한다는 정의의 요구를 덧붙이자.

이 제도의 취지는 범법 행위자의 과실이 분명한 규칙 위반 또는 위법행위를 모두 억제하는 것이다. 범법자가 뉘우치지 않는 위반 사실들뿐 아니라 모든 위반이 여기 해당한다. 규칙이나 법률에 붙은 회개-예외 조항(이후에 뉘우치지 않는 한 이런저런 행위는 금지한다)이 이치에 맞는 것인지 의심쩍지만, 만약 이치에 맞는다 해도 그런 예외를 두는 것은 행위자가 뉘우치는지의 여부와 상관없이 문제가 되는 모든 행동을 억제한다는 제도의 취지와 맞지 않다. 만약 회개-예외가 법이 아니라 제재에 붙는다면, 즉 분명하게 법을 어기고도 회개하지 않는 사람들에게만 제재를 가해야 한다고 명시한다면, 그것 또한 제도의 취지에 맞지 않다.

이제, 제재의 선별적 **적용** 문제만 고려하면 된다. 허버트는 법을 위반하고 나를 부당하게 대우했지만 이제 뉘우치고 있고 나는 그에 대한 반응으로 그를 온전하고 완전히 용서한다고 해 보자. 그렇다면 나는 그 법을 어길 때 따라오는 억제-제재를 그에게 부과하는 일 또는 부과의 지지를 거절할 것이다. 그런 거절은 정의를 침해하는가?

다음과 같은 상황을 고려해 보라. 나는 그 제재의 적용 대상에서 허버트를 제외시켜야 한다고 주장하지만, 다른 뉘우치는 위반자들까지 제외하는 것은 거부한다. 그것은 다른 이들에게 불공평하고 불의한 일일 것이다. 왜 허버트와 그가 내게 저지른 잘못만 형벌에서 제외하는가?[9] 그래서 내가 이런 불의한 상황을 피하기 위해 뉘우치는 모든 범법자들이 제재 부과를 면제받는다는 원리를 세우고 그것을 지지하는 운동을 펼친다고 하자. 이 원리를 받아들인다면 제도 자체가 훼손될 것이다. 그리고 제도를 훼손할 원리를 옹호하는 것은 잘못된 일이 분명하다. 그 일이 광야에서 외치는 소리에 그칠 것 같다고 하더라도 옳은 것이 될 수는 없다.

나의 결론은 이렇다. 정의로운 억제 제도가 있고 정의가 그런 제도의 존재를 요구한다면, 누군가가 그 법을 어긴 사람을 완전하고 온전히 용서했다는 이유로 그에게 해당 제재를 적용하지 않는 것은 정의를 침해하는 일이다.[10] 용서는 부분적이어야만 한다.

나의 논증은 신학적 딜레마를 제기한다. 히브리성서와 기독교성서는 곳곳에서 하나님을 인간에게 법을 내리시고 그 법을 어길 시 제재를 명하시는 분으로 제시하며, 그런 법과 제재에 회개-예외가 붙는다고 결코 말하지 않는다. 또한 하나님은 참회하는 죄인에게 완전하고 온전한 용서를 베푸시는 분으로도 제시되며, 이것은 하나님의 사랑의 신뢰할 수 있는 표현이다. 그러나 나의 논증은, 이것이

---

9 다음 장의 논의에서 잘 드러나겠지만, 그런 행동이 불공평하고 불의하게 되는 것은 허버트의 경우에만 형벌을 면하게 해 주려는 내 마음의 자의성만이 아니다. 문제가 되는 것은 편애다.
10 나는 억제 제도가 정의로운 제도라는 전제하에 논증을 펼치고 있다. 미국의 형사법제도가 정의로운 억제 제도인지의 여부에 대해서는, Jeffrie Murphy의 다음 말이 대단히 적절하다. "우리의 교도소와 감옥에서 우리가 용인하는 이루 말할 수 없이 야만적인 일들의 근원은, 정의와 범죄 통제를 바라는 적법한 갈망이 아니라 통제 불능을 넘어 사실상 악의로 전락해 버린 보복심이 아닐까…하는 생각을 피할 수 없다. 우리를 부당하게 대우한 사람들을 악마처럼 취급하고 괴물로 보고 싶은 마음이 든다면, 니체의 유명한 경고를 기억하는 편이 지혜로울 것이다. '괴물과 싸울 때는 자신도 괴물이 되지 않도록 조심해야 한다'"(*Getting Even*, p. 34).

우리가 신뢰할 수 있는 원리라면 앞에서 살펴본 대로 제재의 억제적 기능이 훼손된다는 것을 함축한다.

이 딜레마에 대한 나의 답변은, 이렇게 불러도 된다면, 하나님의 사법 제도(justice system)는 억제력의 관점이 아니라 질책의 관점에서 생각해야 한다는 것이다. 잘못을 저지른 인간에 대한 하나님의 형벌은 그 일에 대한 비난이자 진노의 표현이다. 앞에서 우리는 누군가를 온전하고 완전하게 용서하려면 질책적 형벌을 포기해야 한다는 것을 보았다. 그러나 그와 같은 형벌 포기 자체가 정의를 침해하거나 훼손하는 것은 아니라는 점도 확인했다.

18

정의로운 관대함과 불의한 관대함

포도원 일꾼 비유에 담긴 정의

때로 우리에겐 타인에게 선을 베풀고 많은 사람에게 어떤 선을 분배해야 하는 도덕적 요구, 즉 의무가 있다. 그러나 의무라서가 아니라 관대한 마음에서 어떤 선을 베풀거나 나눠 줄 때도 있다. 이유 없는 관대한 행위다. 하지만 이유 없는 관대함은 불의를 저지르기도 한다. 그 선을 베풀거나 나눠 주지 않아도 누군가를 부당하게 대우하는 상황이 아닌데, 그 선을 베풀거나 분배함으로써 오히려 누군가를 부당하게 대하는 것이다. 이번 장에서 고려할 문제는 이것이다. 이유 없는 관대함은 무엇 때문에 때로 불의해지는가?

예수는 하나님의 관대함의 정의로움을 설명하는 데 여러 비유를 들었고, 그중 하나가 앞에서 살펴본 포도원 일꾼들의 비유다. 비유의 내용을 떠올려 보라. 어느 날 포도원 주인이 아침 일찍 몇몇 날품팔이 일꾼들을 고용하면서 통상 일당을 주겠다고 말했다. 그는 아홉 시에 또 다른 일꾼들을 고용했고 정당한(dikaios) 액수를 지불하겠다고 했다. 그는 정오 무렵에 또 한 무리, 세 시 무렵에 또 한 무리, 다섯 시경에 마지막으로 한 무리의 일꾼을 고용했다. 하루 일과가 끝나자 그는 관리인에게 가장 나중에 고용된 일꾼부터 시작해 모든 일꾼들에게 급료를 지불하라고 지시했다.

마지막에 고용된 사람들은 통상 하루치 품삯에 해당하는 돈을 받았다. 가장 먼저 고용된 사람들은 자신들이 훨씬 더 많은 급료를 받을 거라 기대했다. 그러나 모든 사람이 동일한 급료를 받았다. 그들은 불평했다. 그들은 찌는 더위 속에서 종일 일한 반면, 다섯 시에 온 일꾼들은 열기가 식어 갈 즈음부터 한 시간만 일했기 때문이다. 동일하지 않은 일에 동일한 임금을 지불하는 것은 공평하지 않은 처사였다. 노골적으로 불의한 일이었다.

앞에서 보았다시피 니그렌은, 일찍 온 일꾼들을 불의하게 대하는 일이 되더라도 늦게 온 일꾼들을 후하게 대할 권리가 자신에게 있다는 의미로 포도원 주인의 말을 해석했다. 그리고 나는 주인이 한 말은 전혀 달랐다는 사실을 지적했다. 그는 늦게 온 일꾼들을 후하게 대한 것이 일찍 온 일꾼들을 불의하게 대하는 것이지만 본인은 그럴 권리가 있다고 말한 것이 아니라, 일찍 온 일꾼들을 불의하게 대한 것이 아니라고 말했다. 그는 불평하는 일꾼에게 이렇게 말했다. "이보시오, 나는 당신을 부당하게(adikos) 대한 것이 아니오. 당신은 나와 일반적인 하루 품삯으로 합의하지 않았소? 당신의 품삯이나 받아 가지고 돌아가시오. 당신에게 주는 것과 똑같이 이 마지막 사람에게 주는 것이 내 뜻이오. 내 것을 가지고 내 뜻대로 할 수 없다는 말이오? 내가 후하기 때문에, 그것이 당신 눈에 거슬리오?" 앞서 나는 이 지점에서 논의를 중단했고, 포도원 주인의 답변에 대한 나의 견해를 밝히지 않았다.

포도원 주인은 예수의 관점을 표현하고 있음이 분명하다. 이 비유를 듣거나 읽는 사람들 중에는 그 이유로 포도원 주인의 말에 동의하는 경우가 있을 것이다. 그런 사람들은 예수가 하신 말씀을 예수가 하신 말씀이라는 이유로 받아들인다. 하지만 대부분의 다른 사람들은 불평하는 일꾼들의 말에 일리가 있다고 생각할 것이다. 포도원 주인은 일꾼들을 너그럽게 대할 의무가 없었다. 그의 의무는 일꾼들이 한 일에 대해 그들의 몫을 지불하는 것이었다. 그러나 그가 이 의무를 넘어서서 관대해지려 한다면, 정의롭게 관대해야 할 의무가 있었다. 그가 채택한 방식은 분명히 불의한 것이었다. 한 시간만 일한 사람들에겐 후하게 대했지만 하루 종일 일한 일꾼들에게는 그렇게 하지 않았다. 불평하는 일꾼들에게 대답하는 주인은 이 점을 무시하고 있다. 물론 그는 일꾼들을 후하게 대할 권리가 있었다. 그렇지 않다고 말한 사람은 없다. 그러나 그는 그렇게 노골적으로 불의한 방식으로 관대함을 행사할 권리는 없었다.

불의하다는 비난을 다소 누그러뜨릴 만한 상황을 상상하는 일은 어렵지 않다. 일꾼들에게 모두 부양가족이 있고 그들이 받는 일당이 가족을 부양하기에 빠듯하다는 사실을 포도원 주인이 알고 있었다고 가정해 보라. 그래서 그렇게 행동한 것이다. 그는 일꾼들과 그들의 가족 모두를 배려했다. 이 해석은 예수가 이 비유로 전하려 하셨던 하나님 나라에 대한 논지와 잘 들어맞는다. 하나님 나라에서 자신의 자리를 갖는 일은 모두에게 중요하다는 것이다. 그래서 하나님은 토라의 포도원에서 오랫동안 힘들게 일한 유대인과 늦게 온 이방인을 똑같이 대우하신다.

일찍 온 일꾼들 쪽에서도 할 말은 있다. 자격이 있건 없건 모든 사람에게 동일한 통상 일당을 지급하는 것이 줄곧 주인의 의도였다면, 왜 그 사실을 처음부터 모두에게 알리지 않았는가? 그러면 모두가 얼마나 많은 노동을 투입할지 자유롭게 결정할 수 있었을 것이다.

물론 포도원 주인은 바보가 아니었다. 아침부터 이런 속내를 모든 일꾼에게 밝혔다면 그는 일을 끝내는 데 충분한 일꾼을 확보하지 못했을 것임을 알았다. 그래서 일도 끝내게 하고 관대한 이미지도 얻기 위해 상황을 조작했다. 일을 끝내게 할 급여 지불과 관대함이라는 흥미로운 조합의 결과로, 그는 일찍 온 일꾼들을 부당하게 대우했다. 포도원 주인은 불의를 저질렀다.

그럼, 관대함은 일반적으로 무엇 때문에 불의가 되는지 살펴보고 나서 다시 이 비유로 돌아오자.

아리스토텔레스의 패러다임과 그것을 거부해야 하는 이유

여기서 우리가 관심을 갖는 사례들은, 하나 또는 둘 이상의 집단에게 어떤 선을 분배하는 일이 정의의 요구 사항이 아니라 순전히 관대한 마음 때문인 사례들뿐이다. 분배가 전혀 일어나지 않으면 사람들이 불의한 대우를 받지 않는 사례들 말이다. 분배를 거부하여 관대함을 베풀 기회를 차 버린 사람은 평판에 문제가 생길 수 있지만, 분배의 거부 자체가 누군가를 부당하게 대우하는 상황은 아닐 것이다.

서양철학 전통에 익숙한 사람이라면 누구나 이 시점에서 분배 정의에 대한 아리스토텔레스의 설명을 바로 떠올릴 것이다. 아리스토텔레스는 분배 정의는 언제나 어떤 평등의 형태로 나타나고, 불의는 불평등의 형태로 나타난다고 생각했다. 내가 볼 때는 조엘 파인버그가 자신의 글에서 아리스토텔레스의 분배 정의 개념에 대해 제시한 진술이, 아리스토텔레스 본인의 표현보다 아리스토텔레스의 생각을 더 잘 보여 준다. 파인버그가 말하길, 선을 분배할 때 "유의미하게 비슷한 사례들은 비슷하게 다루고 유의미하게 다른 사례들은 사례들 사이의 유의미한 차이점에 직접적으로 비례하여 다르게 다룰 것을 정의가 요구한다는 게 아리스토텔레스의 패러다임이다."[1] 그런 사례들에서 불의는 "이런저런 식의 자의적이고 부당한 차별이며, 평등한 대우라는 필수적 형태에서 정당한 이유 없이 벗어나는 일이다"(299).

파인버그가 설명한 이 아리스토텔레스 패러다임은 옳은가? 우리가 찾고 있는 것을 제공해 주는가? 관대함을 때로 불의하게 만드는 것이 무엇인지 정확히 알려 주는가?

여기서 우리가 무엇을 묻고 있는지 분명히 해 두자. 나는 정의를 설명하면서, 정의의 요구대로 누군가를 대한다는 것은 그 사람에게 그의 몫을 돌려주는 것이라는 전통적 원리를 인정했다. 지금 우리 앞에 놓인 질문이 아닌 것부터 정리해 보면, 우리는 아리스토텔

---

[1] "Noncomparable Justice", in *The Philosophical Review* 83.3 (1974): pp. 297-338, 이 대목은 p. 310.

레스의 원리를 정의에 대한 대안적 설명으로 진지하게 받아들여야 하는지 아닌지 묻는 것이 아니다. 또 아리스토텔레스 원리를 분석하고 보면 사실 전통적 원리와 같은 것인지 아닌지도 묻지 않는다. 우리가 마주한 질문은, 어떤 관대한 분배에서 하나 또는 둘 이상의 사람이 자기 몫을 받지 못할 경우, 부당한 대우가 되는 이유를 아리스토텔레스 원리가 설명하고 있는지 여부다.

두어 가지 예비적 논평으로 시작해 보자. 앞에서 인용한 파인버그의 두 문장에서 아리스토텔레스 원리를 설명하는 방식에는 차이점이 있다. 첫 문장에는, 분배 정의가 유의미한 방식으로 비슷한 사례들을 비슷하게, 유의미한 방식으로 다른 사례들을 다르게 다루는 것이라는 생각이 담겨 있다. 두 번째 문장에 담긴 생각은, 분배 정의의 요구에 따르자면 비슷한 사례들은 비슷하게 다루어야 하는데, 그와 다르게 다루어야 할 타당한 이유, 혹은 (파인버그가 다른 곳에서 제시한 표현을 쓰자면) **도덕적으로 유의미한**(morally relevant) 이유가 없는 한 그렇게 해야 한다는 것이다. 첫 문장은 유의미한 유사점과 차이점을 말한다. 두 번째 문장은 도덕적으로 유의미한 이유들을 말한다. 첫 번째 설명에 따르면, 선을 다르게 배당할 때는 잠재적 수혜자 둘 사이에 존재하는 유의미한 차이점을 제시함으로써 그것이 정당화되어야 하며 그렇지 않으면 그 배당은 불의하다. 두 번째 설명에 따르면, 잠재적 수령자들 사이에서 선을 다르게 배당할 때는 도덕적으로 유의미한 이유로 그것이 정당화되어야 하며 그렇지 않으면 그 배당은 불의하다.

둘의 차이점은 피상적이다. 둘 모두의 배후에는 이런 생각이 자리 잡고 있다. 누군가에게 나눠 주고 싶은 어떤 선이 있고 그것을 선으로 누릴 만한 사람이 많다고 하자. 그러면 그중 일부를 분배에서 배제하거나 일부에게 덜 주어야 할 도덕적으로 유의미한 이유가 없는 한, 정의는 그 선을 공평하게 또는 균등하게 분배할 것을 요구한다. 여기서 '도덕적으로 유의미한 이유'는, 언제나 분배에 포함되는 이들과 배제되는 이들 사이의 도덕적으로 유의미한 차이점일 것이다. 분배가 불의한 것이 되는 때는 언제일까? 분배가 평등하게 시행되지 않고 그 격차가 적정한 선을 벗어났는데 그것을 정당화할 만한 도덕적으로 유의미한 차이점을 찾아볼 수 없을 때다. 아무 이유 없이 그냥 분배가 자의적일 수도 있다. 아니면 그 이유가 도덕적으로 유의미하지 않을 수도 있다. 한 예로, 피부색이 마음에 안 든다는 이유로 누군가에게 선을 분배하지 않는 경우를 들 수 있다.

몇 가지 사례만 생각해 보아도, 아리스토텔레스의 원리가 조금이라도 타당성을 가지려면 도덕적으로 유의미한 유사점과 차이점의 기준을 매우 느슨하고 관대하게 만들 수밖에 없다는 사실이 분명히 드러난다. 유의미한 유사점과 차이점들은 대개 사람 자체에서보다는 그 사람에게 있거나 없는 이런저런 관계적 특성에서 발견될 것이다.

예를 들어, 성탄절이 되면 나는 특히 애착을 갖는 이들, 즉 가족과 친구들에게 선물을 준다. 그런데 우리 집 아이들과 그리 다를 바 없는 동네 아이들에게는 선물을 주지 않는다. 내 이웃도 별로 내 친구와 다를 게 없지만, 나는 이웃에게도 선물을 하지는 않는다. 이런 식의 편파성에 불의한 점이 없다는 데는 모두가 동의한다. 그런 사례에서 아리스토텔레스의 원리가 유효하려면, **내가 애착을 느끼는 사람이라는** 관계적 특성의 보유 유무가 도덕적으로 유의미한 유사점과 차이점에 해당한다고 봐야 할 것이다. 이와 같은 사례는 그 외에도 많다.

이 사례를 근거로 삼아 또 다른 예비적 주장을 할 수 있다. 우리 집 아이들에게 줄 성탄절 선물을 고를 때, 나는 아이들 마음에 꼭 드는 선물을 하는 데만 집중한다. 동네 아이들이 아니라 우리 아이들에게만 선물을 하는구나 하는 생각은 아예 떠오르지도 않는다. 그러나 아리스토텔레스 원칙을 적용할 때는 자신의 관심이 쏠리는 분배 집단 내부의 유의미한 유사점과 차이점뿐 아니라 그 집단 내부 사람들과 외부 사람들 사이의 유의미한 유사점과 차이점에도 주의를 기울여야 한다. 특히 집단 내외부 사람들 간의 유사점과 차이점을 생각하면, '도덕적으로 유의미한 이유'의 기준이 얼마나 느슨하고 너그러워야 아리스토텔레스 원리를 유지할 수 있는지 깨닫게 된다. 물론, 분배되는 선이 나눌 수 없는 것이라면 유사점과 차이점의 구분은 사라진다. 그럴 경우 분배 집단에 속한 구성원들 사이에는 유사점과 차이점이 없다. 그 집단은 구성원이 하나뿐이기 때문이다.

예비적 주장은 이 정도로 충분하다. 아리스토텔레스의 원리는 정의로운 관대함의 행사가 무엇 때문에 정의롭고, 불의한 관대함의 행사가 무엇 때문에 불의한 것이 되는지 설명해 주는가? 자, 나는 책상에 앉아 연말 기부금을 보낼 준비를 한다. 한 해 동안 후원 요청 서신을 받을 때마다 가치 있는 일을 하고 기금이 필요하다고 판단되는 단체들은 따로 모아 놓고 나머지 단체들의 후원 요청서는 쓰레기통에 던져 버렸다. 이제 서류 파일을 펼쳐보니 30개 단체에서 보낸 후원 요청서가 들어 있었고, 나는 그중 어느 단체에도 특별한 애착을 느끼지 않는다.

어떻게 하면 좋을까 생각할 때 아리스토텔레스의 패러다임이 머리에 떠오른다. 그 패러다임에 따라, 가치 있는 활동 여부와 필요를 조합해 각 단체의 순위를 매기고, 순위가 높을수록 기부금을 많이 보내면 되겠다는 결론을 내린다. 그런데 이 원리를 지침으로 삼아 따지다 보니, 그동안 너무나 수동적인 태도로 일관했다는 생각이 든다. 값진 활동을 하지만 형편이 어려운 단체들을 따로 찾아본 적이 없었던 것이다. 그저 우편으로 오는 후원 요청서를 받아 그중 일부를 모아 둔 것이 전부였다. 그러나 가치 있는 일을 하는 어려운 단체들 중에는 어쩌다가 우편물 수신자 명단에 내 이름을 올리지 못한 경우가 있을 것이다. 이것이 내 이름을 우편물 수신자로 확보한 단체들과 그들을 다르게 대우할 도덕적으로 유의미한 이유인가? 나는 확신이 없다. 도덕적으로 유의미한 이유라는 이 개념을 내가 잘 파악하지 못하고 있다는 생각이 든다. 어쨌거나 그것이 도덕적으로 유의미한 이유 같지는 않다. 이와 다르게 생각하는 사람이 있다면 이 사례에서 아리스토텔레스의 패러다임이 틀린 것으로 드러나지 않기를 원하는 사람일 것이라고 짐작할 뿐이다.

나는 이런 거북한 생각을 떨치고 내가 후원 요청서를 보관해 둔 단체들에 대해 아리스토텔레스 패러다임을 적용해야 하는지 아닌지 자문해 본다. 가치 있는 활동과 필요를 조합해서 단체들의 순위를 매긴 다음 그에 따라 후원금을 할당해야 할까? 나는 별다른 이유 없이, 올해에는 그런 식으로 기부금을 여기저기 찔끔찔끔 나눠 주지 않으리라 결심한다. 너댓 개 단체를 선별해 기부금을 몰아주기로 한다.

이제 그 몇 단체를 선별해야 한다. 서류 파일에 들어 있는 여러 브로슈어를 꼼꼼하게 다시 읽고 어느 쪽으로건 결정을 내리는 데 도움이 될 만한, 도덕적으로 유의미한 이유로 삼을 만한 것을 찾는다. 그렇게 몇 시간을 보내고 나니 머리가 멍해진다. 고를 수가 없다. 그래서 될 대로 되라는 심정으로 각 단체에 번호를 매기고 주사위를 던져 선택을 내린다. 아니면 그래픽 디자인을 결정적 요인으로 정하고 브로슈어가 가장 매력적인 다섯 단체를 후원할 수도 있다. 브로슈어에 이사 명단이 실린 몇몇 단체들의 개방적인 모습을 좋게 여기고 그 단체들에 기부할 수도 있다. 그중 네 개 단체의 본부 사무실이 내가 사는 주에 있다는 사실에 마음이 동할 수도 있다. 그해에 아프리카를 방문했을 때 그곳에서 경험했던 감동이 떠올라 올해에는 아프리카에서 일하는 단체들에게 기부금을 몰아주기로 결정할 수도 있다. 나는 이런 식으로 밀어붙여 온갖 다양한 결정 방법을 생각할 수 있다.

내가 볼 때 이런 식의 모든 결정 방법은 그 어느 단체도 불의하게 대하는 것이 아니다. 내가 제외시킨 단체들이 그 사실을 알게 된다면 서운해하겠지만 부당한 대우를 당했다고 주장할 수는 없다. 그러나 물론 아리스토텔레스 원리는 만족되지 않았다. 이 모든 경우에서 나는 내가 생각한 방식을 선택해야 하는 도덕적으로 유의미한 이유를 알 수 없다. 모든 단체들을 동등하게 대우하지 않은 근거는 해당 단체들 사이의 도덕적으로 유의미한 유사점과 차이점이 아니었다. 나의 선택은 다소 즉흥적이고 자의적이었다. 단체의 본부 사무실 위치가 어떻게 유의미한 이유가 될 수 있는가? 브로슈어의 심미적 성질이 어떻게 유의미한 이유가 될 수 있는가?

혹시 누군가 주사위를 굴려서 나온 숫자로 후원할 단체를 뽑는 일이 그 단체를 후원 대상에 넣는 도덕적으로 유의미한 이유에 해당한다고 선언한다면, 그 개념은 더 이상 아무런 기능을 하지 못한다고 봐야 한다. 아무것도 설명해 내지 못하기 때문이다. 주사위를 굴려서 후원 단체를 정하는 일을 도덕적으로 유의미하다고 부른다면 그 이유는, 내가 관대함을 행사한 방식이 아리스토텔레스의 패러다임에 비추어 불의하다는 말을 듣고 싶지 않아서뿐일 것이다.

파인버그는 우리가 자의적 차별에 불쾌감을 느끼고 그것을 불의하게 여기는 이유가, 그것이 "이성을 모욕"하기 때문이라고 말한다. "유의미하게 유사한 사례들은 유사한 방식으로 다루어야 한다는 원리는, 아리스토텔레스의 동일률(同一律)·모순율(矛盾律)·배중률(排中律)이 '사고의 법칙'인 것과 마찬가지이듯 일반적으로 이성의 원리다. 유의미하게 유사한 사례들을 상이한 방식으로 다루는 것은 **불합리하다**"(319). 물론 우리는 많은 자의적 차별에 불쾌함을 느끼고 그중 많은 경우를 불의하다고 판단한다. 그러나 지금까지 내가 제시한 여러 자의적 차별의 사례들은 전혀 불쾌하거나 불의해 보이지 않고, 어떤 정의의 원칙도 침해하지 않는다. 그리고 그것들은 빙산의 일각을 보여 줬을 뿐이다.

누군가가 모교에 장학 기금 기탁을 제의하면서 그의 고향인 미네소타 주의 한 작은 마을에서 출생했다는 기록을 장학금 신청 자격 조건에 포함시킬 것을 요구한다고 해 보자. 대학 당국은 그런 별난 조항을 빼자고 그를 설득하겠지만, 그가 불의하게 행동한다고 나무랄 수는 없다. 어떤 백만장자가 맨해튼의 한 호텔 방에서 창밖으로 100달러 지폐들을 뿌려서 재산의 일부를 나누는 상황도 생각해 보자. 그의 별난 행동으로 누가 부당한 대우를 받는가? 게이츠 재단이 아프리카의 에이즈 퇴치에 사업을 집중하기로 결정했는데, 빌 게이츠가 처음으로 만난 에이즈 환자가 아프리카 태생이라는 것이 그 이유라고 가정해 보자. 이것이 도덕적으로 유의미한 이유라고 하기는 어렵다. 하지만 이 일로 인해 부당한 대우를 받은 사람이 있는가?

그리고 나눌 수 없는 선을 자의적이고 임의적으로 양도하는 온갖 사례들이 있다. 내가 내 아이들 중 하나에게 자동차를 물려주기로 한다고 해 보자. 어느 아이에게 차를 줄지 결정할 '이성적' 방법을 이리저리 찾아보다 실패한 나는 이 결정을 우연에 맡기기로 한다. 아이들에게 제비를 뽑거나 주사위를 던지거나 그 비슷한 일을 시킨다. 뽑히지 않은 아이들은 물론 아쉬워하겠지만, 부당한 대우를 당했다고 주장할 수는 없다.

아리스토텔레스의 원리는 분명 틀렸다. 옳았기 때문에 서양사상을 장악한 것이 아니다. 틀린 것임에도 불구하고 그렇게 된 것이다.

불의한 분배의 불의를 설명함

지금까지의 나의 결론은 부정적이다. 아리스토텔레스 패러다임은 어떤 관대함의 실천은 왜 정의롭고 다른 경우는 왜 불의한지 밝히는 설명으로 제시되었다. 이 패러다임에 따르면, 관대함의 선별적 실천이 정의로울 수 있는 것은 어떤 사람들은 관대함의 대상에 포함시키고 역시 혜택을 입을 수 있는 다른 사람들은 배제해야 할 도덕적으로 유의미한 이유가 존재하기 때문이다. 그리고 관대함의 선별적 실천이 불의한 것이 되는 경우는 어떤 사람들을 관대함의 대상에 포함시키고 역시 혜택을 입을 수 있는 다른 사람들을 배제해야 할 도덕적으로 유의미한 이유가 부재하기 때문이다. 앞에서 우리는 그 자체로는 정의로운 관대함의 사례이지만 아리스토텔레스 패러다임을 적용하면 불의한 것이 되는, 그 패러다임이 조명해 주지 못하는 사례들을 살펴보았다. 그러나 이 부정적 결론을 뛰어넘어, 어떤 관대함은 정의롭고 어떤 관대함은 그렇지 못한 이유에 대해 어떤 통찰을 얻을 수 있다면 좋을 것이다. 그리고 아리스토텔레스 패러다임이 모든 사례들을 설명하지는 못하지만, 일부 사례는 분명히 설명할 수 있을 가능성을 염두에 두자.

그러면 불의의 측면에서 문제에 접근해 보자. 불의한 관대함의 몇몇 사례를 살펴보면서 무엇 때문에 그 사례들이 불의한지 분별할 수 있기를 희망해 보자.

내가 갖고 있던 아트프린트들을 내 아이들에게 나눠 주기로 약속했다고 하자. 우리는 상당한 논의 끝에 모두가 만족할 만한 분배 방식을 정했다. 그런데 어느 날 저녁, 이웃 사람들을 위해 파티를 열었는데 참석한 이웃 한 사람이 내 아트프린트 중 하나가 너무 멋지다고 말한다. 그 표현에 기분이 좋아진 나는 충동적으로 이렇게 말해 버린다. "여기요. 가지세요." 기분도 좋고 와인도 좀 과하게 마신 나는 손님들에게 내 아트프린트를 하나씩 골라 집으로 가져가라고 호방하게 선언한다. 모두가 떠나고 난 다음 보니 아트프린트는 하나도 남지 않았다. 다음날 아침이 되어서야 나는 아이들에게 그것들을 주기로 약속했던 사실을 떠올리고 소스라치게 놀란다.

나의 관대함은 분명히 정의를 침해한다. 그러나 이 경우, 이웃들을 대하며 아주 기분이 좋았던 것은 그들을 나머지 다른 사람과 구분해 주는 도덕적으로 유의미한 차이점처럼 보인다. 내가 아이들에게 아트프린트를 주기로 약속하지 않았다면 이웃들에게 베푼 관대함은 불의하지 않았을 테니, 아리스토텔레스 패러다임을 옹호하는 사람은 이웃들에 대한 나의 좋은 감정이 그들 사이의 유의미한 유사점인 동시에 나머지 다른 사람들과의 유의미한 차이점이라고 지적했을 것이다. 누군가 도덕적으로 유의미한 이유가 있어서 특정한 방식으로 어떤 것을 분배한다 해도, 그 분배가 정의롭지 못할 수 있다는 것이 이로써 드러났다고 볼 수 있다. 나의 분배가 불의하게 된 것은 그렇게 할 만한 '도덕적으로 유의미한 이유'가 없어서가 아니었다. 그 분배가 불의했던 것은 이웃 사람들에게 관대해지느라 자녀들에게 한 약속을 어겼기 때문이다. 도덕적으로 유의미한 이유 없이 내 그림으로 유익을 얻을 모든 사람을 동등하게 대우하지 않아서가 아니라, 약속을 어겼기 때문에 나의 관대함은 불의한 것이 되었다.

앞에서 들었던 사례를 다시 생각해 보자. 샘은 가끔 동네 아이들에게 사탕을 나눠 주기를 좋아하는 독신 남성이다. 동네 아이 그 누구도 샘에게서 사탕을 받을 권리는 없다. 사탕을 나눠 주는 것은 그가 이유 없이 베푸는 관대한 행동이다. 샘은 누구에게도 사탕을 주겠다고 약속하지 않았기 때문에 동네 아이들에게 사탕을 나눠 줌으로써 약속을 맺은 누구도 부당하게 대우했다고 할 수 없다. 샘이 이 동네에 사는 아이들에게 사탕을 주는 일이 옆 동네 아이들을 부당하게 대하는 경우는 아니라는 점도 이미 확인한 바 있다.

물론 아리스토텔레스주의자에게는 사는 동네가 다르다는 것이 어째서 도덕적으로 유의미한 차별의 원리가 되는가 하는 것이 좋은 질문이 되겠다.

그런데 샘은 동네 아이들 중 한 아이, 로저를 아주 싫어하게 되었다. 왜 로저가 싫은지는 본인도 잘 모른다. 로저가 성격이 나쁘다고 생각할 이유는 없다. 로저는 샘을 언제나 공손하게 대했다. 샘은 로저가 다른 아이들에게 비열하게 구는 모습도 본 적이 없다. 그러나 샘은 로저의 인상이 어딘가 기분이 나쁘다. 그의 기억 속에 깊이 감추어진 어떤 사건 때문에 그 인상을 싫어하는 것인지도 모른다. 어쨌거나, 샘은 캔디를 나눠 줄 때마다 어김없이 로저를 따돌린다.

샘의 자선은 분명히 불의하다. 그런 식으로 사탕을 분배함으로써 로저를 부당하게 대우했다. 로저를 혜택에서 배제하는 일은 불의한 반면, 이웃 동네 아이들을 배제하는 일은 불의하지 않다. 왜 그런가? 그 이유가 무엇인가? 샘이 사탕을 몽땅 공중으로 던지고 아이들 사이에 쟁탈전이 벌어져 로저 빼고는 모두가 사탕을 챙겼다고 해 보자. 로저가 다른 아이들 못지않게 재빠르다고 한다면, 그 아이가 사탕을 얻지 못한 것은 말 그대로 불행한 결과다. 몇몇 아이들이 로저를 가엾게 여기고 사탕을 좀 나눠 주기를 바랄 뿐이다. 그러나 그런 식의 사탕 분배를 불의하다고 말할 수는 없다. 샘이 로저에게만 사탕을 주지 않은 일이 불의한 이유는 변명의 여지가 없는 악감정에서 그렇게 했기 때문이다. 옆 동네 아이들이 그의 사탕을 받지 못한 이유는 악감정 때문이 아니었고, 샘이 사탕을 공중으로 던졌는데 로저가 결국 사탕을 갖지 못했다 해도 악감정 탓은 아니었을 것이다.

다음으로, 파인버그가 제시한 정반대의 사례를 보자. 그는 두 아들 A와 B에게 유산을 물려주는 아버지를 상상해 보라고 말한다. "A와 B는 나이와 키, 건강 상태, 외모, 능력, 신념과 이상이 대체로 비슷하고 둘 다 긴요한 경제적 필요가 있으며 유산은 둘 모두의 필요를 채우고도 남을 액수다." 그리고 이렇게 상상해 보자. "아버지는 두 아들의 긴요한 경제적 필요를 해결해 주고도 남은 금액—뜻밖에 생긴 백만 달러라고 하자—전부를 A에게 물려준다. 단지 A를 더 좋아하기 때문이다"(315). 파인버그는 이것이 불의의 사례라고 생각한다. 나도 동의한다. 그 경우에 아들 B는 부당한 대우를 받았다고 할 수 있다.[2]

왜 그런가? 아버지의 유산으로 B의 필요가 제대로 해결되었다면, 그는 부당한 대우를 받은 것이 아니지 않을까? 아버지는 여윳돈 백만 달러를 원하는 대로 처분할 권리가 있지 않은가? 그 돈 전부를 자선단체에 기부했다고 해 보자. 그러면 B는 부당한 대우를 받았다고 할 수 없다. 그렇다면 아버지가 같은 백만 달러를 그의 형 A에게 줄 경우 B가 부당한 대우를 받게 되는 이유는 무엇인가?

문제가 되는 것은 아버지의 편애다. 백만 달러를 아들 A에게 주는 것은 아버지의 편애를 드러내는 행동이고, B는 그 편애에 의해 부당한 대우를 받았다. 부모들은 자녀 중 누군가를 다른 아이보다 특별히 좋아할 때가 있다. 어쩌면 흔한 일인지도 모른다. 그들이 자녀 모두를 똑같이 사랑한다면 매우 이상적이겠지만 부모들이 그렇게 하지 않는다고 해도, 그들의 도덕적 특성에 오점이 되지는 않는

---

[2] Feinberg는 A. D. Woozley의 글에서 이 사례를 가져왔는데, Woozley는 이것이 불의의 사례가 아니라고 생각했다.

다. 그러나 한 자녀를 다른 자녀보다 더 좋아하는 경향이 선을 분배할 때 편애의 형태로 나타난다면, 그때는 눈 밖에 난 자녀가 부당한 대우를 받게 된다. 우리 사회—다른 사회에서는 다를지도 모른다—에서 부모의 역할을 할 때 중요한 규범적 요소 한 가지는, 부모가 자녀들의 선을 증진하고 그들의 가치를 존중함에 있어서 공평하려고 최선을 다해야 한다는 것이다. 편애는 이러한 역할 의무의 위반이다.

예수의 탕자 비유를, 망나니 동생을 편애하는 아버지를 맏아들이 비난하는 내용으로 해석할 수 있다.[3] 아버지가 동생을 총애하는 것이 자신에게 부당한 일이라고 맏아들이 단도직입적으로 말하지는 않지만, 결국은 그런 말이라고 보는 편이 설득력 있다. 밭에서 돌아오던 맏아들은 집에서 벌어지는 요란한 잔치 소리를 듣는다. 근처에 있던 이에게 무슨 일이냐고 묻고서, 방종한 동생이 돌아온 것을 축하하는 잔치가 열렸다는 사실을 알게 된다. 맏아들은 잔뜩 화가 나서 잔치에 들어가지 않는다. 아버지가 밖으로 나와 맏아들에게 잔치에 참여하라고 권한다. 맏아들은 이렇게 대답한다. "나는 이렇게 여러 해를 두고 아버지를 섬기고 있고, 아버지의 명령을 한 번도 어긴 일이 없는데, 나에게는 친구들과 함께 즐기라고, 염소 새끼 한 마리도 주신 일이 없습니다. 그런데 창녀들과 어울려서 아버지의 재산을 다 삼켜 버린 이 아들이 오니까, 그를 위해서는 살진 송아지를 잡으셨습니다"(누가복음 15:29-30).

동생을 편애한다는 맏아들의 비난을 아버지는 인정하지 않고,

---

[3] 앞에서 나는, 맏아들이 상호주의 원칙에 호소하는 것으로 이 비유를 해석할 수도 있다고 말했다.

어떤 불의도 일어나지 않았다고 주장한다. 그는 맏아들이 상황을 잘못 해석하고 있다고 반박한다. 아버지가 잔치를 벌인 이유는 편애 때문이 아니다. 아버지는 맏아들에게 상기시킨다. "얘, 너는 늘 나와 함께 있으니 내 가진 모든 것은 다 네 것이다. 그런데 너의 이 아우는 죽었다가 살아났고, 내가 잃었다가 되찾았으니, 즐기며 기뻐하는 것이 마땅하다"(15:31-32).[4]

끝으로, 다음 사례를 생각해 보라.[5] 제조업 분야의 한 중소기업이 연례 성탄절 파티를 연다. 올해 회사가 유난히 많은 수입을 올린 터라, 사장은 보너스를 지불하여 직원들과 수입의 일부를 나누기로 결정했다. 전에는 한 번도 없던 일이었다. 그래서 파티 도중에 그는 음악을 멈추게 하고 깜짝 발표를 선언하고는 이제 보너스를 지불하겠다고 말한다. 그는 직급과 업무 수행 능력 등에 따라 보너스의 액수를 달리할까 하는 생각도 잠시 했지만 그렇게 되면 일이 너무 복잡해진다는 결론을 내렸다고 설명한다. 그래서 모든 직원에게 5천 달러씩 지급하기로 결정을 내렸다. 그는 직원들을 이름 순서로 한 사람씩 불러낸다. 그런데 조지프의 이름은 부르지 않는다. 조지프는 그 회사에서 피부색이 다른 유일한 직원이다. 일부 직원들이 그의 이름이 빠졌음을 깨닫고 사장에게 그 사실을 알린다. 사장은 담담하게 대답한다. "자네들 말이 맞네. 조지프를 빠뜨렸어. 조지프는 보너스가 없네." 그 말을 하고 그는 자리에 앉는다.

---

[4] 돌아온 동생을 "(아버지의) 이 아들"(this son of yours)이라 지칭하는 맏아들과, 둘째 아들을 "너의 이 아우"(this brother of yours)라 칭하는 아버지가 흥미롭고도 극명하게 대조된다.

[5] 이 사례는 Scott Dolff의 사례를 각색한 것이다.

조지프는 상처 받고 화를 낸다. 당연한 반응이다. 나는 그가 부당한 대우를 받았다고 말하겠다. 사장이 관대한 보너스를 지급한 방식은 불의했다. 하지만 왜 그런가? 조지프를 비롯한 그 누구도 보너스를 받을 줄 몰랐다. 사장이 보너스를 안 줬더라면 누구도 부당한 대우를 받지 않았을 것이다. 그러면 조지프는 왜 보너스를 받지 않음으로써 부당한 대우를 받은 것인가? 답은 조지프가 다른 직원들보다 가치가 덜한 사람인 양 무시와 모욕을 당했다는 데 있다. 상황을 다르게 읽을 도리가 없다. 사장은 회사의 일부 직원들만 보너스를 받도록 추첨식 절차를 선택할 수도 있었을 것이다. 그렇게 했다면 보너스를 받지 못하게 된 사람들은 애석해하겠지만 자신들이 부당한 대우를 받았다고 주장할 수는 없었을 것이다. 사장의 보너스 분배가 불의한 이유는, 관대함을 분배한 방식에서 소시프를 모욕했기 때문이다.

논의를 정리해 보자. 파인버그에 따르면, 아리스토텔레스 패러다임은 우리가 살펴본 여러 사례들에서 불의를 구성하는 요인이 "평등한 대우라는 필수적 형태에서 정당한 이유 없이 벗어남"이라고 선언한다(299). 불의한 방식의 관대함의 실천이 불의한 것이 되는 까닭은 그 혜택을 받는 자들과 거기서 배제된 자들을 구분해 주는 '도덕적으로 유의미한 이유'가 없기 때문이다. 하지만 우리가 지금까지 고려한 사례들로 추정해 볼 때, 이런 분석이 들어맞는 경우는 드문 듯하다. 관대함의 실천에서 유익을 받을 수 있는 모든 사람이 똑같은 대접을 받아야 한다는 것을 당연시하는 암묵적 가정은 잘못되었다. 도덕적으로 유의미한 이유의 범위를 아무것도 설명할 수 없는 수준까지 확장한다 해도, 기부금을 자신이 원하는 방식으로 분배하고 싶어 하는 기부자에게는 그렇게 해야 하는 도덕적으로 유의미한 이유가 필요하지 않다. 즉흥적 이유나 우연적 절차를 통하여 기부를 해도 정의를 침해하지 않을 수 있다.

불의한 관대함이 왜 불의한지 설명하는 단일한 원리는 없다. 분배를 불의한 것으로 만드는 요인은 다양하다. 무언가를 이 사람들에게 분배하는 것이 그것을 다른 사람들에게 분배하겠다던 기존의 의무를 어기는 일이 되기 때문일 수도 있고, 악감정을 가지고 특정 인물을 분배에서 배제하기 때문일 수도 있다. 동등한 가치를 가진 사람을 다른 이들보다 가치 없는 사람 취급하는 것이 문제일 때도 있다. 여러 사례를 계속 더 찾아본다면 관대함에서 불의가 생기게 하는 다른 출처들을 더 찾게 될 것이다.

일반적으로 관대함은 새로운 권리를 만들어 내지 않는다

관대함에 적용될 때 아리스토텔레스 패러다임이 함축하는 바는, 기부자의 관대함을 누릴 기존의 권리를 아무도 갖고 있지 않은 곳에서 기부자가 관대하게 선을 베풀면 특정 사람들도 그 선을 누릴 권리를 갖게 된다는 것이다. 일단 기부자가 선을 분배하기 시작하면, 처음에 그 선을 받은 사람들과 유의미하게 유사한 사람들에게는 첫 수혜자들이 받은 몫과 동등하거나 그에 비례하는 몫을 받을 권리가 생긴다는 의미다. 누군가가 무엇을 받으면, 그와 유의미하게 유사한 모든 사람도 그것을 받을 권리가 생긴다.

그러나 내가 바로 앞에서 내린 결론이 옳다면, 이런 함의는 틀린 것이다. 일반적으로 관대함은 새로운 권리를 만들어 내지 않으며, 그 새로운 권리가 침해당할 때 관대함에서 불의가 발생한다고 말할 수도 없다. 로저에게는 고약한 악감정으로 차별 대우를 받지 않을 권리가 이미 있었다. 기존에 지니고 있던 그 권리가 침해당했기 때문에 그가 부당한 대우를 받았다고 말하는 것이다. 아들 B는 아버지의 편애의 피해자가 되지 않을 권리를 이미 갖고 있었다. B는 바로 그 기존 권리를 침해당했기 때문에 부당한 대우를 받았다고 하는 것이다. 조지프는 유색 인종이라는 이유로 동료들보다 가치가 떨어지는 존재로 취급받지 않을 권리를 이미 갖고 있었다. 그 기존 권리를 침해했기 때문에, 사장이 보너스 분배에서 그를 제외한 것이 그를 부당하게 대우한 일이 되었다. 관대함이 정의로운 것이 되려면 우리가 이미 갖고 있는 권리를 존중해야 한다.

긍휼은 다른가?

이제껏 내가 제시한 사례 중에 긍휼(mercy)의 형태를 띤 관대함의 사례는 없었다. 긍휼은 두 가지 형태로 나타난다. 한 가지 형태는 형벌의 경감이다. 다른 하나는 불행한 이들의 곤경을 덜어 주는 것이다. 이 둘 중 어느 한 형태의 긍휼이라도 내가 내린 결론과 다른 결론을 요구할까?

나는 아니라고 본다. 첫 번째 종류의 형벌 경감의 긍휼을 생각해 보자. 이 사례로 우선 생각나는 것은 정부 관료―미국의 경우 대통령과 주지사―가 내리는 사면이다. 미국 시민들은 대통령이 사법부의 지원을 받아 최적의 사면 대상자를 합리적이고 체계적인 방식으로 선정할 거라고 기대한다. 만약 대통령이 그런 기대를 저버리고 동전을 던지거나 이런저런 편애나 편견에 이끌려 선택을 내린다면, 우리는 불안감을 느끼고 그 절차가 불공평하고 불의하다고 여길 것이다. 그러나 어느 왕국에서 매년 마지막 날에 임의적 절차를 통해 열 명의 죄수를 뽑아 풀어주는 오랜 관습이 있다고 해 보자. 내가 볼 때, 그런 절차로 부당한 대우를 받는 사람은 없고, 정의는 침해되지 않는다.[6]

불행한 사람들의 곤경을 완화해 주는 형태의 긍휼도 다르지 않다. 이런 형태의 긍휼이 언제나 이유 없이 실천되는 것은 아니다. 때때로 그것은 의무적이다. 예수의 선한 사마리아인 비유에 나오는 사마리아인은 제사장과 레위인의 경우와 마찬가지로 다친 사람을 도와줄 의무가 있었다. 물론 사마리아인이 행동에 나섰던 것은 의무를 인정했기 때문이 아니라 불쌍히 여기는 마음 때문이었다. 맨해튼을 거닐고 있을 때 내게 다가와 도움을 청하는 사람에게 긍휼을 베풀 소위 **불완전한** 의무가 내게는 있다. 그러나 그런 긍휼이 모두 의무인 것은 아니다. 의무의 수준을 훌쩍 뛰어넘는 긍휼의 행위들도 있다. 지역 내 무료 급식소 자원봉사, 양로원 자원봉사 등이 그렇다. 한 번 누군가를 돕는 자원봉사를 하면 유의미하게 유사한 모든 상황에 나서서 돕지 않는 것이 불의하게 행동하는 일이 되는가? 물론 그렇지 않다.

---

6 이와 그리 다르지 않은 관습이 예수의 공생애 당시 팔레스타인에서 시행되고 있었던 것 같다. 그 관습은 마태복음 27장 15절에 다음과 같이 기록되어 있다. "명절 때마다 총독이 무리가 원하는 죄수 하나를 놓아주는 관례가 있었다."

다시 포도원 일꾼 비유로

우리의 출발점이었던 그 비유로 돌아가 보자. 포도원 주인은 관대함과 일꾼들이 한 일에 따른 정당한 급료 지불을 결합시킨 그 매우 독특한 방식을 통해 누군가를 부당하게 대우했는가? 오후 다섯 시에 일을 시작한 일꾼들을 제외하고는 모두 주인의 관대함과 정당한 급료의 결합이 마음에 들지 않았고, 가장 일찍 온 일꾼들은 지독히 싫어했다. 그러나 부당한 대우를 받은 사람이 있었는가?

나는 부당한 대우를 받은 이를 찾지 못했다. 주인은 누구에게 악감정을 품고 행동하지 않았고 편애나 차별의 행동을 하지도 않았다. 그럼 혹시 그가 일찍 온 일꾼들과의 암묵적 합의를 어긴 것인가? 그는 일꾼들에게 자신의 유일한 행동 원리가 동일노동 동일임금, 비동일노동 비동일임금이라고 믿게 만들었는가? 분명 그러지 않았다. 그는 급료를 어떻게 지불할지 일찍 온 일꾼들에게 터놓고 말했다. 하루 종일 일한 일꾼들에게 맞는 통상 일당이었다. 이것은 다소 늦게 도착한 일꾼들에게도 정당한 급료였다. 더 나중에 온 일꾼들에게 얼마를 지불할지에 대해서는 특별한 언급이 없었다. 그는 자신이 한 말을 지켰다. 그의 행동이 일찍 온 일꾼들을 모욕하고, 다섯 시에 온 일꾼들보다 가치가 없는 존재처럼 대했나? 내가 보기엔 그렇지 않다.

포도원 주인은 그렇게 특이한 방식으로 관대함을 베풀게 된 도덕적으로 유의미한 이유를 제시하지 않았다. 아니, 그 어떤 이유도 제시하지 않았다. 그저 자신은 관대하게 행동할 권리가 있다고 선언했을 뿐이다. 우리가 보았다시피, 선별적 관대함은 그 선택에 도덕적으로 유의미한 이유가 없다 해도 정의로울 수 있다. 일찍 온 일꾼들은 주인이 각 일꾼에게 일한 만큼 지불하고, 굳이 관대함을 보이고 싶다면 모든 사람에게 똑같은 크기의 선물을 하길 바랐다. 노동의 길이와 강도에 선물의 크기를 맞추었다면 더 좋았을 것이다. 그러나 그들이 그런 방식들을 크게 선호했다고 해도, 주인이 그것을 선택하지 않은 것이 그들을 부당하게 대우한 일이라는 결론이 따라오지는 않는다.[7]

---

[7] David Reidy는 이번 장의 내 논의가 근년에 벌어진 정의와 운에 대한 폭넓은 논의와 대단히 긴밀하게 연관되어 있다는 사실을 환기시켜 주었다. 해당 논의에 대한 좋은 개론은 온라인 스탠퍼드 철학백과사전에 실린 다음 글, Kasper Lippert-Rasmussen, "Justice and Bad Luck"에서 찾아볼 수 있다. http://plato.standford.edu/entries/justice-bad-luck/

19

정의로운 온정적 간섭주의와 불의한 온정적 간섭주의

앞 장에서 우리는 어떤 개인이나 집단에 관대하게 선을 베푸는 일이 다른 개인이나 집단을 부당하게 대우하는 일이 되는 사례들을 살펴보았다. 그러나 때로는 관대함이 그것을 받는 개인이나 집단을 부당하게 대우하게 되기도 한다. 이번 장에서 우리는 이런 불의한 선행의 가장 흔한 형태, 즉 **온정적 간섭주의**(paternalism)를 논할 것이다. 이 작업으로 아가페주의가 정치 생활에 미치는 영향이 이제까지보다 더욱 전면에 드러나게 될 것이다.

콜스, 사랑이 초래한 만행을 말하다

저서의 "카리타스를 의심하다"(Questioning *Caritas*)라는 장에서 로먼드 콜스(Romand Coles)는 이렇게 말한다. "오늘날 관대함에 대해 글을 쓸 때는 한 종교가 초래한 끔찍한 이미지들을 떠올리지 않을 수 없다. 이 종교는 카리타스(*Caritas*, 자애)와 아가페, 기부와 사랑의 운동을 인간 존재의 근본으로 여겼고, 아메리카 정복의 시기에 '관대함'의 대학살로 온 대륙을 휩쓸었다."[1] 콜스는 나아가 그리스도인들 및 다른 사람들이 무엇에 이끌려 사랑의 이름으로 공포를 확산시키게 되었는지 진단한다.

> 서구의 역사에서 관대함을 상상하고 이해하는 주된 입장들—다양한 형태의 기독교 또는 근대의 합리적 주체성에 근거한 입장들—은, 모든 것에 존재와 진리와 도덕적 가치와 아름다움을 부여하는 자기동일성의(self-identical) 근거라는 개념 위에 서 있었다. 어쩌면 때로 이 자기근원성(self-origination)은, 자기 속에서 분화된 역동적 흐름이며 언제나 자기에게서 바깥으로 움직이는, 그런 의미에서 자기동일성보다 불안정한, '내어 줌'으로 이해하는 것이 더 좋을 것이다. 하지만 어떤 의미에선 그 움직임에 있어서도 이 역동적인 내어 줌의 원천은 그 흐름이 타자를 수용하지 않는 데까지는—심지어 그 수용을 배제하기까지는—자기동일적이다.…이 관대한 행위의 가장 심오한 목표, 의미, 구조는 타자와의 수용적 만남에서 생겨나지 않는다.…그런 성향은 지난 수 세기 동안 그랬던 것처럼, 거듭해서 추악한 만남들로 나타날 수밖에 없다. 교회 내부 및 타자와의 경계에서 나타났던 폭력적 충돌들을 떠올려 보라. 관대함은, 타자와의 수용적 만남에 깊이 뿌리내린 것으로 스스로를 이해하지 않는 한, 최선을 다해 애써도 결국

---

[1] Romand Coles, *Rethinking Generosity: Critical Theory and the Politics of Caritas* (Ithaca: Cornell University Press, 1997), p. 1.

맹목과 절도와 제국주의의 확산을 낳을 것이다.[2] (2-3)

이 대목에는 일관성이 떨어지는 부분이 있다. '모든 것에 존재를 부여하는 자기동일성의 근거'라는 말에 담긴 진단은 다음과 같다. 그리스도인들이 신적·인간적 관대함을 선의 새로운 현장(loci)을 표출하는 것으로 보고 그 표출의 동기와 형태가 전적으로 주체 안에 자리 잡고 있다고 보는 이유는, 아직 만날 상대가 없고 수용성을 발휘할 '타자'가 없기 때문이다.

나는 이 진단에 설득력이 없다고 본다. 주체와 구분되는 선의 새로운 현장이 일단 만들어지고, 그 현장이 생물일 경우, 그것의 번영을 증진하는 형태로 관대함을 베풀 가능성이 열린다. 14장에서 나는 선의 생산을 '**선행**'(benefaction)이라 부르자고 제안했다. 선행은 여러 형태를 띠는데, 그중에는 창조의 형태뿐 아니라 이미 존재하는 선의 현장의 번영을 추구하는 형태도 있다. 창조주이신 하나님의 선행에는 피조물들의 번영을 추구하시는 그분의 섭리적 선행이 뒤따른다는 사실을 어떤 그리스도인이 간과할 수 있겠는가? 마가복음에는 "인자는 섬김을 받으러 온 것이 아니라 섬기러 왔"다는 예수의 말씀이 기록되어 있다(10:45). 우리도 이와 같이 하라는, 거기 이미 존재하는 선의 현장, 즉 우리 이웃의 번영을 증진하라는

---

[2] Coles는 다음과 같이 덧붙인다. "사랑의 내어 줌의 핵심에 자리 잡은 이 악성 종양이 『신의 도성』에서도 고개를 쳐든다. 여기서 아우구스티누스는 내 이웃을 내 자신처럼 사랑하는 것은 내게 가장 필요하고 내가 가장 원하는 것, 즉 하나님을 사랑하려는 의지를 상대에게 주려는 시도라고 적고 있다. 따라서 아우구스티누스적 기독교 내러티브가 낳은 관대함은 그 주된 목표를 전적으로 자기 내부에서 얻는다"(p. 3).

명령을 받았다는 사실을 어떤 그리스도인이 간과할 수 있겠는가?

그리스도인들이 사랑의 이름으로 공포를 퍼뜨리게 된 원인에 대한 콜스의 진단을 보다 설득력 있게 해석한 것으로, 신적·인간적 관대함이 창조의 형태뿐 아니라 이미 존재하는 것에 대한 사랑으로도 나타난다는 사실을 그리스도인들이 잘 알고 있었으나 그들의 타인에 대한 사랑은 "타자와의 수용적 만남"에서 나오지 않았다는 해석이 있다. 그들은 자신들이 "타자"를 만났다는 사실을 알았지만, "관대한 행위의 가장 심오한 목표와 의미와 구조는 타자와의 수용적 만남에서 나오지 않았다." 한마디로, 타자에 대한 그들의 사랑이 온정적 간섭주의였기 때문에 공포의 형태로 나타났다는 것이다.

물론 이 부분에서 콜스는 옳다. 공포를 퍼뜨리는 관대함에는 온정적 간섭주의의 측면이 많았다. 하지만 온정적 간섭주의가 늘 공포를 퍼뜨리는 것도, 늘 잘못된 것도 아니다. 나는, 아메리카 정복에서 관대함이 공포를 확산시킨 근본 원인이, 그것이 타자와의 수용적 만남에서 생겨난 관대함이 아니라 온정적 간섭주의의 관대함이라는 점에 있지 않다고 본다. 그 공포의 근본 원인은 그 관대함이 배려의 관대함이 아니라 자비의 관대함이라는 데 있었다. 그것은 정의의 요구에 전혀 관심을 기울이지 않았다. 빼앗을 수 없는 존엄을 보유한 자들로 인디언들을 보지 않고, 기독교 문명으로 끌어들여야 할 야만인들의 외집단, 그 구성원들로 보았다.

모든 유럽인을 똑같은 이들로 매도해서는 안 된다. 일부 유럽인들의 관대함은 만행을 퍼뜨리는 것이 아니라 그것에 저항하는 형태로 나타났다. 만행이 늘 관대함의 이름으로 자행되는 것은 아니다. 유럽인들의 아메리카 정복 역사를 조금만 읽어 보면 오도된 사랑 못지않게 탐욕과 복수심 역시 공포의 원인이었음을 알 수 있다. 콜스도 이 말에 동의할 것이다. 그러나 "카리타스를 의심하다"에서 그가 관심을 갖고 다룬 내용은 온정적 간섭주의의 사랑이 저지른 불의였고, 이번 장에서 내 관심사 역시 그것이다.

온정적 간섭주의란 무엇인가?

'온정적 간섭주의'라는 용어는 그 의미가 변화무쌍하고 저자들마다 다른 방식으로 사용한다. 여기서 그 차이점들을 다루는 것은 별 의미가 없을 것이다. 대신 내가 이 용어를 어떻게 쓸 것인지 설명하겠다.[3]

온정적 간섭주의는 주로 두 가지 형태로 나타난다. 그것을 각각 A와 B로 부르기로 하자. **온정적 간섭주의 A**는, 다른 누군가가 당사자에게 결정권을 주지 않고 그의 견해를 무시한 채 그의 선을 증진할 거라고 생각하는 바를 그에게 주는 것이다. 이것은 강제적일 수도 있고 그렇지 않을 수도 있다. 과체중인 지인에게, 운동에 대한 그의 견해를 무시한 채 운동이 그에게 좋을 거라고 생각하고 헬스클럽 1년 회원권을 선물로 준다면, 나는 그를 온정적 간섭주의로 대한 것이다. 이 경우에는 강제성이 없다. 그러나 유럽에서 온 이주

---

[3] Joel Feinberg, *Social Philosophy* (Englewood Cliffs, NJ.: Prentice-Hall, 1973)의 첫 두 장은 온정적 간섭주의와 강제, 그리고 관련 현상을 잘 다루어 놓았다. 『사회철학』(종로서적).

민들이 아메리카 원주민들에게 행사한 온정적 간섭주의는 강제적이었다. 그들은 아메리카 원주민들에게 유럽 문명의 관습과 성취를 소개하고서 그것을 받아들이고 싶은지 묻지 않았다. 그저 그것을 강요했을 뿐이다.[4]

다른 형태인 **온정적 간섭주의 B**는 상대가 하기 싫어하는 어떤 행동이 있는데 자신은 그 행동이 선하거나 옳다고 보고 상대가 그렇게 **행동하기로 결정하도록** 압력을 가하거나, 상대가 그만두지 않고 싶어 하는 어떤 행동이 있는데 자신은 그 행동이 악하거나 잘못되었다고 보고 상대가 그렇게 **행동하지 않기로 결정하도록** 압력을 가하는 것이다. 문제의 행동은 특정한 한 가지 행동일 수도 있고 특정 유형의 행동들일 수도 있다. 후자의 경우, 그런 압력의 결과로 어떤 행동을 하는 습관이나 어떤 행동을 자제하는 습관을 상대가 갖게 되기를 예상하거나 바랄 수 있다. 그 습관은 도덕적 덕 또는 영적 덕일 수 있다. 이와 같이 자신의 압력의 결과로 상대가 더 나은 사람이 되기를 예상하거나 바랄 수 있다.

---

[4] J. S. Mill은 『자유론』(On Liberty)의 섬뜩한 한 단락에서 강제력을 동원해 "야만인들"을 온정적 간섭주의로 대하는 일은 아무 문제 없다고 말한다. "인종 자체가 아직 유아기에 있다고 여길 만한 후진 상태의 사회는 논외로 해도 될 것이다. 자연적 진보의 초기에 겪는 어려움이 너무나 크기 때문에 그것을 극복할 수단을 선택할 만한 여유가 없다. 개량 정신으로 무장한 통치자가 있고, 다른 식으로는 도저히 달성할 수 없는 목적을 달성하게 해 줄 수단이 그에게 있다면, 어떤 방식으로든 그 수단을 사용할 수 있다. 야만인들의 개량에 초점을 맞추고 실제로 그 목적을 성취해 낼 수단이기만 하다면, 독재는 야만인들을 다룰 적법한 통치방식이다. 자유의 원리는 인류가 자유롭고 평등한 토론으로 개량될 수 있는 시점에 이르기 전에는 무용지물이다. 그 전까지는, 아크바르(Akbar, 1542-1605, 무굴제국의 제3대 황제-역주)나 카롤루스(Charlemagne, 742-814, 카롤링거 왕조 프랑크 왕국의 제2대 왕이며, 신성로마제국의 황제가 되었다-역주) 같은 통치자에게 절대 복종할 수밖에 없다. 그런 통치자를 운 좋게 만날 수 있다면 말이다"(pp. 96-97).

압력은 문제의 행동이나 행동하지 않음에 따라붙는 당근이나 채찍, 유익이나 부담의 형태로 나타날 수 있다. 부담을 지우는 것은 강제에 속한다. 압력은 위협의 형태로 나타나기도 한다. 누군가에게 특정 방식으로 행동하거나 행동하지 않아야 할 이유를 제시하는 것 자체는 압력에 속하지 않는다. 그러나 그 이유의 제시가 너무 집요해서 위협이 될 정도라면, 그때는 이유 제시가 이미 일종의 압력이 되었다고 할 수 있다.

다른 사람들을 온정적 간섭주의로 대하는 모든 사례가 잘못이라고 생각하는 사람은 없다. 누군가가 당면 문제에 대해 결정을 내릴 수 없는 상황에서 그의 선을 책임지는 위치에 서기도 한다. 상대가 유아일 경우나, 정신적으로 심하게 손상을 입었거나, 심리적 장애가 있거나, 수술을 마치고 회복 중이거나, 혼수상태 또는 정신적 혼란에 빠졌거나, 치매에 걸렸을 경우 그렇다. 그런 경우에 온정적 간섭주의가 잘못되었다고 보는 사람은 없다. 오히려, 그런 상황에서는 온정적 간섭주의가 의무일 것이다. 물론 이것은 온정적 간섭주의 A 형태다. 방금 언급한 부류의 사람들에겐 결정을 내릴 능력이 없기 때문이다.

앞에서 언급된 부류의 손상을 겪지 않은 어린아이들은 결정을 내릴 능력을 갖고 있기는 하지만, 여러 가지 면에서 자신들의 현재와 미래의 선에 대해 반성적 결정을 내릴 능력이 없다. 그들은 아직 '분별 연령'에 도달하지 않았다. 그들의 번영을 위해 어떤 결정들은 책임 있는 성인들이 그들 대신 내려야 하고, 필요할 경우 그들이 그 결정을 따르도록 압력을 가해야 한다. 자녀들을 상대로 한 많은 형태의 온정적 간섭주의는 허용될 뿐 아니라 의무이기도 하다.

자신들의 선에 대해 반성적 결정을 내릴 능력을 갖춘 사람들을 가리키는 용어가 있어야겠다. 그들을 '숙고적 성인'(deliberative adult)이라 부르자.[5] 숙고적 성인이 아닌 이들을 온정적 간섭주의로 대하는 일이 흔히 정당화되듯, 숙고적 성인이 자발적으로 그런 대우를 받고자 할 경우 그를 온정적 간섭주의로 대하는 일도 정당화된다. 명백한 사례를 하나 들어 보자. 스스로 통제할 수 없는 파괴적 욕구에 시달리는 숙고적 성인이 그 파괴적 욕망을 억누르거나 제거하려는 이차적 욕구에 이끌려 다른 사람이나 어떤 기관의 온정적 간섭주의에 자신을 맡기는 경우다. 그 사람은 파괴적인 일차적 욕구에 대해 온정적 간섭주의의 대우를 받기 **원하기** 때문에, 누구도 그를 그렇게 대하는 것이 잘못이라고 생각하지 않는다. 그를 맡은 사람이나 기관이 그를 대하는 구체적 방식에서 그를 부당하게 대우할 수는 있다. 그러나 그를 온정적 간섭주의로 대하는 것 자체가 그를 부당하게 대하는 것은 아니다.

우리의 사회적 관계 방식에는 이보다 명백하지는 않지만 온정적 간섭을 자발적으로 받아들이는 사례들이 많다. 나는 철학 강의를 준비할 때, 학생들이 공부하면 좋을 듯싶은 주제와 학생들이 읽으면 좋을 듯싶은 도서 목록이 담긴 수업 계획서를 작성한다. 어떤 주제를 다루고 무슨 책을 읽는 게 그들에게 좋을지 학생들에게 묻지 않는다. 대체로 그들 대신 결정을 내린다. 온정적 간섭주의로 그

---

5   사람은 자신의 선 중 일부에 대해서는 반성적 결정을 내릴 수 있지만 다른 일부에 대해서는 그럴 능력이 없을 수 있다. 따라서 당면 문제에 대해 우리에게 정말 필요한 개념은 '숙고적 주체'라는 개념이다. 그러나 그런 자세한 구분까지 끌어들일 것 없이, 숙고적 성인의 개념 정도로도 혼란의 소지는 없을 것이다. 적어도 일부 십대들은 이성적 성인의 개념을 충족시킨다는 사실도 지적해야겠다.

들을 대한다. 그러나 그들은 내 수업을 신청함으로써, 자발적으로 나의 온정적 간섭주의를 따르기로 결정한다. 이 외에도 비슷한 사례는 많다. 이렇게 말하게 되는 상황에 우린 종종 처한다. "내게 묻지 마세요. 그냥 말해 주세요. 당신의 판단을 신뢰합니다."

어떤 이들이 숙고적 성인에 대한 온정적 간섭주의를 일절 인정하길 꺼리는 이유

어떤 인기 있는 유형의 자유주의 정치 이론에는, 온정적 간섭주의에 자발적으로 따르지 않는 숙고적 성인들에 대한 온정적 간섭주의의 허용가능성을 인정하기를 대단히 꺼리는 모습이 있다. 이 논점을 정반대 각도로 이렇게 표현할 수 있다. 그런 유형의 자유주의 정치 이론에는 숙고적 성인들이 언제나 자율적 존재로 대우받아야 마땅하다고 주장하는 강한 성향이 있다.[6]

하지만 온정적 간섭주의에 자발적으로 따르지 않는 숙고적 성인을 온정적 간섭주의로 대하는 일이 언제나 그르다고 실제로 믿는 사람은 없을 거라 본다. 캐물어 보면 누구나 이런저런 예외가 허용되어야 한다는 사실을 인정할 것이다.[7] 그렇지만 이 원리를 흔히 조

---

6 '자율적'(autonomous)이라는 용어는 '온정적 간섭주의'보다 그 의미가 훨씬 더 변화무쌍하다. Robert P. George는 *Making Men Moral: Civil Liberties and Public Morality* (Oxford: Oxford University Press: 1993), p. 147이하에서 이 다양한 의미 중 몇 가지를 풀어낸다. 이 책에서 나는 'X를 자율적 존재로 대한다'는 말을 'X를 온정적 간섭주의로 대한다'는 말의 반대말로 쓸 것이다.

7 Ronald Dworkin은 그의 논고 "Foundations of Liberal Equality", *Tanner Lectures on Human Values*, vol. 11 (Salt Lake City: University of Utah Press,

건부 형태로 등장하는 경우로 고려하기 전에, 조건이 붙지 않은 형태의 이 원리를 먼저 따져 보는 것이 이해에 도움이 될 것이다.[8]

온정적 간섭주의에 동의하지 않는 숙고적 성인들에 대한 온정적 간섭주의를 일절 거부하고 싶어 하는 이들은 그런 대우에서 무엇이 문제라고 보는 것인가? 어떤 요소를 수용하지 못하는 것인가? 저자들마다 이 질문에 다소 다르게 답하지만, 핵심은 거의 동일하다. 동의하지 않는 숙고적 성인을 온정적 간섭주의로 대하면, 나는 그를 이성적 도덕 주체로서 합당하게 존중하지 않는 것이다.

왜 그런가? 그것이 왜 그를 이성적 도덕 주체로서 합당하게 존중하지 않는 것이 되는가? 온정적 간섭주의 A가 그 대상자를 이성적 도덕 주체로 합당하게 존중하지 않는다는 말은 옳은 듯하다. 온정적 간섭주의의 주체는 그런 대우를 받을지 여부를 상대가 결정하지 않은 상태에서 자신이 생각하는 선을 부여한다. 그러나 온정적 간섭주의 B에서 온정적 간섭주의의 대상, 또는 수혜자는 무엇을 해야 할지 결정해야 한다. 이런 종류의 온정적 간섭주의가 만들어 내는 차이는, 대상이 그것을 받을지 여부를 결정할 때, 문제의

1989)에서 이 원리를 거의 조건 없이 인정하고 있다. 그는 여러 형태의 온정적 간섭주의를 구분한 후 가끔 허용될 수 있는 유일한 형태로 '보증된 온정적 간섭주의'를 제시하는데, 이것은 상대가 현재 가치 있게 여기지 않는 행동을 하도록 상대를 강제하려 하지만, 그것이 결국에는 상대가 그 행동을 가치 있게 여기는 '전향'을 초래하거나 이에 기여하는 경우다(p. 78). 이때, 이런 온정적 간섭주의는 단기적으로만 허용되며, '전향'이 일어나지 않을 경우 상대의 선택의 폭을 크게 제한하지 않아야 한다는 조건이 붙는다.

8 Feinberg는 조건이 붙지 않은 형태의 이 원리를 "무정부주의적"이라 부르며 그의 책 *Social Philosophy*에서 여러 쪽을 할애해 다룬다. 그는 이 원리를 이렇게 진술한다. "사회와 국가는 모든 시민에게 '무엇이건 그가 원하는 것을 할 완전한 자유'를 부여해야 한다"(p. 22).

행동을 하는 노선이나 하지 않는 노선에 온정적 간섭주의의 주체가 부여한 유익 또는 부담을 이제 따져봐야 한다는 점이다.

존 롤스(John Rawls)는 칸트에게서 빌려 온 "자유롭고 동등한 이성적 존재"라는 문구를 그의 여러 글에 거듭거듭 인용한다. 나는 "동등한"(equal)이라는 용어가 우리의 질문에 대한 해답의 실마리라고 제안한다. 당신이 고려하고 있는 어떤 행동을 하는 노선 또는 하지 않는 노선에 어떤 유익이나 부담이 있는지 내가 말해 주고 결정을 당신의 몫으로 맡기는 것은, 내가 당신을 이성적 도덕 주체로 대하지 않는 일이라고 말할 수 없다. 하지만 내가 당신을 이성적 도덕 주체로서 **동등한** 존재로 대하지 않는다고 말할 수는 있다. 바로 이것이다. 숙고적 성인은 이성적 도덕 주체로서 열등하게 취급받지 않을 권리가 있다. 동등한 숙고적 성인을 이성적 도덕 주체로서 열등하게 대하는 것은 그를 제대로 존중하지 않는 것이요, 그로써 그를 부당하게 대우하는 것이다. 물론 이것은 상대가 실제로 이성적 도덕 주체로서 동등하다는 사실을 가정한 생각이다.

내가 당신을 온정적 간섭주의로 대할 때, 나는 어떤 면에서 당신을 이성적 도덕 주체로서 나와 동등한 존재로 대하지 않는 것인가? 아마도, 이 상황에서 당신이 무엇을 하는 것이 선하거나 옳은지 내가 당신보다 잘 안다고 생각한다는 점에서 그럴 것이다. 당신을 온정적 간섭주의로 대할 때, 나는 유의미한 선이나 권리에 대한 당신의 인지적 접근성이 나보다 열등하다고 생각한다. 바로 그 지점에서 당신을 나보다 열등한 존재로 대하는 것이다.

누구나 숙고적 성인들에 대한 일부 온정적 간섭주의는 허용된다고 여긴다

이에 대해 두 가지로 답해 보려 한다. 방금 말한 내용에서 나는, 당신을 온정적 간섭주의로 대하는 것이 당신을 이성적 도덕 주체로서 나보다 열등한 존재로 대하는 것이라면, '열등한 존재로 대함'은 분명 이 상황에서 당신이 무엇을 하는 것이 선하거나 옳은지 내가 당신보다 더 안다고 생각하는 데 있다고 가정했다. 그와 달리 '열등한 존재로 대함'이 자리하는 곳이 내가 우월한 인지적 접근성을 갖고 있다는 나의 생각이 아니라, 그런 생각과 압력의 결합이라고 볼 수도 있다. 그러나 이 견해는 앞뒤가 맞지 않는다. 내가 당신보다 우월한 인지적 접근성을 갖고 있다는 생각이 당신을 열등하게 대하는 것이 아니라면, 당신이 나를 따르도록 압력을 가하는 일을 그 생각에다 더한다고 해서 어떻게 그것이 당신을 열등하게 대하는 일이 된단 말인가?

그보다 지금은 누군가에게 동의하지 않는 것 자체가 그를 부당하게 대우하는 것이라고는 누구도 생각하지 않는다는 데 주목하라. 누구도 한 사람이 의견을 달리하지 못하게 할 권리를 다수의 사람들이 갖고 있다고는 생각하지 않는다. 그러나 내가 누군가에게 동의하지 않을 때, 나는 필연적으로 해당 문제에 있어서 내가 우월한 인지적 접근성을 갖고 있다고 여기게 된다. 그러므로 온정적 간섭주의 자체가 잘못이라 해도, 그 이유는 다른 사람을 온정적 간섭주의로 대하는 것이 그를 이성적 도덕 주체로서 자신보다 열등한 존재로 대하는 것이기 때문이 아니다. 온정적 간섭주의는 타인을 이성적 도덕 주체로서 자신보다 열등한 존재로 여기는 것이 아니다. 혹은 설령 그렇다고 해도 그것이 반드시 그를 부당하게 대우하는 것은 아니다.

나의 두 번째 답변은, 숙고적 성인들이 온정적 간섭주의에 자발적으로 따르지 않는 한 온정적 간섭주의 자체가 잘못이라는 말은 전혀 사실이 아니라는 것이다. 온정적 간섭주의 자체가 어떤 면 때문에 잘못이라는 것인지 알고자, 그 원인이 될 만한 가능성들을 하나하나 따지는 것은 아무 의미가 없다. 그것 자체가 잘못은 아님이 분명하기 때문이다. 이유는 이렇다. 우리 모두는 온전한 숙고적 성인이 아닌 이들에게뿐 아니라 완전한 숙고적 성인들에게도 온정적 간섭주의로 대하는 국가의 시민들이다. 그리고 시민들에 대한 국가의 그런 대우가 모두 잘못이지는 않다.

국가는 우리가 하고 싶어 하지 않을 만한 일들을 하게 강제하고, 우리가 하고 싶어 하는 일들을 못하게 강제한다. 물론 강제력을 행사하지 않는 법도 존재한다. 그런 법이 없다 해도 우리는 그 법이 요구하는 일을 할 것이다. 그러나 우리 각 사람에게는 실제로 강제력을 행사하는 법들이 많다. 우리 각 사람에게 입법자들이 우리를 온정적 간섭주의로 대하는 지점이 있다. 그러나 그런 모든 경우에 우리가 부당한 대우를 받는 것은 아니다. 따라서 동의하지 않는 숙고적 성인들에 대한 온정적 간섭주의 자체가 잘못된 것일 리는 없다.

롤스와 아우디의 답변

내가 아는 한 이 주장에 대한 답변은 하나뿐인데, 존 롤스가 처음 제기하고 로버트 아우디(Robert Audi)가 보완한 내용이다.[9] 이 답변은 국가가 실제로 온정적 간섭주의를 행한다는 것을 인정하면서도, 자유민주주의 사회에서는 이 방식이 필수도 아니고 최선도 아니라고 주장한다.

자유민주주의 사회의 숙고적 성인 각 사람이, 어떤 법안을 지지하는 자신의 이유가 숙고적 성인인 모든 동료 시민들 역시 그 법안을 지지하는 결정적 이유라고 여기는 것과 같을 때에만 그 법안을 지지하겠다는 방침을 정한다고 해 보자. 물론 이런 방침 하에서 채택된 법률 중에서도 일부는 아이들을 온정적 간섭주의로 대할 것이고, 아마도 일부는 온전히 숙고적이지 못한 성인들도 온정적 간섭주의로 대할 것이다. 그러나 그 어떤 법률도 숙고하는 성인을 온정적 간섭주의로 대하는 일은 없을 것이다. 때로는 법이 그들 중 일부에게 무엇인가를 강요할 때도 있을 것이나, 그렇다고 해도 그것은 그 숙고적 성인이 법률에 저촉되는 일차적 욕망에 더해 그 일차적 욕망을 억누르거나 제거하려는 이차적 욕망을 갖고 있기 때문일 것이다. 그가 그 법안을 지지하게 이끄는 것이 바로 그 이차적 욕망이다.

롤스와 아우디는 이런 방침이 지금과 같은 세상에 적용될 수 없음을 분명히 밝힌다. 이것은 자유민주주의 사회의 시민 윤리에 속할 수 없다. 설령, 말하자니 놀라운 일이지만, 내 주변의 모든 숙고적 성인 동료들이 나와 같은 이유로 어떤 법안을 지지한다 한들 내

---

9 나는 이 답변을 다음의 글에서 상당히 세세하게 논한다. "The Paradoxical Role of Coercion in the Theory of Political Liberalism", *Journal of Law, Philosophy, and Culture* 1.1 (2007): pp. 135-158.

가 그 사실을 도대체 어떻게 확인할 수 있겠는가? 그들의 수는 너무 많다. 그러나 더 중요한 것은, 내가 법안을 지지하는 이유에 동의하지 않을 사람이 분명히 있을 거라는 사실이다. 내가 어떤 법안을 지지할 나름의 이유가 존재하는 모든 상황에서, 나의 이유에 찬성하지 않거나 그것이 결정적인 이유라고 생각하지 않는 이들이 있을 것이라고 확신할 수 있다. 이것은 내가 경험을 통해 배운 사실이다.

따라서 롤스와 아우디는, 앞에서 언급된 방안 대신에, 자유민주주의의 시민들이 이에 관해서 조건화된 변종을 채택해야 한다고 제안한다. 둘 중 누구도 자기들이 선호하는 조건화된 변종이 어떤 것인지 전적으로 명확하게 제시하지 않는다. 하지만 여기서 이 문제는 우리의 목적상 중요한 것이 아니다. 이렇게 가정해 보자. 제출된 한 법안을 자유민주주의 사회에 속한 한 시민이 지지할 수 있으려면, 만약 숙고적 성인인 모든 동료 시민들이 그 법안을 온전히 심사숙고하고 제대로 알기만 하면 자신이 그 법안을 지지하는 이유를 공유하게 될 거라고 믿을 만한 타당한 이유가 있어야만 한다.

현대 자유민주주의 사회 내의 의견의 다양성은 너무나 깊고 넓기 때문에, 숙고적 성인들 중 일부는 **해당 문제를 온전히 심사숙고하여 제대로 알게 되었을지라도** 내가 생각하는 이유들에 동의하지 **않을 거라고** 믿을 만한 이유가 언제나 충분하다. 따라서 앞에 언급된 방침을 채택하는 것은 시민들이 자신들 스스로를 옴짝달싹도 못하게 하는 셈이다. 그러나 더 중요한 점은 다음과 같다. 숙고적 성인 모두가 해당 문제를 온전히 심사숙고하고 제대로 알게 되면 어떤 법안을 지지하는 나의 이유에 공감하고 그 이유를 결정적인 것으로 여기게 될 거라고 믿을 만한 타당한 이유가 있다고 가정하자.

나는 그럼에도 불구하고 **실제로는** 그들 중 상당수가 나의 이유를 공유하지 **않고** 실제로는 나의 이유를 결정적인 것으로 여기지 **않는다는** 사실을 안다. 그래서 누군가 나름의 이유로 어떤 법안을 지지할 때는, 그는 필연적으로 다른 사람을 온정적 간섭주의로 대하게 된다. 실제와 달리 이상적인 조건에서는, 타인을 온정적 간섭주의로 대하지 않게 될지도 모른다. 누가 알겠는가? 그러나 사람이 실제로 생각하는 바를 놓고 보자면, 어떤 법안을 지지하는 사람은 자기와 의견이 다른 이들을 실제로 온정적 간섭주의로 대한다. 그러나 숙고적 성인 중 일부를 온정적 간섭주의로 대하게 될 것이 예상되는 법안이라 해도 그것을 지지하는 일이 반드시 불의한 것은 아니다.

숙고적 성인을 온정적 간섭주의로 대하는 것 자체가 불의한 일은 아니다. 숙고적 성인이 온정적 간섭주의로 대우받지 않을 자연권, 자율적 존재로 대우받을 자연권은 없다. 온정적 간섭주의가 불의한 것으로 나타난다면, 많은 경우 그 불의의 근원은 온정적 간섭주의 자체가 아니라 그것의 형태에 있다. 때로는 압력이 잘못된 형태로, 예를 들면 고문의 형태로 나타나는 경우도 있다. 때로는 마땅히 압력을 가해서는 안 되는 일에 압력을 행사하는 잘못이 저질러지기도 하는데, 양심을 거슬러 신을 예배하라는 강요가 그런 경우에 해당한다.

일부 온정적 간섭주의가 불의한 이유에 대한 밀의 설명

숙고적 성인들에 대한 모든 형태의 온정적 간섭주의가 잘못된 것이라고 말할 수는 없다. 그렇다면 동의하지 않는 숙고적 성인들에 대한 잘못된 형태의 온정적 간섭주의를 찾아내고 그 형태에 어떤 문제가 있는지 설명할 수 있다면 바람직할 것이다. 여기에는 못 미치지만 여전히 대담한 작업을, 존 스튜어트 밀(John Stuart Mill)은 그의 유명한 책 『자유론』(On Liberty)에서 시도한다. 그는 언제 어디서나 잘못된, 눈에 띄는 형태의 온정적 간섭주의를 찾아냈다고 주장한다. 그렇다고 그것이 잘못된 온정적 간섭주의의 유일한 형태라고 생각한 것은 아니었다.

언제 어디서나 잘못된 형태의 온정적 간섭주의를 나타내기 위해 밀이 제안한 원리는 '**위해의 원리**'(the harm principle) — 때로는 **무위해의 원리**(the no-harm principle) — 라고 불리게 되었다. 이 원리는 다음과 같다. 동의하지 않는 숙고적 성인을, 그에게만 위해를 끼칠 행동이나 행동하지 않음에 대해 강제적인 온정적 간섭주의의 방식으로 대우하는 것은 결코 용납될 수 없다. 타인에게 해롭고, "타인의 이익을 훼손하는" 영향을 끼칠 행동이나 행동하지 않음에 대해서만 강제적인 온정적 간섭주의가 허용된다. 자신에게만 해악을 끼치는 행동이나 행동하지 않음에 대해서는, 동의하지 않는 숙고적 성인들이 자율적 존재로 대우받을 권리를 침해할 수 없다.

> 인류가 개인적으로나 집단적으로 다른 사람의 자유에 간섭하는 일을 정당화할 수 있는 유일한 목적은 자기방어다.…문명사회의 한 구성원

의 의사에 반하여 그에게 권력을 행사할 수 있는 근거는 다른 사람들에게 끼치는 위해를 막기 위한 것뿐이다. 그 자신의 선은, 물리적인 것이건 도덕적인 것이건 정당화의 충분한 근거가 되지 못한다. 그렇게 하는 편이 더 나으리라는 이유로, 그렇게 하면 더 행복해지리라는 이유로, 다른 사람들이 그것을 더 지혜롭고 옳은 일로 생각한다는 이유로 누군가가 어떤 일을 하거나 못하도록 강제하는 것은 정당할 수 없다.…개인이 사회의 뜻에 따라야 하는 때는 다른 사람들과 관계가 있는 경우뿐이다. 자신만 관련된 부분에서 그의 독립성은 권리이며 절대적인 것이다. 자신과 자신의 신체와 정신에 대해, 각 개인은 주권자다. (95-96)

그러나 밀은 자신에게만 위해를 끼치는 행동과 타인에게 위해를 끼치는 행동이라는 구분이 유지될 수 없다는 반론을 스스로 제기한다.

(이렇게 물을 수 있을 것이다.) 어떻게 사회 구성원의 어떤 행동이 다른 구성원들과 무관할 수 있단 말인가? 어느 누구도 완전히 고립된 존재가 아니다. 사람이 본인에게 심각하게 또는 영구적으로 해가 되는 일을 하면, 그 피해가 적어도 친지들에게 돌아가고 흔히는 더 멀리까지 영향을 미친다. (183)

밀은 이 반론이 설득력 있음을 인정하고 처음 제시한 구분에 약간의 단서를 단다. 자신에게 해로운 행동 중에는 타인의 안녕에 **심각한** 부정적 영향을 주지 않는 경우들이 있다는 것이다. "누구도

술에 취했다는 이유만으로 처벌받아서는 안 된다. 그러나 군인이나 경찰관이 근무 중에 술에 취했다면 처벌받아야 한다. 한마디로, 개인이나 공중에 명확한 피해를 입히거나 피해를 입힐 명확한 위험이 있을 경우, 그 사건은 자유의 소관에서 벗어나 도덕이나 법의 영역에 놓인다"(186). 이 구절은 술에 취하는 경우의 일부는 타인에게 "명확한 피해"를 입히지 않고 "피해를 입힐 명확한 위험"도 없다는 것을 암시하고 있다.

논증 전개를 위해, 본인 이외의 다른 누구의 안녕도 심각하게 훼손하지 않지만 강제적 제재를 받을 수 있는 행동들이 있다는 이 주장을 인정한다고 해 보자. 이웃을 배려하는 아가페주의자는 타인의 번영을 훼손하는 이웃의 행동뿐 아니라 이웃 본인의 번영을 훼손하는 행동도 배려할 것이다. 만약 밀이 옳다면, 두 가지 배려 중 전자는 강제적인 온정적 간섭주의의 형태로 나타날 수 있지만 후자는 결코 그래서는 안 된다. 그의 생각은 옳은가?

밀은 자신을 해치는 일이 윤리적으로 중립적이라고 생각하는 것이 아니다. 나를 해쳐서 더 큰 선이 발생하는 것도 아닌 상황에서 그 일을 하는 것은 내가 하든 당신이 하든 나쁜 일이다. 당신을 해치는 경우도 마찬가지다.[10] 이것이 옳다면, 다른 사람에게 해악을 끼치지 못하도록 누군가에게 압력을 가하는 일은 허용되고, 그가 자신을 해치지 못하게 압력을 가하는 일은 결코 허용되지 않는 이유가 무엇인가? 이런 비대칭은 왜 생기는가? 왜 우리는 자해 앞에서는 가만히 손 놓고 있어야 하고 타인에게 가하는 위해는 미리 막

---

10 '여기서 Mill이 말하는 "위해"는 무엇인가?', '그의 위해의 원리가 그의 공리주의적 극대화 원리와 양립할 수 있는가?' 같은 곤란한 질문은 다루지 않겠다.

기 위해 강제력을 동원할 수 있는 것인가?

이번에도 밀은 스스로 질문을 제기한다.

> 만약 도박, 술 취함, 음란, 게으름, 불결함이 법으로 금지된 많은 행동들만큼이나 안녕을 해치고 사회 개선에 큰 방해가 된다면, (이렇게 물을 수 있을 것이다) 왜 법은 실행 가능성과 사회적 편의가 허용하는 한에서 이런 행동들을 금하지 않는 것인가? 그리고 법의 불가피한 불완전성에 대한 보완책으로, 여론이 적어도 이런 악덕들에 대처할 강력한 감시 조직을 만들어 악덕을 실행하는 자들에게 엄격한 사회적 처벌을 가해야 하지 않을까? (184)

이런 비대칭의 근거를 묻는 질문에 밀은 두 가지로 대답한다. 먼저 그는 "인간의 자유라는 더 큰 선을 위해"(186) 자해를 규제하지 말아야 한다고 말한다. 이 답변을 들으면 우리는 같은 질문을 바꿔서 되묻게 된다. 누군가가 다른 사람의 번영을 훼손하려 들 때는 그의 자유를 제약하는 것이 용납되는데, 그가 자신의 번영을 훼손하려 할 때는 그럴 수 없는 이유가 무엇인가? 왜 이런 비대칭이 존재하는가?

밀의 또 다른 답변은, 우리가 온정적 간섭주의로 대하고 싶은 유혹을 받는 상대는 "자신의 안녕에 가장 관심이 많고"(178) 자신의 안녕에 보탬이 되는 것이 무엇인지 가장 잘 아는 사람이라는 것이다. "완전한 개인적 행동에 공공이 개입하는 것을 반대하는 가장 강력한 논증은, 그렇게 하면 잘못된 방식으로 잘못된 곳에서 개입할 가능성이 높아진다는 것이다"(188).[11]

온정적 간섭주의가 타인의 안녕에 대해 내리는 판단에 종종 실수가 섞인다는 사실은 분명 경계할 이유가 된다. 그러나 밀의 답변은 앞뒤가 맞지 않는다. 그의 논증은 우리가 자신의 안녕뿐 아니라 타인의 안녕에 대해서도 판단을 내릴 수 있다는 가정에 근거하고 있다. 당신 이외의 사람이 당신에게 해를 가하는지 여부를 판단하려면 나는 당신의 번영에 대해 판단을 내려야 한다. 그러나 다른 누군가가 당신을 해치려 하는지 알아보려 할 때 당신의 번영에 대해 내가 판단을 내릴 수 있다면, 당신이 본인에게 해를 가하는지 알아보기 위해 당신의 번영에 대해 내가 판단을 내릴 수 없는 이유는 무엇인가? 여기다가 앞에서 제기한 주장, 즉 우리 모두가 많은 상황에서 온정적 간섭주의에 자발적으로 따른다는 사실을 더해 보라. 나는 현대철학 수업을 듣는 학생들이 어떤 책을 읽어야 좋을지 그들보다 내가 더 잘 안다고 추정하고 학생들도 그렇게 여긴다.

밀의 주장에서 설명이 되지 않는 부분은 또 있다. 밀은 잘못된 행동을 한다고 판단하는 대상을 꾸짖는 일이 잘못이라고 보지 않았다. "그에게 충고하는 것"은 물론이고 그를 "이해시키거나 설득하거나 간청하는 것"도 용납된다(96). 그뿐만 아니라,

어리석은 행동과 (적절한 표현은 아니라고 보지만) 저속하거나 타락한 취향에도 정도가 있다. 도를 벗어난 어리석은 행동이나 저속한 취향을

---

11 반면, Mill은 이렇게 말하기도 한다. "사회도덕의 문제와 타인에 대한 의무의 문제에 대해 여론, 즉 절대 다수의 견해는 종종 틀리기도 하지만, 옳은 경우가 더 많다. 그들은 자신의 이해관계, 어떤 행동 방식이 허용될 경우 그것이 자신들에게 어떤 영향을 끼칠지만 판단하면 되기 때문이다"(p. 188).

드러내는 사람이라고 해서 그에게 해를 가하는 것이 정당화될 수는 없지만, 이로 인해 그는 필연적이며 정당하게 혐오의 대상이 되며 극단적인 경우에는 경멸의 대상이 된다. 그와 반대의 특성들을 갖고 있는 사람이라면 이런 감정을 느끼지 않을 수 없다. 누구에게도 해를 끼치지는 않지만, 자신을 바보나 열등한 존재라고 타인이 판단하거나 느끼도록 행동하는 사람이 있다. 그는 이런 판단과 느낌을 피하고 싶어 할 것이기 때문에, 그가 불쾌한 결과를 맞게 될 온갖 일에 대해 경고하고 그런 행동에 대해서도 미리 경고하는 것이 그에게 호의를 베푸는 일이 된다. (179-180)

심지어 우리는 "좋은 일자리를 그 사람 대신 다른 사람에게 넘길"(180) 수도 있고 그에게 유익하다고 판단할 경우 그를 피할 수도 있다(201).

그러니까 밀은, 그 자신에게만 해를 끼치는 사람을 그렇게 하지 못하도록 압력을 가하는 일을 반대하지 않는다. 그는 두 차례나 "대중의 비난"을 **형벌**로 묘사했다(97, 177). 그가 잘못이라고 생각하는 것은 압력 자체가 아니라 제재 부과의 형태로 나타나는 압력이다.

반감을 표현하는 형태의 압력과 제재 부과 형태의 압력의 차이점은 무엇일까? 이에 대해 밀은, 압력이 비난의 형태로 나타날 때는 잘못을 저지른 사람이 "그 벌을 잘못 자체의 당연하고 자연스러운 결과로 받아들이며, 처벌을 목적으로 그에게 고의적으로 가해진 것으로 보지 않는다"는 점이 유의미한 차이라고 말한다(180).

이 답변은 충분하지 않다. 자해하는 사람이 스스로를 바보 같다고 느끼도록 만드는 것, 그 자신이 열등한 존재처럼 느끼게 만드는 것, 그를 피하는 것, 고용 시에 그보다 다른 사람들을 선호하는 것, 이 모두는 "잘못 자체의 자연스러운 결과"가 아니다. 그에게 의도적으로 부과된 것들이다. 그리고 이런 대우는 대부분의 사람들에게 폭넓은 제재보다 훨씬 강력한 강제력을 행사한다.

밀의 원리는 이중적이다. 첫째로, 동의하지 않는 숙고적 성인이 본인에게만 해를 끼치는 행동을 하지 못하게 강제하는 것은 언제나 잘못이다. 둘째로, 어떤 이의 행동이 타인에게 위해를 끼칠 경우 그가 그 행동을 못하게 강제할 수 있다.[12] 나는 지금까지 첫 번째 명제만 따져 보았고, 두 번째 명제는 고려하지 않을 생각이다. 첫 번째 명제를 옹호하는 밀의 주장에서 이해할 수 없는 부분을 짚어 보고, 이 명제에 대한 반례를 몇 가지 제시하는 것으로 밀에 대한 논의를 마무리하려 한다. 이런 목적을 위해 파인버그의 글을 한 단락 빌려 왔다.

> 만일 온정적 간섭주의를 완전히 거부하고 어떤 사람의 선이 그를 강제할 타당한 근거가 된다는 사실을 부인한다면, 상식과 오랜 전통을 갖춘 관습과 법 모두에 정면으로 반하는 셈이다. 예를 들어 형사법에서, 피해자가 자유롭게 동의했다는 것은 상해나 살인 혐의에 대한 변호 논리로 쓰일 수 없다. 국가는 누구라도 개인이 자신의 상해나 살해에 동의하는 일을 일체 허용하지 않는다. 계약법 역시 이와 유사하게 자신을 노예로 팔겠다거나 정부(情婦) 또는 첩이 되겠다는 계약의

---

[12] *Social Philosophy*, p. 41 이하에서 Joel Feinberg는 때로는 누군가에게 손상을 가하는 것과 구분되는, 누군가를 불쾌하게 하는 일도 강제로 막아야 하는지, 그것이 정당한지 검토한다.

타당성을 인정하지 않는다. 타인의 자해나 자살을 막기 위해 적절한 무력을 쓰는 것은 모든 사람에게 법적으로 정당한 일이다. 특정 약물은 의사의 처방 없이는 누구도 구입할 수 없다. 치료를 목적으로 한다고 해도 그렇다.…쾌락만을 위해 헤로인 같은 약물들을 쓰는 일은 어떤 상황에서도 허용되지 않는다. 이런 제약들에 대해서는, 구타·신체훼손·죽음·축첩·노예제·중혼은 본인이 알든 모르든 언제나 잘못된 일이며 비전문가가 항생물질을 자유롭게 취급하는 일과 어떤 사람이건 마약을 취급하는 일은 매우 위험하다는 주장만큼 설득력 있는 근거가 없다.[13]

일반 원리는 찾을 수 없다

앞에서 밀의 위해 원리를 거부했으니, 그것을 대신할 만한 다른 원리를 제시할 수 있으면 좋을 것이다. 불의한 온정적 간섭주의의 모든 사례까지는 아니라도 많은 사례가 공유하는 특징, 물론 그것이 불의하다는 점 외의 특징을 찾아내는 원리 말이다. 그러나 내게는 제시할 만한 그런 원리가 없으며 앞으로 발견해 내리라는 전망도 없다. 모든 혹은 대부분의 사례에 들어맞는 "설득력 있는 근거"는 없다는 파인버그의 결론에 나는 동의한다. 우리는 일반 원리의 도움 없이 결정을 내려야 한다. 설령 옳다고 여기는 일반 원리를 우리가 갖고 있다 해도 여전히 결정은 필요하다. 여러 사례에 대한 각자

---

13 *Feinberg, Social Philosophy*, p. 46

의 직관에 비추어 그 원리가 옳은지 시험해야 할 것이기 때문이다.

아가페주의는 자유민주주의를 위협하는가?

제프리 머피는 그의 에세이 "사랑 같은 법"(Law Like Love)에서 아가페 사랑은 "안아 주고 싶지" 않다는 묘한 발언을 한다.[14] 아가페 사랑의 안아 주고 싶지 않은 한 가지 면모로 그가 제시하는 것은 그것이 "선호의 만족, 곤경의 완화, 사람들의 물질적 필요 공급과 그로 인해 그들의 삶을 더 쾌적하게 만드는 일에만 관심을 갖지 않고…그들의 도덕적·영적 선을 증진하는 일, 즉 각 사람의 덕을 기르도록 돕는 일에도 수된 관심을 갖는다는 데 있다"(22).

머피의 이 지적은 옳다. 아가페주의자가 증진하려 추구하는 이웃의 삶-선은 그 사람의 삶의 상태와 사건의 선만이 아니라 그의 행동과 활동의 선이기도 하다. 이웃이 얼마나 잘 지내는지뿐 아니라 그가 얼마나 잘 행하고 있는지에도 관심을 갖는 것이다. 이웃이 본인의 번영을 훼손하고 있으면, 그 훼손이 도덕적·영적·물리적 형태 중 그 어떤 것을 띠고 있건, 아가페주의자는 "그건 그 사람이 알아서 할 일이야"라고 말하고 무심하게 돌아서지 않는다. 그는 이웃을 배려한다.

머피는 이에 담긴 한 가지 함의를 언급한다. "주로 아가페를 따르는 법적 질서는, 더 가치중립적·자유주의적인 정치적 자유주

---

14 *Syracuse Law Review* 55.1 (2004): pp. 15-32.

보다, 예를 들면 존 롤스와 로널드 드워킨의 저작에서 볼 수 있는 견해가 용납할 수 있는 정도보다 더욱 온정적 간섭주의 경향이 심할 것이 거의 확실하다"(22). 정치 이론 문헌에서 통용되는 용어를 쓰자면, 아가페주의자들은 바람직한 입법에 대해 보다 "완전주의자"일 가능성이 높다.

그는 이 주장의 사례를 제시한다. "아가페를 추구하는 이들은, 포르노의 타락하고 유해한 가능성을 제약하려고 매우 노력할 것이다. 포르노의 생산, 유통, 소비를 인간의 중요한 자유의 영역으로 보는 것을 거부할 것이다. 도구적 이유로 인해 (적법한 표현의 자유를 제한하지 않고 포르노를 법적으로 금지하기란 불가능하다고 생각할 경우) 포르노를 마지못해 인정할 수도 있지만 인간의 자율성이라는 근본적 권리의 일반 항목 아래에 포르노를 두고 원칙적으로 보호하려 하지는 않을 것이다."

보다 일반적으로 말하자면, 아가페주의자들은 "선한 삶에 대한 대화가 법과 정치의 중심이 되어야 한다고 볼 것이다. 그것이 원칙적으로 정치적·법적 영역에서 벗어나야 할 '사적인' 문제라고 생각하지 않을 것이다. 이 점은 일부 정치적 자유주의와 아가페 사랑 사이에 흥미로운 긴장이 있을 것임을 시사한다"(22-23).

내가 이번 장에서 옹호한 명제들이 널리 받아들여진다면, 머피가 말하는 부류의 자유주의 정치이론가들에게는 자유민주주의 사회 속의 아가페주의자들의 존재가 "안아 주고 싶지 않은" 정도가 아니라 "위협"으로 보일 거라는 표현이 더 적절할 것이다. 사람들은 흔히 자유민주주의가 온정적 간섭주의에 본질적으로 반대한다고 생각한다. 그리고 콜스가 지적한 관대함의 공포뿐 아니라 타인을 선하게 만들고 싶어 하는 이들의 숨 막히는 강요에 맞서는 방어 체계라고 생각한다. 자유민주주의라는 방어물이 막아 내고 있는 위협 중에는 이웃을 사랑하겠다고 고집하는 이들의 위협도 있다. 나는 이번 장에서 이 방어 체계를 허무는 것처럼 보이는 명제들을 옹호했다. 동의하지 않는 숙고적 성인에 대한 온정적 간섭주의, 심지어 **강제적인** 온정적 간섭주의조차도 때로는 용납된다는 명제, 온정적 간섭주의와 무관한 국가는 존재하지 않는다는 명제, 온정적 간섭주의의 정도를 규정하는 밀의 원리 같은 일반 원리 없이 살 수밖에 없다는 명제가 그것이다.

이제, 내가 옹호한 명제들을 널리 받아들이는 사회에서는 자유민주주의가 훼손되고 아가페주의자들이 위협적인 존재가 될 거라는 우려에 답해야겠다. 이 주제는 한 권의 책으로 다룰 만한 내용이지만, 사정상 여기서는 몇 쪽 분량에 다루어 보겠다. 이 우려에 답하려면 내가 이해하는 자유민주주의를 간략하게 정리해야 한다.

인간 모두가 강제 없는 자유로운 행동이 근본적 선이라고 추정하는 듯 보인다. 어떤 선을 달성하거나 어떤 의무를 이행할 때만 강제가 정당화되는 것을 보면 그렇다. 강제는 언제나 입증의 책임을 지는 반면, 강제로부터의 자유는 그렇지 않다. 실제로 우리는 가끔 이렇게 묻는다. "왜 그 사람이 그런 일을 하도록 내버려 두는 겁니까? 왜 제지하지 않는 겁니까?" 자유가 입증 책임을 요구받는 상황처럼 보인다. 그러나 내가 볼 때 이 질문 배후에 놓인 가정은, 누군가를 강제해야 할 상황임이 이미 입증된 상태인데도 그 사람을 강제하지 않았다는 것이다.

강제력 행사를 주장하는 쪽에 입증 책임이 있다는 이 생각이 옳다면, 모든 정치체제는 강제로부터의 자유를 기본 입장으로 한다는 점에서는 유사하다. 자유민주주의가 다른 정치체제와 다른 점은 강제와 비강제를 구분하는 기준, 허용되는 강제의 범위, 제시하는 강제력 행사의 근거에 있다.

자유민주주의의 근본 특징은 시민에 대한 국가 강제력의 제한을 중시한다는 데 있다. 자유민주주의 체제는 제한된 정부다. 전통적으로 정부 강제력에 대한 제한을 결정하고 구체화하는 과정에서 주된 근거로 작용한 것은 자연권의 호소다. 시민들은 국가를 상대로, 국가로부터 부여받지 않은 권리를 갖고 있다. 자유민주주의는 자연권을 기반으로 하는 정치체제다. 인간 가치에 대한 존중이 그 근간에 자리 잡고 있다. 이것이 자유민주주의 체제를 구별 짓는다.

시민에 대한 국가의 강제력을 제한하는, 국가를 상대로 한 시민의 권리는 본질상 모두 자유권(freedom rights)이다. 국가에게서 표현을 허용받을 권리, 국가에게서 집회를 허용받을 권리, 국가에게서 종교활동을 허용받을 권리 등이다. 자유민주주의에서는 허용되는 강제가 무엇이고 허용되지 않는 강제가 무엇인지 상당 부분 자연적 자유권에 의해 결정되는데, 이것을 보면 자유는 다른 어떤 정치 구조에서보다 자유민주주의에서 더 근본적인 지위를 갖고 있음을 알 수 있다. 지금 다루고 있는 면에서는 분명히 그렇다.

이제 몇 가지 역사적 고찰로 넘어가 보자. 자유민주주의의 발생을 초래한 여러 변화 중 하나는 국가와 시민들이 믿는 여러 종교 간의 새로운 관계를 모색하는 실험을 감수해야 한다는 확신이 16-18세기의 북서유럽과 그 식민지들에 퍼져 나간 것이다. 단일한 정치적 관할구역 안에 살았던 사람들은 많은 장소와 시대에서, 신

(神)과 선(善)에 대한 공통의 시각으로 묶인 종교-도덕적 단일 공동체를 자신들이 형성하고 있다고 보았고, 그 공유된 시각을 구현하는 최상의 제도적 표현이 정부라고 생각했다. 전통 이슬람 제국은 그 안에 있던 유대인과 그리스도인들의 밀레트(millet) 제도와 더불어 이 패턴의 변형이었다. 밀레트는 신과 선에 대한 이들 소수파의 시각에 따라 사는 것이 상당한 정도까지 허용되었던 소규모 종교 자치체다.

자유민주주의는 단일한 정치적 관할 구역 안에서 상당한 종교 다원화가 이루어진 상황에서 생겨났고, 단일한 정치적 관할 구역 안에서 사는 이들은 신과 선에 대한 공유된 시각으로 묶인 단일한 종교-도덕적 공동체를 더 이상 구성하지 못했다. 대신 그런 공동체들이 시민사회 안에 여럿 나타났다. 자유민주주의의 등장은 모든 시민이 자기가 적합하다고 보는 종교 활동을 하거나 아예 어떤 종교 활동도 하지 않을 시민권을 갖는다고 선언하는 위험한 실험을 뜻했다. 최초의 이론가들은 자유로운 종교 활동이라는 시민권이 자유로운 종교 활동이라는 자연권에 근거한다고 생각했다. 미국에서 생겨난 자유민주주의는 위험한 실험을 더 멀리까지 밀어붙여 국가종교 제정의 금지를 선언했다.

여기에서 자유민주주의는 신과 선에 관한 한 가지 공유적 시각으로 통합된 종교-도덕적 공동체를 구현하는 최상의 제도적 표현이 아니라는 결론이 도출된다. 이 체제 내의 시민들은 이러한 다수의 공동체들에 속해 있고, 자유민주주의 정치체제는 이러한 공동체의 연합에 해당한다.

자유민주주의 정치 체계가 신과 선에 관한 하나의 공유된 시각으로 통합된 종교적·도덕적 공동체를 구현하는 최상의 제도적 표현이 아니라 그런 공동체들의 연합이라는 사실을 놓고 근년에 많은 공동체주의자들과 전통주의자들이 탄식했다. 그들은 자유민주주의가 어떤 도덕적 기반도 없다고, 그저 하나의 사회적 합의(*modus vivendi*)에 불과하다고 말한다. 그러나 자유민주주의는 단순히 사회적 합의에 그치지 않는다. 본질을 따져 보면 사실, 그 도덕적 근거는 시민사회 안의 특정한 하나의 공동체가 공유하는 신과 선에 대한 시각이 아니다. 그런 부류의 도덕적 기반을 찾는 사람에게 자유민주주의는 참으로 편의에 따라 구성된, 도덕과 무관한 체제처럼 보일 것이다. 자유민주주의의 경우 그런 공동체들이 이룬 이 특정한 **연합** 자체가 도덕적 기반이다. 자유민주주의가 도덕적 기반이 없다고 말한다면 다른 그 어떤 정치 구조들도 나을 바 없다. 비판자들이 해야 할 말은 자유민주주의에 도덕적 기반이 없다는 것이 아니라 자신이 그 도덕적 기반에 동의하지 않는다는 점, 예를 들어, 시민들이 국가를 상대로 자연권을 갖고 있다는 가정에 동의하지 않는다는 점일 것이다.

　제임스 매디슨(James Madison, 1751-1836, 미국의 헌법제정회의에서 헌법초안 기초를 맡아 '미국 헌법의 아버지'로 불리며 후에 제4대 대통령이 된다—역주)과 동시대인들의 정치 문건을 연구해 보면, 자유민주주의의 핵심 개념에는 또 다른 중요한 요소가 있음이 분명히 드러난다. 매디슨과 그의 동료들은 모든 관료가 국민 앞에서 책임을 져야 한다고 진심으로 믿었다. 그들은 관료들에게 그런 책임을 물을 수 있는 본질적 장치가 자유롭고 공정한 투표라고 믿었다. 책임의 사슬이 길게 늘어질 수는 있지만, 어떤 관료에게서 출발해 그 사슬을 끝까지 따라가 보면 투표에 따라 자리를 맡게 된 누군가를 만나게 된다. 매디슨이 미국 헌법에 권력 분산을 명시한 주된 이유는 집중된 권력은 필연적으로 국민이 투표로 책임을 물을 수 없는 권력이 된다고 보았기 때문이다. 강제가 적법한 것이 되기 위한, 국가의 온정적 간섭주의가 적법한 것이 되기 위한 조건들을 밝히는 매디슨의 원리에 따르면, 국가가 정의와 공동선을 위해 시민들을 강제할 수 있으려면 강제력 있는 법이나 정책을 재가하는 관료들에게 자유롭고 공정한 선거를 통해 궁극적으로 책임을 물을 수 있어야 한다.

자유민주주의의 핵심 개념에 속하는 원리가 하나 더 있다. 이것을 성인 시민들의 **정치적 평등**의 원리라고 하자. 이 원리는 참으로 중요하지만, 이것이 함축하는 바를 인정하고 실현하는 과정은 이어졌나 끊어지기를 반복하며 느리게 진행되었다. 미국 건국의 시조들은 노예와 노예가 아닌 이들이 정치적으로 평등한 존재라고 여기지 않았고, 여자와 남자가 정치적으로 평등한 존재라고 여기지 않았다.

자유민주주의의 이런 구조적 특징들에 더해, 이 체제에 속한 시민들의 역할에 대해 한마디 덧붙여야겠다. 나는 시민들이 어떤 법안을 지지할지 반대할지를 결정할 때 물어야 할 근본적인 질문이 있다고 생각한다. 시민들은 해당 법안이 자신의 이익에 보탬이 될 것인지가 아니라, 모두의 정의와 공동선에 보탬이 될 것인지를 물어야 한다. 그리고 본인은 도덕적으로 잘못된 일이라고 생각하는 많은 일에 대해서도 정의의 요구에 따라 동료 시민들이 자유롭게 행동하도록 허용해야 한다. 그리고 모두의 정의와 공동선이 요구하는 바가 무엇인지 생각할 때 동료 시민들이 숙고한 견해를 진지하게 받아들여야 한다. 다른 사람들이 숙고한 견해를 진지하게 받아들임으로써 우리는 그들을 이성적 도덕 주체로 합당하게 존중하게 된다.

아가페주의는 자유민주주의를 위협하지 않는다

내가 지금까지 설명했듯이, 아가페주의자는 자유민주주의의 지지자이지, 반대자가 아니다. 그는 자유민주주의 정치체제에서 시민이 맡는 역할로 내가 지금까지 묘사한 것을 인정한다. 그를 자유민주주의의 수호자로 이끄는 것이 바로 그의 아가페주의다. 그는 좋지 않은 방안들 중에서 그나마 나은 것을 옹호하는 것이 아니다.

내 논의의 가장 중요한 주제는, 이웃에 대한 아가페주의자의 배려에는 이웃이 정의로운 대우를 받게 하며 부당한 대우를 받지 않게 하는 것이 포함된다는 점일 것이다. 따라서 아가페주의자는 국가를 상대로 시민들이 자유로운 종교 활동을 할 권리, 자유롭게 의사를 표현할 권리, 집회의 권리, 재판을 받을(habeas corpus) 권리, 고문받지 않을 권리 등을 보유함을 인정한다. 그는 이런 권리들 및 그와 같은 여러 다른 권리들을 무시한 것이 수 세기에 걸쳐 오도된 사랑과 기형적 배려의 이름으로 자행된 만행의 출발점이라고 본다.

어떤 법안을 제안하고 지지할지 검토하는 일과 관련해서, 아가페주의자는 실제로 동료 시민들의 총체적인 선, 도덕적·정신적·물리적·심리적 선과 다수의 권리들에 대해 충분하게 숙고할 것이다. 하지만 국가를 사회적 해악에 대한 만병통치약으로 간주하거나, 자신이 도덕적으로 옳다고 여긴 것을 전부 법률 속에 기재하려고 하지 않을 것이다. 그는 국가가 커지는 것에 따르는 위험을 잘 알고 있다. 다만 아가페주의자는 동료 시민들의 삶에 내재한 총체적 선과 권리에 관심을 두기에, 법제화에 대한 아가페주의자의 확신은 머피가 주장했던 것처럼 자유지상주의자와 전통적 자유주의자들의 확신과는 다를 것이다. 아가페주의자는 결정을 내리기 전, 자유지상주의자나 전통적 자유주의자들 및 그들 이외의 다른 사람들의 말에 주의 깊게 귀를 기울일 것이다. 그리고 결국에는 표결의 순간에 이른다. 아가페주의자는 모든 이를 위한 정의와 공동선에 보탬이 된다고 믿는 선택지에 투표한다. 아가페주의자는 다른 모든 사람의 표결이 동일한 무게를 가진다고 주장한다. 또한 아가페주의자는 그 결과를 안고 살아가기로 맹세한다.

4부 하나님의 사랑의 정의

20

로마서에 나타난
하나님의 관대함의 정의

3부에서 자비와 정의의 실제 갈등과 갈등이라고 주장되는 것들을 논하면서, 나는 예수의 여러 비유를 사례로 제시했고 거기에 내 나름의 실제 및 가상의 사례들을 보충했다. 그러나 아가페주의 전통의 근본 문헌에는 아가페와 정의의 관계를 보여 주는 예수의 짧은 이야기들만 담겨 있는 것이 아니다. 로마서에서 바울은 하나님의 관대함의 정의를 신학적으로 조밀하게, 다각도로 표현하고 옹호한다. 그러므로 이 주제에 대해 바울이 한 말을 살피는 데서 정의와 사랑에 대한 논의를 마무리할까 한다. 그렇게 하지 않는다면 방 안의 코끼리를 모른 체하고 외면하는 꼴이 될 것이다.

해당 분야의 여러 전문가들은 중세의 로마서 주석가들이 로마서의 주제가 '유스티티아 데이'(*justitia dei*, 하나님의 정의)라는 것을 당연하게 받아들였다고 말한다. 불가타 성경의 라틴어 번역은 그런 생각을 거의 불가피하게 했다. 중세 이후에는, 내가 아는 어떤 로마서 해석도 그것을 주제로 보지 않았다. 따라서 나의 해석은 종교개혁 이후에서 중세로 복귀하는 해석이다.

대부분의 해석자들은 바울이 로마서에 사랑과 정의에 대해 몇 가지 언급을 하고 있다는 점을 부인하지 않을 것이지만, 로마서의 핵심 주제가 하나님의 사랑의 정의라는 주장은 거부할 것이다. 전통적으로 개신교인들은 로마서의 핵심 주제가 개인의 구원이라고 주장해 왔다. 최근의 몇몇 해석자들은 로마서의 주제가 하나님의 언약적 신실함(covenant faithfulness)이라고 주장한다. 내가 이해하는 바울의 사유 노선이 무엇인지 간결하게 제시함으로써 로마서의 핵심 주제가 하나님의 정의라는 나의 주장을 변호하는 논증을 시작고자 한다. 그 후에 이번 장의 나머지 부분과 다음 장에 걸쳐 자세한 내용을 보충하고 이 해석을 보완할 것이다.

들어가는 요약

공관복음 세 권에 모두 등장하는 한 사건에는 예수를 만나러 온 모든 사람을 상대할 때 그분이 보여 주신 일관된 모습을 포착하는 용어가 나온다. 그분은 사람을 "겉모습으로 판단하지 않으"셨다(showed 'no partiality', 차별하지 않으셨다). 이 사건에서 예수의 적대자들은 그분을 함정에 빠뜨리기 위해, 로마 황제에게 세금을 바치는 것의 도덕성을 묻는 유명한 질문을 던졌다. "선생님, 우리는, 선생님이 진실한 분이시고, 하나님의 길을 참되게 가르치시며, 아무에게도 매이지 않으시는 줄 압니다. 선생님은 사람의 겉모습을 따지지 않으십니다"(마태복음 22:16).[1] 참되게 가르치신다는 예수의 평판을 운운한 것은 치렛말이다. 아무에게도 매이지 않고 사람을 겉모습으로 판단하지 않으신다는 말은 덫을 놓은 것이다. 예수는 과연 어느 정도까지 매이지 않으실까? 황제에게까지도 매이지 않으실까?

예수가 차별하지 않으신다는 논제는 사도행전에 다시 등장한다. 베드로는 비몽사몽간에 환상을 보고 난 후 유대 특수주의를 버려야 한다는 결론을 내린다. 그는 이렇게 말한다. "나는 참으로, 하나님께서는 사람을 외모로 가리지 아니하시는 분이시고, 하나님을 두려워하며, 의(dikaiosunē)를 행하는 사람은 그가 어느 민족에 속하여 있든지, 다 받아 주신다는 것을 깨달았습니다"(사도행전 10:34-35).[2]

로마서는 예수의 여러 행동과 베드로의 환상에 담긴 신학적 의미를 묵상한 결과물로 볼 수 있나. 그 주요 논제는 쇠인에게 베푸시는 칭의(justification)로 드러난 하나님의 관대함이, 유대인과 이방인 모두에게 공평하다는 점에서 정의롭다는 것이다. "유대 사람이나, 그리스 사람이나, 차별이 없습니다. 그는 모든 사람에게 똑같이 주님이 되어 주시고, 그를 부르는 모든 사람에게 풍성한 은혜를 내려주십니다"(10:12). "하나님께서는 사람을 차별함이 없이 대하시기 때문입니다"(2:11). 조밀하고 심오한 바울의 논증은 신약의 아가페가 바로 배려라는 나의 주장을 지지하는 으뜸가는 증거물이다.

---

[1] 참고. 마가복음 12장 14절: "선생님, 우리는, 선생님이 진실한 분이시고 아무에게도 매이지 않는 분이심을 압니다. 선생님은 사람의 겉모습으로 판단하지 않으시고, 하나님의 길을 참되게 가르치십니다." 누가복음 20장 21절: "선생님, 우리는 선생님이, 바르게 말씀하시고, 가르치시고, 또 사람을 겉모양으로 가리지 않으시고, 하나님의 길을 참되게 가르치고 계시는 줄 압니다."

[2] '의를 행하다'(does justice)에 해당하는 대목을 NRSV는 '옳은 일을 하다'(does what is right)로 옮겼다.

유대인과 이방인은 똑같이 죄를 지었다. 하나님이 둘 다 '유죄'라고 선언하시는 것은 정당하다. 그러나 하나님은 인류에 대한 사랑 때문에 유대인과 이방인 모두에게 칭의를 베푸신다. 나는 18장에서 정의로운 관대함과 불의한 관대함을 논하면서, 어떤 선(goods)으로부터 유익을 얻을 수 있는 모든 사람에게 그 선이 공평하게 분배되지 않는다 해도 정의로울 수 있다고 주장했다. 그 주장을 인정한다 해도 어떤 분배의 정의를 변호하는 한 방법은 그 선이 공평하게 분배되었음을 지적하는 것임을 잊어서는 안 된다.

그러나 만약 하나님이 유대인들과 언약을 맺어 하나님이 모든 인류를 구원하려 힘쓰시는 역사의 줄거리에서 그들이 특별한 역할을 감당하도록 하셨다면 어떻게 될까? 그렇게 되면 정의에 대한 두 가지 새로운 질문이 제기될 것이다. 이 특별한 역할을 맡도록 하나님이 유대인들을 선택하신 것은 정의로운가? 이것이 "하나님이 불공평[불의]하신 분이라는"(9:14) 뜻은 아닌가? 또한, 만약 그런 언약을 맺으신 하나님이 불의하지 않다면, 하나님이 유대인뿐 아니라 이방인에게도 칭의를 베푸심은 그 언약을 깨뜨리신 것이며 그로써 유대인들을 부당하게 대우하신 것 아닌가? 이것이 "하나님께서 자기 백성 [이스라엘]을 버리"셨다는(11:1) 뜻은 아닌가?

바울은 그의 주장을 펼치며 정의의 이 부차적 쟁점 두 가지를 모두 다룬다. 그는 하나님이 펼쳐 가시는 구원의 이야기에서 특별한 역할을 맡도록 그분이 특정 사람들과 특정 민족들을 선택하신 것은 불의한 일이 아니라고 말한다. 그리고 유대인들과 이방인들에게 같은 근거에서 똑같이 칭의를 베푸시는 것이 언약을 어기는 일이라고 유대인들이 생각한다면, 그것은 유대인들이 하나님이 자신들과 맺으신 언약을 오해한 것이라고 말한다.

하지만 바울을 읽고 해석하는 우리에게는 하나님의 관대함이 정의롭다는 주장이 아직 명백하게 입증되지 않았다. 하나님이 유대인과 이방인에게 똑같이 칭의를 베푸신다는 점에서 그분의 관대함의 분배가 정의롭다고 해 보자. 또한, 그런 공평함이 하나님이 유대인들과 맺으신 이전의 언약을 깨뜨리지 않고, 그 언약 자체도 비유대인들에게 불의한 것이 아니라고 해 보자. 그러나 하나님이 누군가를 실제로 의롭다 하시는 데는 중요한 조건이 붙는다. 칭의를 받는 사람에게 믿음이 있어야 한다는 것이다. 그 조건은 모든 사람에게 똑같이 열려 있는가? 적어도 일부 유대인들과 적어도 일부 이방인들에게는 열려 있는 것이 분명하다. 하지만 과연 모든 사람에게 열려 있는가?

오랫동안 많은 이들은 여기서 바울이 가르치는 믿음이 예수 그리스도에 대한 믿음(faith in Jesus Christ)이 틀림없다고 해석했다. 그러나 많은 유대인들, 그리고 다수의 이방인들은 예수를 알지 못했으니, 예수 그리스도를 믿는 일은 그들에게 가능하지 않았다. 게다가 바울은 하나님이 구원하시는 방식을 논하는 과정에서 그분이 어떤 사람들의 마음을 "완고하게 하신다"고 말한다. 오랫동안 많은 사람들은 이 말과 바울이 같은 맥락에서 말한 다른 내용을 근거로, 믿음을 하나님이 어떤 사람들에게는 주시고 어떤 사람들에게는 주시지 않는 선물이라고 바울이 말한다고 해석하게 되었다. 그 해석이 옳다면, 하나님이 '넘어가시는' 이들에게 믿음은 그들이 예수에 대해 들었다 해도 가능한 일이 아니다. 바울의 신학에는 칭의를 베푸신 하나님의 관대함이 정의로운지 의심할 만한 두 가지 근거가 있다. 바울은 이 두 가지 의심의 근거를 직접 다루지 않는다. 나는 그가 이를 언급하지 않은 이유가, 우리의 의심이 곧 바울이 하는 말을 오해한 결과이기 때문이라고 주장할 것이다.

이 모든 것에다가, 칭의 자체와 관련한 정의의 물음이 존재한다는 사실을 덧붙여야만 한다. 나는 칭의가, 우리가 용서와 관련해서 앞서 제기했던 물음, 즉 칭의를 제안하는 것이 율법폐기주의(antinomianism)를 조장하고 정의의 실천을 약화하는 것이 아니냐는 물음을 정립하는 데 충분할 정도로, 용서와 매우 가까운 관계를 갖는다고 주장할 것이다. 바울은 이러한 우려를 직접 다룬다. 바울은 죄인에 대한 형벌을 포기함으로써 칭의가 정의를 침해하는 것이 아닌가 하는 안셀무스의 우려는 어디에서도 다루지 않는다. 죄인에 대한 형벌 포기가 필연적으로 정의의 침해를 의미하는 것은 아니라고 본 것이 분명하다. 반면, 칭의에 대한 그의 가르침이 율법폐기주의를 조장한다는 비난에는 답해야 할 필요성을 느꼈다.

만약 여기까지가 로마서의 주요 논증 및 부차적 논증이라면, 바울의 주요 주제가 유대인과 이방인에게 똑같이 칭의를 제공하시는 하나님의 관대함의 정의라는 결론을 피할 수 없다. 이것은 로마서의 유일한 주제가 아니며, 유일하게 중요한 주제도 아니다. 바울은 로마서에서 '성화'(聖化, sanctification)와 정부 권력의 적절한 기능에 대해서도 말한다. 죄인들에 대한 하나님의 칭의라는 논의를 정립하는 유일한 맥락이 하나님의 정의인 것도 아니다. 갈라디아서에서 바울은 칭의를 다른 맥락에서 다룬다. 라이트(N. T. Wright)는 관련된 모든 저술에 걸쳐 하나님의 언약적 신실함의 맥락 안에서 칭의를 논한다. 그것은 오류가 아니다. 내가 주장하는 바는, 로마서에서는 바울이 그런 맥락에서 칭의를 논하지 않는다는 것뿐이다.

신약의 아가페가 정의에 전혀 괘념치 않는 순전하고 이유 없는 자비라고 생각하는 이들은 오래전부터 로마서를 핵심 증거물로 제시했다. 이런 해석이 어느 정도 설득력을 갖기 위해서는 바울이 논증의 전반적인 구조를 세우는 로마서의 첫 두 장 반을 무시하고 그가 칭의에 대해 말하기 시작하는 대목으로 곧장 뛰어들어야 한다. 개신교도들은 전통적으로 로마서를 그렇게 해석했다. 나는 로마서의 처음부터 시작해 바울 논증의 전체 구조를 살펴야 한다고 생각한다.

'새로운 바울'

루터로부터 시작된 개신교의 고전적 로마서 해석에 따르면, 이 책에서 바울은 '선행'이 자기들을 구원해 줄 거라고 믿는 사람들의 불안에 답하고 있다. 여기에는 바울의 동포 유대인들과 회심 이전의 바울 역시 이렇게 믿었다는 가정이 깔려 있다. 그런 사람들에 대한 바울의 메시지는 선행으로 구원을 이루어내려는 그들의 시도가 절망적인 동시에 잘못되었다는 것이라고 본다. 절망적인 이유는 이제껏 누구도 완전한 선행을 이룬 사람이 없기 때문이고, 잘못된 이유는 구원은 결코 우리가 얻어 내는 것이 아니라 하나님이 우리에게 은혜로 베푸시는 것이기 때문이다. 로마서의 메시지는 그리스도가 죽기까지 순종하여 확보하신 구원이 그리스도를 믿는 모든 자에게 확대된다는 것이 고전적 해석이다.

내가 알기로 이런 개신교의 전통적 해석을 여전히 지지하는 학자들은 소수에 불과하다. 최근 '새로운 바울'(the new Paul)이라 불리는 해석이 탄생하는 데 두 편의 문건이 결정적인 기여를 했다. 첫 번째는 1963년에 발표되어 이제는 고전이 된 크리스터 스텐달(Krister Stendahl)의 논문 "사도 바울과 서구의 내성적 양심"이다.[3] 스텐달은 성경 본문을 꼼꼼히 읽어 전통적 해석을 하나하나 해체했다. 바울은 죄책감에 괴로워하지 않았고 자신의 구원을 염려하지 않았다. 그가 죄책감에 시달리는 모습이나 하나님이 그에게 은혜를 베푸실 것을 의심했다는 증거도 보이지 않는다. 그는 하나님이 유대인들에게 토라를 주신 이유가 그들을 통해 인류가 자신들의 죄악성을 더 깊이 인식하게 하기 위해서였다고 생각하지 않았다. 물론 토라가 종종 그런 결과를 낳았을 수는 있다. 바울은 하나님이 유대인들에게 메시아를 기다리는 동안 생활을 바로잡으라는 뜻으로 토라를 주셨다고 생각했다.

바울 해석에 혁명을 가져온 두 번째 문건은 1977년에 출간된 샌더스(E. P. Sanders)의 『바울과 팔레스타인 유대교』(Paul and Palestinian Judaism, 알맹e 역간)이다.[4] 성경 주석이 아니라 종교사 측면에서 이 문제에 접근한 샌더스에 따르면, 바울은 당시의 유대인들이 '행위를 통한 의로움'을 추구했다고 여겼다는 루터 및 이후 개신교의 해석은 당대 유대교를 희화화한 것이었다. 당대 유대인들은 율법을 따르는 것을 율법 안에서 신실하게 사는 일로 보았지 언약에 최초

---

[3] "The Apostle Paul and the Introspective Conscience of the West", *Harvard Theological Review* 56 (1963): pp. 199-215.
[4] (London: SCM, 1977).

로 들어가는 방법으로 여기지 않았다는 것이다. 샌더스는 유대교의 사고 패턴을 가리키는 '언약적 율법주의'(covenantal nomism)라는 표현을 고안해 냈다. "언약적 율법주의는, 사람이 하나님의 계획 안에서 자리를 잡게 해 주는 토대가 언약이며 언약은 그것에 대한 사람의 적절한 반응으로 계명에 순종할 것을 요구하는 동시에 계명을 어길 때 속죄의 수단을 제공한다는 견해다"(75). "순종은 언약 안에 머물러 있게 해 주지만, 그것이 하나님의 은혜 자체를 얻게 해 주지는 않는다"(420).

나의 바울 해석은 스텐달과 샌더스가 시작한 '새로운 바울'의 노선을 따를 것이다.[5] 루터와 그의 후계자들이 바울이 제시한 것으로 이해한 유대교의 그림이 바울 당대의 유대교와 일치하지 않는다는 샌더스의 논증이 옳다면, 우리는 바울이 자기 민족의 종교를 심각하게 오해했다는 결론과 우리가 바울을 심각하게 오해했다는 결론 둘 중 하나를 선택할 수밖에 없다. 스텐달의 논증은 후자를 택하도록 우리를 이끈다.

---

5 내게 아주 유용했던 "새로운 바울" 책들을 소개하자면 이렇다. James G. Dunn, *The Theology of Paul the Apostle* (Grand Rapids: Eerdmans, 1988), 『바울신학』(크리스천다이제스트); N. T. Wright의 많은 저서들, *What Saint Paul Really Said* (Grand Rapids: Eerdmans, 1997), 『톰 라이트 바울의 복음을 말하다』(에클레시아북스); *Paul: In Fresh Perspective* (Minneapolis: Fortress, 2005), 『톰 라이트의 바울』(죠이선교회); *Justification: God's Plan and Paul's Vision* (Downers Grove: IVP Academic, 2009), 『톰 라이트, 칭의를 말하다』(에클레시아북스). 또한, Wright의 글 "Paul and Caesar: A New Reading of Romans", in *A Royal Priesthood? The Use of the Bible Ethically and Politically: A Dialogue with Oliver O'Donovan*, ed. Craig Bartholomew, Jonathan Chaplin, Robert Song, Al Wolters (Grand Rapids: Zondervan, 2002)를 보라. Stanley K. Stowers, *A Rereading of Romans: Justice, Jews and Gentiles* (New Haven: Yale University Press, 1994)도 내게 유용했다.

여기서 나는 '새로운 바울' 해석자들 중 일부가 보여 준 전통 해석에 대한 반응이 과하다는 말을 덧붙여야겠다. 바울의 주요 주제가 이신칭의(以信稱義)는 율법주의자의 불안한 양심을 달래 준다는 것이 아니라고 쳐도, 바울이 율법주의자에게 할 말이 전혀 없다는 결론이 따라오지는 않는다. 바울은 율법주의자에게 할 말이 있다. 스텐달은 그 점을 분명하게 지적한다.

로마서의 핵심 주제

도입에서 몇 마디를 한 후, 바울은 로마에 있는 "여러분에게도 복음을 전하는 일"을 원한다고 선언한다. 이 복음은 무엇인가? 이는 "유대 사람을 비롯하여 그리스 사람에게 이르기까지, 모든 믿는 사람을 구원하는 하나님의 능력입니다. [디카이오수네(*dikaiosunē*)가] 복음 속에 나타납니다. 이것은 성경에 기록한 바 '[디카이오스한 사람(the *dikaios*)은] 믿음으로 살 것이다' 한 것과 같습니다"(1:16-17). 여기, 로마서 초반부에 공평함의 주제가 선포된다. 먼저 유대 사람을…그리스 사람에게 이르기까지. 어떻게 이 부분을 놓칠 수 있겠는가?

다른 곳에서 내가 꽤 자세히 다룬 바 있는 번역의 문제로 우리는 곧장 뛰어든다.[6] 신약 시대의 헬라어 명사 디카이오수네(*dikaiosunē*)는 정의, 의(올바름), 신실함, 법적 무죄 등 여러 다른 것을 뜻하

---

6 특히, 내 책 *Justice: Rights and Wrongs*의 5장을 보라.

는 데 쓰일 수 있었는데, 주로 앞의 두 가지 뜻으로 쓰였을 것이다. 헬라어 형용사 디카이오스(*dikaios*)도 똑같이 정의로운, 의로운(올바른), 신실한, 무죄한 등을 뜻할 때 쓰인다. NRSV는 방금 인용한 구절의 디카이오수네를 "의"(義, righteousness)로, 디카이오스를 "의로운"(righteous)으로 옮긴다.[7] 정확한 번역일까? 바울의 주제는 '하나님의 의'인가?[8]

나는 그렇지 않다고 본다. 바울이 말하는 자신의 주제는, 하나님이 유대인과 이방인 가릴 것 없이 믿음을 가진 모든 사람에게 구원의 능력을 수여하신 것이 하나님의 디카이오수네를 계시한다는 것이다. 그런 수여가 하나님의 의(righteousness)를 계시한다고 어느 누가 생각하겠는가? 어떤 선으로부터 유익을 얻을 수 있는 사람들 사이에 어떤 유의미한 차이점도 없는 상황에서, 내가 그들 모두에게 그 선을 차별 없이 나눠 준다고 가정해 보자. 어느 누가 그것이 나의 의, 나의 올바름, 나의 강직함을 보여 준다고 말하겠는가? 드러나는 것은 나의 올바름이 아니라 나의 공정함, 나의 정의다. 어떤 선을 받는 사람들 사이에 어떤 유의미한 차이점도 없는 상황에서, 그들에게 그 선을 차별 없이 분배하는 것은 아리스토텔레스가 말

---

[7] 또한 NRSV는 "the just" 또는 "the righteous"처럼 헬라어에서 단순히 관사와 형용사 구조로 되어 있는 것을 "the one who is righteous"라고 장황하게 표현한다.

[8] 바울의 주제가 하나님이 보유하신 디카이오수네(*dikaiosunē*)인지 하나님으로부터 나오는 인간의 디카이오수네인지에 대해 오랜 논쟁이 있었다. 소유격은 어느 쪽으로도 해석할 수 있다. 바울은 논증 과정에서 두 가지 모두를 말한다. 그러나 바울이 로마서의 주제를 진술하는 이 대목에서 우리는 이 단어를 전자의 뜻으로 해석해야 한다. Richard Hays, "Psalm 143 as Testimony to the Righteousness of God", in *The Conversion of the Imagination* (Grand Rapids: Eerdmans, 2005), pp. 50-60를 보라.

한 정의의 전형적 형태다. 바울이 로마서의 핵심 주제가 하나님의 의라고 말하게 만드는 번역은 바울의 사상에 대한 오해에서 비롯한 것이라 추측할 수 있다.[9]

라이트는 이보다 좀더 나아 보이는 제안을 내놓았다. 주제를 진술하는 이 대목에 나오는 디카이오수네는 "언약적 신실성"(covenant fidelity)을 뜻한다는 것이다. 그는 자신의 저작 안에서 이 제안을 거듭 역설한다. 근거로 내세우는 논증들은 책마다 약간씩 다르지만, 그 주장은 절대 약해지지 않는다. 그가 말하길, 학자들이 "그들의 계선줄을 완전히 잃어버리지" 않았다면,

> 그래서 고대 유대교 사상의 견고한 항구에서 떠밀려 나가지 않고 적어도 바울과 그의 동시대인들이 닻을 내리고 있던 성경의 사상 안에 머무르고 있었다면, 그리고 철학의 바람이 불어올 때마다 성서 주해의 작은 배가 이리저리 흔들리게 [그들이] 내버려 두지 [않았다면], 누구나 '하나님의 의'는 곧 언약에, 이스라엘에, 더 나아가 하나님의 피조물 전체에 하나님이 신실하심을 말한다고 생각했을 것이고, 결코 달리 생각할 수 없었을 것이다. '하나님의 의'는 구약성경의 하나님이 언제나 간직하셨던 크고 깊은 계획들과…그런 위대한 계획들에 충실하

---

9   라틴어로 쓰인 로마서 주석에서 Calvin은 유스티티아(*justitia*)를 자주 언급한다. 그가 참고한 라틴어 본문은 디카이오수네(*dikaiosunē*)를 유스티티아로 번역했기 때문이다. 19세기 중엽에 활동한 영국의 번역가 John Owen은 라틴어 유스티티아에서 직접 파생된 영단어를 피하고 대신 Calvin의 유스티티아를 "의"(rightousness)로 번역하기로 결정했다. Calvin이 정의(justice) 대신 의(righteousness)에 대해 말하고 있는 자신의 모습을 보고 과연 기뻐할까? 이에 대한 판단은 다른 분들의 몫으로 남겨 두겠다. (Owen의 번역본은 1947년 Eerdmans 출판사에서 재간행되었다.)

신 하나님의 모습을 가리키는 것으로 당연하게 받아들였을 것이다.[10]

애매성이나 주저함은 찾아볼 수 없다!

나는 바울의 주제 진술에 나타나는 디카이오수네의 번역어로서 '신실성'이 '의'보다 낫다고 생각하지만, 이것이 과연 최선의 번역인지가 문제다. 나는 그렇지 않다고 생각한다. 우선, 몇 가지 언어학적 요소가 있다. 바울은 자신의 주제를 진술하는 대목의 두 번째 문장에서 '하나님의 디카이오수네'(God's dikaiosunē)와 '디카이오스한 사람'(the dikaios person), 두 가지를 모두 언급한다. 같은 dik- 어간에서 나온 두 단어가 이렇게 바싹 붙어서 등장하는 경우, 분명한 반증이 없는 한 같은 의미로 추정해야 한다고 본다. 두 단어의 의미가 다르다고 생각하는 이들이 있다면 입증 책임은 그쪽에 있다. 그러나 디카이오수네를 '언약적 신실성'으로 번역한다고 해 보자. 그러면 디카이오스는 어떻게 해야 할까? 디카이오스한 사람이 신실한(faithful) 사람이라고 하면 의미가 부자연스러워진다. 그렇게 되면 신실한(faithful) 사람은 믿음(faith)으로 산다는 말이 되기 때문이다. 물론 맞는 말이다. 달리 어떻게 살겠는가! 왜 굳이 그런 말을 한단 말인가? 그러나 만약 하나님의 정의가 주제라고 보면, 하나님의 정의와 정의로운 사람이라는 논리정연하고 일관성 있는 번역을 얻게 된다.

여기에 더해, 바울이 하나님의 신실성을 염두에 두었다면 정확히 그것을 말하는 데 썼을 헬라어 단어 피스티스(pistis)가 따로 있

---

[10] *Justification*, p. 178.

다는 점을 고려하라. 바울은 같은 단락에서 이 단어를 따로 사용한다. 그리고 그보다 뒤에 있는 3장 3절에서 언약에 대한 하나님의 신실성이라는 쟁점을 분명하고 명쾌하게 제기할 때 피스티스 및 그 단어의 여러 문법적 변형을 사용한다.

이제 용례에 대한 지적에서 벗어나 바울의 말을 직접 살펴보자. '새로운 바울'을 받아들이는 사람들은 모두 로마서의 핵심 주제가 개인 구원이 아니라 유대인과 이방인 모두에 대한 하나님의 칭의라는 것을 받아들인다. 바울은 자신의 이방인 사역을 변호하는데 (15:15-21을 보라), 그가 이방인 회심자들에게 유대교의 관행을 받아들이도록 요구하지 않았던 점이 그 사역의 주된 특징으로서 논란을 불러일으켰다. 그럼 바울은 유대인과 이방인 모두에 대한 하나님의 칭의가 그분의 어떤 면을 계시한다고 선언하는가?

나는 여기서 계시된다고 바울이 선포하는 것이 하나님의 관대함의 정의라고 생각한다. 유대인과 이방인 사이에 차별이 없다고 선언할 때, 바울은 하나님의 칭의 분배의 **정의**를 강조한 것이다. 그는 하나님이 정의로우시다는 구약성경의 주제를 이어받고 있다.[11] 그와 달리 라이트는, 계시된다고 바울이 선포하는 것은 하나님이 아브라함과 맺으신 언약에 대한 하나님의 신실성이라고 생각한다. 바울의 '공평함'(no-partiality)의 주제는 라이트의 논의에 거의 등장하지 않는다. 개신교 진영의 다른 대부분의 로마서 주석가들과 마찬가지로, 라이트는 정의에 우선성을 부여하는 데 주저하는 듯 보인다.

---

11 내 동료였던 Harry Attridge는 바울의 요점이 시편 96편 10절에 다음과 같이 먼저 기록되어 있다고 말한다.

따라서 우리의 의견 차이는 바울이 '유대인과 이방인 모두'의 주제로 강조하는 바가 무엇인지를 둘러싼 것이다. 하나님이 유대인과 이방인을 똑같이 대하신다는 바울의 주장은 하나님이 언약을 지키신다는 결론의 **증거** 역할을 할 뿐, 라이트에게 그 이상의 중요성은 없다. 라이트의 견해에 따르면, 바울은 아브라함과 맺으신 언약을 지키시는 하나님을 찬양할 뿐, 그 언약의 내용으로 인해 하나님을 찬양하지는 않는다.

물론, 나도 바울이 로마서 4장에서 하나님이 아브라함과 맺으신 언약을 간략하게 논하면서 한 말에 대한 라이트의 생각에 동의한다. 여기서 바울은 아브라함과 그 후손의 믿음이 그들의 디카이오수네로 여겨질 거라는 하나님의 약속이 아브라함의 혈통적 후손들뿐 아니라 아브라함처럼 믿음을 가진 모든 사람을 위한 것임을 언급하고 있다. 그러나 나는 로마서에서 바울이 강조하는 바가 하나님이 아브라함과 맺은 언약에 신실하시다는 단순한 **사실**이 아니라 그 언약의 **내용**에 담긴 **정의**(justice)라고 생각한다. 3장 29-30절에서 바울은 언약의 내용에 대한 근거를 제시한다. "하나님은 유대 사람만의 하나님이십니까? 이방 사람의 하나님도 되시지 않습니까? 그렇습니다. 이방 사람의 하나님도 되십니다. 참으로 하나님은 오직 한 분뿐이십니다. 그러므로 하나님께서는 할례를 받은 사람도 믿음

모든 나라에 이르기를 "주님께서 다스리시니,
　세계는 굳게 서서,
　　흔들리지 않는다.
　주님이 만민을 공정하게 판결하신다" 하여라.

이 부분은 잘 모르겠다. 내가 볼 때 시인이 염두에 둔 것은 주님이 이스라엘을 **제외한** 다른 민족들 사이에서 공평하게 심판하시라라는 것인 듯하다.

을 보시고 의롭다고 하시고, 할례를 받지 않은 사람도 믿음을 보시고 의롭다고 하십니다." 하나님이 유대인과 이방인을 똑같이 의롭다 하시는 이유가 그런 언약을 아브라함과 맺었기 때문이라고 말하지 않는다는 데 주목하라![12] 바울은 약속의 내용을 지지하는 근거를 제시한다.

이런 의견 차이를 도무지 이해할 수 없는 독자들도 있을 것이다. 지금까지는 그럴 수 있다. 음식 맛은 먹어 봐야 아는 법. 하나님을 정의로우신 분으로 찬양하는 구약성경의 관행을 바울이 로마서에서 이어 간다고 해석하면, 바울의 전체 논증과 그 세부 내용까지 설득력 있고 일관성 있게 설명할 수 있을까?

바울이 로마서를 쓸 때 주로 염두에 둔 것이 하나님의 정의가 아니라 하나님의 신실성이었다고 해 보자. 그가 그 신실성을 가리키기 위해 디카이오수네(*dikaiosunē*)라는 용어를 사용했을까? 그럴 수도 있다. 그 용어는 신실성을 뜻하는 데도 쓰일 수 있다. 로마서의 몇 구절에서 그렇게 쓰인다.[13]

---

12 Richard Hays는 "Psalm 143 as Testimony"에서 이렇게 말한다. "로마서 3장 9-20절에서 바울의 근본 목적은 세상을 심판하시는 하나님이 **정의로우시다**는 주장을 의심의 여지없이 확립하는 것이다. 다른 말로 하면, 3장 9-20절은 하나님이 불공평하시다(*adikos*)고 여겨질 수도 있다는 5-7절의 수사적 진술에 대한 확장된 반박이다"(p. 57). 이것은 분명히 옳은 것 같다. 그러나 Hays는 그보다 몇 쪽 앞에서 1장 17절에 나오는 '하나님의 디카이오수네'의 의미를 말할 때 그것이 하나님의 온전하심(integrity)을 의미한다고 제안하는데, 그는 이것을 하나님의 신실하심, 의, 진실하심과 같은 뜻으로 이해한다(pp. 54-55). 그러나 바울은 1장부터 3장을 지나는 동안 주제를 바꾸지 않았고, 내가 볼 때 Hays가 언급하는 성품적 특성들은 모두 하나님의 정의와 많이 다르다.

13 예를 들어 3장 3-6절을 보자. "그런데 [유대인들] 가운데서 얼마가 신실하지 못했다고(unfaithful) 해서 무슨 일이라도 일어납니까? 그들이 신실하지 못했다고(faithlessness) 해서, 하나님의 신실하심(faithfulness)이 없어지겠습니까? 그럴 수 없습니다. 사람은 다 거짓말쟁이이지만, 하나님은 참되십니다. 성경에 기록한

책무성의 출처

바울의 논증 서두에 자리 잡은 그림은 하나님이 재판을 하시는 모습이다. "하나님께서 세상을 심판"하신다(3:6). 또한 하나님의 심판은 공정하다(just, *dikaios*, NRSV에서는 righteous; 2:5). 하나님이 시행하시는 교정적 정의의 일부는 역사적 사건의 방식으로(1:18-32), 일부는 정치적 권위 행사의 방식으로(12:19-13:7) 나타나고, 또 일부는 "하나님의 공정한 심판이 나타날 진노의 날"(2:5)에 실현될 것이다.

우리 사회에서, 재판관은 법을 고안하는 자가 아니라 수용하는 자다. 법은 이미 주어져 있다. 재판관은 이미 존재하는 법을 받아서 사건의 여러 사실을 그 법에 비추어 살핀 후 판결을 내린다. 재판관이 적용하는 법의 기원은 재판관 자신이 아니라 관습법이나 입법에 있다. 그러나 하나님이 재판관이신 경우에는 사정이 다르다.

바 '주님께서는 말씀하실 때에 의로우시다 인정을 받으시고(justified) 재판을 받으실 때에 주님께서 이기시려는 것입니다' 한 것과 같습니다. 그런데 우리의 불의(injustice, *adikia*)가 하나님의 정의(justice, *dikaiosunē*)를 드러나게 한다면, 무엇이라고 말하겠습니까? 우리에게 진노를 내리시는 하나님이 불의하시다(unjust, *adikos*)는 말입니까?…절대로 그럴 수 없습니다. 만일 그렇다면 하나님께서 어떻게 세상을 심판하실 수 있겠습니까?"

본문 안 시편 51편 4절 인용 앞에 등장하는 '신실하지 못하다'(unfaithful)와 '신실하지 못함'(faithlessness)은 믿음(*pistis*)의 결여를 뜻하는 헬라어의 정확한 번역이다. 그렇다면 문맥에 따라 인용문 뒤의 아디키아(*adikia*)와 디카이오수네(*dikaiosunē*)도 '비신실성'(infidelity)과 '신실성'(fidelity)으로 번역해야 할 것이다. 인용문을 전후로 한 바울의 주장은 분명 동일하기 때문이다. 다르게 번역한다면 바울의 논지를 완전히 흐려 놓게 된다. 인용한 대목에서 바울이 용어를 바꾼 이유는 디카이오오(*dikaioō*)라는 동사와 마주쳤기 때문일지도 모른다. 하지만 마지막 문장에 나오는 아디코스(*adikos*)는 분명히 NRSV의 경우처럼 '불의한'(unjust)으로 번역해야 한다. 이 구절에서 중요한 문제는, 하나님이 이스라엘을 벌하시면 응보적 정의의 원리를 어기시는 것인지의 여부이기 때문이다.

이 재판관은 자신이 보기에 책임을 물을 만한 행동을 피고인이 저질렀는지 여부를 살핀다.

하나님 앞에서 자신의 잘못을 책임지는 방식에는 두 가지 형태가 있다. 2장 12절에서 바울은 "율법(the law)을 모르고 범죄한 사람은 율법과 상관없이 망할 것이요, 율법을 알고 범죄한 사람은 율법을 따라 심판을 받을 것"이라고 말한다. 여기서 쓰인 구분, 즉 법 없이 죄를 짓는 사람들과 법 아래서 죄를 짓는 사람들 간의 구분에는 어느 집단이 어느 범주에 해당하는지 구체적으로 밝혀져 있지 않다. 바울은 이 의문에 바로 대답한다. 2장 14절에서 그는 이방인들이 "율법을 가지지 않"았다 말하고 3장 2절에서는 "유대인들이 하나님의 말씀을 맡았다"고 말한다. 그리고 두 구절 사이에서는 법을 의지하고 법의 가르침을 받아 하나님의 뜻을 알며 가장 선한 일을 분간하는 유대인을 언급한다(2:17-18). 여기서 분명히 추론할 수 있다. 유대인들은 법을 가지고 있고 그 아래에서 사는 반면, 이방인들은 법이 없고 따라서 법 없이 산다. 이 문맥에서 법(*nomos*)이라는 말은 토라, 즉 모세의 율법을 뜻하는 것이 분명하다.[14]

좀더 나중 구절에서 그는, 어떤 시점에 "율법은…들어온 것"이고 (5:20), "법이 있기 전에도 죄가 세상에 있었"다고 밝힌다(5:13). 토라가 선포되기 전에도 하나님이 인간에게 책임을 지우셨으며 인간은 그들의 책임을 위반했다는 것이다.[15] 토라와 "상관없이" 사는 사람

---

14 이것은 Dunn의 견해이기도 하다. *Theology of Paul the Apostle*, pp. 131-133를 보라.

15 바울은 갈라디아서 3장 10절에서 "율법"에 대해 말한 후, 곧장 "율법의 책에 기록된 모든 것"에 대해 말한다.
로마서 4장 15절에서 바울은 "율법이 없는 곳에는 범법도 없"다고 말한다. 5장

들에게 작동하는 책무성의 특징을 규정하는 일은 바울에게도 쉽지 않았다. 그는 상황을 인식하는 데 전혀 주저함이 없다. 토라를 접한 적이 없는 사람들도 하나님이 그들에게 어떤 일에 대해 책임을 물으시는지 알고 있거나, 알 수 있는 능력이 있다는 것이다. 그렇다면 그들은 그 지식을 어떻게 얻게 되는가?

그들의 경우에는 책무성이 신의 계명이나 입법의 형태로 외부에서 주어지지 않는다. 이방인들은 자신이 "자기에게 [노모스(nomos)다]"(2:14). 하나님이 그들에게 지우시는 책임은 "자기의 마음에 적혀 있"고, 그들의 "양심도 이 사실을 증언"함으로 거기 새겨진 내용을 알게 된다(2:15). 그들이 스스로 자기들의 이 노모스에 순종하면 "사람의 본성(physis)을 따라 [노모스가] 명하는 바를 행하"는 것이 된다.[16] 유대인은 토라를 듣고 순종함으로써 하나님이 그에게 책임을 물으시는 일을 할 수 있는 반면, 이방인들은 "본성을 따라" 그렇게 해야 한다. 명백하게 모호한 말이다! 바울은 자연법이 존재하고 모든 인간이 그것을 안다고 생각하는 것이 분명하지만, 그 지식을 어떻게 알게 되는지는 설명하지 않는다.

토라의 상당 부분은 하나님이 인류의 본성에 새겨 놓으신 것들을 법의 내용으로 만들어 이스라엘에게 공표하신 것이다. 하나님이 사람에게 부여하시는 책임은 이방인의 경우처럼 본성의 형태로 있

13절에서는 "율법이 있기 전에도 죄가 세상에 있었"다고 말한 후 이렇게 덧붙인다. "율법이 없을 때에는 죄가 죄로 여겨지지 않았습니다." 난해한 말이다. 내 생각에 바울이 뜻하는 바는, '하나님이 토라를 공표하시기 전에도 법이 있었으니, 토라 이전에도 세상에 죄가 있었다. 그러나 어떤 종류의 법도 없는 곳, 어떤 노모스(nomos)도 없는 곳에는 죄도 없다'는 것이다.

16 NRSV는 "그들은 법의 요구를 본능적으로 행한다"고 번역했다.

을 때보다 토라로 공표될 때 더 명확해진다. 그러나 어떤 이방인도 하나님이 책임 지우신 바를 몰랐다거나 알 수 없었다고 변명할 수 없다. 동료 인간들에 대해 하나님이 자신에게 어떤 책임을 지우셨는지 알 수 있다. 하나님께 영광을 돌리고 그분께 감사해야 할 책임과(1:21), 하나님을 인정해야 할 책임을(1:28) 지우셨음도 알 수 있다. 바울은, "사람들은 핑계를 댈 수가 없습니다. 사람들은 하나님을 알면서도, 하나님을 하나님으로 영화롭게 해드리거나 감사를 드리"지 않았다고 말한다(1:20-21).

이방인이라도 하나님이 잘못에 대해 벌을 내리신다는 사실을 몰랐다고 변명할 수 없다. 바울은 "시기와 살의와 분쟁" 등으로 가득 차 있는 사람들에 대해 "그들은 이와 같은 일을 하는 자들은 죽어야 마땅하다는 하나님의 공정한 법도(*dikaiōma*)를" 안다고 말한다(1:32). 바울은, 이방인들이 하나님의 기본적 정의의 원리를 알듯 그들이 하나님의 교정적 심판의 원리를 안다고, 즉 그 지식이 마음에 새겨져 있고 그들의 양심이 그것을 증언한다고 생각하는 것 같다.

피고에게 문제가 되는 사건과 관련된 법을 지킬 책임을 친히 부여한 장본인이 재판관이라는 사실은 법적 상황에서 대단히 특이한 구도를 연출한다. 그 사건에서 재판관은 부당한 대우를 당한 쪽, 피해자 중 하나가 된다. 인간 역시 피해를 입었을 수 있다. 그러나 신적 재판관이 맡는 모든 사건에서는 재판관 자신이 피해 당사자다. 피고가 동료 인간들에게 저지른 잘못이 어떤 것이건, 하나님은 그에게 그런 일을 하지 말라는 책임을 지우셨다. 그리고 하나님에게는 그 책임을 우리가 이행하도록 요구할 권리가 있다. 따라서 그 일을 행하지 않는 사람은 그로써 하나님을 부당하게 대하고 하나님에게 정당한 권리가 있는 것을 박탈하게 된다. 우리는 "하나님의 심판 아래" 있다(3:19, 개역개정).

하나님이 피해자 중 하나라는 사실을 생각하면 바울이 거듭해서 하나님의 진노를 말하는 이유를 이해할 수 있다. 3부에서 용서를 논하며 말한 것처럼, 분노와 분개는 부당한 행위를 당했음을 인지할 때 생기는 자연스럽고 적절한 감정이다. 죄인에 대한 하나님의 형벌은 하나님의 분노의 표현이고, 하나님의 분노는 부당한 행위를 당한 데 대한 하나님의 반응이다.

무엇을 행하느냐가 중요하다

하나님의 요구 사항을 모든 사람이 알 수 있음을 다루는 바울의 논의는 1장과 2장에 등장한다. 바울은 이 문제에 대한 이야기를 마친 후 다음 주제로 넘어가지 않고, 2장 서두에서 법정 모델을 도입하고는 거기서부터 2장 나머지 부분을 할애하여 모든 사람이 하나님의 요구를 알 수 있다는 점을 다시 다루고, 법정 주제를 다각도로 논하면서 신적 재판관이 판결을 내리기 전에 무엇에 주목하는지를 소개한다. 신적 재판관은 피고석에 앉은 사람이 법을 아는지, 법을 활용해 다른 사람들의 행동에 대해 판단을 내리는지의 여부가 아니라, 피고 본인이 이제껏 무슨 일을 했으며 어떻게 살아 왔는지를 주목한다. 여기서 '행함'으로 번역된 헬라어 단어는 포이에오(*poieō*)다. 오늘날 대부분의 독자들의 눈에는 여기서 자세히 전개된 내용이 너무 당연해서 굳이 다룰 필요가 없을 듯하다. 재판관의 관심이 피고석에 앉은 사람이 한 일에 있다는 부분은 더욱 그렇다. 그러나 바울의 편지를 읽는 사람들에게는 그것이 당연한 일이 아니었던 모양이다.

로마서 2장에서 바울은 신적 재판관이 판결을 내릴 때 무엇에 주목하는지, 피고석에 앉은 사람이 한 일 중에서 어떤 것에 주목하는지 어느 정도 암시한다. 그러나 그가 초점을 맞추고 있는 것은 재판관을 감동시키지 못하는 여러 형태의 '행하지 않음'이기에, 이 부분은 바울이 3장 9절에서 별도로 문제를 제기하고 3장 20-21절에서 결론을 내리기 전까지 계속 모호한 상태로 남아 있다. 우리는 2장의 다소 모호한 암시들을 3장 20-21절 및 다른 분명한 구절들에 비추어 해석해야 한다. 필요한 모든 확인 작업을 거친 후, 다음 장 끝에 가서 그 해석을 할 생각이다.

인간들은 자랑스럽게 여기지만 신적 재판관은 전혀 감동하지 않는 많은 형태의 '행하지 않음'에 대해 바울이 말하는 바는 이렇다. 법을 어긴 이들을 비난하고 그들에 대한 하나님의 부정적 판단이 정의로움을 인정하면서도 자신에 대해서는 핑계만 댄다면 재판관의 심판을 피하지 못할 것이다. "이런 일을 하는 사람들을 심판하면서, 스스로 그런 일을 하는 사람이여, [그대가 유대인이건 이방인이건] 그대는 하나님의 심판을 피할 수 있을 줄로 생각합니까?"(2:3). 그 다음, 바울의 시선은 동포 유대인들에게로 향한다. "율법[토라]을 의지하며, 하나님을 자랑하며, 율법의 가르침을 받아서 하나님의 뜻을 알고 가장 선한 것을 분간"한다고 해도(2:17-18), 재판관의 심판에서 벗어나지는 못할 것이다. "눈먼 사람의 길잡이요 어둠 속에 있는 사람의 빛이라고 생각하며, 지식과 진리가 율법[토라에 구체화된 모습으로 들어 있다고 하면서, 스스로 어리석은 사람의 스승이요 어린 아이의 교사로 확신"한다고 해도(2:19-20), 재판관의 심판에서 벗어나지 못할 것이다. "그렇다면 그대는 남을 가르치면서도, 왜 자기 자신은 가르치지 않습니까? 도둑질을 하지 말라고 설교하면서도, 왜 도둑질을 합니까? 간음을 하지 말라고 하면서도, 왜 간음을 합니까? 우상을 미워하면서도, 왜 신전의 물건을 훔칩니까? 율법을 자랑하면서도, 왜 율법을 어겨서 하나님을 욕되게 합니까?"(2:21-23) 할례로 말하자면, "율법을 어기면 그대가 받은 할례는 할례를 받지 않은 것으로 되어 버립니다"(2:25).

바울의 항의하는 유대인

바울은 이 지점에서 유대인 동포 중 한 사람이 항의하는 모습을 상상한다. 이 모든 것이 사실이라면, "그러면 유대인의 특권은…무엇입니까?"(3:1) 내가 '항의하는 유대인'이라 부르는 사람을 바울이 등장시켜 논의를 전개하는 첫 부분이다. 바울의 논의 전체에서 항의하는 유대인의 역할은, 한 가지 반론을 제기하는 것이 아니라 스파링 파트너가 되어 연관된 수많은 반론을 제기하는 것이다. 우리는 바울과 항의하는 유대인 사이에 대화가 오고 가는 상황을 그려 보아야 한다. 둘의 대화를 재현해 보려면 이미 제기한 요점들을 되풀이해야 하고 나중에 전개할 요점들도 미리 말해야 한다.

항의하는 유대인은 최후의 심판 때 하나님이 유대인과 이방인을 포함한 모든 사람에게 그가 한 일에 따라 받을 몫을 돌려준다는 바울의 말을 들었다. 그는 이것이 맘에 들지 않는다. 이방인들에게는 유효할 수 있지만 유대인들의 사정은 다르다고 생각한다. 유대인들에게는 토라가 있는 것만으로 충분하다고 생각한다. 토라 덕분에 유대인들은 "눈먼 사람의 길잡이요 어둠 속에 있는 사람의 빛이라고 생각하며…스스로 어리석은 사람의 스승이요 어린 아이의 교사"가 될 수 있다고 본다. 유대인은 "지식과 진리"를 "율법[토라]에 구체화된 모습"으로 보유하고 있기 때문이다(2:19-20).

그러나 바울은 말한다. 전혀 그렇지 않습니다. 정말 그렇게 생각합니까? "도둑질을 하지 말라고 설교"하면 당신이 "도둑질을" 하는지 안 하는지는 문제가 되지 않습니까? "간음을 하지 말라고 말하면" "간음을" 하건 말건 중요하지 않습니까? "우상을 미워하면" "신전의 물건을 훔"치는지 여부는 문제가 되지 않습니까? 당신은 당신이 직접 선포하는 "율법을 어겨서 하나님을 욕되게" 합니다(2:21-23).

항의하는 유대인은 주제를 살짝 바꾼다. 일단, 알겠습니다. 내 말이 어떻게 들렸는지 모르겠지만, 우리 유대인들이 그 정도 수준은 아닙니다. 우리는 토라를 갖고 있기만 한 것이 아닙니다. 우리는 토라를 지켰습니다. 토라를 지키면 영생을 얻을 권리를 갖게 됩니다. 그런데 하나님이 이방인에게 그보다 덜한 일을 요구하시는 것은 불공평한 일입니다. 우리는 토라의 포도원에서 오랜 시간 힘들게 일하는데, 그들은 믿음만 있으면 영생을 받는다니, 말이나 되는 소리입니까?

바울이 답한다. 전혀 그렇지 않습니다. 당신들은 토라를 지키지 않았습니다. 지켰다고 생각한다면 그것은 스스로를 속이는 것입니다. 우리 유대인들이 토라 전체를 어떻게 대하고 있는지 냉철하게 바라보면 우리가 토라를 지키고 있지 않다는 것을 발견하게 됩니다. 토라는 우리가 얼마나 많은 방식으로 하나님을 부당하게 대우하고 있는지 가르쳐 줍니다. 이교도들은 도무지 접할 수 없었던 깨우침입니다. 토라의 기준으로 우리가 얼마나 선한지가 아니라 그 기준에 미치지 못함으로써 얼마나 큰 죄를 지었는지 알게 됩니다. "율법[토라]에 비추어 보지 않았다면 나[바울]는" 지금과 같은 정도로 "죄가 무엇인지 알지 못하였을 것입니다." 한 예로, "율법[토라]에 '탐 내지 말아라' 하지 않았다면, 나는" 탐내는 것이 잘못이라는 것은 물론이고 "탐심이 무엇인지를 알지 못하였을 것입니다"(7:7). 법이 정죄의 기능을 한다는 것은 법이 나쁘다는 뜻입니까? 물론 그렇지 않습니다. "율법 [자체는] 거룩하며, 계명도 거룩하고 의롭고 선한 것입니다"(7:12).

그리고 어떤 경우에든지 토라를 그냥 '지키는 것'은 요점이 아닙니다. "율법을 지키면 할례를 받은 것이 유익하지만, 율법을 어기면 그대가 받은 할례는 할례를 받지 않은 것으로 되어 버립니다…겉모양으로 유대 사람이라고 해서 유대 사람이 아니요,…오히려 속 사람으로 유대 사람인 이가 유대 사람"입니다(2:25-29). 토라는 하나님에 대한 믿음을 표현하는 방법으로 유대인들에게 주어진 것이지, 믿음의 대용물로 주어진 것이 아닙니다. 이스라엘이 "이스라엘은 [디카이오수네(*dikaiosunē*)의] 율법을 추구하였지만, 그 율법에 이르지 못하였습니다. 어찌하여 그렇게 되었습니까? 그들은 믿음에 근거하여 의에 이르려고 한 것이 아니라, 행위에 근거하여 의에 이르려고 했기 때문입니다"(9:31-32). "이스라엘에게서 태어난 사람이라고 해서 다 이스라엘 사람이 아니고, 아브라함의 자손이라고 해서다 그의 자녀가 아닙니다"(9:6-7).

언제나 믿음이 관건이었습니다. 아브라함에겐 토라가 없었습니다. 토라가 주어진 것은 그로부터 몇 백 년 후의 일입니다. 주 하나님은 아브라함의 믿음을 그의 의로 여기셨습니다(창세기 15:6). 하나님이 유대인과 이방인에게 똑같이 요구하신 것은 언제나 믿음입니다. 메시아가 오시기 전까지 하나님은 유대인들에게 토라에 순종하는 형태로 믿음을 드러낼 것을 요구하셨습니다. 그리고 온전한 순종이 나타나기까지는 시간이 필요했습니다. 메시아가 죽기까지 순종하심으로 비로소 온전한 순종이 이루어졌습니다. 이제는 토라가 요구하는 유대인다움에 순종할 필요가 없습니다.

"그러면 유대인의 특권은 무엇이며, 할례의 이로움은 무엇입니까?"(3:1) 그 모두가 부질없고 억압적인 짐으로 보입니다.

바울은 답한다. 전혀 그렇지 않습니다. 유대인의 영광은 그들이 "하나님의 말씀을 맡았다는" 사실에 있습니다(3:2). "그들에게는 하나님의 자녀로서의 신분이 있고, 하나님을 모시는 영광이 있고, 하나님과 맺은 언약들이 있고, 율법이 있고, 예배가 있고, 하나님의 약속들이 있습니다. 족장들은 그들의 조상이요, 그리스도도 육신으로는 그들에게서 태어나셨습니다. 그는 만물 위에 계시며 영원토록 찬송을 받으실 하나님이십니다"(9:4-5).

즉, 하나님이 유대인과 이방인 모두에게 동등하게 베푸시는 칭의 제공이 정의롭다는 로마서의 핵심 요점은 확고하다. 이 제공은 유대인들과 맺은 언약의 파기에 해당하지 않는다.

칭의란 무엇이며 그것은 정의로운가?

이제 우리 앞에 놓인 질문은, 하나님이 인간들을 의롭다 하신다(justify)는 바울의 말은 무슨 뜻인가 하는 것이다. 짧은 우회로를 거쳐 이 주제에 접근할까 한다. 칭의에 대한 전통적 이해를 먼저 살핀 후에 다시 한 번 번역의 문제를 제기할 것이다. 우회 과정에서 알게 될 내용이 간선도로로 복귀할 때 쓸모 있음이 드러날 것이다.[1]

전통적 칭의론의 비일관성

주요 신학 전통이 제시하는 칭의론은 바울을 해석하는 데 핵심이

---

1 칭의 교리의 역사를 담은 유용한 책을 하나 소개한다. Alister McGrath, *Justitia Dei: A History of the Christian Doctrine of Justification*, second edition (Cambridge: Cambridge University Press, 1998). 『하나님의 칭의론』(CLC).

되는 중요한 지점에서 일관성이 없다. 내가 염두에 둔 이 일관성 부족은 토머스 오덴(Thomas C. Oden)의 책 『칭의론 강독』(*The Justification Reader*)[2]에서 적절한 사례를 확인할 수 있다. 이 책에서 오덴은 기독교 전통 안에 바울이 가르친 칭의의 본질에 관한 핵심적 의견 일치가 있다는 것을 보여 주고자 한다. 오덴 자신이 생각하는 핵심 내용을 진술한 많은 구절 중 하나를 인용해 본다.

> 의롭다 하시는 하나님의 판결은 죄인에게 죄가 없다고 선언하는 법적 행위, 즉 무죄판결에 비교된다. 이 재판관은, 회개하고 죄인의 방면을 위해 재판관이 마련한 유일무이한 길을 믿는 사람을 용서하신다. 이런 사면의 토대 위에서 죄인은 신적 재판관의 존전에서 옳다는 선언을 받는다. (53)

이 책을 꼼꼼히 살피고, 칭의에 대한 이해를 둘러싸고 기독교 내에 핵심적 의견 일치가 있다는 오덴의 주장을 평가할 생각은 없다. 우리의 목적상, 오덴이 그가 분명히 표현하는 사상을 담고 있는 많은 공식적 문구, 여러 다른 교회 전통들에서 나온 공식적 문구들을 인용한다는 점을 밝히는 것으로 충분할 것이다.

오덴의 이 짧은 세 문장에는 양립할 수 없는 두 가지 칭의론이 함께 들어 있다. 첫 번째 이론에 따르면, 죄인에 대한 하나님의 칭의는 재판관이 피고인의 범죄 혐의에 대해 무죄를 선언하는 사법적 행위에 비교된다. 오덴의 표현을 써서 말하자면 "죄가 없음, 즉

---

[2] (Grand Rapids: Eerdmans, 2002).

무죄판결"이다. 또 두 번째 이론에 따르면, 죄인에 대한 하나님의 칭의는 재판관이 범법자를 용서하거나 사면하는 일에 비교된다. 그러나 무죄판결과 사면, 무죄판결과 용서는 구분될 뿐 아니라 양립할 수 없다. 재판관이 피고인의 혐의에 대해 무죄를 선언하면, 즉 그에게 무죄판결을 내리면, 그를 용서하거나 사면할 이유가 없어진다. 반대로, 누군가가 상대를 용서하거나 사면한다면, 이미 상대가 유죄임을 선언한 것이 분명하다. 용서와 사면은 유죄판결을 전제한다.[3] 그러면 칭의를 용서와 같은 것으로 여겨야 하는가? 아니면 칭의는 피고인에 대한 무죄 선언으로 용서의 가능성을 미연에 차단하는 것인가?

루터파와 로마가톨릭이 내놓은 「칭의 교리에 대한 공동선언문 1977」(*Joint Declaration on the Doctrine of Justification 1977*)[4]은 칭의를 용서로 이해하는 입장을 명확하게 지지한다. "칭의는 죄의 용서다"

---

[3] Oden은 무죄판결과 사면을 줄기차게 혼동한다. "피고인이 유죄로 밝혀진 재판이 종결된 후, 그는 특별 사면으로 떳떳하다는 인정을 받을 수 있다. 이 경우에는 **사면**의 원리에 따라 형벌을 면제받을 수 있는 것이다"(55). 그렇다면 이 문제를 읽는 Oden 자신만의 혼란스러운 시각을 전통으로 가져온 것이 아닌가 하는 생각을 할 수 있다. 그러나 증거를 살펴보면 그는 오히려 전통의 입장을 그대로 반영하는 듯하다. 아우그스부르크 신앙고백에 나오는 다음 구절을 살펴보라. "우리의 공로, 선행, 만족으로 하나님 앞에서 죄 용서와 의를 얻어 낼 수 없지만, 그리스도가 우리를 위해 고난을 받으셨고 그분 때문에 우리 죄가 용서를 받고 의와 영생이 우리에게 주어진다고 믿으면, 그리스도로 인해 죄 용서를 받고 믿음을 통해 은혜로 하나님 앞에서 의롭게 된다. 하나님이 이 믿음을 보시고 의로 여기실 것이기 때문이다"(Oden이 인용, p. 4). 그러나 우리가 하나님 앞에서 의롭다면, 용서는 불가능하다. 우리에 대해 용서할 내용이 없다. 반대로, 누군가를 용서한다고 해서 그가 의롭게 되지는 않는다. 즉, 부당한 일을 저지르지 않은 사람이 되지는 않는다. 용서는 그저 상대를 그의 부당 행위 때문에 나쁘게 생각하지 않는 것을 의미할 뿐이다.

[4] 원문은 여러 곳에서 구할 수 있는데, 그중 하나가 Lutheran World Federation이 후원하는 Institute for Ecumenical Research, Strasbourg이다.

(제11항 등 여러 곳). 하지만 이 본문에도 다소 오락가락하는 대목을 볼 수 있다. 22번 조항에는 "사람들이 믿음으로 그리스도와 연합할 때, 하나님은 더 이상 그들의 죄를 그들 탓으로 돌리지 않으신다…"고 나와 있다. 여기서 "더 이상 돌리지 않으신다"(no longer imputes)는 말의 의미에 대해서는 설명하지 않는다. '더 이상 그들을 나쁘게 생각하지 않는다'는 의미일 수도 있다. 그러나 이 구절이 하나님은 죄를 더 이상 그들 **탓으로 돌리지** 않는다는, 그들의 **것으로 여기지** 않는다는 일반적 의미를 갖고 있다면 여기에는 용서와 다른 개념이 들어와 있는 것이다. 내게 당신이 저지른 어떤 부당 행위에 대해 내가 당신을 용서할 때, 나는 그 부당 행위를 당신 탓으로 돌리거나 당신의 것으로 여기기를 멈추지 않는다. 오히려, 당신이 내게 잘못했다는 사실을 온전히 인식한 채, 그렇게 한 것에 대해 당신을 용서하는 것이다. 나를 부당하게 대우한 당신을 용서하는 것은, 나를 부당하게 대우한 책임을 당신에게 돌리고 당신의 탓으로 여긴다는 것을 전제한다.[5]

원리상, 신학적 전통의 이런 일관성 부족은 바울 사상의 비일관성에서 나온 것일 수도 있다. 하지만 과연 그런 결론을 내려야 할지, 아니면 신학 전통이 바울을 오해한 것이라는 결론을 내려야 할

---

5   무죄선고/사면 사이에서 오락가락하는 모습은 칭의에 대한 N. T. Wright의 논의에서도 줄곧 나타난다. 그는 한 문장 안에 두 가지 이해를 동시에 섞어 놓기도 한다. "그러나 로마서 3장의 바울의 주장은 온 인류가 하나님 앞에서 죄인으로 피고석에 있다는 것이기 때문에, 언제나 '칭의'는 재판을 **받은** 이들에 대한 '무죄선고', '의'의 지위 부여를 뜻할 것이고, 그들이 실제로 유죄라는 사실을 생각하면 그것은 또한 '용서'를 뜻할 것이다"(*Justification*, p. 90). 피고인이 유죄라고 생각하면 재판관은 그를 무죄로 선고하지 않을 것이다. 재판관이 피고인을 무죄라고 선고하면, 그에 대해 용서할 내용이 없게 된다.

지 알아낼 방법은 바울의 논증을 자세히 살펴보는 것뿐이다.

번역의 문제

표준적인 로마서 영어 번역본들은 바울이 칭의에 대해 말하는 내용의 언어적 통일성을 파괴하고 있다. 우리는 바울의 주제가 담긴 로마서의 모두진술이 잘못 번역되었고, 그 결과로 영어 번역본을 읽는 대다수의 독자들이 로마서의 주제가 하나님의 관대함의 정의라는 것을 깨닫지 못하게 되었음을 보았다. 로마서 본문의 언어적 통일성을 망가뜨린 결과, 바울 사상의 통일성을 파악하기도 매우 어려워졌다.

바울은 4장 1-12절에서 아브라함의 칭의에 대해 말하며 'X가 Y의 디카이오수네로 인정받았다'(X was reckoned to Y as *dikaiosunē*)라는 동사구를 여섯 번 이상 사용한다. 구체적으로 보면 "아브라함의 믿음이 그의 디카이오수네로 인정받는다"는 식이다. NRSV는 이 단어를 '의'(righteousness)로 번역했다. 본문을 살펴보면, '디카이오수네로 인정하다'라는 표현을 바울이 디카이오오[*dikaioō*, NRSV에서 '의롭다 하신다'(justify)로 번역된]라는 동사의 동의어로 쓰고 있다는 것을 알 수 있다. 'X를 Y의 디카이오수네로 인정하다'라는 표현 전체를 쓸 때의 이점은 그렇게 인정을 받는 대상뿐 아니라 그렇게 여기는 근거, 즉 칭의의 근거도 담아낼 수 있다는 데 있다. 4장 22-25절에서는 동사구 '디카이오수네로 인정하다'와 동사적 명사 디카이오시스(*dikaiōsis*)가 다음과 같이 직접적 병행 구조로 쓰인다.

그래서 [아브라함의 믿음은] "…[디카이오수네(NRSV: righteousness)]로 인정받았습니다." "그가…인정을 받았다" 하는 말은, 아브라함만을 위하여 기록된 것이 아니라, 하나님께서 인정해 주실 우리, 곧 우리 주 예수를 죽은 사람들 가운데서 살리신 분을 믿는 우리까지도 위한 것입니다. 예수는 우리의 범죄 때문에 죽임을 당하셨고, 우리의 [디카이오시스(NRSV: justification)]를 위하여 살아나셨습니다.

헬라어 본문에 있는 동사구 '디카이오수네로 인정받다'와 동사적 명사 디카이오시스 사이의 언어적 통일성은 NRSV가 전자를 '의(righteousness)로 인정받다'로, 후자를 '칭의'(justification)으로 번역함으로써 영어권 독자가 알아볼 수 없도록 파괴되었다.

이런 언어적 통일성의 파괴는 4장 5절에서 특히 두드러지는데, 해당 구절은 이렇게 번역되어 있다.

경건하지 못한 사람을 의롭다 하시는(justifies) 분을 믿는 사람은, 비록 아무 공로가 없어도, 그의 믿음이 의(righteousness)로 인정을 받습니다.

헬라어 원문은 동사 디카이오오(*dikaioō*)와 명사 디카이오수네(*dikaiosunē*)를 사용했다.

물론 NRSV 번역자들은 자신들이 바울의 말의 언어적 통일성을 깨뜨리긴 했어도 바울이 의미하는 바를 현대 영어로 옮기는 더 중요한 일을 했다고 주장할 것이다. 누군가를 '의롭다고 하는 것'(to justify)은 그 사람을 '의롭다고 인정하는 것'(to reckon that person as righteous)이라는 주장이다. 영어에 헬라어의 *dik-* 어간 단어들의 의미에 다 대응하는 단일한 용어가 없다는 점은 나도 기꺼이 인정한다. 문제는 '**의롭다**'(righteous)가 칭의를 받은 사람의 상태를 묘사하는 데 근접하기라도 했는지 여부에 있다. 바울의 논증을 살펴보자.

바울의 칭의 개념

바울은 3장 9절에서 "유대 사람이나 그리스 사람이나, 다같이 죄 아래에 있음"을 선언한다. 그다음에는 시편의 인용구가 죽 이어진다. "['디카이오스'한] 사람은 없다. 한 사람도 없다." 그리고 인간의 부도덕함의 깊이와 범위를 과장법을 동원하여 묘사한다. "하나님을 찾는 사람도 없"고, "선한 일을 하는 사람은 없"으며, "입술에는 독사의 독이 있"고, "입에는 저주와 독설이 가득 찼다." 독자들 중에는 바울이 과장법을 동원하였다는 주장에 항의하고 싶은 이들이 있을 것이다. 그러나 바울은 이런 비난이 아브라함에게도 해당한다고 생각했을까? 예레미야나 이사야에게도 해당한다고 생각했을까? 본인에게도 해당한다고 생각했을까? 물론 아닐 것이다.

그럼에도 불구하고, 바울은 인간이라는 존재에 죄가 분명히 만연해 있고, 그 결과 '율법의 행위들'을 다 이행하는 사람이 없다고 생각했다(3:20). 아브라함도 예외는 아니었다. 여기서 '행위들'(deeds)로 번역되는 헬라어 단어는, 바울이 앞 장에서 신적 재판관은 사람들이 무슨 일을 했는지에 관심을 갖는다고 주장하면서 썼던 '행함'(doing)과 같은 단어가 아니다. 그때 쓴 단어는 동사 포이에오

(*poieō*)였고, 여기서 쓴 단어는 명사 에르곤(*ergōn*)이다.

율법이 지시하는 모든 선행이나 행위를 이행하는 이가 없는 이유는 부분적으로 우리가 죄의 **세력** 아래 놓여 그 **지배**를 받기 때문이다. 바울은 악과 자유의지를 논하는 수천 쪽 분량의 현대 철학 문헌들이 흥미로울 만큼 피상적이라고, 어쩌면 **위험할 만큼** 피상적이라고 여길 것이다. 물론 우리 인간들은 자유의지를 가지고 있다. 그러나 우리가 같은 인간들에게 가하는 끔찍한 부당 행위들에 대해서는, 자유의지가 잘못된 길로 접어든 결과라는 것 이상의 지적이 필요하다. 세상에는 이상하고 위협적인 세력이 활개치고 있고, 우리는 끊임없이 그것에 굴복한다.[6] "나는 선을 행하려는 의지는 있으나, 그것을 실행하지는 않으니 말입니다. 나는 내가 원하는 선한 일은 하지 않고, 도리어 원하지 않는 악한 일을 합니다"(7:18-19).[7]

정신이 번쩍 들게 하는 이런 진술을 서문으로 삼아, 바울은 율법과 예언서들이 증언하는 하나님의 정의, 예수 그리스도의 신실성을 통해 모든 믿는 자에게 미치는 하나님의 정의가 이제 드러났다고 선언한다. "차별이 없습니다. 모든 사람이 죄를 범하였습니다. 그래서 사람은 하나님의 영광에 못 미치는 처지에 놓여 있습니다. 그

---

6   참고. 요한복음에 기록된 사건: "예수께서 자기를 믿은 유대 사람들에게 말씀하셨다. '너희가 나의 말에 머물러 있으면, 너희는 참으로 나의 제자들이다. 그리고 너희는 진리를 알게 될 것이며, 진리가 너희를 자유롭게 할 것이다.' 그들은 예수께 말하였다. '우리는 아브라함의 자손이라 아무에게도 종노릇한 일이 없는데, 당신은 어찌하여 우리가 자유롭게 될 것이라고 말합니까?' 예수께서 대답하셨다. '내가 진정으로 진정으로 너희에게 말한다. 죄를 짓는 사람은 다 죄의 종이다'"(8:31-34).

7   여기 나오는 "나"가 누구인지를 놓고 오랫동안 논쟁이 있었다. 회심 이전의 바울일까? 회심 이후의 바울일까? 아니면 "나"는 그냥 일반 **사람**을 가리키는 말로서 '사람이란 선을 행하기 원할 수는 있지만 선을 행할 수는 없다'는 의미일까?

러나 사람은, 그리스도 예수 안에 있는 구원으로 말미암아, 하나님의 은혜로 값없이 의롭다는 선고를 받습니다"(3:22-24).[8] 여기다가 바울이 바로 몇 줄 아래에서 하는 말을 덧붙이자. "사람이 율법의 행위(ergōn)와는 상관없이 믿음으로 의롭다고 인정을 받는다고 우리는 생각합니다. 하나님은 유대 사람만의 하나님이십니까? 이방 사람의 하나님도 되시지 않습니까? 그렇습니다. 이방 사람의 하나님도 되십니다. 참으로 하나님은 오직 한 분뿐이십니다. 그러므로 하나님께서는 할례를 받은 사람도 믿음을 보시고 의롭다고 하시고, 할례를 받지 않은 사람도 믿음을 보시고 의롭다고 하십니다"(3:28-30). 하나님이 베푸시는 칭의는 누구에게든 순전한 선물이지, 정의가 요구하는 바가 아니다. 그러나 하나님의 사랑은 정의로운 사랑이다. 하나님은 유대인과 이방인 모두에게 똑같은 근거로, 즉 믿음에 근거하여 칭의를 베푸시기 때문이다.

그럼 이 구절 및 다른 구절에서 바울이, 거의 모든 영어 번역본이 '의롭다고 하다'(to justify)로 번역하는 동사 디카이오오(dikaioō)를 써서 의미한 바는 무엇일까? 지금까지는 이 문제에 대해 어떤 주장을 취하건 논란의 대상이 되었다. 내 주장도 마찬가지일 것이다.

바울의 말이, 누군가가 '의롭다 함'을 받았다는 선언은 곧 그의 잘못에 대한 무죄 선언이라는 의미일 리는 없다. 그는 바로 앞에서 "율법의 행위로는 [하나님] 앞에서 의롭다고 인정받을 사람이 아무도 없"다고 말했기 때문이다. 조금 후에 보겠지만, **무죄 선언**은 '의

---

[8] 값없는 선물이라는 문제에 대해, 바울은 조금 뒤에서 "일을 하는 사람에게는 품삯을 은혜로 주는 것으로 치지 않고 당연한 보수로 주는 것으로 생각합니다"라고 밝힌다(4:4).

롭다 함'을 받았다는 선언의 일종이지만, 둘이 같은 것은 아니다. 그리스도를 제외한 모든 사람의 실제 상태는 재판관 앞에서 유죄이며, 그런 사람이 무죄라고 선언하는 것은 재판관이 알고 있는 사실과 다른 선언을 하는 것이다.

로마서 영어 번역본의 대부분은 의라는 인격적 특성과 법 앞에서의 사람의 상태를 구분하지 못해 생긴 혼동이 줄기차게 나타난다. 나는 이런 혼동이 있는 이유를, 바울이 정의에 대해 말하는 것으로 해석하기를 겁냈기 때문이기도 하고 법정에서 벌어지는 상황을 제대로 염두에 두지 않기 때문이기도 하다고 보는데, 바울은 로마서의 첫 몇 장에 걸쳐 법정의 이미지를 줄곧 사용하고 있다.[9] 재판관은 피고인을 **의롭다**(righteous)거나 **불의하다**(unrighteous)고 선언하지 않는다. 그런 개념들은 법적 범주에 들어가지 않는다. 법적 범주에는 **무죄**(innocence)와 **유죄**(guilt)가 들어간다. 그리고 재판관의 판결은 피고인의 인격에 근거하여 이루어지지 않는다. 그것은 부적절하다. 라이트는 이 점을 훌륭하게 표현한다. "재판부가 지지하게 되는 피고인의 '의'는 그가 법정에 갖고 들어오는 도덕적 특성이 아니라 법정에서 가지고 나가는 법적 상태다."[10] 물론, 관용적 현대 영어에서 무죄 선고를 받고 법정을 나가는 피고인을 가리켜 법적으로 '**의롭다 함을 받은**'(being justified) 상태라고 말하지는 않을 것이다. 우리는 그가 '**무죄판결을 받은**'(having been acquitted) 상태

---

9 나 역시 이 문제를 다룬 이전 논문에서 법정 상황을 제대로 염두에 두지 못했음을 털어놓아야겠다. "Justice and Justification", in *Reformed Theology for the Third Christian Millenium*, ed. B. A. Gerrish (Louisville: Westminster John Knox Press, 2003).

10 *What St. Paul Really Said*, p. 119.

로 법정에서 나간다고 말할 것이다.

의롭다 하는 것이 무죄를 선언하는 것과 다르다는 내 말이 너무 성급했나? 재판관이 판결을 내릴 때가 오기 전에 그리스도의 무죄가 피고인에게 '주입되어' 이전에 무죄하지 않던 그가 주입 이후 무죄하게 되는 걸까? 그래서 재판관이 판결을 내릴 때가 되면 피고인이 무죄함을 알아보고 그가 무죄라고, 잘못이 없다고 선언하는 걸까? 이것은 가톨릭 전통에서 흔히 볼 수 있는, 칭의에 대한 전통적 이해방식 중 하나다. 그러나 나는 바울의 저술에서 이런 식의 주입의 교리를 찾아볼 수 없었다. 여기에 전제된 형이상학을 잘 생각해 보라. 지난 화요일에 내가 하나님을 부당하게 대한 일이 어떤 시점에서 사실이지만, 하나님이 나중에는 지난 화요일에 내가 하나님을 부당하게 대한 일이 사실이 아니도록 만드신다는 말인데, 이것이 형이상학적으로 불가능하다는 것은 누구나 알 수 있다고 본다.

법정 상황을 분명히 염두에 둔다면 누구나 동일한 결론, 즉 무죄의 주입은 이치에 맞지 않는다는 결론에 도달하게 될 것이다. 라이트는 이 점을 재치 있게 표현해 낸다.

> 법정의 언어를 사용한다면, 재판관이 원고나 피고에게 의를 전가한다거나, 전한다거나, 넘겨준다거나, 전달한다거나, 어떤 식으로건 양도한다는 말은 이치에 맞지 않는다. 의는 법정에서 전달할 수 있는 물체나 물질, 기체 같은 것이 아니다. 재판관이 의롭다는 것은 법정이 재판관을 지지한다는 뜻이 아니다. 원고나 피고가 의롭다는 것은 그가 사건을 적절하거나 공평하게 재판했다는 뜻이 아니다. 피고인이 어떤 식으로건 재판관의 의를 받는다는 그림은 범주 오류에 불과하다.[11]

내가 보기에, 바울이 디카이오오(*dikaioō*)로 의미하는 바에 대한 최선의 실마리는 그가 아브라함의 상황을 다루면서 사용하는 문구에서 찾을 수 있다. 아브라함의 믿음이 그의 디카이오수네(*dikaiosunē*)로 인정받았다(4:3-11). 앞에서 봤다시피, 바울은 '그의 믿음이 그의 디카이오수네로 인정받았다'는 문구를 '그는 믿음으로 의롭다 함을 받았다'와 동의어로 쓴다.

아브라함의 믿음이 그의 디카이오수네로 인정받았다는 말은 무슨 의미인가? 하나님이 아브라함에게 의를 **전가**하시고, 줄곧 그가 무죄하지 않다는 것을 아시면서도 그를 무죄한 자로 여기셨다는 뜻인가? 이것은 바울의 칭의에 대한 또 다른 전통적 이해로서 개신교도들 사이에서 흔히 볼 수 있다.[12] 그럼 전가란 무엇인가? 재판관이 피고석에 선 사람에게 무죄를 전가한다면, 그는 일종의 시늉을 하는 것인? 그것은 무슨 시늉인가? 피고인이 무죄가 아니라는 것을 알면서도 무죄라고 선언하는 시늉인가? 그것은 어떤 행동인가? 피고인이 무죄가 아니라는 사실을 모르는 체하면서 무죄를 선언하는 것인가? 그런 무지의 시늉에 어떤 의미가 있는가? 꼼꼼히 살펴보면 전가 해석은 산산이 해체되고 만다. 그리고 어쨌건, 로마서 어디에도 바울이 그런 견해를 갖고 있었다는 암시는 없다. 바울은 **아브라함이** '디카이오스'하다고 인정받았다고 말하지 않는다. 그

---

11 Wright, *What St. Paul Really Said*, p. 98. Wright는 칭의를 무죄판결로 이해한다.
12 웨스트민스터 대요리문답의 제70문은 칭의를 사면으로 보는 이해와 전가로 보는 이해를 섞어 놓았다. 칭의는 "하나님이 죄인들에게 값없이 주시는 은혜의 행위로서, 그분이 그들의 모든 죄를 사면하시고 그들의 인격을 의롭다고 여기고 받아 주시는 것인데, 이는 결코 그들의 노력이나 성취로 인한 것이 아니요, 하나님이 그들에게 전가시키시고 그들이 오직 믿음으로 받아들인 그리스도의 완전한 순종과 온전한 속죄로 인한 것이다"(Oden이 인용, p. 39).

런 대목이 있다면 전가를 암시하는 대목으로 볼 수 있었을 것이다. 그러나 바울은 아브라함의 **믿음이** 그의 디카이오수네로 인정받았다고 말한다.

그러면 다시, 아브라함의 믿음이 '그의 디카이오수네로 인정받았다'(reckoned to him as *dikaiosunē*)는 바울의 말은 어떤 뜻일까? 자, 상황을 되새겨 보자. 하나님의 법정에 한 사람이 서 있다. 재판관 앞에 놓인 문제는 책임을 물을 수 있는 잘못을 피고인이 저질렀는지 여부다. 사건을 검토해 보니 그런 것으로 드러난다. 그래서 재판관은 피고의 '행위'나 '선행'을 근거로 그에게 무죄판결을 내릴 수 없다. 그런데 놀라운 일이 벌어진다. 재판관이 어떤 '추정'(reckoning)을 한 것이다. 재판관은 피고인이 문책 받아 마땅한 행동을 저질렀다는 사실을 분명히 알면서도, *그*가 믿음을 가졌다는 사실에 주목한다. 그다음 그 믿음을 그의 디카이오수네로 인정한다. 이는 분명 다음과 같은 뜻이다. 재판관이 추정을 마친 후 피고의 믿음이 그의 디카이오수네로 인정받는다는 것은, 법 앞에서 어떤 죄목에 대해 무죄하다(*dikaios*)는 선고를 받는 것과 정확히 같은 상태다.

그게 무죄판결을 받은 상태가 아니라면, 그와 같은 법적 상태는 과연 어떤 것인가? 그것은 죄목이 없는 상태, 법적으로 혐의를 벗은 상태다. 죄목에 대해 무죄판결을 받는 것이 아니라면, 합당한 죄목이 없는 그 상태는 어떻게 생겨나는가? 재판이 시작된 후 피고인이 무혐의로 드러날 수 있는 방법은 두 가지가 있다. 하나는 죄목에 대해 죄가 없다는 선고를 받는 것, 무죄판결을 받는 것이다. 또 하나는 해당 죄목의 기소가 기각되는 것이다. 나는 하나님이 죄인의 믿음 때문에 그를 의롭다 하시는 것이 그 사람의 믿음을 보아

기소를 기각하시는 것이라고 생각한다.

그리스도의 경우 결백이 기소 기각의 근거가 된 것처럼, 아브라함의 경우는 믿음이 기소 기각의 근거로 인정받았다. 바울은 로마서 8장을 여는 유명하고 힘찬 문장에도 그런 생각을 담아낸다. "그러므로 그리스도 예수 안에 있는 사람들은 정죄를 받지 않습니다." 다시 말하자면, 그리스도 예수 안에 있는 사람들에게는 유죄판결이 없다는 것이다. 이는 하나님이 해당 죄목들에 대해 그들이 무죄라고 판단하셨기 때문이 아니다. 그들은 무죄가 아니니 말이다. 다만, 피고인들이 그리스도 '안에' 있다는, 즉 그가 믿음을 가졌다는 근거로 하나님이 그들에 대한 혐의를 기각하셨기 때문이다. 그 사람이 유대인이냐 이방인이냐는 문제가 되지 않는다. "차별이 없"다. "모든 사람이 죄를 범하[여서] 하나님의 영광에 못 미치는 처지에 놓"였고 이제 모두가 "하나님의 은혜로 값없이 의롭다는 선고를 받"았다.

따라서 바울이 가르치는 칭의에는 두 가지 형태가 있다. 두 형태 모두 신적 재판관이, 하나님의 명령을 피고인이 지키지 못했다는 죄목의 기소를 기각하는 것이다. 한 가지 형태로 재판관이 피고인의 죄목에 대해 무죄를 선언함으로 기소를 기각한다. 그리스도만이 이런 식으로 의롭다 함을 받는다. 다른 형태로는 재판관이 피고인의 믿음 때문에 기소를 기각한다.[13] 이 길은 유대인과 이방인 할 것

---

13 나는 바울이 "곧 하나님께서 **사람들의 죄과를 따지지 않으시고**, 화해의 말씀을 우리에게 맡겨 주심으로써, 세상을 그리스도 안에서 자기와 화해하게 하신 것"(고린도후서 5:19, 강조 추가)이라고 말할 때도 같은 주장을 한 것이라 생각한다. 본문의 둘 중 두 번째 의미의 칭의는 죄인의 죄를 그에게 돌리지 않는 것이다.

없이 모두에게 열려 있다. 어느 쪽이건, 피고인은 혐의를 벗는다. 두 형태의 칭의에서 모두 피고는 혐의를 벗은 채 법정을 나서게 된다.

인간사에서도 이와 유사한 상황이 있다. 미국의 법제도에서 판사는 기소를 기각할 권한을 갖는다. 흔히 피고의 혐의가 너무 빈약하다고 판단할 때 기소를 기각하는데, 관련법이 구체적으로 허용하는 경우에만 공공의 선을 위해 기소를 기각할 수 있다. 미국 사법제도의 일부를 차지하는 대배심(Grand Jury, 미국에서는 살인과 같은 중죄의 경우 반드시 대배심의 심문 절차를 거쳐야 한다. 대배심원들이 검사가 제출한 증거가 충분하다고 판단하면 대배심이 검사가 요청한 기소장을 발부하며, 대배심이 기소장의 승인을 거부하면 피의자에 대한 혐의는 기각된다. 이것을 '기소배심'이라고도 한다. 이와 달리, 재판에서 피고인의 유무죄를 판단하는 배심을 '소배심'이라 한다—역주)의 경우에는 이 부분에서 판사보다 재량권이 훨씬 많다. 검사가 대배심 앞에서 사건을 설명할 때 하는 질문이 있다. "모든 것을 고려할 때, 이 사람이 기소되어야 하겠습니까?" 이 질문은 피의자의 혐의가 사실이라 해도 공공의 선을 고려할 때 기소하지 않는 것이 낫지 않을지 고려하라는 요청과 같다. 피의자가 노쇠한 경우도 있고, 평생에 걸쳐 사회에 큰 기여를 했을 수도 있다. 기소로 인해 혼란스럽고 위험한 상황이 발생할 수도 있다. 대배심은 모든 상황을 고려하여 기소장 발부를 승인하지 않기로 '의결할' 수 있다. 하나님이 죄인의 믿음으로 인해 그에게 베푸시는 칭의가 이와 같다. 하나님은 피의자의 믿음 때문에 그에 대한 기소를 기각하신다(기소하지 않기로 하신다는 표현을 선호하는 사람도 있을 것이다). 칭의는 개인 사이의 용서와 대등한 사법적 개념이다.

그러나 왜 믿음일까? 왜 하나님은 믿음을 가진 사람을 의롭다 하시는가? 믿음 외에 다른 것을 선택하실 수도 있지 않은가? 하나님이 믿음을 선택하신 것은 자의적인가? 이 질문은 뒤에 가서, 문제가 되는 믿음의 대상이 누구인지 살펴본 후에 다시 다루기로 하겠다.

칭의는 정의를 훼손하는가?

20장에서 말했듯, 바울은 용서와 칭의에 대해 안셀무스가 우려했던 것, 즉 범죄자에게 응분의 형벌을 가하지 않는 것이 정의를 침해하는가 하는 의문을 로마서의 어디에서도 다루지 않는다. 바울은 어떤 범죄자가 용서를 받고 그가 한 일로 인해 처벌을 받지 않으면 도덕적 질서가 훼손된다고 보지 않았다. 대속론 중 하나가, 어떤 죄도 처벌 없이 그냥 넘어가서는 안 된다는 가정하에 그리스도가 우리 대신 우리 죗값을 치르셨다는 결론을 바울의 본문에서 추론해 낸다는 사실을 나는 잘 안다. 그러나 이것은 바울의 칭의 교리와 양립할 수 없다. 그리스도가 우리 대신 우리 죄의 형벌을 치르셨다면, 그럼 우리는 대리적이긴 해도 우리 죄로 인한 형벌을 실제로 받은 것이 된다. 우리가 우리 죄로 인해 처벌을 받았다면, 그 죄에 대해 의롭다는 선고를 받은 것이 아니다. 기소는 기각되지 않았다. 대리적 형벌과 바울의 칭의는 양립할 수 없다.

바울이 로마서에서 다루는 우려는 따로 있다. 칭의에 대한 그의 가르침을 받아들이면 율법폐기주의과 방종을 조장하게 된다는 우려. 그의 가르침을 받아들이는 사람들이 "우리가 율법 아래 있지 않고, 은혜 아래에 있다고 해서"(6:15) 마음껏 죄를 짓자고 서로 말하지 않을까? 바울은 한마디로 일축한다. "그럴 수 없습니다"(6:15). 그들이 한 술 더 떠 "은혜를 더하게 하려고, 여전히 죄 가운데 머물러 있"자고(6:1) 말하고 싶은 유혹을 받지 않을까? 바울은 이런 의문에 대해서도 간단히 일축한다. "그럴 수 없습니다"(6:2).

퉁명스럽게 일축하는 것으로 보아 바울은 이런 반론이 심각하게 고려할 가치도 없는 어리석은 것이라 생각한 것 같다. 하나님은 어떤 조건도 없이 칭의를 여기저기 나누어 주지 않으신다는 것을 기억하라. 하나님은 믿음이 있는 사람들을 의롭다 하신다. 그러나 믿음은 사람이 하고 있는 다른 어떤 일에 덧붙는 덤이 아니다. 누가 어떻게 그런 생각을 할 수 있단 말인가? 믿음을 갖는다는 것은 죄의 종이었던 상태에서 해방되어 디카이오수네의 종(6:17-18), 하나님의 종이 되는 것이다(6:22). 디카이오수네의 종으로 사는 것은 방종하는 율법폐기주의자로 사는 것과 정반대의 상태다.

하나님은 어떤 이들이 믿음을 갖지 못하게 막으시는가?

바울을 해석하는 한 가지 오랜 전통에 따르면, 로마서의 바울은 하나님이 사람 안에 믿음을 심어 주셔서 사람이 믿음을 갖게 된다고 본다. 그리고 그는 하나님이 어떤 사람들 안에는 믿음을 심어 주고 어떤 사람들 안에는 심어 주지 않기로 선택하셨으며 또한 전자는 의롭다고 하고 후자는 의롭다 하지 않기로 선택하셨다고 가르친다. 그것이 사실이라면, 하나님은 불의하시지 않은가? 유대인이건 이방인이건 믿음이 있는 모든 사람에게 칭의를 베푸시는 하나님은 정의로우실지 모른다. 그러나 하나님이 사람들에게 믿음을 심어 주시는 방식은 정의롭지 않다.

여기서 나는 바울 사상에 대한 이 해석을 둘러싼 논쟁의 바다에 발끝밖에는 담글 수가 없다. 이런 해석이 신학적 입장으로 볼 때 어떤 장점이 있을지 몰라도, 이것은 바울이 로마서에서 말하는 바가 아니다. 서구 기독교 형성에 강력한 영향을 끼친 아우구스티누스의 해석은 본문에 대한 해석으로 유효하지 않다.

전통적 해석이 어떻게 생겨났는지 이해하기는 쉽다. 바울은 리브가가 에서와 야곱을 임신했을 때 그에게 어떤 일이 벌어졌는지 생각해 보라고 한다. "그들이 태어나기도 전에, 무슨 선이나 악을 행하기도 전에, 택하심이라는 원리를 따라 세우신 하나님의 계획이 살아 있게 하시려고, 또 이러한 일이 사람의 행위에 근거하는 것이 아니라 부르시는 분께 달려 있음을 나타내시려고, 하나님께서 리브가에게 말씀하시기를 '형이 동생을 섬길 것이다' 하셨습니다"(9:10-13). 에서에게는 기회 자체가 없었던 것 같다. 바울은 분명한 질문을 던진다. 그렇다면 "하나님이 불공평하신(unjust) 분이라는 말입니까?"(9:14)

바울은 이제는 친숙해진 그 대답을 한다. "그럴 수 없습니다." 그러나 그는 하나님이 불의하다는 혐의가 왜 타당하지 않은지 설명하는 대신, 구약성경의 또 다른 사례를 제시하여 더욱 강하게 그 혐의를 일축한다. "하나님께서 모세에게 말씀하시기를 '내가 긍휼히 여길 사람을 긍휼히 여기고, 불쌍히 여길 사람을 불쌍히 여기겠다' 하셨습니다"(9:15).

바울은 유대인 노예들이 이집트를 떠나지 못하게 막았던 바로의 완고하고 강퍅한 시도를 언급하면서, "그러므로 하나님께서는 긍휼히 여기시고자 하는 사람을 긍휼히 여기시고, 완악하게 하시고자 하는 사람을 완악하게 하"신다는 선언으로 결론을 대신한다(9:18). 바로에게도 기회 자체가 없었던 것 같다. 그러나 하나님이 바로의 마음을 완악하게 하셨다면, 이렇게 물을 수 있다. "어찌하여 하나님은 사람을 책망하시는가? 누가 하나님의 뜻을 거역할 수 있다는 말인가?"(9:19) 바로의 마음을 완악하게 하시고도 그의 행동에 대해 책임을 물으시다니, 하나님은 정녕 불의하지 않으신가?

바울은 구약성경의 여러 군데에 나오는 이미지, 토기장이의 이미지를 들어 대답한다. 사람아, 네가 누구이기에 감히 창조주 하나님께 따지고 드느냐? 토기장이가 "흙 한 덩이를 둘로 나누어서, 하나는 [특별한] 데 쓸 그릇을 만들고, 하나는 [평범한] 데 쓸 그릇을 만들" 권한이 없느냐?(9:21)[14]

이미 말했듯이, 전통적 해석이 어떻게 생겨났는지는 알기 쉽다. 그러나 야곱, 에서, 바로에 대한 바울의 언급이 자리 잡고 있는 좀더 큰 논증을 살펴보자. 그렇게 하면 그 언급의 전혀 다른 의미가 드러날 것이다. 하나님의 정의에 대한 바울의 질문들은 우리가 전통적 해석에 따라 묻고 싶어 하는 질문과 다르다.

방금 바울은 자기 민족 이스라엘 때문에 "큰 슬픔"과 "마음에는 끊임없는 고통"이 있다고 토로했다(9:2). 이스라엘 사람들에게는 "하나님의 자녀로서의 신분이 있고, 하나님을 모시는 영광이 있고, 하

---

[14] 이것은 NRSV의 번역이다. RSV는 이렇게 번역했다. "흙 한 덩이를 둘로 나누어서, 하나는 예술품을(for beauty) 만들고, 하나는 천한 데 쓸 그릇을(for menial use) 만들…."

나님과 맺은 언약들이 있고, 율법이 있고, 예배가 있고, 하나님의 약속들이 있습니다. 족장들은 그들의 조상이요, 그리스도도 육신으로는 그들에게서 태어나셨"다(9:4-5). 그러나 유대 민족에게 없는 한 가지가 바울에게 큰 슬픔이 되고 있다. 여기서 그는 그것이 무엇인지 말하지 않는다. 그러나 다른 구절을 통해 그것이 무엇인지 유추할 수 있는데, 이는 이스라엘 사람들 중에 믿음으로 살지 않는 자들이 있다는 사실이다. 바울은 그렇다고 해서 "하나님의 말씀이 폐"한 것은 아니라고 바로 덧붙인다(9:6). "아브라함의 자손이라고 해서 다 그의 자녀"였던 적은 없기 때문이다. 오히려 바울은 "이삭에게서 태어난 사람만을 [아브라함의] 자손이라고 부르겠다"는 구절이 의미하는 바가, 아브라함의 생물학적 후손이 "하나님의 자녀"가 아니고 하나님이 아브라함에게 하신 "약속의 자녀", 즉 "사라에게 아들이 있을 것"이라는 약속의 성취로 주어진 자녀가 하나님의 자녀라고 말한다. "리브가가 우리 조상 이삭 한 사람에게서 쌍둥이 아들을 수태하였"을 때 벌어진 다음의 일도 같은 방식으로 이해해야 한다. "그들이 태어나기도 전에, 무슨 선이나 악을 행하기도 전에, 택하심이라는 원리를 따라 세우신 하나님의 계획이 살아 있게 하시려고, 또 이러한 일이 사람의 행위에 근거하는 것이 아니라 부르시는 분께 달려 있음을 나타내시려고, 하나님께서 리브가에게 말씀하시기를 '형이 동생을 섬길 것이다' 하셨습니다."

바울의 생각이 드러나기 시작한다. 그는 최후의 구속(救贖)에 누가 참여할지에 대해 말하는 것이 아니다. 그 구속을 불러오기 위해 하나님이 역사 속에서 행하시는 패턴을 말하고 있다. 하나님이 궁극적으로 누구를 의롭다 하실지에 대해서가 아니라, 구속 역사의 과정에서 특별한 역할을 맡기기 위해 특정한 민족들과 사람들을 선택하신다는 이야기를 하는 것이다. 그는 하나님의 전략이 아니라 하나님의 전술에 대해 이야기하고 있다. 최후의 심판 날에 하나님이 누구를 의롭다고 선언하실지가 아니라, 지금 이곳에서 "하나님의 자녀", "약속의 자녀"에 속할 자가 누구인지 말하는 것이다. 칭의에 대해서라면, 이미 그는 그리스도의 옳은 또는 정의로운 행동(*dikaiōmatos*)이 모든 사람의 칭의(*dikaiōsin*)와 생명으로 이어진다고 말했다(5:8). 그의 말은 아마도 하나님이 모두에게 칭의를 **제공하신다**는 뜻일 것이다.

하나님이 그분의 타락하고 엇나간 피조물들을 대하실 때의 궁극적 목표는 "모든 사람에게 긍휼을" 베푸시는 것이다(11:32). 그 목표를 성취하기 위해 하나님은 일부 사람들과 민족들을 특별한 용도로 선택하시고 다른 이들은 평범한 용도로 내버려 두신다. 바울이, 토기장이가 어떤 그릇들은 쓰려고 선택하고 어떤 그릇들은 **파괴**하려고 선택한다고 말하지 않았다는 데에 주목하라. 그는 토기장이가 어떤 그릇들은 **특별한** 용도로 선택하고, 어떤 그릇들은 **평범한** 용도로 선택한다고 말했다. 하지만 이 '특별한' 용도는 양면적이다. 하나님은 구속 역사의 과정에서 적극적 역할을 맡기시려고 구체적으로는 어떤 사람들을 선택하시고, 집단적으로는 이스라엘을 선택하신다. 하나님은 바로(Pharaoh) 같은 이들을 표면적으로 볼 때 방해하는 역할로 선택하시는 듯하다. 하지만 전체 그림을 보게 되면 그렇지 않다는 것이 드러난다.

하나님은 이스라엘 백성에 대한 바로의 마음을 완악하게 하셨다. 그러나 바로가 하나님의 칭의 제안을 받아들일 수 없게 만드시고 돌이킬 기회가 전혀 없는 영원한 저주로 그를 몰아넣기 위해 그렇게 하신 것이 아니었다. 바로는 완고한 마음으로 구속사의 과정에서 하나님의 능력을 드러내어 하나님의 이름이 온 땅에 선포되게 하는 역할을 감당했다(9:17).[15] 그러니까 하나님이 구속사의 과정에서 특별한 역할을 위해 맡기기 위해 이스마엘이 아니라 이삭, 에서가 아니라 야곱을 선택하셨다는 것이 이스마엘과 에서 및 그 후손들이 멸망에 처하게 되었다는 뜻은 아니었다. 그것은 구속사의 과정에서 그들의 역할이 평범한 것이었다는 의미였다.

바울이 "내가 야곱을 사랑하고, 에서를 미워하였다" 하는 말라기의 구절을 원용한 부분은 최후의 심판에 대해 말하고 있는 것이 아니다. 그는 구속의 역사에서 야곱과 그의 후손들, 에서와 그의 후손들이 맡은 역할을 말하고 있다. 그리고 그 구절을 원용하여 자신이 하고 싶은 말을 하면서 과장법으로 '미워함'이라는 용어를 사용한다. 말라기가 원래 그 단어를 과장법으로 썼는지 아닌지는 이것과 무관하다.[16]

하나님이 이 사람 대신 저 사람을 선택하여 구속사에서 특별한 역할을 맡기는 것에 대해 바울은 이렇게 묻는다. "하나님이 불공평하신(unjust) 분이라는 말입니까?" 누군가가 구속역사의 과정에서

---

15 이것이 전략이 아니라 전술이라 해도, 하나님이 어떤 사람들의 마음을 완고하게 하기로 마음대로 결정하시는 게 아닌가? 아마 그렇지 않을 것이다. 이교도들을 논하는 로마서 1장에서 바울은 그들이 "그들은 썩지 않는 하나님의 영광을, 썩어 없어질 사람이나 새나 네 발 짐승이나 기어다니는 동물의 형상으로 바꾸어 놓았"고, 그로 인해 하나님이 "사람들이 마음의 욕정대로 하도록 더러움에 그대로 내버려 두"셨다고 말한다.

16 나는 나의 책 *Divine Discourse* (Cambridge: Cambridge University Press, 1995)의 3장과 11장에서 누군가가 다른 사람의 담론을 원용하는 현상을 논했다.

특별한 역할을 감당할 것인지의 여부는 "사람의 의지나 노력에 달려 있는 것이 아니라" 하나님의 선택에 달려 있다(9:16). 그것이 불의한가? 하나님이 이런 식으로 일부 사람들을 골라 특별한 역할을 맡기시는 것이 불의한 일인가? 바울은 익숙한 대답, "그럴 수 없습니다"로 이 질문에 답하고, "은혜를 베풀고 싶은 사람에게 은혜를 베풀고, 불쌍히 여기고 싶은 사람을 불쌍히 여긴다"는 출애굽기 33장 19절 말씀을 원용하여 하나님이 구속사의 과정에서 특별한 역할을 위해 특정한 사람과 특정한 민족을 뽑아내심에 대해 말한다.[17]

여기에다 구속사의 줄거리에서 특별한 '적극적' 역할을 맡기 위해 하나님에게 뽑히고 선택을 받는 것은 '세상의 성공'(worldly success), 즉 명예와 부를 누리도록 선택받는 것과는 딴 세상의 일처럼 전혀 다르다는 말을 덧붙이고 싶다. 선택받은 사람들은 흔히 환난, 곤고, 박해, 굶주림, 헐벗음, 위협 또는 칼을 경험한다(8:35). 바울은 자신의 고난에 대해 자주, 공공연히 말한다.

몇 장 뒤에서 바울은 자기 민족에 대한 근심으로 돌아간다. 이삭과 야곱의 혈통적 후손들은 하나님의 구속 활동에서 특별한 역할을 감당하도록 선택받았다. 그러나 모든 후손이 이 부르심에 충실하게 따른 것은 아니다. 신비롭게도 "이스라엘 사람들 가운데서 일부가 완고해진" 것이다(11:25). 문맥으로 보아 바울은 여기서 그들이 하나님을 믿는다면서 토라를 지키지 않는 것과 예수를 메시아

---

[17] 바울은, 말라기의 "내가…에서를 미워하였다"는 구절을 원용하면서 '미워하다'라는 용어를 과장하여 쓴 것처럼, "내가 긍휼히 여길 사람을 긍휼히 여기…겠다"라는 구절을 원용할 때도 '긍휼'을 출애굽기 원 문맥과는 다소 다른 뜻으로 사용한다.

로 인정하지 않는 것, 이 두 가지를 염두에 두고 있다. 바울은 이방인 독자들에게 "복음의 관점에서 판단하면, 이스라엘 사람들은 여러분이 잘 되라고 하나님의 원수가 되었"다고 적고 있다(11:28). 유대인들 가운데는 메시아를 거부하는 흐름이 있다. 이스마엘과 에서의 후손을 포함한 이방인들 가운데는 메시아를 인정하는 사람들이 나왔다. 이상한 반전이다.

바울은 일부 유대인들이 완고해진 것, 혹은 그의 표현을 보면 "넘어짐"에 대해 이렇게 말한다. "그들의 [넘어짐] 때문에 구원이 이방 사람에게 이르렀는데, 이것은 이스라엘에게 질투하는 마음이 일어나게 하려는 것입니다. 이스라엘의 [넘어짐]이 세상의 부요함이 되고, 이스라엘의 실패가 이방 사람의 부요함이 되었다면, 이스라엘 전체가 바로 설 때에는, 그 복이 얼마나 더 엄청나겠습니까?"(11:11-12) "전에 하나님께 순종하지 않던 여러분 [이방인들이], 이제 이스라엘 사람의 불순종 때문에 하나님의 자비를 입게 되었습니다. 이와 같이, 지금은 순종하지 않고 있는 이스라엘 사람들도, 여러분이 받은 그 자비를 보고 회개하여, 마침내는 자비하심을 입게 될 것입니다"(11:30-31). 이상한 반전이 꼬리를 문다. 역사가 신의 주짓수 경기장이라도 된 듯하다. 여기에 "하나님께서 진노하심을 보이시고 권능을 알리시기를 원하시면서도, 멸망받게 되어 있는 진노의 대상들에 대하여 꾸준히 참으시면서 너그럽게 대해 주"셨다는 사실을 더해 보라(9:22). 사악함은 결국 파멸에 이르게 된다. 하나님이 이런 일을 허용하시는 것은 그분이 사악함에 진노하신다는 사실을 드러내 준다. 바울이 로마서 1장에서 말한 것처럼, "하나님의 진노가… 온갖 불경건함과 불의함을 겨냥하여, 하늘로부터 나타"난다(1:18).

하지만 유대인들의 완고해짐이나 넘어짐은 돌이킬 수 없는 것이 아니다. 바울은 참된 이스라엘을 포도나무로 생각해 보라고 말한다. 어떤 가지들은 잘려 나갔다. 넘어진 유대인들이다. 어떤 가지들은 접붙임을 받았다. 메시아를 인정하는 이방인들이다. 그러나 잘려 나갔던 유대인 가지들도 "믿지 아니하는 데 머무르지 아니하면" 다시 접붙임을 받을 것이고(11:23, 개역개정), 접붙임을 받았던 이방인 가지들도 "하나님의 인자하심에 머물"지 않으면 잘려 나갈 것이다(11:22).

하나님의 인자하심에 머물지 않는 일부 이방인들에 대한 바울의 이 마지막 언급이 하나님이 부르신 자를 의롭다 하신다고(8:30) 했던 로마서 8장의 유명한 주장과 모순되지 않느냐고 물을 수 있다. 이 질문에는 하나님이 구속사 안에서 특별한 역할로 부르시는 이들을 참으로 의롭다고 하시지만, 그들은 그 부르심에 충실하게 머물러야 한다는 것으로 답할 수 있다. 그리스도를 믿는 이들에 대한 그리스도의 신실성은 한결같이 유효하다. "누가 우리를 그리스도의 사랑에서 끊을 수 있겠습니까?"(8:35) 그러나 그리스도에 대한 그들의 신실성에 대해서는 같은 말을 할 수가 없다.

요약해 보자. 우리는 역사 속 하나님의 구속 활동의 텔로스(telos, 목적)를 알지만 그 세부 내용은 헤아리기 어렵다. 전략은 알겠는데 전술은 알기 벅차다. 선택하고, 뽑고, 부르고, 마음을 완고하게 하고, 시기하게 하고, 넘어지게 하고, 사악함과 그 결과를 참는다니. 이해하기 어렵다. "하나님의 부유하심은 어찌 그리 크십니까? 하나님의 지혜와 지식은 어찌 그리 깊고 깊으십니까? 그 어느 누가 하나님의 판단을 헤아려 알 수 있으며, 그 어느 누가 하나님의 길을

더듬어 찾아낼 수 있겠습니까?"(11:33)

어떤 이들 안에는 믿음을 심어 주고, 어떤 이들에게는 심어 주지 않기로 하시는 하나님의 선택에 의해 사람에게 믿음이 주어진다고 바울이 가르친다 하는 전통적 견해는, 로마서 본문에서 아무런 지지를 받지 못한다. 바울은 하나님이 어떤 사람들은 믿음을 받는 이들로 선택하시고, 어떤 사람들은 그러지 않도록 선택하신다고 말하지 않는다. 그가 암시하는 바는 믿음이 우리에게 **요구된다**는 것, 모든 인간에게 요구된다는 것이다. 그는 칭의가 선물이라고 말할 뿐, 믿음이 선물이라고는 어디서도 말하지 않는다. 믿음에 대해서는 어떤 설명도 제시하지 않는다. 하나님이 어떤 이들은 의롭다 함을 받도록, 어떤 이들은 그러지 못하도록 선택하신다고 말하지 않는다. 그가 선택, 부르심, 뽑음 등의 언어를 사용하는 경우는 하나님이 구속사에서 특별한 역할을 위해 개인과 민족을 선택하신다는 것을 말할 때로 제한된다. 하나님은 그들이 어떤 역할을 맡을지 미리 아셨고, 그들이 그 역할을 맡도록 예정하셨다. 바울이 분명히 말하는 내용은, 구속사에서 하나님의 백성의 일원이 되라는 하나님의 부르심을 받아들이는 사람들은 의롭다 하심을 받았다고 확신할 수 있다는 것이다. 그들에겐 믿음이 있기 때문이다.

전통적 해석이 놓친 것이 있다. 로마서 첫 몇 장의 주제는 하나님이 모든 인간에게 베푸시는 칭의 제안과 하나님이 믿음을 가진 모든 자에게 실제로 주시는 칭의인 반면, 가운데 몇 장의 주제는 하나님이 역사 속에서 벌이시는 구속 활동의 패턴이며, 이 패턴의 핵심이 하나님이 어떤 이들을 '특별한 용도'로 부르심과 선택하심이라는 사실이다. 이 두 주제는 로마서의 가운데 몇 장 몇몇 대목에서 교차하는데, 여기서 바울은 그리스도인 독자들에게 예수를 주로 인정하는 그들의 고백으로 칭의를 얻기에 충분하다고, 거기에 더해 다른 일을 할 필요가 없다고 장담한다.

하나님이 칭의를 주시는 이들의 믿음은 어떤 것인가?

하나님의 칭의의 정의(justice)를 입증된 것으로 여길 수 있으려면 하나 밝혀야 할 점이 남아 있다. 하나님은 유대인과 이방인을 가리지 않고 믿음을 가진 이들을 의롭다 하신다. 그런데 그 믿음의 대상은 누구인가? 메시아 예수인가, 하나님인가? 하나님을 믿으려면 하나님을 믿는 것이 가능해질 만큼 하나님을 충분히 알아야 한다. 바울은 로마서 1장에서 모든 인간이 그만큼 하나님을 안다고 주장한다. 예수를 믿으려 해도 예수를 믿는 것이 가능할 만큼 그분을 충분히 알아야 한다. 그러나 수많은 사람들이 전혀 예수를 알지 못했다. 아브라함도 그들 중 하나였다. 그러니까 의롭다 함을 받기 위해 예수에 대한 믿음이 있어야 한다면, 하나님이 칭의 분배는 그 때문에 불의한 것이 된다. 바울은 여기서 정의의 문제를 제기하는 것이 아닌데, 그 이유는 조금 후에 드러날 것이다.

  바울은 의롭다 함을 받기 위해 믿음이 있어야 한다는 말을, 믿음의 대상을 밝히지 않은 채 여러 번 되풀이한다. 여기 한 짧은 대목에 등장하는 세 개의 사례가 있다. "사람이…믿음으로 의롭다고 인정을 받는다…." 하나님은 "할례를 받은 사람도 믿음을 보시고 의롭다고 하"실 것이며, "할례를 받지 않은 사람도 믿음을 보시고 의롭다고 하"실 것이다(3:28-30). 그러나 명시적으로건 암묵적으로건 대체로 바울이 염두에 두는 믿음은 예수에 대한 믿음이 아니라 하나님에 대한 믿음이라는 것이 분명하다. 바울이 아브라함을 논하는 4장은 그런 사례들로 가득하다. "아브라함이 하나님을 믿으니", "아브라함이…얻은 믿음의 [디카이오수네(*dikaiosunē*)]", "믿음에 근거한 것", "아브라함이 지닌 믿음으로 사는 사람들" 등등. 그럼에도 불구하고, 개신교의 고전적 로마서 해석은, 하나님이 예수 그리스도를 믿는 사람들에게만 칭의를 베푸신다는 것이다. 영어권 개신교도는 영어 성경에서 정확히 그렇게 말하는 유명한 성경 구절들을 많이 제시할 수 있다. 로마서 3장 21절과 26절, 갈라디아서 2장 16절(두 번)과 3장 22절이 그렇다.

이 구절들의 영어 해석에는 의롭다 함을 받는 데 필요한 것이 예수에 대한 믿음이라고 나와 있다. 그러나 헬라어 원문은 뭐라고 말할까? 이 구절들을 헬라어로 보면 '믿음'(*pistis*)이 주격으로, '예수'(또는 예수 그리스도)가 소유격으로 나와 있다. 이런 구조에 대한 통상적인 번역은 '예수의 믿음'(the faith of Jesus) 내지 '예수의 신실함'(the faithfulness of Jesus)이 될 것이다. 그러나 '예수에 대한 믿음'(faith in Jesus)도 문법적으로 불가능한 해석은 아니다. 다만 소유격에 대한 통상적 해석에서 벗어나기 위해서는 그럴 만한 강력한 이유가 필요할 것이다. 그렇다면 바울이 뜻한 것은 무엇인가? 그가 말한 것은 **예수의 신실성**일까, 예수**에 대한 우리의** 믿음인가? 소유격에 대한 통상적 해석에서 벗어날 타당한 이유가 있는가?

이 문제는 최근 수년간 큰 논쟁거리가 되었으며 나는 이 싸움에 깊이 끼어들 마음이 없다. 이에 대해서는 나 역시 바울이 말하는 것이 예수의 신실성이라는 리처드 헤이스의 논증에 설득된 많은 이들 중 하나라고만 말해 두자.[18] 앞에서 말한 다른 성경 구절들에 대해서는 무슨 말을 하든지, 로마서 3장 21-22절의 경우에는 이렇게 해석할 수밖에 없는 것 같다.

그러나 이제는 [노모스(nomos)]와는 상관없이 하나님의 [디카이오수네(dikaiosunē)]가 나타났습니다. 그것은 [노모스]와 예언자들이 증언한 것입니다. 그런데 하나님의 [디카이오수네]는 예수 그리스도의 신실함[또는 예수 그리스도에 대한 우리의 믿음]을 통하여 오는 것인데, 모든 믿는 사람에게 미칩니다.

마지막 문구 "예수 그리스도의 신실함[또는 예수 그리스도에 대한 우리의 믿음]을 통하여 오는" "하나님의 [디카이오수네]"를 어떻게 이해해야 하는가? 여기서 바울은 율법과는 상관없이 나타나는 정의의 특징을 밝히고 있는 것인가, 아니면 정의가 나타난 방식의 특징을 밝히는 것인가? 후자라고 가정해 보자. 그렇다면 분명 바울은 '율법과 상관없는' 그 나타남이 우리 믿음에서 생긴다고 말하는 것이 아니다. 그는 그것이 예수의 신실함(faithfulness) 내지 신실성(fidelity)에서 생겨난다고 말하고 있음이 분명하다. 반대로, 그가 하

---

18 Richard B. Hays, *The Faith of Jesus Christ: An Investigation of the Narrative Substructure of Galatians 3:1-4:11* (Chicago, CA: Scholars Press, 1983). 『예수 그리스도의 믿음』(에클레시아북스). 그리고 "*Pistis* and Pauline Christology: What is at Stake?" in *Society of Biblical Literature Seminar Papers*, ed. David J. Lull (Atlanta: Scholars Press, 1991). 그러나 James D. G. Dunn은 *The Theology of Paul the Apostle*에서 Hays의 의견에 동의하지 않는다.

나님의 정의가 드러나는 방식이 아니라 정의 그 자체의 특징을 밝히고 있다고 가정해 보자. 그러면 '예수 그리스도의 신실함을 통한 하나님의 디카이오수네'는 예수 그리스도의 신실성에 근거한 하나님의 정의를 뜻할 것인데, 이것은 바울다운 훌륭한 가르침이다. 그러나 '예수 그리스도에 대한 우리의 믿음을 통한 하나님의 디카이오수네'는 무엇을 의미한단 말인가? 예수 그리스도에 대한 우리의 믿음에 근거한 하나님의 정의? 바울은 결코 우리 믿음이 하나님의 정의의 근거가 된다고 생각하지 않았다.

이런 번역의 문제들로부터 벗어나 로마서의 전체 사상으로 넘어가 보자. 아브라함은 그의 믿음을 근거로 의롭다 함을 받았다. 그러나 아브라함의 믿음은 예수를 대상으로 하지 않았다. 그 믿음의 대상은 하나님이었다. 예수가 오기 전에 살았던 "약속의 자녀", 모든 아브라함의 후손들도 마찬가지였다. 그들이 예수를 믿는 것은 불가능했다. 그들은 하나님을 믿었고, 그로써 아브라함이 지닌 믿음으로 살았으며(4:16) 그의 믿음의 발자취를 따랐다(4:12).

그러면 다음과 같은 구절은 어떻게 이해해야 할까? "당신이 만일 예수는 주님이라고 입으로 고백하고, 하나님께서 그를 죽은 사람들 가운데서 살리신 것을 마음으로 믿으면 구원을 얻을 것입니다"(10:9). 바울은 로마서의 첫 몇 장에 걸쳐 칭의에 대한 신학적 논의를 다소 추상적으로 펼친 후, 4장 끝부분에서 언어를 '우리', '그대', '나'의 방식으로 바꾸어 편지의 마지막 부분까지 그대로 논의를 진행한다. 여기서 '우리'는 예수를 주(主)로 고백하는 우리다. 우리가 유대인인지 이방인인지는 전혀 문제가 되지 않는다. 우리는 하나님을 믿는 **대신** 예수를 믿는 것이 아니다. 하나님에 대한 우리의 믿음이 예수를 주로 고백하는 **형태를 띨** 뿐이다. 우리는 "우리 주 예수를 죽은 사람들 가운데서 살리신 분을 믿는"다(4:24). 이런 식으로 우리는 '약속의 자녀'로 토라를 지키며 살았던 유대인과 다르지 않다. 유대인은 하나님을 믿는 **대신** 토라에 따라 산 것이 아니었다. 하나님에 대한 믿음이 토라에 따라 사는 **형태를 띤** 것이다. 토라에 따르는 삶은 "믿음에 근거"한 것이었다(9:32).

바울은, 예수 그리스도의 존재가 인류의 역사에서 의미하는 바가 하나님의 백성을 재구성한 것이라고 보았다. 하나님의 백성, 즉 구속의 역사에서 특별하고 '건설적인' 용도를 위해 선택된 사람들이 이제 예수를 주님으로 고백하는 형태로 하나님을 믿는 사람들로 재구성된다고 본 것이다. 이런 확신 때문에 바울은 구속사의 현 단계에서 동포 유대인들이 맡는 역할에 대해 깊은 당혹감에 빠졌다. 그는 자신이 알아본 메시아를 수많은 유대인들이 믿기를 거부하는 상황에 크게 고통스러워했다. 그러한 거부는, 그들이 믿음으로 토라를 따름에도, 당대에 하나님의 백성으로 선택된 사람들의 구성원이 아니라는 뜻인 것처럼 보인다. 그러나 바울은 차마 그렇게 말할 수가 없다. 그가 궁극적으로 바라고 심지어 기대한 바는 "이방 사람의 수가 다 찰 때…온 이스라엘이 구원을 받"는 것이다(11:25-26).

바울을 해석하는 전통적 방식은 예수를 믿는 형태로 하나님을 믿는 사람들만 의롭다 함을 받는다는 것이지만, 바울이 크게 강조하며 하는 말은 그 반대로, 예수를 믿는 사람들이 의롭다 함을 받을 거라는 것이다. 예수를 믿지 않으면 구원을 받지 못한다가 아니라, 예수를 믿으면 구원을 받는다는 것이다. 바울은 이 부분에서 편지의 수신자들을 안심시킬 필요가 있다고 생각했음이 분명하다. 바울은 그들에게 예수를 주님으로 고백하는 형태로 하나님을 믿는 것만으로 충분하다고 말했다. 이제, 토라에 따라 살 필요가 없고, 이런저런 형태의 이교 신앙이 요구하는 대로 살 필요도 없다. "당신이 만일 예수는 주님이라고 입으로 고백하고, 하나님께서 그를 죽은 사람들 가운데서 살리신 것을 마음으로 믿으면 구원을 얻을 것입니다. 사람은 마음으로 믿어서 의에 이르고, 입으로 고백해서 구원에 이르게 됩니다." 마음으로 믿건 입으로 고백하건 문제 되지 않는다. "유대 사람이나, 그리스 사람이나, 차별이 없습니다.…주님의 이름을 부르는 사람은 누구든지 구원을 얻을 것입니다"(10:9-13).

참으면서 선을 추구하는 사람들은 누구일까?

이제 우리는 앞장에서 로마서 2장의 바울의 논증을 논하다가 제기했던 문제, 그러나 그 문제를 다루는 데 필요한 확인 작업을 마칠 때까지 미뤄 둬야 했던 문제를 다룰 수 있게 되었다. 앞 장에서 나는 그 문제를 이렇게 표현했다. '신적 재판관은 판결을 내리기 전에 피고인이 한 일 중에서 어떤 것에 주목하는가?' 이 질문의 배경에는 신적 재판관은 이런 저런 형태의 '행하지 않음'이 아니라 피고인이 한 일에 관심을 기울인다는 바울의 주장이 자리 잡고 있다.

행함의 중요성을 말하는 와중에 바울은 진노의 날에 "하나님의 공정한 심판이 나타날" 거라고 선언한다. "하나님께서는 '각 사람에게 그가 한 일(erga)대로 갚아 주실 것입니다. 참으면서 선한 일을 하여(*ergou*) 영광과 존귀와 불멸의 것을 구하는 사람에게는 영원한 생명을 주시고, 이기심에 사로잡혀서 진리를 거스르고 불의를 따르는 사람에게는 진노와 분노를 쏟으실 것입니다." 바울은 이 주장을 바로 되풀이한다. "악한 일을 하는(*katergazomenou*) 모든 사람에게는, 먼저 유대 사람을 비롯하여 그리스 사람에게 이르기까지, 환난과 고통을 주실 것이요, 선한 일을 하는(*ergazomenō*) 모든 사람에게는, 먼저 유대 사람을 비롯하여 그리스 사람에게 이르기까지, 영광과 존귀와 평강을 내리실 것입니다. 하나님께서는 사람을 차별함이 없이 대하시기 때문입니다"(2:5-11).

참으면서 선한 일을 하고 그로 인해 영생과 영광과 존귀와 평강을 받는 이 사람들은 누구일까? 3장 20절에서 말하는 "율법[이 명하는] 행위(*ergōn*)"를 다하는 사람들일 리가 없다. 그리스도 말고는 그런 사람이 없기 때문이다.

바울이 1장 21절에서 말했던 "하나님을 알면서도, 하나님을 하나님으로 영화롭게 해드리거나 감사를 드리"지 않던 사람들을 떠올려 보라. 그가 1장 28절에서 말했던 "하나님을 인정하기를 싫어하"는 사람들도 떠올려 보라. 아브라함이 율법이 명하는 모든 행위를 다 하지는 않았지만 그럼에도 하나님을 믿었기 때문에 의롭다 하심을 받았다고 하던 바울의 말을 떠올려 보라. 그리고 사도행전 10장 34-35절에 기록된 베드로의 선언을 여기에 더해 보라. "하나님께서는 사람을 [차별하지] 아니하시는 분이시고, 하나님을 두려워하며, [정]의를 행하는 사람은 그가 어느 민족에 속하여 있든지, 다 받아 주신다." 그렇다면 바울이 '참으면서 선한 일을 하는 사람'을 말하며 염두에 둔 사람들이 그가 조금 뒤에 말하는 '하나님을 믿는 사람'이라는 결론을 피할 수 없을 것 같다. 그들이 바로 하나님을 인정하는 것을 합당하게 여기는 이들이다. 하나님이 이들에게 영생을 주실 거라는 바울의 말은 하나님이 이들을 의롭다고 하실 거라는 말과 다르지 않다.

그렇다면, 거의 곧바로 이어 나오는 "하나님 앞에서는 율법을 듣는 사람이 [디카이오이(*dikaioi*)]인 사람이 아닙니다. 오직 율법을 실천하는 사람(doers, 동사 *poieō*에 주격 어미가 붙은 명사)이라야 의롭[다 하심을 받을] 것"이라는 선언은 어떻게 되는 것일까?(2:13) 바울이 여기서 말하는 "율법을 실천하는 사람"이 3장 20절에서 말한 "율법의 행위"를 다하는 이들일 수는 없다. 3장 20절에서 바울은 율법이 명하는 행위를 다해서 의롭다 하심을 받을 사람은 없다고 선언하기 때문이다. 그가 가리키는 사람들은 자신이 바로 앞에서 "참으면서 선한 일을 하는", 그리고 "선한 일을 하는"이라고 묘사한 사람들인 것이 분명하다.

그러나 만약 그렇다면, 바울은 왜 그들을 "율법을 행하는 자들"로 묘사한 걸까? 편지의 수신자들 입장에서는 율법이 명하는 행위를 하는 사람들이라고 생각할 수밖에 없을 것 같은데 말이다. 로마서 2장 내내 바울은 행하는 자들과 행하지 않는 자들을 여러 가지 방식으로 대조하여 표현한다. 여기서 행하지 않는 자들은 율법을 듣기만 하는 자들이다. 율법을 듣는 자들은 어떤 이들과 대조를 이룰까? **율법을 행하는 자들**이라고 말할 수밖에 없을 것 같다.

믿음에 근거한 칭의―달리 표현하면, 참아내며 선한 일을 함에 근거해, 하나님을 인정하고 하나님께 영광을 돌림에 근거해 영생을 베푸심―는 언제나 하나님이 반항하는 인류를 대하시는 방법이었다. 칭의는 메시아 예수가 죽기까지 순종하고 부활한 이후에야 세상에 들어온 것이 아니었다. 예수의 신실성이 하나님이 죄인들에게 베푸시는 칭의의 근거가 되지만, 죄인들에 대한 칭의는 예수의 신실성 이전에도 있었다.

그러면 우리가 몇 차례나 주목했던, 다음과 같은 바울의 강력한 선포는 어떻게 이해해야 할까? "그러나 이제는 율법과는 상관없이 하나님의 [정]의(*dikaiosunē*)가 나타났습니다. 그것은 율법과 예언자들이 증언한 것입니다. 그런데 하나님의 [정]의(*dikaiosunē*)는 예수 그리스도를 믿는 믿음을 통하여 오는 것인데, 모든 믿는 사람에게 미칩니다. 거기에는 아무 차별이 없습니다. 모든 사람이 죄를 범하였습니다. 그래서 사람은 하나님의 영광에 못 미치는 처지에 놓여 있습니다. 그러나 사람은, 그리스도 예수 안에서 얻는 구원으로 말미암아, 하나님의 은혜로 값없이 의롭다는 선고를 받습니다"(3:21-24). 우리는 이 말씀을 바울이 말한 내용 그대로 이해해야 한다. 유대인들과 이방인들에게 똑같이 칭의를 주시는 하나님의 정의가 이제 **드러났다**. 1장 17절에서 바울은 그것이 **나타났다**고 말한다. 바울은 믿음에 의거한 칭의가 새로운 것이라고 말하지 않는다. 새로운 것은 하나님의 공평한 칭의의 **드러남**, **나타남**이다. 곧이어 그는 다윗의 시편 한 편을 인용한다.

> 복이 있도다. 거역한 죄를 용서받고,
>   죄가 가려진 사람!
> 복이 있도다. 마음에 속임수가 없고,
>   주님이 죄 있는 자로 인정하지 않으실 사람! (시편 32:1-2, NRSV 직역)

하나님은 늘 용서하시는 하나님이었다. 율법과 선지자들이 그 사실을 증언했다. 그러나 하나님이 유대인과 이방인을 똑같이 용서하셨다는 증언은, 없지는 않았지만 많지도 않았고, 명확한 증언인 경우는 드물었다. 그것은 논쟁의 대상이었다. 하나님의 공평한 칭의 제공의 정의가 율법과 선지자들의 글에 **드러나고 나타났다**고 하기는 어려웠다. 그런데 그것이 예수 그리스도 안에서 드러났다. 그리고 하나님이 누구든 용서하시거나 의롭다 하시는 이유는 바로 예수 그리스도의 신실성에 있다.

앞에서 나는 하나님이 믿음이 있는 사람들을 의롭다 하시는 것이 자의적인 일이 아닌지 의문을 제기했다. 하나님은 믿음이 있는 사람들 외의 다른 부류의 사람들도 의롭다 하기로 결정하셨을 수 있는가? 이제는 그 대답이 분명해졌을 것이다. 믿음이 누군가 하는 어떤 일에 덧붙는 부속물 같은 거라면, 예를 들어 하나님에 대한 특정한 교리를 믿는 것으로 구성된다면, 하나님이 믿음을 선택하시는 이유는 참으로 이해할 수 없는 것일 테다. 믿음 외의 다른 부속물을 선택하지 않을 이유가 무엇이란 말인가? 그러나 바울은 믿음을 그렇게 이해하지 않는다. 하나님을 믿는다는 것은 하나님을 신뢰하고 그분을 향한 순종을 추구하는 것이며, 하나님을 하나님으로 온전히 인정하는 것이다. 베드로의 말을 빌려 표현하면, 하나님을 경외하고 정의를 행하는 것이다. 믿음은 부속물과는 전혀 거리가 멀다. 믿음은 삶의 지향이다. 하나님을 믿는 것은 하나님을 지향하고, 정의의 실천을 지향하는 것이다. 하나님을 믿기 위해서는 그동안 온갖 방식으로 하나님과 이웃을 부당하게 대했던 일을 회개해야 한다. 하나님이 다른 어떤 집단의 사람들이 아니라 믿음을 가진 사람들을 의롭다 하시는 이유는, 바로 하나님이 그들과 친구가 되실 수 있기 때문이다. 그분을 거부하는 사람들과는 하나님이 어떻게 친구가 되실 수 있겠는가?

칭의, 성화, 화해

하나님의 칭의가 정의롭다는 변호는 이제 마무리되었다. 그러나 우리의 논의를 마치기 전에, 바울이 어떤 큰 맥락에서 칭의에 대한 가르침을 펼쳤는지 간략하게나마 다루는 것이 합당할 것 같다.

하나님과 인류의 관계는 단절되었다. 인간과 친구가 되기 원하시는 하나님의 바람은 충족되지 못했다. 우리는 하나님께 합당한 존경을 표하지도 않고 동료를 부당하게 대우하여 하나님께 불순종함으로써 하나님을 부당하게 대우했다. 하나님이 그분을 믿는 사람들에게 베푸시는 칭의는 단절된 관계를 치유하는 하나님의 방법에서 없어서는 안 되는 요소다. 그러나 단절의 치유는 하나의 과정이며, 칭의는 그 과정의 첫 단계일 뿐이다.

바울이 정교한 비유로 말했다고 생각해 보라. 하나님 나라로 들어가는 현관은 법정의 입구와 같다. 재판관은 믿음의 사람들에게 그 나라의 문을 열어 준다.[19] 그는 어떤 방식으로 이 일을 할까? 그

---

[19] N. T. Wright는 바울이 말한 내용을 이런 이미지로 제시하는 것을 싫어할 것이다. 그에 따르면, 바울에게 믿음은 "도덕적 의미에서 '행위'의 대용품이 아니다. 언약 백성의 범주 안에 들어가기 위해 해야 하는 어떤 일이 아니다. 믿음은 이미 그 구성원임을 선포하는 배지(badge)다"(*What Saint Paul Really Said?*, p. 132). 안식일 준수, 의식(儀式)상의 정결, 할례 등을 비롯한 "율법의 행위들"이 아닌, 믿

냥 봐주는 것도 아니고, 유죄를 선고하고 판결을 내린 후에 사면하는 것도 아니다. 그 사람의 죄목이 정확하다는 것을 알면서도 그 사람의 믿음 때문에 기소를 기각하는 것이다. 의롭다 하심을 받은 사람은 이제 "하나님과 화평"을 누린다(5:1).

그러나 칭의가 제공하는 하나님과의 화평은 부분적일 뿐이다. 무엇이 더 필요한지 알려면, 용서를 논하며 앞에서 제시한 학대하는 남편의 사례로 돌아가 보라. 그는 아내에게 분노를 쏟아 낸 다음에는 늘 과장된 사과를 늘어놓고, 자신이 뉘우치고 있음을 온갖 방식으로 표현하지만, 결국 똑같은 짓을 다시 반복한다. 남편의 사과와 뉘우침이 진실한 것일 수도 있고, 아내도 그의 사과와 뉘우침을 진실한 것으로 여길 수도 있다. 남편이 뉘우쳤기 때문에, 아내는 남편의 성질부림을 용서하기로 결정할 수도 있다. 그리고 남편에게 아무런 반감을 갖지 않을 수도 있다. 아니, 그를 정말 깊이 사랑할 수도 있다. 그러나 남편이 자신의 성질을 다스리지 못한다면, 온전한 화해는 있을 수 없다. 온전한 화해가 일어나려면 인격의 쇄신이 있어야 한다.

바울은 인간이 학대하는 남편과 비슷하다고 생각한다. 우리의 믿음이나 우리의 믿음을 기반으로 해서 의롭다 함을 받았다는 사실 자체는 우리를 부당한 행위로 몰아가거나 그리로 유혹하는 동력을 우리에게서 제거해 주지 못한다. "우리가, 율법이 요구하는 바

음이 그 배지다. 인정한다. 그러나 법정 모델에서는 믿음의 사람들이 자기 힘으로 하나님 나라로 그냥 걸어 들어가는 것이 아니다. 그들은 재판관 앞에 서서 그의 선언을 기다린다. 재판관이 선언하는 내용은 하나님에 대한 믿음의 배지를 단 사람들이 들어가도 좋다는 것이다.

(*dikaiōma*)를 이루"려면(8:4), 우리 자아의 도덕적 동력을 쇄신해야 한다. 그때에야 비로소 우리가 하나님을 온전히 기쁘게 해 드릴 수 있고(8:8), 그때에야 비로소 온전한 화해가 이루어질 수 있다.

바울은 이 쇄신이 어떻게 일어난다고 생각했는지 이해하려면, 앞에서 언급한 요점 하나를 고려해야 한다. 바울은 흔히 부당한 행위가 행악자의 의지박약이나 판단 착오의 결과에 불과하지 않다고 확신한다. 우리 인간이 처한 곤경은, 우리 안팎의 세력들에 의해 부당한 행위로 **끌려가거나 유혹을 받는다**는 것이다. 늘상 저항할 수 없을 만큼 강력한 충동이나 유혹을 받진 않지만, 그럼에도 우린 충동과 유혹을 받고 있다.

바울이 어떤 보이지 않는 으스스한 세력을 염두에 둔 것인가? 나는 보이지 않는 세력이 인간에게 작용한다는 생각을 완전히 무시하는 사람이 아니다. 이 세상의 히틀러들, 스탈린들, 폴 포트들을 잔혹한 광란으로 몰아가는 것이 무엇인지에 대해 제대로 된 경험적 설명을 제시할 수 있는가? 내가 아는 한 우린 그러지 못한다. 그러나 바울이 염두에 둔 세력을 우리가 전혀 이해할 수 없는 힘으로 생각하는 것은 오류일 것이다. 우리는 신체적 욕정에 휩싸여 다른 이들을 부당하게 대우한다. 증오, 두려움, 질투, 불안 등 부정적인 감정들이 우리를 몰아간다. 우리에게 주입된 다양한 이데올로기는 다른 이들의 권리를 짓밟도록 우리를 충동하고 유혹한다. 국가주의, 군국주의, 물질주의, 인종차별주의, 성차별주의, 공산주의, 자본주의 등등 후보는 많다.[20] 바울은 '노예화'의 언어를 써서 주장을

---

[20] 로마의 스토아학파 사람들은 이와 상당히 유사한 시각을 갖고 있었다. Nussbaum이 앞에서 언급한 논문에서 말하길, 세네카는 동료 인간들이 '문화적 세

펼친다. 그는 편지의 수신자들에게 그들이 "죄의 노예"(6:6, 20)라고 말한다. 물론 그는 당시 익숙했던 노예제를 염두에 두고 이 비유를 든 것이다. 지금 같으면 마약중독자가 마약의 노예이고, 알코올중독자가 술의 노예인 상태를 생각하면 된다.

바울의 요점은 일반적이다. 율법주의의 노예가 된 상태를 분석하는 데 그가 대부분의 시간을 할애하는 이유는 당면한 주제에 그것이 가장 적절하고, 그와 유대인 수신자들에게 가장 익숙한 노예 상태이기 때문이었다. 바울은 "율법을 아는 사람들에게 말을" 한다고 밝힌다(7:1). 문맥을 볼 때 그는 토라를 염두에 두고 있음이 분명하다. 바울 당시의 유대인들 대부분이 율법주의자이진 않았다는 샌더스의 주장을 인정해 보자. 그리고 로마서의 첫 네 장에서 바울이 펼치는 논증이 선행으로 구원을 확보할 수 있다고 생각하는 유대인들을 겨냥한 것이 아니라는 사실을 기억해 두자. 그렇다고 해도, 로마서 7장과 8장에서 바울이 유대교 율법에 대한 율법주의자들을 염두에 두었다는 점에는 의심의 여지가 전혀 없다. 그런 율법주의는 인간을 노예로 삼는 이데올로기 중 하나였다. 메시아가 올 때까지 하나님 백성의 길잡이가 되도록 주어진 토라가 사람을 노예로 만드는 율법주의의 힘에 걸려들었던 것이다.

분명하고 자신 있게 말하건대, 바울이 사람을 옭아맨다고 본 것

력'의 '지배'하에 있다고 보았다. "아이는 이성을 비판적으로 사용할 능력을 갖추기 전까지 사회적으로 배운 가치 체계를 내면화하는데, 그 가치 체계는 여러 면에서 병든 것이라 그와 비슷하게 병든 욕망들을 만들어 낸다." 바울이 스토아학파와 날카롭게 갈라서는 부분은 진단이 아니라 처방한 치료법이다. "영혼을 장악하는" 세력은 "평생에 걸친 열정적이고 집착에 가까운 자기 성찰에 의해서만 박멸할 수 있다"는 것이 스토아학파의 견해였다. (모두 Nussbaum이 인용, "Equity and Mercy", p. 100.)

은 율법 자체가 아니라 율법에 대한 율법주의다. 그는 우리가 "율법이 죄"라고 말해야 하느냐고 묻는다. 그의 대답은 분명하다. "그럴 수 없습니다"(7:7). "율법은 거룩하며, 계명도 거룩하고 의롭고 선한 것입니다"(7:12). 그러나 율법이 율법주의에 사로잡히면, 죄의 힘이 "선한 것을 방편으로 하여 [우리에게] 죽음을 일으"킨다(7:13). 우리는 모든 '주의'(isms)에 대해 같은 말을 할 수 있다. 어떤 '주의'에서든 그 자체로 선한 것은 사람들을 휘어잡는 이데올로기에 걸려든다.

이전의 수많은 주석가들이 그랬듯, 나도 율법주의가 어떻게 힘을 발휘하는지에 대한 바울의 분석이 비범할 정도로 섬세하고 매혹적이라고 생각한다. 하지만 지금 우리의 목적과 그 분석은 별로 관계가 없다. 우리에게 중요한 것은 바울이 공들여 밝히는 요점, 즉 우리 인간이 우리 안팎의 힘들에 의해 충동이나 유혹을 받는다는 점이다. 우리는 몸의 욕정과 심리적 충동, 증오와 시기의 감정, 국가주의와 군국주의 같은 이데올로기에 사로잡혀 있다.

그다음에 무엇이 올지는 예상할 수 있다. 하나님을 기쁘게 해 드리기 위해서는,[21] 우리를 지배하면서 하나님과 사람들을 부당하게 대우하도록 충동하고 유혹하는 세력에서 벗어나야 한다. 바울이 생각한 인간 자아의 역학이라는 그림을 고려할 때, 그 세력에서 벗

---

[21] 여기서 "기쁘게 해 드리는"이라는 용어를 쓴 것은 바울이 로마서 8장 8절에서 한 말("육신에 매인 사람은 하나님을 기쁘게 해 드릴 수 없습니다")과, Kant가 『이성의 한계 내에서의 종교』(Religion within the Bounds of Reason, 아카넷 역간)에서 하나님을 기쁘게 해 드리는 자가 되는 방법에 대해 펼친 논의를 떠올리게 하기 위해서다. Kant와 바울의 설명의 유사성과 차이점을 논하는 것은 대단히 흥미로운 일일 것이다. Kant의 논의를 볼 때 그가 바울의 설명에 친숙했다는 것을 알 수 있다. 다만 그가 아는 바울은 루터파와 경건주의적 신학 해석의 렌즈를 통해 걸러졌다.

어나려면 디카이오수네를 존중하는 방향으로 우리를 몰아가고 유혹하는 대안적 세력이 우리 안에 작용해야 한다. 우리에겐 대안적 '노예 상태'가 필요하다. 바울은 예수를 믿는 형태로 하나님을 믿는 이들에게 바로 이것을 하나님이 주신다고 본다. "우리에게 주신 성령을 통하여 그의 사랑을 우리 마음 속에 부어 주"신 것은(5:5), "다시는 죄의 노예가 되지 않게 하려는 것"이다(6:6). 우리가 "죄와 죽음의 법에서 해방"된 것은(8:2), "새 생명 안에서 살아가기 위함"이다(6:4).

> 여러분이 아무에게나 자기를 종으로 내맡겨서 복종하게 하면, 여러분은, 여러분이 복종하는 그 사람의 종이 되는 것임을 알지 못합니까? 여러분은 죄의 종이 되어 죽음에 이르거나, 아니면 순종의 종이 되어 [디카이오수네(*dikaiosunē*)에] 이르거나, 하는 것입니다. 그러나 하나님께 감사하는 것은, 여러분이 전에는 죄의 종이었으나, 이제 여러분은 전해 받은 교훈의 본에 마음으로부터 순종함으로써, 죄에서 해방을 받아서 [디카이오수네의] 종이 된 것입니다.…여러분이 전에는 자기 지체를 더러움과 불법의 종으로 내맡겨서 불법에 빠져 있었지만, 이제는 여러분의 지체를 [디카이오수네의] 종으로 바쳐서 거룩함에 이르도록 하십시오. (6:16-19)

그러나 바울은 사람을 충동하고 유혹해서 악행을 저지르게 하는 세력이 예수를 믿는 사람들에 대한 지배력을 완전히 상실했다고 생각하지 않았다. 어떻게 그럴 수 있겠는가? 믿는 자는 그런 세력에서 온전히 벗어나기를 바라며 "신음하고" 거기에서 벗어날 날을 "간절히 기다리고" 있다(8:18-27). 그리고 그때까지 지켜야 할 명령이 주어졌다. 바울은 로마서의 수신자들에게 "죄가 여러분의 죽을 몸을 지배하지 못하게 해서,…몸의 정욕에 굴복하는 일이 없도록 하"라고 명한다(6:12).

새로운 정체성

인간은 하나님을 부당하게 대우했다는 점에서 모두 형편이 같다. 바울이 로마에 보낸 서신의 핵심 요지는 우리가 다른 면에서도 형편이 같다는 것으로, 하나님은 유대인과 이방인 할 것 없이 하나님을 믿는 모든 사람을 의롭다 하시겠다고 제안하신다는 것이다. 겉모습으로 판단하지 않으신다는 평판을 안겨 준 예수의 행동 패턴은, 이런 근본적 단일성을 인정하고 그에 충실하게 살아가는 모습을 드러내는 것으로 보는 것이 합당하다. 사회적으로 존경받을 수 있는 한도를 아무리 멀리 벗어난 사람을 만나도, 우리는 그 사람이 하나님이 칭의를 베풀기 원하시는 존재라는 사실에 걸맞게 그를 대해야 한다. 그는 하나님이 친구 삼고 싶어 하시는 존재다.

바울은 로마서 외의 다른 여러 편지에서 하나님이 칭의를 제안하심으로 만들어지는 또 다른 정체성을 강조한다. 예수 그리스도를 믿는 형태로 하나님을 믿는 이들이 갖게 되는 정체성이다. 바울이 이 정체성을 어떻게 묘사하는지 관련 구절 중에서 가장 유명한 것을 살펴보자.

여러분은 모두 그 믿음으로 말미암아 그리스도 예수 안에서 하나님의 자녀들입니다. 여러분은 모두 세례를 받아 그리스도와 하나가 되고, 그리스도를 옷으로 입은 사람들이기 때문입니다. 유대 사람도 그리스 사람도 없으며, 종도 자유인도 없으며, 남자와 여자가 없습니다. 여러분 모두가 그리스도 예수 안에서 하나이기 때문입니다. (갈라디아서 3:26-28)

이런 정체성이 교회 구성원들이 서로를 대하는 데 있어서 어떤 함의를 갖는지 신약성경 야고보서에는 생생하게 기록되어 있다.

나의 형제자매 여러분, 여러분은 영광의 우리 주 예수 그리스도를 믿고 있으니, 사람을 차별하여 대하지 마십시오. 이를테면, 여러분의 회당에 화려한 옷을 입은 사람이 금반지를 끼고 들어오고, 또, 남루한 옷을 입은 가난한 사람도 들어온다고 합시다. 여러분이 화려한 옷차림을 한 사람에게는 특별한 호의를 보이면서 "여기 좋은 자리에 앉으십시오" 하고, 가난한 사람에게는 "당신은 거기 서 있든지, 내 발치에 앉든지 하오" 하고 말하면, 바로 여러분은 서로 차별을 하고, 나쁜 생각으로 남을 판단하는 사람이 된 것이 아니고 무엇이겠습니까? 사랑하는 형제자매 여러분, 들으십시오. 하나님께서는 세상의 가난한 사람을 택하셔서 믿음에 부요한 사람이 되게 하시고, 하나님을 사랑하는 이들에게 약속하신 그 나라의 상속자가 되게 하시지 않았습니까? 그런데 여러분은 가난한 사람을 업신여겼습니다. 여러분을 압제하는 사람은 부자들이 아닙니까?…여러분이 사람을 차별해서 대하면 죄를 짓는 것이요, 여러분은 율법을 따라 범법자로 판정을 받게 됩니다. (야고보서 2:1-9)

하나님의 차별하지 않으심은 차별 없는 교회의 모습으로 나타나야 한다.

내가 시도하지 않았던 일

바울은 하나님이 예수의 신실함 때문에 죄인들을 의롭다 하신다고, 그리스도가 **우리를 위해** 죽으셨다고 믿었다. 이것은 바울 사상에서 대단히 중요한 부분이지만, 나는 이것이 어떻게 작용하는지에 대한 바울의 생각을 밝히려 하지 않았다. 이 책의 목표는 바울의 사상 전체를 소개하는 것이 아니라 하나님의 사랑의 정의로움에 대한 바울의 논증 구조를 제시하는 것이기 때문이다. 나는 예수의 신실성이 어떻게 하나님의 죄인을 의롭다 하심의 근거가 되는지 설명하지 않아도 그 작업이 가능하다고 생각했다. 이 말만 덧붙이고자 한다. 그 주제에 대해 어떤 결론을 내리건, 바울이 로마서에서 규명해 놓은 큰 틀에 들어맞아야 한다는 것이다. 그렇지 않다면 우리는 바울을 해석하는 것이 아니라 다른 일을 하는 것이 된다. 나는 이런 방법론적 원칙이 무너지는 것을 자주 목격한다. 해석자들은 바울 사상의 여러 요소들을 해석할 때 바울 본인이 설정한 가장 중요한 주제를 무시한다. 죄인을 의롭다 하시는 하나님의 관대하심의 정의가 바울의 가장 중요한 주제라는 사실을 누구도 주목하지 않았다. 나는 그 가장 중요한 주제를 이해하려 시도했다.

부록

로마서에 대한 내 나름의 잠정적 해석에 이르기 전까지는 칼 바르트의 유명한 '선택 해설'(*Church Dogmatics*, Volume 2, Part 2)을 읽지 않으리라 다짐했다. 이런저런 선입견에 의해 형성된 어떤 해석 없이 텍스트를 읽는 사람은 없다. 그래도 나는 최대한 텍스트에 귀를 기울여 내 선입견에 잘못된 부분이 있다면 바로잡을 기회를 갖고 싶었다. 기독교의 개혁주의 전통의 교리를 배웠고 그 전통에 속해 있는 결과로 생긴 선입견들만 가지고도 그것은 참 힘든 일이었다. 거기에 추가적인 선입견들을 덧붙이지 않는 것이 최선이라 생각했다.

지금은 바르트의 해설을 읽은 후다. 그가 이 주제로 쓴 내용을 충분히 다루려면 아주 긴 논문을 한 편 써야 할 것이다. 나는 그가 해설의 첫 두 부분, "예수 그리스도의 선택"과 "공동체의 선택"에서 말한 내용에 전반적으로 동의한다. 동의하는 정도가 아니라, 다소 장황하기는 하지만 그가 말한 내용이 비범할 만큼 통찰력이 있다고 본다. 로마서 8-11장에 대한 그의 해설(213-233)은 본질적으로 내 생각과 같다. 여기서 바울은 구속 역사의 과정에서 특별한 임무를 맡기기 위해 이스라엘과 교회를 불러냄(뽑음, 선택함)에 대해 말하는데, 토기장이 비유가 "전체 해설의 중심축"(223)을 차지한다. 하지만 그 해설의 세 번째 주요 부분인 "개인의 선택"에서 바르트가 말하는 내용에는 동의할 수 없다. 동의하지 않는 주된 부분만 간략히 짚어 보겠다.

바르트는 이렇게 말한다. "택함을 받은 사람은 어떤 경우에나 예수 그리스도의 공동체 안에서, 그 공동체와 더불어 택함을 받는다.

공동체를 매개로 택함을 받고, 그 구성원으로 택함을 받는다. 이스라엘 백성은 그들의 메시아, 예수 안에서 택함을 받고, 교회는 그 구주 예수 안에서 택함을 받는다"(410). 이것은 본질적으로 바르트가 바로 앞 절에서 했던 주장, 즉 하나님은 예수와 이스라엘과 교회를 택하신다는 주장을 되풀이한 것이다. 그러나 이어서 그는 이렇게 말한다. "두 부류의 사람들이 있다. 부름받은 자들과 부름받지 못한 자들, 믿는 자들과 불경건한 자들, 따라서 택함을 받은 자들과 외견상 거부당한 자들, 하나님의 공동체와 세상이 있다"(351). 여기서 상황이 혼란스러워진다. 부름받지 못한 자들과 불경건한 자들을 동일시하는 이유는 무엇인가? 바울이 로마서 처음의 두 장에서 말하는 자들, 이스라엘과 교회 바깥에 있지만 하나님을 인정하고 참으며 선한 일을 하는 사람들에게 무슨 일이 벌어진 것인가? 바르트가 택함 받지 못한 자들을 외견상 거부당한 자들과 동일시할 때 무엇을 말하는 것인가? 그들은 무엇 때문에 거부당한 것인가?

바르트는 "거부당한" 사람을 "예수 그리스도 안에서 이루어진 자신의 택함에 저항하여 하나님으로부터 자신을 분리시키는 사람"이라고 묘사한다. "하나님은 그를 위하시나, 그는 하나님을 대적한다. 하나님은 그에게 은혜를 베푸시나 그는 하나님에게 감사하지 않는다"(449). 여기서 바르트가 모든 민족 가운데 있는 하나님을 인정하지 않는 모든 사람을 말하는 것이라고 해석할 수는 있다. 바울과 달리 바르트는, 하나님이 예수와 이스라엘과 교회를 불러내시는 것뿐 아니라 하나님이 각 사람에게 그분의 구속의 사랑을 뻗치시는 일에도 "택함"이라는 용어를 쓴다. 바르트는 모든 인간이 받는 "하나님의 은혜의 선택"(32)을 말하는데, 그런 의미에서는 모든 인간이 택함을 받은 자다. 따라서 앞의 구절에서 나온 거부당한 사람은 예수를 만나고도 그분을 주로 인정하지 않는 사람과 하나님을 인정하지 않는 모든 나라의 사람들을 포함한 개념일 것이다. 그러나 바르트는 가룟 유다를 거부당한 사람의 전형적인 사례로 논한다(458 이하). 거부와 배신은 유다가 예수에게 한 것이다. 유다는 구속 역사의 줄거리에서 특별한 역할을 위해 선택받은 하나님의 백성의 일원이 되라는 부름을 거절했다.

그러면 바르트는 "참으로, 하나님께서는 사람을 외모로 가리지 아니하시는 분이시고, 하나님을 두려워하며, 의를 행하는 사람은 그가 어느 민족에 속하여 있든지, 다 받아 주신다"는 베드로의 주장에 대해 무엇이라 말하는가? 그는 500쪽 분량의 선택 해설에서 이 문제를 직접적으로 다루지 않는다. 그리고 그가 이 문제와 관련된 부분을 말할 때 그 내용은 혼란스럽기만 하다. 그는 논의의 처음부터(19쪽을 보라) 칭의의 은혜와 선택의 은혜를 혼동했다. 그리고 내가 볼 때는 그 혼동이 끝까지 계속된다. 그러나 칭의의 은혜와 선택의 은혜를 구분하지 못하면 바울을 이해할 수 없다는 것이 내가 제시한 주요 논점 중 하나였다.

해설

_ 강영안
(캘빈 신학교 철학신학 교수, 서강대 명예교수)

정의의 문제

정의는 사람다운 삶을 살기 위해 반드시 추구해야 할 삶의 가치이며, 삶의 근본 현실에 잇닿은 개념이다. 이 점에서 정의는 진실, 자유, 평등, 선, 아름다움, 평화와 동등한 자리를 차지한다. 정의는 특별히 성경의 관점에서 보면 평화, 곧 샬롬과 연관된다. 하나님이 창조하신 모든 피조물은 궁극적으로 샬롬을 지향한다. 샬롬의 삶은 전쟁이나 갈등의 부재에 그치지 않고, 모든 개인이 자유롭고도 평등한 가운데 각자가 하나님으로부터 받은 능력과 자질을 한껏 발휘하여 하나님과 자연과 이웃과 더불어, 심지어 자기 자신과 더불어 평화를 누리는 삶이다. 이러한 삶은 정의 없이 이루어지지 않는다. 정의 없이 평화는 없다. 정의가 가능하기 위해서는 서로 필요한 선(善)을 누리고, 진실로 서로 믿고, 선대하고, 사랑하고, 타인을 수용하고, 서로 함께 아름다움을 누리는 삶이 선결 조건으로 실현되어야 한다. 오늘날처럼 불평등의 심화와 인권의 침해가 어느 때보다 분명히 의식되는 상황에서 정의는 우리에게 매우 중요한 문제로 다가온다.

정의의 문제는(그리스도인들에게 좀더 익숙한 용어로 공의의 문제는) 그리스도인으로서 온전히 생각하고 온전히 살아가기 위해서도 중요하다. 하나님은 공의의 하나님이시며 하나님의 백성이 공의롭게 행하기를 원하시기 때문이다. 아브라함과 그의 가족들을 하나님이 구별하여 택하셨을 때, 그 선택의 이유는 그들의 과거나 현재에 어떤 선한 것들이 있기 때문이 아니라 그들이 앞으로 '야훼의 길', 곧 '의(義)와 공도(公道)'를 실천하는 길을 걸어가기 원하셨기 때문이다(창세기 17:19). 예수 그리스도 안에서 하나님의 백성으로 부름받은 사람들도 아브라함의 자손들과 마찬가지로 의와 공도를 따르는 삶, 곧 정의와 공의의 삶을 살아가도록 하기 위한 것이다. 의례적이고 형식적이고 눈에 보이는 것들을 강조한 바리새인들의 신앙 방식을 비판하면서 예수가 요구하신 것은 '정의'(義)와 '자비'(仁)와 '신뢰'(信)였다(마태복음 23:23). 신실하게 생각하고 살기 원하는 그리스도인은, 그렇다면 정의가 무엇이며 그것이 사랑의 명령과 어떻게 연관되는지, 예수 그리스도를 믿는 죄인들을 의롭다고 하신 하나님의 사랑과 자비와 정의 사이에는 어떤 연관이 있는지 물어보지 않을 수 없다.

니콜라스 월터스토프는 어느 학자보다 오랫동안 치열하게 이러한 물음과 정의의 문제를 줄곧 기독교 철학 전통 안에서 생각해 왔다. 그는 존재론, 인식론, 윤리학, 미학, 정치철학, 교육철학 등 철학의 주요 분야에 걸쳐 탁월한 저서를 낸 매우 전문적인 철학자다. 그는 1970년대 중반, 인종 분리 정책이 남아프리카공화국에 가져온 해악과 팔레스타인 난민들이 이스라엘과의 갈등으로 고통받는 현실을 직접 목도하고 귀로 듣게 된 순간부터 정의 문제를 손에서 놓지 않고 고찰해 왔다. 이 주제로 1981년 암스테르담 자유대학교에서 카이퍼 강좌를 맡아 강연하였고, 이는 『정의와 평화가 입맞출 때까지』(Until Justice and Peace Embrace, IVP 역간)로 출간되었다. 2008년 프린스턴 대학교 출판부를 통해 낸 『정의: 정당한 것들과 부당한 것들』(Justice: Rights and Wrongs)을 통해 자신의 고유한 정의론을 펼쳤으며, 2011년에는 어드만스 출판사를 통하여 이 번역본 『사랑과 정의』(Justice in Love, IVP 역간)의 저본을 낸 후, 마침내 2013년 베이커 출판사를 통하여 자신이 정의에 관심을 갖게 된 배경과 걸어온 길을 보여 주는 자전적인 책 『월터스토프 하나님의 정의』(Journey towards Justice, 복있는사람 역간)를 냈다.

월터스토프의 정의론은 철학과 신학의 관점에서 볼 때 적어도 세 가지 중요한 기여가 있다. (1) 유대교-기독교 전통에서 정의 문제를 새롭게 볼 수 있도록 한 것, (2) 기독교 전통 안에서 정의와 사랑을 이분화하거나 정의를 사랑으로 극복된 과거의 유물 정도로 보는 입장을 넘어서 '정의로운 사랑'(just love) 또는 '사랑의 정의'(loving justice)를 내세운 것, (3) 개신교 신학의 핵심으로 이해되는 칭의(justification) 문제를 정의 문제와 관련하여 조명한 것이다. 이제 이를 하나씩 다루어 보자.

올바른 질서로서의 정의와 권리에 토대한 정의

먼저 일상 속에서 우리가 정의를 입에 담는 경우를 보자. 우리는 어떤 상황에서 정의를 말하는가? 힘없는 사람을 동네 깡패들이 에워싸서 구타를 하고 있는 장면을 본다고 상상해 보자. 그러면 사람들 대부분은 흘깃 보고는 지나가 버린다. 그런데 지나가던 어느 청년이 깡패들을 말린다고 해 보자. 깡패들은 오히려 그 청년을 공격하고 그 청년은 깡패들과 맞서 피를 흘리며 싸운다고, 그리고 깡패들을 물리친다고 하자. 그렇다면 그 청년을 무엇이라 부르겠는가? 우리 한국 사람들은 그런 사람을 '정의의 사나이'라고 부른다. 2001년 1월 26일에 일본 도쿄의 신오쿠보역에서 취객을 구하려다가 숨진 이수현 씨를 일본 사람이나 한국 사람이나 다 같이 '의인', 곧 '정의의 사람'이라 부른다. 우리는 누군가 억울한 일을 당할 때, 힘 있는 사람이 힘없는 사람을 부당하게 대할 때, 악이 승리하는 것처럼 보일 때, 그런 상황에 용감하게 뛰어드는 일을 정의라 말한다.

정의는 이런 의미에서 불의(不義)와 반대된다. 거짓말을 한다든지, 남의 것을 착취한다든지, 거짓으로 이익을 취한다든지, 옳지 못한 일을 두둔하거나 봐주거나 넘어간다든지 하는 것은 불의한 일이다. 누군가 남을 억울하게 하거나 바르지 못한 일을 하거나 옳지 못한 일을 두둔할 때, 그를 막는 일을 '정의'와 관련해서 생각하는 것이 통상 한국인들이 이해하는 정의가 아닐까 생각한다. 억울한 사람을 옹호하고 불의를 바로잡는다는 의미에서, 이러한 이해는 월터스토프가 이해하는 정의와 그리 멀지 않다.

월터스토프는 (그 자신도 오랫동안 의식하지 못한 채) 서양의 일반적 정의 개념과 맞서 싸워 왔다. 서양의 정의 개념은 정의를 '올바른 질서'(right order)로 보는 것이다. 개인의 차원에서 정의는 인간 개개인을 일관성 있고 선하게 만드는 내면의 미덕이며, 사회 차원에서는 사회를 조화롭고 선하게 만드는 일종의 사회의식이다. 이로부터 정의는 질서를 잘 갖춘 사회의 미덕이요, 원리라고 보는 플라톤의 정의 개념이 형성되었다.

플라톤은 정의를 설명하기 위해 두 가지 비유를 도입한다. 하나는 이성과 영과 욕망의 비유이고 다른 하나는 머리와 가슴과 배의 비유다. 인간 영혼은 이성(지혜)과 영(용기)과 욕망(절제)의 질서가 올바르게 바로잡힐 때 정의롭다. 사람의 몸도 머리와 가슴과 배가 각각의 기능을 다하여 조화를 이룰 때 건강한 것처럼, 인간 사회도 머리(지혜) 역할을 하는 통치자 계급, 가슴(용기) 역할을 하는 전사 계급, 배(절제) 역할을 하는 생산자 계급이 각자 자신들의 기능을 다하여 조화롭게 작동할 때 정의롭다. 사회 차원에서 보자면 용기를 가진 전사 계급이 지혜를 가진 통치자에게 종속하고 통치자와 전사가 생산자들을 통치하고 생산자들은 각각 자신의 의무를 다할 때 정의가 실현된다고 본 것이다. 아리스토텔레스가 『니코마코스 윤리학』에서 말한 분배적 정의나 보상적 정의도 대체로 이런 배경에서 이해할 수 있다. 존 롤스를 위시하여, 정의론을 펼친 20세기 철학자들도 이 전통을 크게 벗어나지 않는다.

월터스토프의 정의론은 어떤 점에서 다른가? 그는 질서 개념에서 출발하지 않고 억울함의 개념, 부당함의 개념, 착취의 개념에서 시작한다. 월터스토프는 올바른 사회를 만들고 질서를 세우고 각 사람들이 자신들의 지닌 부와 능력과 소유를 정당하게 유지할 수 있는 방법을 찾아가는 길에서 정의의 문제에 맞닥뜨린 것이 아니다. 그를 정의의 문제에 눈뜨게 해 준 사건은 최근 번역 출간된 『월터스토프의 하나님의 정의』에 상술한 것처럼, 1970년대 중반 남아프리카공화국에서 열린 기독교 대학과 학문을 다루는 학회에 참석해서 인종 분리 정책으로 유색 인종이 당하는 고통과 신음 소리를 보고 들은 일과, 시카고에서 팔레스타인 난민들의 고통과 신음 소리를 직접 보고 들은 일이었다. 레비나스의 표현을 빌리면, 고통받는 타인의 얼굴의 '현현' 가운데 월터스토프는 정의 문제에 눈을 뜨게 되었다. 월터스토프의 정의론은 사람들이 당하는 원초적 권리(primary right) 또는 누구나 태어날 때부터 인간으로서 타고난 생득적 권리(inherent rights)의 박탈과 착취에서 오는 분노에서 시작되었다. 그러므로 그의 정의론은 정의를 통하여 이상 사회를 만들거나 이상적 공동체를 세워 보려 하기보다는 부당하게 착취를 당하고 부당하게 억울함을 당하는 사람들의 권리를 옹호하고 박탈된 권리를 되찾는 데서 시작한다. 현대 철학자들의 정의론과 월터스토프의 정의론은 출발점에서 벌써 갈라진다.

    월터스토프의 정의론은 하나님의 형상에 관한 칼뱅의 이해나 중세 교회법학자들의 이론과 부와 가난에 관한 초기 교부들의 주장과 깊은 관련이 있다. 그러나 무엇보다도, 아브라함 헤셸과 마찬가지로 구약 선지자들의 외침에 근원을 둔다. 1981년의 카이퍼 강좌, 『정의와 평화가 입맞출 때까지』에서 이미 월터스토프는 선지자들에게서 발견되는 정의 개념에 관심을 기울였다. 그러나 이 책에서는 정의와 짝지어 등장하는 '평화'와 함께, 그리고 특별히 빈부 문제와 관련해 정의를 논의할 뿐 정의 자체를 주제로 깊이 다루지는 않았다. 그로부터 27년 뒤인 2008년, 교부들과 성경으로부터 얻은 통찰을 철학적으로 훨씬 정교하고 치밀하게 논증한 그의 본격적 정의론이 『정의』로 출판되었다. 정의의 문제는 플라톤 이후 서양의 정의 개념의 모형이 된 '올바른 질서'의 문제가 아니라 '원초적 권리'의 문제이고, 이 권리는 인간이면 누구나 기본적으로 누려야 할 기초적 권리이며 하나님의 형상으로 지음 받은 인간이면 비록 지적 능력이나 도덕적 능력을 상실했다고 하더라도 누구나 요구할 수 있는 권리다. 월터스토프는 하나님의 형상을 인간이 지닌 특별한 '능력'에서 보지 않고 인간과 하나님의 '관계', 곧 인간이라면 누구나 '하나님의 사랑받는 존재'라는 데서 찾는다. 하나님께 사랑받는 존재라는 사실이 인간의 존엄, 곧 인간의 가치의 근거다. 이 가치를 훼손하고 박탈하는 것이 다름 아닌 불의이며 정의와 반하는 일이다. 월터스토프의 정의론은 이 점에서 여타 정의론과 구별된다.

사랑과 정의: 사랑은 정의를 배제하는가?

사랑은 정의를 배제하는가? 정의와 사랑은 무관한가? 대체로 기독교 전통은 사랑과 정의가 서로 대립한다고 이해했다. 정의를 내세우면 사랑이 들어설 자리가 없는 것처럼, 사랑을 앞세우면 정의는 뒷전으로 물러나야 할 것처럼 보였다. 20세기를 대표하는 신학자들 몇몇(니그렌, 니버, 브루너)도 사랑과 정의를 그렇게 이해했다. 월터스토프는 이 신학자들의 이론과 대결한다. 사랑과 정의가 대립하지 않으며, 서로 구별되지만 분리될 수는 없다고 본다. 참다운 정의는 언제나 '사랑 가운데 행하는 정의'(justice in love)이며 참다운 사랑은 '정의 가운데 행하는 사랑'(love in justice)이다. 이것이 여러분이 들고 있는 이 책의 주요 논지다. 이 주장을 통해 월터스토프는 두 가지를 목표를 겨냥한다. 철학적으로는 현대 윤리학의 세 모형으로 제시되는 이기주의(egoism)·행복주의(eudaimonism)·공리주의(utilitarianism)에 대한 대안을 제시하며, 신학적으로는 니그렌처럼 정의를 사랑과 대립시키면서 오직 사랑을 내세우거나, 니버처럼 종말에는 사랑이 이길 것이나 현실에서는 정의를 우위에 두어야 한다고 생각하는 이른바 '아가페주의'에 대한 대안을 구축하는 것이다. 월터스토프가 씨름하는 사상은 무엇보다 '아가페주의'다. 아가페주의에 따르면, 예수의 가장 중요한 가르침은 이웃을 '단지 그가 이웃이라는 이유로' 사랑하라는 것이다. 이 사랑은 자발적이며, 자신의 이익을 생각하지 않으며, 오직 이웃의 선을 위해 희생하며, 정의의 요구조차 무시할 수 있다.

아가페주의도 크게 두 가지로 나뉜다. 하나는, 조건 없이 자기를 부정하고 철저하게 남의 유익을 위해 희생하는 아가페 사랑을 자기중심적 에로스 사랑과 구분하면서, 이웃을 향한 아가페 사랑은 자기애뿐만 아니라 정의를 철저히 배제한다고 생각한 니그렌의 관점이다. 다른 하나는, 아가페 사랑과 정의가 충돌할 때는 사랑보다는 오히려 정의를 선택해야 한다고 본 라인홀드 니버의 관점이다. 둘 모두 월터스토프가 비판하는 대상이다. 이 과정을 거쳐 월터스토프는, 사랑을 자비(benevolence)로 해석하는 고전적 아가페주의에 대한 대안으로 배려(care)로서의 사랑 개념을 제안한다.

배려의 사랑은 이웃을 단지 그가 이웃이기 때문에 무조건 사랑하는 것이 아니라, 그 상황에서 그 사람이 이웃을 사랑하는 것이 정의롭고 사랑하지 않는 것이 불의하기 때문에 행하는 사랑이라고 본다. 이렇게 보면 사랑과 정의는 서로 무관하거나 배제하는 것이 아니다. 사랑은 정의를 실천하는 행위이며 정의는 사랑을 통해서 실현된다. 만일 사랑에서 정의를 배제하면 그 사랑은 오히려 사람을 억압하고 피해를 줄 수 있다고 월터스토프는 생각한다. 그는 이 논의를 거쳐 용서의 문제를 다룬다. 용서를 다루는 이유는 간단하다. 만일 예수 그리스도 안에서 보이신 하나님의 사랑이 아가페주의자인 니그렌이 주장하는 것처럼 정의를 극복하는 것이어서 결국 정의와 무관하다면, 하나님의 용서를 어떻게 이해할 것인가? 용서는 정의와 무관하게 죄 있는 사람을 마치 아무 죄 없는 것처럼 무죄 방면하는 것인가? 그렇다면 용서는 정의를 무시하는가? 월터스토프는 하나님의 용서가 정의와 무관할 수 없다고 생각하며 이 생각을 종교개혁 신학의 핵심 개념이 된 칭의의 문제로 연결시킨다.

이 맥락에서 중요한 것은 정의를 개인이나 사회 차원에서 조화로운 질서를 세우는 것으로 보지 않고 착취당하거나 억울하게 악행을 당한 사람들의 권리를 옹호하고 잘못된 것을 고치는 일로 보는 것이다. 월터스토프는 로마의 법학자 울피아누스의 정의로 통용되는 '그의 것을 각자에게 돌려주는 것'(*suum cuique tribuere*)이란 표현을 좀더 자세하게 '그의 권리를 각자에게 돌려주는 것'(*suum ius cuique tribuere*)으로 바꾸어 표현한다. 정의의 문제가 단지 사람이 가진 몸이나 지식이나 재산에 관한 것에 그치지 않으며 무엇보다 사람이 사람으로서 누려야 할 원초적 권리(*ius*)의 문제임을 분명하게 드러낸다. 이렇게 보면 정의로운 사회는 구성원 각자의 권리를 옹호하고 권리를 잃었을 때 되찾아 주는 사회다. 앞에도 언급했듯이 정의는 권리 개념과 연관되며, 권리 개념은 다시 인간의 '가치', 인간의 '존엄' 개념과 연관된다.

이때 문제는 인간의 가치와 존엄을 어디서 찾을 것인가 하는 물음이다. 칸트는 인간의 가치와 존엄을, 따라 행해야 할 도덕 법칙을 스스로 입법할 수 있는 이성 능력을 인간이 가지고 있다는 사실에서 찾았다. 만일 이렇게 보는 것이 옳다면 이성 능력이 결여된 지적 장애인이나 식물인간이나 치매 환자는 인간의 가치와 존엄의 보유자 집단에서 제외된다. 그렇다면 이들은 어떤 권리를 주장할 수 없고 불의를 당할 때 정의에 호소할 수 없다. 따라서 월터스토프는 능력 중심으로 인간의 가치를 보는 것을 대치할 수 있는 근거를 인간이라면 누구나 '하나님의 형상'으로 지음 받았다는 사실에서 찾는다. 인간의 가치와 존엄은 인간이 어떤 능력(지적·도덕적)을 지녔다는 것이 아니라 하나님의 형상으로 지음 받았다는 사실에 있고, 하나님의 형상으로 지음 받았다는 사실은 인간이 누구나, 비록 장애가 있다 해도, 하나님과 관계하며 하나님의 사랑을 받는 존재임을 보여 준다. 인간이 불의를 당하거나 억울함을 당하지 않고 정의롭게 대접과 존중을 받을 수 있는 권리는 정의를 '올바른 질서'의 관점으로 보는 사람들처럼 어느 집단에 소속되었거나 능력이 있기 때문에 아니라 인간이면 누구나 '하나님의 사랑을 받는 존재'이기 때문에 원초적으로 획득한 권리다. 월터스토프가 인간의 가치와 존엄을 '능력'의 언어 대신 '관계'의 언어를 통해 확보한 것은 장애를 가진 이들도 인간의 권리를 지니며 사람답게 살 권리가 있음을 옹호하고 변호할 수 있는 이론적 토대를 마련해 준다.

그렇다면 왜 일부 기독교 전통은 예수 그리스도 이후 정의가 극복되고 오직 사랑만이 기독교 윤리를 지배한다고 생각했는가? 이 문제를 월터스토프는 정의에 관한 그의 네 번째 책에서도 자세하게 다루지만, 이 책에서도 이미 그의 생각이 분명하게 드러나 있다. 문제의 근원은 신약성경에 나오는 정의와 관련한 헬라어 단어들(*dikaiosunē, dikaios*)이 거의 대부분 '의'(righteousness)란 용어로 번역된 데 있다. 이 때문에 예수나 사도들은 '정의'에는 전혀 무관심한 것처럼 오해받았다. 예컨대 마태복음 5장을 보라. "의에 주리고 목마른 사람은 복이 있다. 그들이 배부를 것이다"(6절). "의를 위하여 박해를 받은 사람은 복이 있다. 하늘 나라가 그들의 것이다"(10절). 그리고 25장에서 예수는 마지막 심판에 대해 이렇게 말씀하신다. "'…너희는, 내가 주릴 때에 내게 먹을 것을 주었고, 목마를 때에 마실 것을 주었으며, 나그네로 있을 때에 영접하였고, 헐벗을 때에 입을 것을 주었고, 병들어 있을 때에 돌보아 주었고, 감옥에 갇혀 있을 때에 찾아 주었다' 할 것이다. 그 때에 의인들은 그에게 대답하기를 '주님, 우리가 언제, 주님께서 주리신 것을 보고 잡수실 것을 드리고, 목마르신 것을 보고 마실 것을 드리고, 나그네 되신 것을 보고 영접하고, 헐벗으신 것을 보고 입을 것을 드리고, 언제 병드시거나 감옥에 갇히신 것을 보고 찾아갔습니까?' 하고 말할 것이다"(35-39절). 이 구절들에는 디카이오수네(*dikaiosunē*)와 디카이오스(*dikaios*)가 쓰였다. 이 말들은 영어 성경에서 'righteousness'(의)와 'righteous'(의로운)로 번역되었다. 월터스토프는 'justice'(정의)와 'just'(정의로운)로 번역해야 한다고 주장한다. 이때 디카이오수네는 (플라톤 전통에서 볼 수 있는) 내면의 성품과 올바른 관계를 가졌다는 의미의 '의'보다, 곤궁에 처하거나 억울함을 당하여 피해를 받는 사람들이 있을 때 그들에게 관심을 보이고 그들의 권리를 옹호하며 그들의 권리가 침해될 때 그것을 바로잡는다는 의미의 '정의'가 정확하다고 월터스토프는 주장한다. 이때의 정의는 사랑과 떨어질 수 없다. 사랑은 정의를 통해서 표현된다.

칭의와 정의

월터스토프의 정의론이 이룬 세 번째 기여를 살펴보자. 4부에서 월터스토프는 신학 전통에서 우리가 흔히 '칭의'(justification)라고 부르는 것과 '정의'(justice)가 어떤 관계에 있는지 상세하게 논한다. 우리는 칭의를 흔히 '의롭다 함'이라 풀어 이해한다. 그런데 이때의 의로움, 헬라어 디카이오수네(*dikaiosunē*)는 무엇인가? 방금 앞에서 이야기한 것처럼 'righteousness'인가? 아니면 'justice'인가?

되풀이가 되겠지만 다시 지적해 두자. 복음서뿐만 아니라 예컨대 바울의 로마서에 쓰인 '의'(*dikaiosunē*)조차도 '정의'(justice)로 번역하는 것이 옳다고 월터스토프는 말한다. '하나님의 신실성' 또는 '하나님 언약의 신실성'으로 번역하자는 톰 라이트의 제안에 대해 그 의도와 내용에는 동의하지만, 역시 '정의'가 훨씬 더 적합한 번역어라고 본다. 그렇다면 "하나님이 '믿는 자들을 의롭게 하신다'는 말을 하나님이 '믿는 자들을 정의롭다고 하시는 것'으로 이해해야 할 텐데 이것은 타당한가?" 하는 물음이 자연히 생겨난다. 이른바 '칭의'를 월터스토프는 자신의 정의론에서 어떻게 이해하는가?

철학에서 지식의 문제를 다루는 인식론 분야를 조금이라도 들여다본 사람은 '정당화의 문제'(the problem of justification)가 현대 인식론의 주요 문제임을 알 것이다. 정당화 문제는 믿음의 타당성, 정당성, 합법성의 문제다. 칸트는 이것을 '권리의 문제'(quaestio iuris)라고 불렀다. 그러므로 인식론적 의미에서 정당화는, 사회적·법적·신학적 의미에서의 정의의 문제와는 구별되지만, 어떤 믿음을 가질 때 그 믿음이 참임을 또는 정당함을 요구할 수 있는 권리와 연관된다는 점에서 정의 문제와 연관된다. 그렇다면 신학적 의미에서의 칭의(稱義), 의화(義化), 또는 정당화(justification)는 권리의 문제와 무관하며 따라서 정의와 전혀 상관이 없는가? 월터스토프는 논의를 마치는 마지막 부분에서 이 문제를 다룬다.

먼저는 하나님의 관대하심, 용서하시는 사랑이 하나님의 정의를 보여 준다고 말한다. 이 관점에서 그는 로마서를 다시 읽어 낸다. 예수 그리스도 안에서 보이신 하나님의 의로우심, 하나님의 정의, 다시 말해 죄인들을 정의롭다고 하시는 하나님의 사랑이 불의한가? 만일 불의하다면 어떻게 하나님이 정의로울 수 있는가?

복음서에 나타난 예수의 태도는 누구에게나 '사람을 겉모양으로 가리지 않으시는' 것이었다(누가복음 20:21). 그러므로 바리새인들과 율법교사들이 예수를 시험할 때도 먼저 그분이 진실하시며 누구도 겉모양으로 사람을 가리지 않으시며 공정하시다는 인정에서부터 시작한다(마태복음 22:16; 마가복음 12:14). 베드로도 하나님은 사람을 외모로 가리지 아니하시고 정의를 행하는 사람을 공정하게, 공의롭고 정의롭게 대하신다고 고백한다(사도행전 10:34-35). 이러한 예수의 태도와 베드로의 깨달음에 대한 일종의 신학적 묵상이 로마서라고 월터스토프는 말한다.

월터스토프는 로마서의 주제를 유대인이나 헬라인이나 남자나 여자나 누구든지 사람이면 외모로 가리지 않고, 아무런 편견 없이 공정하게 사랑과 자비와 관대함을 베푸시는 '하나님의 사랑의 정의', 다시 말해 '하나님의 사랑의 정당함'을 변호하는 것이라고 본다. 이 책 4부에서 월터스토프는 전체 방향에서는 예컨대 톰 라이트와 같은 '새 관점' 학자들과 맥을 같이하면서도, 그들과는 다른 방식으로 하나님이 베푸시는 사랑의 정의로움을 옹호한다. 이 목적을 위해 사실상 로마서 전체를 다시 읽어 낸다. 이 부분을 세밀하게 읽어 가면 그의 논지를 비교적 분명하게 이해할 수 있다.

월터스토프는 로마서에서 다루고 있는 것이 정의의 문제이며, 인간의 도덕적 품성이나 자질과 관련된 것이 아니라 법적 상태와 관련된다고 본다. 대부분의 학자들이 이 둘의 구별을 혼동했기 때문에 혼란이 발생했다. 법적으로 죄가 있음에도 불구하고 정의롭다고 하심, 정당하다고 하심의 문제를 제대로 이해하려면 법정 상황을 상상해야 한다고 월터스토프는 제안한다. 우선 출발점을 그려 보자. 율법을 가진 유대인이나 율법 바깥의 헬라인이나 모두 하나님을 알면서도 하나님께 마땅히 드려야 할 영광을 돌리지 않아 하나님을 부당하게 대했다. 누구도 이 점에 대해 변명할 수 없고 누구도 이 점에서 죄가 없다고 할 수 없다. 사람들은 하나님뿐만 아니라 이웃도 부당하게 대했다. 유대인이든 헬라인이든 죄 없다 할 사람이 아무도 없다. 따라서 모든 사람이 죄인이며 불의하다. 의인은 하나도 없다. 모든 사람의 죄가 하나님의 법정에 기소된다. 그런데 하나님은 유대인이건 헬라인이건 죄가 있음에도(하나님은 예수 그리스도를 제외한 어떤 사람도 죄 없다 하지 않으셨다) 기소를 유예하심으로써, 복음을 믿는 사람에게는 죄의 결과를 묻지 않으시고 정의롭다고 선언하셔서 그분의 백성으로 받아 주셨다. 유대인이건 헬라인이건 모두 불의함에도 불구하고, 오직 예수 그리스도 안에서 하나님을 믿는 믿음에 근거해 더 이상 죄과를 묻지 않으시고 용서하셔서, 하나님 나라의 백성으로 받아 주셨다. 이것이 월터스토프가 이해하는 '칭의'다. 그의 요지에 따르면, 유대인이나 헬라인이나 어떤 사람이나 외모로 사람을 취하지 않고 오직 믿음을 근거로 사람을 용서하실 때 하나님은 불의하시지 않으며, 자신의 사랑을 정당하고 공정하게 베푸신다. 월터스토프는 이를 논증하기 위해 로마서 전체를 구속사의 관점에서 다시 읽어 가면서 죄인을 정의롭다고 하시는 하나님의 사랑이 어떻게 정의롭게 전개되는지 보여 준다.

그런데 믿음을 통하여 의롭다 함을 받는다고 할 때, 그 믿음은 도대체 누구를 믿는 믿음인가? 이때 믿음은 예수 그리스도의 신실성(the faithfulness of Jesus)인가, 아니면 예수 그리스도를 믿는 우리의 믿음(the faith of Jesus)인가? 이 물음에 답하기 위해 월터스토프는 두 가지 간단한 질문을 제기한다. 정의롭다고 하시는 하나님의 디카이오수네, 곧 하나님의 의가 우리의 믿음에 근거하는가? 아니면, 그리스도의 신실성에 근거하는가? 분명 우리의 믿음이 칭의의 근거일 수는 없다. 따라서 칭의, 곧 불의한 죄인들을 의롭다고 하심 혹은 정의롭다고 하심의 근거는 십자가에 못 박히시고 부활하신 예수 그리스도가 보이신 신실성이다. 그렇다면 믿음은 누구를 믿는 믿음인가? 아브라함의 경우가 보여 주는 것처럼 정의롭다고 인정받는 믿음은 하나님에 대한 믿음이라고 월터스토프는 이해한다.

이러한 배경에서 보면, 월터스토프가 이해하는 믿음은 선한 행위와 별개가 아니다. 믿음은 예컨대 하나님에 관한 어떤 특정 교리를 믿는 것이 아니다. 하나님을 믿는다는 것은 하나님을 신뢰하고 그분에게 순종하기를 추구하며 구체적이고 일상적인 삶 가운데 하나님을 하나님으로 온전히 인정하는 것이다. 사도행전 10장에서 베드로가 한 말로 표현하자면 '하나님을 두려워하고 정의를 행하는 것'이 곧 믿음이다. 믿음은 삶의 방향을 하나님께로 잡는 것이다. 하나님께로 향하고, 하나님이 원하시는 정의를 실천하는 삶을 사는 것이다. 따라서 하나님을 믿기 위해서는 그동안 온갖 방식으로 하나님과 이웃―여기서 이웃뿐만 아니라 하나님도 대상인 것을 주목하라―을 부당하게 대했던 일을 회개해야 한다. 하나님과 이웃을 부당하게 대했으나 믿음을 가진 사람들을 하나님이 의롭다 하시는 이유는, 그들이 예수 그리스도 안에서 하나님의 사랑을 누리고 하나님을 향하여 삶의 방향을 돌릴 때 하나님이 이제 그들과 친구가 되실 수 있기 때문이다.

그렇다면 그다음에는 무엇이 오는가? 유대인이나 헬라인이나 모든 인간은 분명 죄인인데 예수 그리스도 안에 나타난 사랑의 하나님을 믿고 신뢰하고 순종하는 사람들을 하나님이 의롭다고 하셨다면, 그것으로 모든 것이 완성된 것이 아니라 이제 새로운 시작이 가능하게 된 것이라고 월터스토프는 강조한다. 비록 죄가 있음에도 기소 유예를 받은 사람은 마땅히 하나님과 이웃에 대해 정의로운 삶을 살아가야 한다. 이제는 하나님과 사람들을 부당하게 대우하도록 충동하고 유혹하는 죄의 세력에서 벗어나 디카이오수네의 종, 곧 의의 종으로서의 길을 걸어가야 한다. "하나님께서 우리에게 주신 성령을 통하여 그의 사랑을 우리 마음 속에 부어 주"신 것은 (로마서 5:5) "우리가 다시는 죄의 노예가 되지 않게 하려는 것"이고 (6:6), 우리가 "죄와 죽음의 법에서 해방"된 것은(8:2) "새 생명 안에서 살아가기 위함"(6:4)이라는 말씀처럼, 정의롭다 하심(칭의) 다음에 따라오는 것은 '의의 종'이 되어 새로운 길을 걸어가는 삶이다. 이 길은 다름 아니라 전통 신학에서 강조해 온 성화의 길이다. 성화는 정의와 별개가 아니라 하나님과 이웃을 부당하게 대하던 삶을 떠나 하나님을 하나님으로 신뢰하고 순종하며 이웃을 정당한 방식으로 사랑하며 살아가는 삶의 과정이다. 따라서 칭의와 성화, 곧 정의롭다고 하심과 거룩하게 되는 것은 연속선상에 있다. 하나님이 외모로 사람을 가리지 않으시고 차별 없이 공정하고 정의롭게 사람들을 대하시듯이, 유대인이나 헬라인이나 남자나 여자나 종이나 주인이나 사람들을 외모로 가리지 않고 차별 없이 정의롭게 대하는 삶의 방식이 하나님 나라의 백성의 정체성이다. 이것이 월터스토프가 정의, 정의와 사랑, 칭의와 정의 문제를 숙고하고 내린 결론이다. 오늘날 교회와 그리스도인은 어떤 모습이어야 하며, 어떤 삶의 방향으로 걸어가야 하는가? 그의 답이 이 결론에 담겨 있다.

사랑 가운데 행하는 정의로운 삶

이제 해설을 요약하고 정리해 보자. 월터스토프는 저서 네 권에 걸쳐 그의 정의론을 매우 정교하고도 열정적으로 전개하였다. 정의에 대한 그의 관심은 남아프리카공화국의 인종 분리 정책 아래 부당하게 대우받는 유색 인종들과 팔레스타인의 난민들의 고통받는 얼굴을 보고 부르짖는 소리에 귀 기울임으로부터 시작했다. 월터스토프는 이 경험을 바탕으로 자신이 몸담고 있는 개신교, 그 가운데서도 개혁주의 신앙과 신학 전통을 다시 반성하면서 정의와 평화의 문제를 1981년 암스테르담 자유대학교의 카이퍼 강좌에서 깊이 다룬다. 여기서는 정의 자체보다는 기독교가 세계를 도피하는 종교가 아니라 세계를 형성하고 개혁하는 종교임을 강하게 역설했다. 이로부터 빈곤의 문제, 민족주의의 문제, 도시의 문제, 예배의 개혁, 그리고 나아가서 학문의 실천적 변혁을 다룬다. 물론 근저에는 평화와 정의에 대한 관심이 깔려 있다. 이 가운데 월터스토프가 분명히 보인 것은, 하나님이 원하시는 인간의 삶이 결국 평화를 지향한다는 것이다. 이때의 평화는 단순히 전쟁이 없는 평화가 아니라, 성경이 줄곧 이야기하는 샬롬을 누리는 삶이다. 샬롬은 자기 자신, 이웃, 하나님, 나아가 자연과 함께 더불어 누리는 평화이며 각자 자신이 가진 능력과 자질과 은사를 한껏 발휘하는 상태다. 그런데 이 평화의 선결 조건이 다름 아닌 정의라는 것을 월터스토프는 분명하게 드러냈다.

두 번째 책 『정의』에서 월터스토프는 전통적 정의론, 좁혀서 말하면 존 롤스로 대변되는 자유주의적 정의론에 대한 대안을 제시했다. 정의의 문제를 권리와 부당함의 문제로 접근한 것이 월터스토프가 정의론과 관련해 철학계에 남긴 중요한 기여라고 나는 본다. 그의 발견은 중세 교회법학자들에 대한 관심으로, 그리고 초기 교부들에 대한 관심으로, 그리고 특별히 구약성경의 선지자들이 줄곧 외친 정의와 공의에 대한 관심으로 이어진다. 월터스토프는 마침내 기독교의 사랑이 정의와 대립하는 것이 아니라 그 속에 정의를 담고 있는 것이며, 사랑을 실천하는 하나의 방식이 정의라는 통찰에 이르게 된다. 세 번째 책인 이 책 『사랑과 정의』는 이 논제를 옹호할 목적으로 쓰인 것이다.

이 책은 1부와 2부에서 '사랑으로서의 정의' 또는 '정의와 함께 하는 사랑'의 가능성을 보여 줌으로써 니그렌과 니버와 프랑케나의 아가페주의가 지닌 한계를 극복하는 데 그치지 않고, 3부와 4부에서 용서와 칭의 문제를 다룸으로써 하나님의 백성은 하나님이 외모로 사람을 취하시지 않고 공정하고 정의롭게 대하시는 것처럼 하나님과 이웃을 공정하고 정의롭게 대하는 삶을 살아야 함을 보여 준다. 전통적 바울 이해, 특히 전통적 칭의 이해와는 다른 이해가 이 논의에서 드러난다. 신학적으로 사람들이 의구심을 품을 수 있는 대목이다. 하지만 월터스토프가 로마서를 다시 읽는 방식을 차근히 따라가 보면 그의 주장을 일단은 신중하게 수용해 볼 수 있다. 로마서의 주제는 하나님의 디카이오수네, 곧 하나님의 의 또는 하나님의 정의가 예수 그리스도를 통해서 나타난다는 사실을 역설하는 것이고, 하나님의 정의는 누구에게나 공정하고 정당하게 베푸시는 하나님의 사랑이다. 하나님은 유대인이나 헬라인이나 남자나 여자나 주인이나 종이나 상관없이 사람을 공정하게 대하시고 동일한 자비와 사랑을 베푸신다. 예수 그리스도를 통해서 드러난 하나님의 자비와 관대함과 사랑은 공정하고 정의롭다는 것이 로마서의 주제이며, 이를 로마서의 처음부터 마지막까지 옹호하는 것이 바울이 로마서를 쓴 의도라고 월터스토프는 주장한다.

월터스토프는 바울에 대한 '새 관점'을 이야기하는 톰 라이트에게 일부 동의하면서도 하나님의 디카이오수네, 곧 하나님의 의를 '하나님의 신실성' 또는 '하나님 언약의 신실성'으로 이해하는 것을 거부하고 오히려 '하나님의 관대하심의 정의로움'으로 이해한다. 월터스토프의 로마서 독법은 유대인이나 헬라인이나 모든 사람들이 하나님을 알되 그분에게 합당한 영광을 돌리지 못함으로써 하나님을 부당하게 대해 하나님께 심하게 상처를 입혔다는 데서 출발한다. 이 문제에서 벗어날 사람은 아무도 없다. 하나님은 그분의 사랑으로 인해, 예수 그리스도를 주(主)로 시인하는 사람들의 믿음을 보시고 비록 죄가 있지만 기소하지 않고 죄 없다고 하심으로써 그들을 하나님과 교제할 수 있는 자리로 불러 주셨다. 따라서 이제 정의롭다고 인정받은 사람들은 하나님께 합당한 영광을 돌리고 이웃의 권리를 존중하고 옹호하며 그것이 훼손될 때 바로잡는 삶을 살아야 한다. 이러한 삶은 성령이 주시는 능력을 따라 더 이상 죄의 종이 아니라 의의 종, 곧 정의와 공의의 종으로 살아갈 때 가능하다. 정의와 공의의 종으로 살아가는 삶은 유대인이나 헬라인이나 남자나 여자나 주인이나 종이나 서로 차별하지 않고 하나님 안에서 한 지체로 수용하며 존중하고 사랑하며 살아가는 삶이다.

이러한 삶 가운데 우리는 미래에 누릴 샬롬을 이 땅에서 조금이라도 맛볼 수 있다. 월터스토프의 정의론은 하나님과 이웃과 더불어 평화를 누리는 삶을 지향한다.

찾아보기

공리주의(Utilitarianism) 29, 33-35
굿맨, 렌(Lenn Goodman) 153-154
권리(Rights) 158-166
　교정권 104-106
　의 최상의 힘 163-164
그리스월드, 찰스(Charles L. Griswold) 298-301, 312주22, 322-325, 331
그리핀, 제임스(James Griffin) 140
끌림의 사랑(Attraction-love) 77-79, 172

누가복음 6장 220-232
누군가에게 있어 선(Goods *for* someone) 17-22, 139-142
누군가의 선(Goods *of* someone) 40-42, 141-146
니그렌, 안데르스(Anders Nygren) 47-49, 54, 56-58, 64, 81-95, 98-104, 128, 173, 179-180

니버, 라인홀드(Reinhold Niebuhr) 119-136, 166

드워킨, 로널드(Ronald Dworkin) 266-267
디카이오수네(*dikaiosunē*) 432-438, 453-455

라이트, N. T.(N. T. Wright) 434-437, 458-459
램지, 폴(Paul Ramsey) 53-54
레위기 19장 150-155
로빈, 로빈(Robin W. Lovin) 52
롤스, 존(John Rawls) 397, 399-402
루이스, C. S.(C. S. Lewis) 80주21, 142-143, 154
리드, 토머스(Thomas Reid) 326주10

마태복음 5장 220-232

머피, 제프리(Jeffrie Murphy) 293-294,
　312주22, 411-412
밀의 위해의 원리(Mill's harm principle)
　403-410

배려(Care) 185-199
　의 적용 규칙 217-242
배쉬, 앤서니(Anthony Bash) 310
버나비, 존(John Burnaby) 333-334
번영(Flourishing)
　용어 설명 40-41, 145
브루너, 에밀(Emil Brunner) 94-95

사랑의 계명(Love commands) 147-149
　첫 번째 194-197
　두 번째 149-154, 181-184
산상설교(Sermon on the Mount)
　219-232
상관성 원리(Principle of correlatives)
　162-163
상호주의 원칙(Reciprocity code)
　220-235
새로운 바울(the new Paul) 429-432
샌더스, E. P.(E. P. Sanders) 430-431
선의 인정(Acknowledgement of the
　good) 259-260
선의 지향들(Orientations toward the
　good) 258-262
선한 사마리아인 비유(Parable of the
　good Samaritan) 213-215
선행(Benefaction) 258-259
세네카(Seneca) 316-322
스윈번, 리처드(Richard Swinburne)
　293, 309
스타슨, 글렌(Glen Stassen) 227주4

스텐달, 크리스터(Krister Stendahl) 430
스토아학파(Stoics) 27-28
신명기 6장 194-197

아가페주의(Agapism) 37-44
　고전적 아가페주의와 비고전적 아가페
　　주의 42
　와 자유민주주의 413-419
　현대 49-80
아렌트, 한나(Hannah Arendt)
　286-289, 332
아리스토텔레스(Aristotle) 24-25,
　316-321, 330, 367
아리우스(Arius) 29
아우구스티누스(Augustine) 27
아우디, 로버트(Robert Audi) 399-402
아웃카, 진(Gene Outka) 52, 54
안나스, 줄리아(Julia Annas) 26
안녕(Wellbeing) 20-22, 40-42,
　139-140
　의 향유기준 140-141
안셀무스(Anselm) 289-292, 337-341
애덤스, 로버트(Robert M. Adams)
　20-21, 140
애덤스, 메릴린(Marilyn Adams)
　281-282
애착의 사랑(Attachment-love) 77-78
억제와 용서(Deterrence and forgive-
　ness) 359-362
에로스(Eros) 76-77, 172
에반스, 스티븐(C. Stephen Evans)
　66-67, 72-73
오덴, 토머스(Thomas C. Oden)
　450-451
온정적 간섭주의(Paternalism)

설명 391-395
용서(Forgiveness) 86-87, 103-106, 293-314
　와 형벌 350-362
　와 회개 305-311
울피아누스(Ulpian) 159
월드런, 제러미(Jeremy Waldron) 241-242
응보(Retribution)
　에 대한 예수의 거부 233-235
응보적 형벌론(Retributive theory of punishment) 342-344
이기주의(Egoism) 23, 31-32
이득의 사랑(Advantage-love) 79-80
인권(Human rights) 262-282
　하나님의 사랑과 275-282
　하나님의 형상과 270-274

자기애(Self-love) 172-180
자비의 사랑(Benevolence-love) 76-80
질책적 형벌론(Reprobative theory of punishment) 341-349

칭의(Justification) 455-464
　와 믿음의 관계 475-480
　와 정의의 관계 464-465
　와 하나님의 선택의 관계 465-475
　전통적 칭의론의 비일관성 449-453

칸트, 이마누엘(Immanuel Kant) 353-355
칼뱅, 장(John Calvin) 276-277

콜스, 로먼드(Romand Coles) 387-391
크라우트, 리처드(Richard Kraut) 21, 34-37, 140-141
키에르케고어, 쇠얀(Søren Kierkegaard) 55-75, 173, 203-212

탕자 비유(Parable of the prodigal son) 379-380

파인버그, 조엘(Joel Feinberg) 341-349, 367-368, 373
페레이라, 제이미(M. Jamie Ferreira) 66-67, 72-73, 203
포도원 일꾼 비유(Parable of the laborers in the vineyard) 114-116, 363-366, 385-386
프랑케나, 윌리엄(William Frankena) 37-38, 155
프랭크퍼트, 해리(Harry G. Frankfurt) 173-178

한 사람의 도덕사(Moral history) 302-303
"해도 된다"(May)
　용어 설명 23
"해야 한다"(Should)
　용어 설명 23
햄튼, 진(Jean Hampton) 293, 311-313, 333, 342-344, 355-356
행복주의(Eudaimonism) 23-31, 32-33
허치슨, 프랜시스(Francis Hutcheson) 31
헤이스, 리처드(Richard Hays) 228-229

옮긴이 홍종락은 서울대학교 언어학과를 졸업하고, 한국사랑의집짓기운동연합회에서 4년간 일했다. 현재 전문 번역가로 일하고 있으며, 번역하며 배운 내용을 자기 글로 풀어낼 궁리를 하고 산다. 저서로『나니아 나라를 찾아서』(정영훈 공저, 홍성사)가 있고, 역서로는『한나의 아이』『루터와 이발사』『우물 밖에서 찾은 분별의 지혜』『즐거운 망명자』『예수님이 차려주신 밥상』『마음 뇌 영혼 신』『하나님이 내게 편지를 보내셨어요』『기억의 종말』(이상 IVP),『개인기도』『루이스와 톨킨』『루이스와 잭』『성령을 아는 지식』『영광의 무게』(이상 홍성사),『수상한 소문』『어둠 속의 비밀』(이상 포이에마),『올 댓 바이블』『C. S. 루이스』『세이빙 다빈치』(이상 복있는사람) 등이 있다. '2009 CTK(크리스채너티투데이 한국판) 번역가 대상'과, 2014년 한국기독교출판협회 선정 '올해의 역자상'을 수상했다.

사랑과 정의

초판 발행_ 2017년 9월 22일

지은이_ 니콜라스 월터스토프
옮긴이_ 홍종락
펴낸이_ 신현기

펴낸곳_ 한국기독학생회출판부
등록번호_ 제313-2001-198호(1978.6.1)
주소_ 04031 서울시 마포구 동교로 156-10
대표 전화_ (02)337-2257 팩스_ (02)337-2258
영업 전화_ (02)338-2282 팩스_ 080-915-1515
홈페이지_ http://www.ivp.co.kr 이메일_ ivp@ivp.co.kr
ISBN 978-89-328-1485-8

ⓒ 한국기독학생회출판부 2017

책값은 뒤표지에 있습니다.
무단 전재와 복제를 금합니다.